Hohenheim

Gerhard Konzelmann

Der verwaiste Pfauenthron

Hohenheim Verlag
Stuttgart · Leipzig

Die Deutsche Bibliothek – CIP Einheitsaufnahme
Ein Titeldatensatz für diese Publikation ist bei
der Deutschen Bibliothek erhältlich

Gesamtherstellung: Ludwig Auer GmbH, Donauwörth
Printed in Germany
ISBN 3-89850-042-X

Inhalt

Vorwort

Im April 1975 kam ich zum erstenmal nach Tehran. Tagebuchblätter helfen mir heute, die Erinnerung an damals zu wecken. Ich lese, daß der Flughafen Mehrabad nur eine improvisierte Empfangshalle besaß, im eben abklingenden Winter hatten Schneemassen das Dach des Flughafengebäudes eingedrückt; nahezu hundert Menschen waren vom Schnee und den Bauteilen erschlagen worden. Ich vermerkte in meinem Tagebuch, daß auf dem Elburzmassiv im Norden der Stadt noch viel Schnee lag.

Mich störte damals der Smog in der Luft – und er stört mich auch heute noch. Mir gefiel, daß Bäche neben den abschüssigen Straßen fließen – sie gefallen mir nach wie vor.

Die Iranreise vor mehr als einem Vierteljahrhundert hatte den Sinn festzustellen, ob der Schah Erfolg haben werde mit seiner Vision, das Land durch Zulassung nur einer einzigen politischen Partei im Griff zu behalten. Seit den pompösen Festlichkeiten in Persepolis im Oktober 1971 zur Feier von „2500 Jahre ununterbrochener iranischer Monarchie" war die Opposition gegen die Pahlawidynastie ständig aktiver geworden. Die „Weiße Revolution", durch die Mohammed Reza Pahlawi den Iranern Wohlstand und Zufriedenheit hatte bescheren wollen, war inzwischen unpopulär. Denn sie hatte die Armut im Süden von Tehran nicht beseitigt.

Im März 1975 hatte der Schah die Idee, alle politischen und gesellschaftlichen Kräfte zu sammeln, die bereit waren, seine „Weiße Revolution" auch weiterhin zu unterstützen. Er nannte sie jetzt „Revolution des Schahs und des Volkes". Wer dafür war, der sollte in die „Einheitspartei der Nationalen Wiedergeburt" eintreten. Generalsekretär dieser einzigen noch existierenden Partei „Rastaqiz" wurde der Ministerpräsident Amin Abbas Hoveida, der Handlanger des Schahs.

Den Tagebuchblättern ist zu entnehmen, daß im April 1975 nur absolute Gefolgsleute des „Schahanschah", des „Königs der Könige", in die Rastaqiz-Organisation eintreten wollten, die von oben gelenkt wurde. Da hatte ich am 13. April notiert, daß Geschäftsleute in Tehran darüber ironisch lächeln, wenn sie in der Zeitung lasen, sie seien Angehörige einer „Exquisiten Nation", die sich alles leisten könne – „denn Iran besitzt Öl".

Doch daß das Limit des Wachstums erreicht war, ist aus dieser Bemerkung zu erkennen: „An der Grenzstation Jolfa im Norden werden täglich 15 000 Tonnen Güter angeliefert, doch nur 8 000 Tonnen können täglich auf der schlecht ausgebauten Straße in Richtung Täbriz abtransportiert werden. 7 000 Tonnen bleiben Tag für Tag liegen – die Waren gehen kaputt."

Laut meinen Tagebuchnotizen war ich dabei, als ein Ministerialdirigent des Bundesministeriums für Forschung und Technologie mit dem Unterstaatssekretär Mortezar Ghadimi über „Common prospecting of Uran in Iran" verhandelte. Die Bundesrepublik war bereit, innerhalb der nächsten sechs Jahre einen Atomreaktor zu liefern. Diese Zusammenarbeit wurde vier Jahre später von Chomeini abgebrochen.

Ende April 1975 ist in meinem Tagebuch zu lesen: „Entsetzen in Tehran über Niederlage der USA in Vietnam". Der bisher so starke Verbündete erschien plötzlich ein schwacher Partner zu sein.

Bemerkenswert: Keiner meiner zahlreichen Gesprächspartner bei der ersten Iranreise im Jahr 1975 erwähnte den Namen des Ayatollah Ruhollah Chomeini, der nur vier Jahre später den Schahanschah aus dem Land trieb.

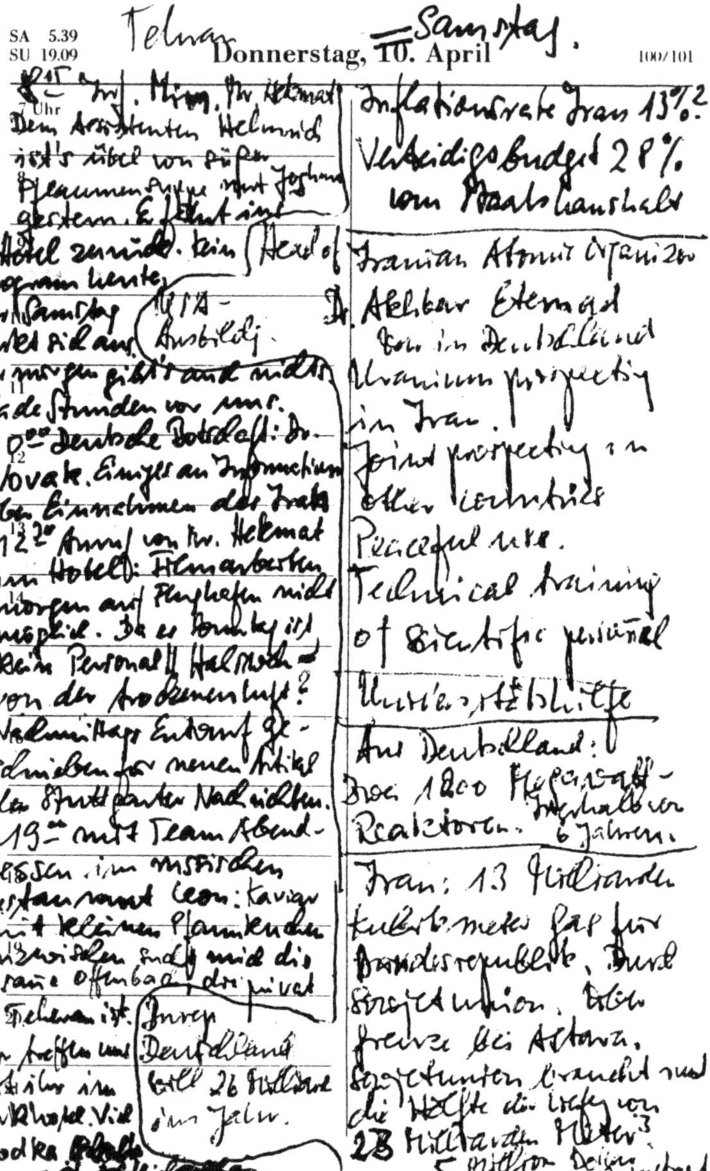

SA 5.39
SU 19.09

Teheran — Samstag. — Donnerstag, 10. April — 100/101

~~8¹⁵ Inf. Min. Dr. Hekmat~~
~~Dem Assistenten Helmuts ist's übel von süßer Pflaumensuppe mit Joghurt gestern. Er fährt ins Hotel zurück.~~ Kein Programm heute, der Samstag wirkt sich aus. Für morgen gibt's auch nichts. Fade Stunden vor uns.
10⁰⁰ Deutsche Botschaft: Dr. Novak. Einiges an Informationen über Einnahmen des Irak.
12²⁰ Anruf von Dr. Hekmat im Hotel: Filmarbeiten morgen auf Flughafen nicht möglich. Da es Sonntag ist kein Personal. Halsweh – von der trockenen Luft?
Nachmittags Entwurf geschrieben für neuen Artikel der Stuttgarter Nachrichten.
19⁰⁰ mit Team Abendessen im russischen Restaurant Leon: Kaviar mit kleinen Pfannkuchen. Inzwischen sucht mich die Susanne Offenbach, die privat in Teheran ist. Wir treffen uns mit ihr im Park Hotel. Viel Wodka ~~[illegible]~~ ~~[illegible]~~.

Head of IAEA – Ausbildg.

Iran – Deutschland will 26 Milliarden im Jahr.

Inflationsrate Iran 13%?
Verteidigungsbudget 28% vom Staatshaushalt

Iranian Atomic Organization
Dr. Akbar Etemad
Bonn in Deutschland
Uranium prospecting in Iran.
Joint prospecting in other countries
Peaceful use.
Technical training of scientific personal

Unterstützungshilfe

Aus Deutschland:
Zwei 1200 Megawatt-Reaktoren. Innerhalb von 6 Jahren.

Iran: 13 Milliarden Kubikmeter Gas für Bundesrepublik, durch Sowjetunion. Über Grenze bei Astara. Sowjetunion braucht nur die Hälfte der Lieferungen von 28 Milliarden Meter³
5 Millionen Dollar investiert

Erst 9^45 aufgestanden.
Das Halsweh hält immer
noch an. Um 10^15 fand ich
auch Schalk auf, mit
optischen Schwierigkeiten
bedingt durch Wodka gestern
Bis Nachmittags an
Artikel für Stuttgarter
Nachrichten geschrieben
Thema: die feindlichen
Brüder am Golf.
geschlafen. Das Treffen
ist im Deutschen Club
Statement formuliert.
So langsam geht dieses
fade Wochenende vor-
über // kein Mittag-
essen aber Steak-
Abendessen, kein
Brot. Nur drei winzige
Biere. Aus Mangel an
Alkohol sehr schlecht
eingeschlafen. Lange
nach Mitternacht noch
wach. Mike und Schindler
im Dinner. Passvertrag
Der rep. - UdSSR - Iran
in Moskau geschlossen.

Artikel für Stuttgarter
Nachrichten:
Dilemma der Sultan Qabus:
Saudiarabien als Kerle
des Landes.
Iran hilft ihm gegen
Befreiungsfront, doch
er muss auf arabischen
Druck auf diese Hilfe ver-
zichten.
Dem Sultan Qabus von Oman
kommen die inneren Schwierig-
keiten in Saudiarabien
nicht ungelegen.
Sheikh Zaid.
Iran verlangt Respekt
Bahrain
Kuwait
Irak
Freundschaften Ost-West

Sowjetunion Land Basis
für Raketenbrenner in
Somalia

Abu Dhabi
gibt nur 5% für
Waffen aus. 18% für
Bildung, 18% Hilfe
für andere arabische
Länder.

Der Pfauenthron

Als Blickfang steht er im unterirdischen Gewölbe in der vorderen Halle der „Schatzkammer der Nationaljuwelen". Der Aufbewahrungsort ist vergleichbar einem Bunker, der auch einem Atombombenangriff standzuhalten vermag. Das Gewölbe gehört zum Areal der Bank Markazi Jumhuri Islami Iran (Zentralbank der Islamischen Republik Iran) an der Ferdusi Avenue in Tehran.

Die Schatzkammer wird geschützt durch eine dicke Betonhülle und durch starke Tore aus glänzendem Edelstahl. Sollte sich jemand dem Pfauenthron nähern, stößt ein empfindliches Alarmsystem ein bösartiges Geheul aus. Sofort schließen sich die Stahltore. Armdicke Bolzen verriegeln die Torflügel. Der Ausgang ist versperrt.

Der Pfauenthron ist ein Fremdkörper in der „Schatzkammer der Kronjuwelen". Er ist während der Wirren der Islamischen Revolution im Spätherbst 1978 in das Gewölbe gebracht worden. Der Schah wollte, daß das Symbol der Herrschermacht geschützt werde. Der Pfauenthron stand bis dahin im Golestanpalast, nur wenige hundert Meter von der Bank Markazi Jumhuri Islami Iran entfernt. Während der heißen Phase der Revolution bestand Sorge, der Golestanpalast im Zentrum der Hauptstadt werde von aufgewühlten Massen gestürmt. Daß die Revolutionäre das Machtsymbol zerschlagen würden, davon mußte ausgegangen werden. War der Pfauenthron doch Zeuge gewesen der prunkvollen Zeremonien der verhaßten Pahlawidynastie.

Dabei sieht das legendäre Objekt gar nicht aus wie ein Thron – eher wie eine besonders liebevoll ausgeschmückte Bettstatt, die für den Herrscher und seine Gefährtin bereitsteht. Zwei hohe Stufen, verziert durch geschnitzte Schlangenmotive führen hinauf zur Liegefläche, die von einem niederen Geländer umgeben ist, dessen Ornamentik phantasievoll gestaltet ist. Gold, Türkis und lichtes Blau sind die Farben des Pfauenthrons.

Erhöht ist der Kopfteil des Geländers. Sterne und Lianen sind zu erkennen, verwoben in einem Netz von verschlungenen Linien. Der Kopfteil wird gekrönt durch eine runde Sonnenscheibe, die jedoch dunkel getönt ist. Ein schmaler Strahlenkranz besteht aus mattglänzendem Gold. Wertvolle Steine in der Sonnenscheibe – die düsteren Farbtöne überwiegen – fallen erst bei näherer Betrachtung auf.

Da die Sonnenscheibe eher unauffällig wirkt, ist einzusehen, daß sich die vom Herrscherhaus gewünschte Bezeichnung „Sonnenthron" nicht durchgesetzt hat. Populär war immer der Name „Pfauenthron". Die Legende will, daß die Herrscher von Persien in mythischer Verbindung stehen zu diesem eigenartigen Prachtgestell. Die zwei Schahs der Pahlawidynastie sind allerdings nie die hohen Stufen zur Liegefläche hinaufgestiegen. Sie haben es vermieden, sich dort niederzukauern. Sie hätten kniend oder liegend vor ihren Höflingen und Untertanen ein unwürdiges Bild geboten. Reza Khan Schah und Mohammed Reza Schah hatten es vorgezogen, sich im Golestanpalast in Pose neben den Pfauenthron zu stellen.

Doch der Pfauenthron ist wirklich benützt worden, vor ungefähr sechs Generationen – als Liebeslager des Schahs Fath Ali (1797 bis 1834), der sich Tavous Tajodoleh zur Frau gewählt hatte. Der Name Tavous aber bedeutet „Pfau". Tavous Tajodoleh hat Schah Fath Ali auf diesem Pfauenthron glücklich gemacht. Hier hat die Frau gethront – der Name „Pfauenthron" besteht zu Recht.

Als Schah Fath Ali für sich und seine Lieblingsfrau Tavous das Bettgestell entwerfen und erbauen ließ, hatte der Herrscher guten Grund, sich ein Liebesnest zu schaffen, in das er sich zurückziehen konnte. Eine unruhige Zeit lag hinter ihm. Napoleon hatte geplant, durch Mesopotamien bis Persien vorzustoßen, um dann dieses Land als Basis für den Angriff auf Indien zu benützen. Indien aber war zu jener

Zeit Garant für Bestand und Reichtum des britischen Empire. Es wäre zusammengebrochen, wäre es Napoleon gelungen, der britischen Krone das reiche Indien zu entreißen. Schah Fath Ali war sich bewußt gewesen, daß der französische General mit dem Gedanken gespielt hatte, die Herrscherwürde Persiens an sich zu reißen. Doch politische Wirren in Paris und die Untreue seiner Frau Josephine riefen Napoleon nach Frankreich zurück. Schah Fath Ali brauchte nicht mehr Sorge zu haben, sein Land werde vom Eroberer geplündert; er konnte sich Zeit nehmen für die Benutzung des Pfauenthrons.

Seither war jenes reichverzierte Gestell jedem persischen Herrscher zum symbolischen Zentrum seiner Macht geworden. Auch dem letzten Schah Mohammed Reza Pahlawi war der Pfauenthron wichtig. Er hatte ihn vor den Revolutionären in Sicherheit bringen lassen – und er hatte während der letzten Tage seiner Regierungszeit an den Pfauenthron gedacht und an alle anderen Schätze, die im Gewölbe der damals noch royalistischen Nationalbank aufbewahrt wurden. Der Schah hatte die Absicht, die Schatzkammer plündern zu lassen.

Die verzögerte Flucht des Pahlawischahs

Am 16. Januar 1979 verließ Mohammed Reza Pahlawi für immer sein Reich. Er hatte eigentlich bereits am 10. Januar abfliegen wollen – doch sein Reisegepäck war nicht vollständig. Der Schah wollte die wertvollsten Stücke der Schatzkammer mitnehmen. Die Wunschliste umfaßte diese Gegenstände:

– Die Kiani-Krone. Sie ist im Jahre 1797 gefertigt worden. Auftraggeber war der Qadscharenschah Fath Ali, der auch den „Pfauenthron“ hatte bauen lassen. Diamanten, Perlen, Smaragde und Rubine funkeln auf dieser Krone. Die Zahl der Edelsteine ist nie festgestellt worden. Sie war seit der Machtübernahme durch Mohammed Reza Pahlawi (1941) im Tresor verwahrt geblieben – verborgen vor der Öffentlichkeit. Mohammed Reza hatte sich geweigert, die Krone der Qadscharenherrscher aufzusetzen. Im gefiel die Krone besser, die sein Vater Reza Khan hatte herstellen lassen:

- Die Krone der Pahlawischahs. Sie ist im Jahre 1925 entstanden in der Werkstatt des iranischen Juweliers Hadsch Serajeddin. Er hatte sich in Tehran niedergelassen, um ausschließlich dem Haus Pahlawi zu dienen. Zuvor hatte er die Juwelen des Emirs von Buchara betreut.
- Auf rotem Samt sind die Edelsteine befestigt. Ihre Zahl ist bekannt: Die Pahlawikrone zieren 3380 Diamanten, 368 Perlen, fünf Smaragde und zwei Saphire.
- Das wichtigste Stück des Thronschatzes hatte Mohammed Reza Pahlawi unter allen Umständen an sich bringen wollen. Auf seiner Wunschliste stand ganz oben:
- Der Diamant „Darya-e-Nur“, das „Meer des Lichts“. Es ist der größte rosa getönte Diamant der Welt. Die Legende, an die auch Mohammed Reza Pahlawi glaubte, berichtet, dieser Diamant habe die Krone des Königs Cyros (559 bis 529 v. Chr.) geziert. Da sich der Schah mit dem Begründer der persischen Monarchie besonders verbunden fühlte, wollte er gerade diesen Stein nicht zurücklassen in der Hand von Revolutionären, für die persische Geschichte erst mit der islamischen Eroberung im Jahre 637 n. Chr. beginnt.

Der Diamant „Darya-e-Nur“ ist in Zusammenhang zu sehen mit dem Diamanten „Kooh-e-Nur“, dem „Berg des Lichts“. Beide Edelsteine waren einst im Besitz des Safawidenschahs Nader gewesen, der im Jahre 1736 gekrönt worden ist. In Indien hatte sich Nader die Diamanten angeeignet.

Der „Kooh-e-Nur“ wechselte mehrfach den Besitzer. Er wurde schließlich Eigentum der britischen East India

Company. Die Gesellschaft fühlte sich veranlaßt, den Stein der Königin Victoria zu überlassen.

Der Darya-e-Nur aber wurde in Persien in Gold gefaßt und von kleinen Diamanten umrahmt.

Auch Farah Diba wollte nicht ohne ihr Lieblingsstück aus der Schatzkammer das Land verlassen. Sie legte Wert auf ihre Krone:

- Die Platinkrone der Farah Pahlawi. Sie war eigens für die Krönungsfeierlichkeiten im Jahre 1967 von den weltberühmten Spezialisten des Pariser Hauses Van Cleef et Arpels gefertigt worden. Der Kronenkörper besteht aus Platin. Er ist mit 1469 Diamanten, 100 Perlen, 36 Smaragden und 34 Rubinen bestückt. Die Krone der Frau des Schahs wiegt 1,480 Kilogramm.

Mit dieser Wunschliste versehen schickte der Schah am 10. Januar 1979 zwanzig Männer der „Unsterblichen Garde" in die Ferdusi Avenue. Die Truppe fuhr in gepanzerten Fahrzeugen bei der Zentralbank vor. Die Straßen und Plätze der Innenstadt von Tehran wurden von den Aufständischen beherrscht. Kommandeur der „Unsterblichen Garde" war General Abbas Garabaghi. Er hatte den ihm unangenehmen Auftrag, die Preziosen der Wunschliste für den Schah einzufordern.

Im Bankgebäude fand der General nur einen der zuständigen Bankdirektoren vor. Dieser bedauerte außerordentlich, die Wünsche des Schahs beim besten Willen nicht erfüllen zu können. Zum Öffnen der Stahltüren des Gewölbes sei ein zweiter Bankdirektor mit einem zweiten Schlüssel erforderlich. Dieser zweite Bankdirektor aber sei derzeit nicht aufzufinden. Was General Abbas Garabaghi nicht erfuhr, war, daß der zweite Bankdirektor sich bereits den Aufständischen unterstellt hatte. Die zwanzig Männer der „Unsterblichen Garde" fuhren zurück in die Unterkünfte im Palastkomplex im Norden von Tehran.

General Abbas Garabaghi kam am folgenden Tag mit

einer doppelt so starken Gardeformation zur Ferdusi Avenue. Diesmal wurde die Truppe bereits erwartet. Dicht gedrängt standen die Demonstranten am Gitter der Bankeinfahrt. Mit Gewalt mußte die Zufahrt erzwungen werden. Schwarzgekleidete Frauen und Männer drangen mit den Panzerfahrzeugen auf das Gelände der Zentralbank vor. General Abbas Garabaghi traf gar keinen Verantwortlichen im Bankgebäude mehr an. Auf den Gängen standen bärtige junge Männer mit finsteren Gesichtern. Sie redeten nicht mit dem Chef der Schahgarde.

Eine Öffnung des Gewölbes ohne Anwendung von Gewalt war ganz offensichtlich nicht möglich. Mit Sprengstoff versehen fahren die Gardisten am dritten Tag der Bemühungen, in das Gewölbe einzudringen, zur Ferdusi Avenue. Diesmal stand die Menschenmauer dichtgedrängt vor den Gittern der Bankeinfahrt. General Abbas Garabaghi konnte sich nicht dazu entschließen, auf die Frauen und Männer schießen zu lassen. Er mußte befürchten, daß Todesmutige die Panzerfahrzeuge bestiegen und daß sie die Besatzungen mit den Händen umbrachten. Er befahl den Rückzug.

Mit Ungeduld erwartete Mohammed Reza Pahlawi in seinen Räumen im Weißen Palast die Meldung, die Schatzkammer sei endlich aufgebrochen worden. Doch General Abbas Garabaghi konnte nur schlechte Nachrichten überbringen. Ein erneuter Versuch werde jedoch am nächsten Morgen unternommen. Mit Bohrgeräten und Preßlufthämmern werde man versuchen, die dicken Mauern aufzubrechen.

Zwar gelang es diesmal zum Gewölbe vorzudringen, doch hielten Beton und Mauerwerk stand. Der Schah hatte nach seiner Krönung im Jahre 1967 selbst befohlen, die Kronjuwelen durch alle auch nur erdenklichen Sicherheitsmaßnahmen zu schützen. Nun wurde Mohammed Reza Pahlawi zum Opfer seiner eigenen Anordnungen von einst – sie verhinderten den Zugriff des Monarchen, der sein Land eilig verlassen wollte. Nach sechs Tagen machte General Abbas Garabaghi seinen Herrn darauf aufmerksam, daß es der

„Unsterblichen Garde" nicht mehr möglich sei, zur Ferdusi Avenue vorzudringen. Hunderttausende von Demonstranten blockierten die Zufahrtsstraßen. Sie schützten Kronjuwelen und „Pfauenthron" vor den Gardisten, die im Auftrag des Schahs das Gewölbe ausplündern wollten.

Die Verzögerung der Abreise des Monarchen vereitelte eine würdevolle Abschiedszeremonie. Tehran befand sich am 16. Januar 1979 nahezu vollständig in der Hand der Revolutionäre. General Abbas Garabaghi, der Kommandeur der „Unsterblichen Garde", befehligte die letzten bewaffneten Einheiten, die noch zum Schah hielten. Es gelang dem General die Ausfahrt des Palastareals im Norden der Hauptstadt und die engen Alleen im Stadtviertel der Reichen zu sichern. Vorbei am eindrucksvollen und doch eleganten Monument, das „Schahyad" hieß – „Gedenke des Schahs" – rollte die Wagenkolonne unbehindert zum Flughafen Mehrabad in der Ebene im Süden der Hauptstadt. Es war heller Tag, doch Wolken verhinderten den Blick auf das Elburzgebirge im Norden. Das Flugzeug vom Typ Boeing – silbrig und hellblau angestrichen – stand bereit.

Der Monarch, neunundfünfzig Jahre alt, trug einen langen Uniformmantel. Seine Frau Farah hüllte sich in einen Pelzmantel. Versammelt waren Offiziere und nur wenige Politiker. Es war kalt an jenem Januarmorgen auf dem persischen Hochplateau.

Der Schah hatte die Regierungsgewalt schon am 29. Dezember, also vor mehr als zwei Wochen, an Schapur Bakhtiar übertragen, der es sich zutraute, mit Hilfe eines Regentschaftsrates den Staat aus dem Chaos zu führen. Bei der Verabschiedung vor dem Flugzeug meinte Bakhtiar, er hoffe, daß Seine Majestät bald wieder, gut erholt, nach Tehran zurückkehren könne. In Wahrheit wünschte er, Mohammed Reza Pahlawi werde nie mehr iranischen Boden betreten, denn er hatte genau erkannt, daß nur dann eine Rückkehr des Landes zu ruhigeren Verhältnissen möglich war, wenn sich niemand aus der Sippe Pahlawi in die Politik einmischte. Bakhtiar sah im Schah den Grund für Empörung und Aufruhr im Land. War dieser Grund beseitigt, existierte keine Ursache mehr für Wutausbrüche der Bevölkerung.

Jeder täuschte jeden und sich selbst auch zu jener Stunde auf dem Flughafen Mehrabad. Zu einem Offizier, der sich niederwarf, um ihm die Schuhe zu küssen, sagte Mohammed Reza Pahlawi: „Unterlassen Sie dies! Ich verreise ja nur für kurze Zeit!“ Zu Bakhtiar sprach er: „Ich fühle mich müde. Ich kann in dieser Stadt nicht mehr schlafen. Ich hoffe bald ausgeruht zu sein.“ Daß er todkrank war, verschwieg der Schah. Keiner, der zurückblieb, und keiner, der mit ihm reiste, wußte davon. Einen Verdacht, die Gesundheit ihres Mannes könne nicht in Ordnung sein, hatte allein Farah Diba.

Noch immer zögerte der Schah den Abflug hinaus. Vielleicht erwartete er, daß ihm die Schätze des Bankgewölbes doch noch gebracht würden. Es war ihm am Vortag gerade noch gelungen, die Bank Omran zu veranlassen, eine Milliarde Dollar in bar auszubezahlen. Diesen Betrag führte er in einem Aktenkoffer mit sich.

Die Bank Omran gehörte der Pahlawi Foundation, die das Finanzimperium der herrschenden Familie repräsentierte. Die Leitung der Bank war in der Woche vor dem Abflug des Schahs einem starken Ansturm ausgesetzt gewesen. Jedes Mitglied der Familie hatte seine Konten geleert. Da im Banktresor nicht genügend Barmittel vorhanden waren, mußten zur Deckung der Bargeldansprüche Kredite bei anderen Tehraner Bankinstituten aufgenommen werden. Zum Zeitpunkt des Abflugs der Herrschersippe war die Bank Omran hochverschuldet. Sie meldete Konkurs an und beendete ihre Geschäftstätigkeit.

Noch wäre Zeit gewesen, auf dem Flughafen Mehrabad Wort zu halten gegenüber einem Mann, der über Jahre hinweg ein treuer Handlanger gewesen war. Dreizehn Jahre lang, seit 1965, war Amir Abbas Hoveida iranischer Ministerpräsident gewesen. Er hatte nie eigene Ideen entwickelt, er war ein dicklicher freundlicher Mann, der seine goldbestickte Uniform dadurch ziviler zu gestalten pflegte, daß er in das Knopfloch eine weiße Nelke steckte. Erkundigte sich jemand, warum diese Nelke über so viele Tagesstunden ihre Frische bewahre, war er bereit, das Wasserröhrchen hinter dem Revers zu zeigen, in dem die Nelke steckte.

Amir Abbas Hoveida hatte nie als korrupt gegolten – und doch war er am 8. November 1978 auf Befehl des Schahs verhaftet worden. Der Monarch hatte die Festnahme angeordnet, um seinem rebellischen Volk zu demonstrieren, daß er auch hochgestellte Persönlichkeiten seines Regimes nicht schone, wenn es galt, ihre Amtsführung zu überprüfen. Nach der Verhaftung hatte der Schah dem einstigen Ministerpräsidenten mitteilen lassen, er könne die Entwicklung in aller Ruhe im Gefängnis abwarten; zu einer Verurteilung werde es nie kommen. Sollte eine kritische Situation eintreten, werde der Herrscher persönlich rechtzeitig die Freilassung anordnen. Hoveida hatte sich auf das Schahwort verlassen, die Verhaftung sei im Interesse der Erhaltung der Monarchie notwendig; von Hoveida müsse dieses Opfer verlangt werden.

Der Schah verließ Tehran, ohne Hoveida befreit zu haben. Kaum drei Monate nach dem Ende der Schahherrschaft wurde Amir Abbas Hoveida in seiner Zelle mißhandelt, vom Iranischen Revolutionstribunal als „Übeltäter, der sich an Gott vergangen hat" verurteilt und erschossen. In seinen Erinnerungen notierte Mohammed Reza Pahlawi im Exil unter dem 7. April 1979: „Amir Abbas Hoveida starb heute. Er lag, hervorgerufen durch Mißhandlungen, im Sterben, als er erschossen wurde." Weitere Worte verschwendete der einstige Schah nicht an den Mann, den er schmählich im Stich gelassen und den neuen Herren ausgeliefert hatte.

Am Morgen des 16. Januar 1979 endete wenig würdevoll

auf dem Flughafen Mehrabad die Monarchie in Iran. Der Schah war überzeugt gewesen, die Monarchie des Landes sei 2500 Jahre alt und eben deshalb habe sie eine glänzende Zukunft vor sich. Er hatte sich als Nachfolger und Verkörperung des großen Königs Cyros (559 bis 529 v. Chr.) gesehen, der als Schöpfer des Persischen Reiches gilt. Mohammed Reza Pahlawi hatte versucht, den gewaltigen historischen Bogen über 2500 Jahre hinwegzuspannen von Cyros zu seiner eigenen Person. Mohammed Reza Pahlawi war überzeugt gewesen, dem großen legendären König gleichwertig zu sein.

„Du Cyros schlafe – ich wache!“

Stolze Worte hat der Schah gesprochen, als er im Oktober 1971 vor dem Grabmonument des Cyros am Ort Pasargade stand. Mohammed Reza Pahlawi empfand sich als Wächter über das Erbe des Cyros. Der Brückenschlag von Herrscher zu Herrscher über 2500 Jahre hinweg sollte vergessen lassen, daß Iran ein islamisches Land ist. Der Schah wollte der schiitischen Ausprägung des islamischen Glaubens die Bedeutung nehmen durch Erinnerung an eine frühere Epoche, die glanzvoll gewesen war. Aus dieser Erinnerung heraus sollte eine unabhängige Zivilisation neuer Gestaltung aus persischen Wurzeln geschaffen werden. Der Schah hatte dafür den Begriff „Große Zivilisation“ geprägt. Die Basis dafür sollte nicht der Islam sein, sondern die vorislamische persische Kultur – und vor allem die Leistungen des Königs Cyros.

Mohammed Reza Pahlawi zitierte mit Vorliebe den französischen Diplomaten und Schriftsteller Joseph Arthur Comte Gobineau, der in seinem vierbändigen Werk „Über die Ungleichheit der menschlichen Rassen“ (1853 bis 1855) den König Cyros so charakterisierte: “Die Politik von Cyros und seiner Nachfolger war von Vernunft und gesundem Menschenverstand diktiert. Durch Cyros wurden die

Schandtaten der Mächtigen und die Infamien der Geistlichkeit endlich beendet." Cyros habe seine Politik der Vernunft nur entwickeln können, weil er arischer Abstammung gewesen sei. Von Gobineau war die Gedankenwelt des Schahs beeinflußt, die Iraner seien Arier – und der Schah selbst sei das „Licht" dieser Arier. Mohammed Reza Pahlawi nannte sich Aryamehr – das Licht der Arier.

Der Schah sprach voll Begeisterung gern über seinen Vorgänger Cyros, schafften doch die Lobpreisungen des Herrschers vergangener Zeiten Bezüge zu seiner eigenen Person. In Cyros sah Mohammed Reza Pahlawi den „Vater der Menschen", den „Befreier der Völker", den „Begründer der Menschenrechte". Für die Festlichkeiten, die aus Anlaß der Erneuerung an den Beginn der persischen Monarchie vor zweieinhalb Jahrtausenden in den imposanten Ruinen von Persepolis begangen wurden, ließ der Schah eigens eine Hymne dichten, die König Cyros feierte – und zugleich die eigene Person:

„Ewiges Glück und ewigen Ruhm
Reichtum und Wissen
Verströmst du bis in unsere Zeit."

Hatte sich Cyros als Herrscher eines Reiches gesehen, das im Zentrum lag zwischen den Kulturen des Westens und des Ostens, so glaubte Mohammed Reza Pahlawi, er sei vor die Aufgabe gestellt, im Spannungsfeld der Kulturen seine Idee der „Großen Zivilisation" zu verwirklichen. Zur Zeit des Cyros vollzog sich der Übergang der Menschen von der Existenz als Nomaden zur Kultur fester Siedlungen. Der Besitz fruchtbaren Landes war damals wichtig geworden. Die Menschen, die darauf lebten, waren zum eigenen Schutz auf engen Zusammenhalt angewiesen. Er wurde ermöglicht durch eine starke Herrscherpersönlichkeit. War diese Persönlichkeit einst Cyros, so stellte sich jetzt Mohammed Reza Pahlawi der Aufgabe, das Land und die Nation in die neue Zeit zu führen:

„In meiner Epoche befindet sich Iran in einer grundlegenden Umwandlung, die nicht nur die materielle Basis unseres Landes verändert, sondern vor allem Auswirkungen hat auf das spirituelle Wiedererwachen unserer Gesellschaft. Diese Umwandlung führt in kurzer Zeit zum Aufstieg des Iran in die Gemeinschaft der dynamischen Völker dieser Welt. Iran wird die Kraft haben, der Zerstörung durch die Kräfte der Dunkelheit zu widerstehen. Wir befinden uns auf unserem eigenen Weg, der Volk und Land zur ‚Großen Zivilisation' führen wird."

Zweitausendfünfhundert Jahre vor ihm hatte Cyros das Land in eine große Zukunft geleitet. Er war der erste der bedeutenden Männer im geographischen Dreieck zwischen dem Schwarzen Meer, dem Kaspischen Meer und dem Persischen Golf.

Cyros hatte Vorläufer, die Häuptlinge waren über Großfamilien im Gebiet Fars an der östlichen Küste des Golfs, in den südlichen Ketten des Zagrosgebirges. Berichtet wird von einem der Mächtigen, der im achten Jahrhundert im Gebiet, das damals Parsa hieß, ein lokales, aber unabhängiges Reich begründete. Sein Name war Hakhamanesh. Jedoch unter seinen Nachkommen geriet Parsa unter die Herrschaft der Meder. Erst dem König Cyros gelang die Befreiung.

Herodot wußte zu erzählen, daß jener Cyros, der mit dem Beinamen „Der Große" ausgezeichnet wird, der Sohn eines Vasallen des Herrschers über Parsa war. Jener Herrscher hieß Astyages. Dieser träumte eines Nachts, der Sohn des Vasallen werde für ihn zum gefährlichen Gegner werden. Astyages gab deshalb Befehl, jenes Kind, das Cyros hieß, sei zu töten. Dieser Befehl wurde nicht ausgeführt. Heimlich wurde der junge Cyros einem Schäfer übergeben, mit dem Auftrag, das Kind ganz unauffällig heranwachsen zu lassen.

Diesen Auftrag erfüllte der Schäfer offenbar nur schlecht, denn Astyages entdeckte den Knaben, als dieser zehn Jahre alt war. Seine außerordentliche Stärke und seine Intelligenz hatten ihn verraten. Astyages gab großmütig die Erlaubnis, daß Cyros am Hof aufwachsen dürfe. Das Schicksal, von dem Astyages geträumt hatte, erfüllte sich allerdings schon bald. Cyros rebellierte gegen ihn, er besiegte und tötete ihn. Nun war Cyros der Beherrscher von Fars. Damit war er jedoch nicht zufrieden.

Vom iranischen Hochplateau aus begann Cyros seine Eroberungszüge. Zunächst war Kleinasien das Ziel, dann bedrängte er die griechischen Stadtstaaten. Die meisten ergaben sich ihm freiwillig. Sobald der Vorstoß in Richtung des Schwarzen Meeres abgeschlossen war, wurde Cyros vom Ehrgeiz getrieben, Babylon zu erobern – die größte damals bekannte Stadt. Er hatte Erfolg. Im Jahre 539 v. Chr. zog Cyros als Sieger in Babylon ein.

Dort stand ein Problem zur Lösung an. Seit nahezu fünfzig Jahren lebten bei Babylon jüdische Großfamilien in der „Babylonischen Gefangenschaft". Cyros war der Meinung, die Zeit sei gekommen für die Rückkehr der fremden, unterworfenen Völker in ihre Heimat. Der Text, der auf einem Tonzylinder – ausgegraben in Babylon – entziffert werden konnte, erlaubt die Deutung, daß allen einst Deportierten das Verlassen des Landes am Euphrat und Tigris gestattet wurde. Die Juden werden in diesem Text nicht direkt genannt, und doch bestätigt der Text die Aussage des Zweiten Buches Chronik (36,2), in dem dieses Edikt zitiert wird: „So spricht Cyros, der König von Persien: Alle Königreiche hat mir der Herr übergeben. Er hat mir aufgetragen, in Jerusalem, das in Juda liegt, einen Tempel zu erbauen. Wer zum jüdischen Volk zählt, der ziehe hinauf nach Jerusalem!"

Die Milde des Königs Cyros gegenüber dem gefangenen jüdischen Volk beeinflußte in neuer Zeit die Haltung des Schahs Mohammed Reza Pahlawi gegenüber dem Staat Israel: Er war darauf bedacht, gute Beziehungen zum jüdischen Staat zu unterhalten, auch wenn er damit die übrigen islamischen Staaten verärgerte, die sich im Konflikt mit Israel befanden.

Die letzten zehn Lebensjahre des Königs Cyros verliefen weniger ruhmreich und berichtenswert. Das Kriegsziel war die Niederkämpfung von Nomadenvölkern. Daß die Unternehmung unglücklich endete, darüber berichtet Herodot. Er schildert, einer dieser Nomadenstämme sei von einer Frau beherrscht worden, der es gelungen war, alle Wandervölker im Osten des Kaspischen Meers unter ihre Kontrolle zu bringen. Da diese Nomadenstämme nicht seßhaft waren, konnten sie eine flexible Kriegsführung entwickeln. Cyros glaubte eine Möglichkeit zur Überwindung der Königin gefunden zu haben, als es seinen Leuten gelang, deren Sohn gefangenzunehmen. Cyros war der Meinung, ein Faustpfand in der Hand zu haben. Er wollte die Muttergefühle der Herrin ausnützen. Er erwartete, daß sie ein Friedensangebot machen würde, um den Sohn wiederzuerhalten. Doch der Sohn vereitelte diesen Plan: Er beging Selbstmord.

Jetzt entbrannte die Wut der Mutter. Sie mobilisierte alle Kräfte ihrer Wandervölker. Ihre Reiter waren bald an Zahl überlegen. Dieser Übermacht hielten die Kämpfer des Cyros nicht stand; sie wurden überrannt. Im Durcheinander der Schlacht fand die wütende Mutter den Perserkönig. Sie stellte ihn und kämpfte mit ihm. Cyros unterlag. Er starb an den Wunden, die sie ihm beibrachte. Sie schlug Cyros den Kopf ab und nahm ihn als Trophäe mit.

Der Tote wurde von seinen Männern geborgen und bestattet. Sein Grabmonument ist an einem Ort, der Pasargade genannt wird, zu sehen. Der Überlieferung nach war dies auch der Platz, an dem der junge Cyros den König Astyages getötet haben soll.

Pasargade – 120 Kilometer von Shiraz entfernt – war nicht die Hauptstadt des gewaltigen Reiches, das sich Cyros geschaffen hatte. Pasargade war nicht einmal die Sommerresidenz. Das Reich besaß kein eigentliches Zentrum. Der Herrscher war ständig unterwegs, damit beschäftigt, seinen Machtbereich auszudehnen. Unbekannt ist, welche Funktion Pasargade wirklich hatte. Plutarch glaubte zu wissen, daß die Region eine „heilige Stätte“ gewesen sei, zu der sich jeder König der Frühzeit begeben habe, um sich krönen zu lassen.

Mohammed Reza Pahlawi hat sich nach Pasargade begeben, um seinem Regime Legitimität zu verschaffen. Es war seine Absicht, sich selbst in unmittelbarer Nähe des Cyrosgrabes bestatten zu lassen. Mit dem Bau des Grabmals war bereits begonnen worden, als der Schah im Jahre 1979 sein Land verlassen mußte. Als er gespürt hatte, daß er einer unheilbaren Krankheit verfallen war, hatte er Pläne für sein eigenes Mausoleum entwerfen lassen. Der Bau wäre weit prächtiger geworden als das schlichte Grab, das dem kopflosen Leichnam des Cyros als letzte Ruhestätte bestimmt gewesen war. Doch es war dem Schah nicht vergönnt, am Platz zu ruhen, der noch immer von Verehrern des Begründers der persischen Monarchie aufgesucht wird. Die Fundamente des Schahgrabs aber nimmt niemand wahr.

Im Oktober 1971, als sich der Herrscher in Pasargade im Geiste gleichberechtigt neben Cyros stellte, wurde dieses Gebet gesprochen:

> „Allmächtiger Gott
> Schöpfer des Universums und der Menschheit.
> Du hast Intelligenz und Weisheit den Menschen gegeben.
> Der Schöpfer hat unser edles Land reich gesegnet.
> Du hast den Gerechten Aryamehr als Wächter über das Land Iran eingesetzt.“

Der Begriff „Aryamehr“ läßt sich mit „Licht der Arier“ übersetzen – gemeint war Mohammed Reza Pahlawi.

Zu jener Zeit, als dieses Gebet in Pasargade öffentlich gesprochen wurde, fragte sich der Ayatollah Ruhollah Chomeini, der in Nejef im Irak als aus der iranischen Heimat Vertriebener lebte, welchen Gott Mohammed Reza Schah anbete. Der Ayatollah wußte die Antwort auf seine Frage: „Das ‚Licht der Arier‘ hat den Gott des Cyros und des Darios gemeint. Dieser Gott hat Ahura Mazda geheißen. Er ist zum

Glück vom Islam vernichtet worden. Doch jetzt soll er wiederbelebt werden – durch die Pahlawiden."

Ahura Mazda ist der Beschützergott der frühen Könige geworden. Ihn hatte Cyros angebetet, vor allem auch Darios, der dem Großreich im Namen von Ahura Mazda eine stabile Organisationsform gegeben hatte. Sein Bekenntnis zu dieser Gottheit kann unweit der Ausgrabungsstätten von Pasargade und Persepolis an einem Felsrelief abgelesen werden. Der Ort heißt Naqsh-Rostam und ist wegen der vier Felsgräber früher Könige besichtigungswert. Der Text des Bekenntnisses des Darios lautet: „Meine Kraft und meine Fähigkeiten verdanke ich Ahura Mazda. Alles was ich erreicht habe, war nur durch Ahura Mazda möglich. Dies sagt Darios der König: Durch die Gnade von Ahura Mazda bin ich zum Freund aller Menschen geworden, die Gutes wollen. Ich bin kein Freund derer, die Böses anstreben. Ich bin, dank Ahura Mazda, dagegen, daß den Schwachen Unrecht geschieht durch die Mächtigen. Ich bin der Gegner der Lügner. Ich bin nicht heißblütig. Wenn mich Wut überfällt, bezähme ich sie durch die Kraft meiner Gedanken. Ich bin in der Lage, mich selbst zu beherrschen."

Das Zeichen des Gottes Ahura Mazda ist in Persepolis an der „Ratshalle" zu sehen: Das Wesentliche der Gottesgestalt sind seine weiten Schwingen aus strenggegliederten Federn. Aus einer Scheibe im Zentrum ragen Schultern und Haupt heraus. Ahura Mazda schwebt am Himmel, der Name läßt sich mit „der weise Herr" übersetzen. Für die frühen persischen Könige war Ahura Mazda der Schöpfer der Welt, der Wesen und aller Dinge; er war vor allem der Protektor des Herrschers.

Ayatollah Chomeini nahm aus den Redetexten von Persepolis mit Erschrecken zur Kenntnis, daß der Schah begonnen hatte, sich den frühen Königen zuzuwenden. Als Mohammed Reza Pahlawi die Zeitrechnung für Iran neu orientierte, um sie mit der Epoche des Königs Cyros beginnen zu lassen, da stand für Chomeini fest, daß der Schah nicht mehr den Islam als geistige Basis für sein Land betrachtete. Als die Feierlichkeiten zum 2500jährigen Jubiläum der persischen Monarchie die Phantasie des Herrschers faszinierten, wurde die islamische Zeitrechnung aufgegeben, deren Anfang und Bezugspunkt die Übersiedlung des Propheten Mohammed von Mekka nach Medina war. Diese Übersiedlung hatte sich im Jahre 622 n. Chr. ereignet. Der Schah wollte sich von dieser islamischen Tradition lösen, um seine Dynastie augenfällig einzubinden in die Reihe legendärer Herrscher des Iran. Mohammed Reza Pahlawi machte kein Hehl daraus, daß er sich als Inkarnation von Cyros und Darios fühlte. Den Kronprinzen nannte er fortan Reza Darios.

Besonders auffällig demonstrierte ein Bauwerk die Anbindung an die frühen Könige, das auf Anregung der Frau des Schahs im Süden von Tehran entstanden ist: Das Monument „Schahyad" – „Gedenke des Schahs". Es ist 45 Meter hoch, errichtet aus 8000 weißen Steinblöcken aus Isfahan. Der iranische Architekt hatte den Auftrag, sich am Palast von Ktesiphon zu orientieren; er liegt 40 Kilometer von Baghdad entfernt am Ufer des Tigris. In Ktesiphon sind Reste alter Palastgebäude zu sehen; sie wurden einst von Mächtigen aus Persien bewohnt. Bemerkenswert ist, daß es den Baumeistern von Ktesiphon gelungen war, gewaltige Bogenkonstruktionen zu errichten.

Die Baukosten des Monuments „Schahyad" von Tehran betrugen 200 Millionen Dollar. Im Innern des Bauwerks befand sich zur Schahzeit ein Museum, das mit modernen visuellen Mitteln die Geschichte des Reiches sichtbar und erlebbar machte. Absichtlich ausgelassen in diesem historischen Überblick waren alle Bezüge zum Islam und zur Geschichte, die Persien mit Arabien verbindet. Dargestellt waren allein die Leistungen der frühen Könige und der späten Dynastie Pahlawi. Vergessen wurde die Epoche, als der Islam zur bestimmenden Ideologie des Landes geworden ist.

Nicht erwähnt worden ist der Begriff „Qadisiyah", der die Araber an einen Triumph und den viele Perser an eine Katastrophe erinnert.

„Qadisiyah" – das alte Persien geht unter

Der Name bezeichnet einen Ort im heutigen Irak am westlichen Ufer des Euphrat. Wo Qadisiyah präzise zu suchen ist, weiß niemand. Auch der Zeitpunkt des Ereignisses, das dort stattgefunden hat, ist unbestimmt; zur Diskussion stehen die Jahre 636 und 637 n. Chr.

Es muß im Sommer gewesen sein, als ein persisches Heer, das aus 80 000 Kämpfern bestand, von 10 000 arabischen Reitern angegriffen wurde. Die persischen Panzerreiter waren vom Erfolg verwöhnt. Sie kämpften diszipliniert und taktisch erfahren. Sie wunderten sich zuerst über den schwachen, schlecht ausgerüsteten Reiterverband, der sie attackierte. Der persische Kommandeur, der Rustam hieß, war der Meinung, es lohne sich gar nicht, den Kampf aufzunehmen. Er sah auf die Araber verächtlich herab. Doch das Gefecht wurde ihm aufgezwungen. Die arabischen Reiter, die auf schnellen Pferden saßen, griffen an, schossen Pfeile ab und zogen sich rasch wieder zurück. Die Panzerreiter, die bisher siegreich gegen Byzantiner gekämpft hatten, vermochten nicht, sich auf die feindliche Taktik einzustellen. Sie erwiesen sich als schwerfällig. Sie reagierten zu langsam. Sie warteten darauf, daß sich eine Feldschlacht entwickelte nach dem gewohnten Muster. Doch die arabischen Reiter waren an keiner Feldschlacht interessiert. Deren Befehlshaber begriffen bald, daß sie in der Lage waren, den Feind zu demoralisieren. Sie ließen sich Zeit.

Drei Tage lang wurde gekämpft, ohne daß sich eine Entscheidung abzeichnete. Dann aber wurde der persische Kommandeur Rustam verwundet. Er überlebte den vierten

Tag des Gefechts nicht. Als sich niemand fand, der in der Lage war, die Panzerreiter zu kommandieren, setzten sie sich über den Euphrat nach Osten ab. Sie fanden nicht mehr die Kraft, einen geordneten Widerstand zu organisieren.

Die Sieger staunten über die Bauwerke, die sie bei ihrem Vormarsch im Perserreich vorfanden. Im Jahre 638 n. Chr. erreichten sie Ktesiphon. Die Stadt heißt heute Al Mada'in und liegt südlich der irakischen Hauptstadt. Da stand der Palast der Perserkönige mit dem Wunderwerk der Bogenkonstruktion, das heute noch zu sehen ist. 37 Meter hoch ist der Bogen, der aus Ziegelsteinen besteht. 25,5 Meter mißt die Distanz zwischen den beiden Basen des Bogens.

Als der Irak noch ein Land war, das von Touristen besucht wurde, besaß Al Mada'in/Ktesiphon eine Attraktion, die mit Stolz gezeigt wurde: Das „Qadisiyah-Panorama". Dargestellt war die Schlacht von Qadisiyah: Die zahlenmäßig unterlegenen Araber schlagen die persischen Panzerreiter in die Flucht. Das Panorama wirkte besonders durch seine Licht- und Klangeffekte. Sie betonten die Entschlossenheit und Kampfkraft der islamischen Reiterei, die angefeuert wurde vom Ruf „Allahu Akbar" – Allah ist über allem! Die persischen Reiter machten dagegen eher einen kläglichen Eindruck. Sie besaßen keinen zündenden Kampfruf.

Die Perser fühlten sich von ihrer Gottheit Ahura Mazda im Stich gelassen. Die Ideologie des Islam aber erwies sich als wirkungsvoll: Moslems, die bei der Schlacht ihr Leben verloren, wurden belohnt – ihnen stand das Tor des Paradieses offen. Wer am Leben blieb, der profitierte materiell – ihm stand Beute zu. Dies war besonders im reichen Persien der Fall. Die gläubigen Kämpfer erzählten sich, der Prophet selbst habe von den Reichtümern gewußt, und er habe immer gesagt, Allah habe sie den Moslems versprochen, wenn sie den Gott der Perser besiegten.

Der arabisch-islamische Vormarsch war nicht aufzuhalten. Ein letzter persischer Widerstand organisierte sich bei Nihavand. Der Ort heißt heut Nahavand und liegt an der Straße von Arak nach Kermanshah. Der Widerstand wurde gebrochen, und damit lag das Land Fars offen vor der islamischen Reiterei. Da Fars reich war, brauchte es eine Zeit, bis diese Beute registriert und verteilt war.

Im Jahre 649 n. Chr. erreichten die Eroberer Persepolis, das einstige kulturelle Zentrum der frühen persischen Könige. Die Paläste waren allerdings schon längst zerstört. Alexander der Große hatte sie um das Jahr 330 v. Chr. niederbrennen und niederreißen lassen.

Doch den Eroberern fielen die Zeichen der früheren Gottheit ins Auge, die immer noch an den Wänden der Ruinen vorhanden waren. Die Moslems bemühten sich, die Symbole des Gottes Ahura Mazda zu tilgen. Die Erinnerung an die Glaubenswelt von Ahura Mazda und Zarathustra sollte für immer ausgelöscht sein.

Zarathustras Gott hatte sich lange erfolgreich gewehrt

Die Eroberten hielten es für klug, sich mit der Religion der Sieger zumindest zu befassen. Sie stellten mit Erstaunen fest, daß die Lehre des Propheten Mohammed in vielem den Grundzügen ihres bisherigen Glaubens entsprach.

Seit König Cyros war für die Menschen des Persischen Reiches der Glaube an Gott Ahura Mazda die verbindlich vorgeschriebene Ideologie. Ahura Mazda war das Symbol des Guten. Das Böse wird von Ahriman personifiziert; er ist ein Geist, der Übles will. Ahura Mazda und Ahriman stehen einander in Feindschaft gegenüber. Das heilige Feuer trennt sie. Der Mensch ist aufgefordert, auf der Seite des Guten gegen das Böse zu kämpfen.

Die Übereinstimmung mit der Glaubenswelt des Propheten Mohammed liegt in der Ablehnung des Bösen und in der Überzeugung, das Gute werde siegen – Zarathustra und der Prophet Mohammed hatten die Überzeugung ausgesprochen, der Tag des Jüngsten Gerichts werde anbrechen, an dem Rechenschaft von den Menschen verlangt werde.

Ein Unterschied zwischen der Lehre des Zarathustra und der des Propheten Mohammed ist allerdings augenfällig: Ahura Mazda darf und soll sogar bildlich dargestellt werden. Mohammed aber verbot, dem allmächtigen Gott Gestalt und Form zu geben. Von Allah – und auch vom Propheten – durfte es kein Abbild geben. In Persien wirkte sich dieses Verbot nie in vollem Umfang aus. Als sich der Islam auf dem persischen Hochplateau durchgesetzt hatte, nahm niemand Anstoß daran, daß der Prophet und die Mitglieder seiner Familie gezeichnet und gemalt wurden.

Ahura Mazdas Abbildungen überlebten den Ansturm der Moslems. Die Erinnerung an den „weisen Herrn" blieb bewahrt. Er herrschte weiterhin im Himmel. Sein Stellvertreter auf Erden war der König. Was der König unternahm, geschah im Namen von Ahura Mazda. Was der Herrscher sagte, war in Wahrheit Aussage des „weisen Herrn".

Nach der Enttäuschung von Qadisiyah (636 oder 637 n. Chr.) und Nihavand (649 n. Chr.), nach der Niederlage gegen den Islam, erholte sich der traditionelle Glaube nur langsam. Die Biographie des Mannes, der die Existenz des Gottes Ahura Mazda propagiert hatte, verblaßte. Sie kann heute nicht mit annähernder Sicherheit geschildert werden. Zarathustra ist wohl um das Jahr 630 v. Chr. geboren worden. Seine Familie, die von mäßigem Wohlstand war, lebte im Süden von Tehran – dort wo sich heute der Vorort Rey befindet. Diese Gegend war zu jener Zeit nur dünn besiedelt. Um verstreute Häuser lagen Felder und Äcker. Unsicher ist, ob Zarathustra Priester eines traditionellen Kults war. Berichtet wird, ihm habe sich eines Tages der bis dahin unbekannte Gott Ahura Mazda offenbart. Der göttliche Auftrag habe gelautet, „Die Wahrheit“ zu verkünden. Diese bestand darin, daß es keinen anderen Herrn gab für die Menschen als Ahura Mazda. Diese Wahrheit mißfiel allerdings den Sheikhs der Stämme im Gebiet von Rey; sie wollten an der Vielzahl der Götter festhalten.

Bemerkenswert ist die Parallele zur Offenbarung, die dem Propheten Mohammed deutlich machte, daß es nur einen allmächtigen Gott gab. Diese Offenbarung geschah dann fast genau eintausend Jahre später in Mekka. Die Übereinstimmung machte es den bisherigen Gläubigen des Zarathustrakults leicht, den islamischen Glauben zu übernehmen.

Mohammed und Zarathustra hatten schmerzhafte Erfahrungen zu machen mit den Menschen ihrer Zeit. Beide wurden als Verrückte bezeichnet, die eine Irrlehre erfunden hätten. Beide wußten sich durch Worte zu wehren. Mohammed konnte den Durchbruch im Jahre 622 n. Chr. erzielen, als er von den Bewohnern der Stadt, die sich später Medina nannte, gerufen wurde – er sollte dort, in der Fremde, durch seine Offenbarung Ordnung schaffen. Zarathustra fand Anhänger in der Gegend südlich des Aralsees. Der dortige Herrscher, der Vishtaspa geheißen haben soll, glaubte durch das Bekenntnis zu Ahura Mazda seine eigene Position zu festigen. Vom Aralsee aus hat sich der Glaube des Zarathustra ins persische Hochland ausgebreitet. Die Glaubenstradition der Zarathustraanhänger – sie zählen heute noch 30 000 in Iran – will wissen, daß die Bekehrung der Menschen zwischen den Gebirgen Elburz und Zagros genau 258 Jahre vor der Zerstörung von Persepolis durch Alexander den Großen abgeschlossen worden sei. Der Einbruch des Eroberers in das persische Gebiet wurde von den Gläubigen der Zarathustralehre als Strafe dafür angesehen, daß es der König versäumt hat, die Weisungen des Gottes Ahura Mazda zu beachten. Wie alle Menschen hat sich auch der Herrscher gütig zu verhalten; er hat gerecht zu sein; er muß unparteiische Entscheidungen treffen. Hält er sich an den

Kodex, der Gleichheit der Menschen garantiert, ist seine Amtszeit von Glück gesegnet. Vergißt er die göttlichen Vorschriften, verliert er den göttlichen Schutz. Sein Handeln führt nicht mehr zur Wohlfahrt des Landes. Unglück überzieht das Reich.

Dies war um das Jahr 330 v. Chr. geschehen. Unter König Darios III. war Persiens militärische und politische Kraft erlahmt – nach rund 230 Jahren der positiven Entwicklung seit der Einrichtung der Monarchie unter dem Protektorat des Gottes Ahura Mazda. Das Land der Griechen, das um das Jahr 480 v. Chr. nach der Schlacht am Engpaß der Thermopylen – am Zugang nach Nordgriechenland – von Persien unterworfen worden war, begann wieder eigenständig zu werden. Der junge Alexander von Macedonien, der in der Geschichte den Beinamen „der Große" erhielt, stellte ein Heer zusammen und eroberte zunächst die griechischen Gebiete, dann begann er Persien zu bedrohen. Darios III. fühlte sich dem aggressiven Feldherrn nicht gewachsen, der keinen Respekt zeigte vor Ahura Mazda. Der König bot Tributzahlungen an und schließlich sogar Abtretung von Gebieten. Daran war Alexander jedoch keineswegs interessiert. Seine Absicht war die Zerschlagung des Perserreichs; er wollte Persien annektieren.

Im Frühjahr 330 erreichte das Alexanderheer Persepolis, den für Zeremonien geschaffenen prachtvollen Gebäudekomplex. Die Menschen, die dort arbeiteten und lebten, waren von der Vorstellung geleitet, Herrscher hätten gerecht und gütig zu sein. Darios III. hatte den Kodex des Staatsgottes wenig beachtet; deshalb wurde seine Bestrafung von den Untertanen erwartet. Es löste Überraschung aus, daß sich der Sieger weit gewalttätiger benahm, als die Unterlegenen angenommen hatten.

Berichtet wird, Alexander habe eigentlich gar nicht die Absicht gehabt, Persepolis zu zerstören. Doch eines Nachts habe er sich in den Prunkräumen der persischen Könige mit einer hübschen Frau vergnügt. Sie habe ihn um die höchste Lust gebracht, als sie ihn unvermittelt daran erinnerte, daß es Perser waren, die einst Athen zerstört hatten – vor vielen Generationen. Der betrunkene Alexander sei in Wut geraten und habe noch in jener Nach den Befehl gegeben, Persepolis zu verbrennen. Zuvor aber ließ er die Goldplatten von Dächern und Wänden brechen und in Sicherheit bringen. Er ließ die Edelsteine einsammeln, die zur Ausschmückung der Reliefs dienten. Die Schatzkammern wurden geleert. Der Reichtum von Persepolis sicherte dem Feldherrn die Finanzierung seiner weiteren Kriegszüge. Dann aber, am Dionysosfest des Jahres 330 v. Chr., wurden die hölzernen Teile sämtlicher Bauwerke angezündet. Die durch Balken aus Zedernholz gestützten Dächer stürzten ein. Mauern zerbrachen durch die Hitze des gewaltigen Brandes. Zerstört wurden Kunstschätze und eine beachtenswerte Bibliothek. Standgehalten hatten die Darstellungen des Gottes Ahura Mazda, auch wenn die Gebäude von Persepolis in Trümmern lagen.

Es war nicht Alexanders Wille gewesen, Persien und seine Menschen wirkungsvoll und nachhaltig zu verändern. Auch sein Nachfolger, der macedonische Reiterführer Seleucos, war nicht vom Wunsch motiviert, die Götter seiner Heimat im persischen Hochland anzusiedeln. Er heiratete eine Perserin, die mit dem Königshaus verwandt war, und die ihren Glauben an Ahura Mazda bewahrte. Sie überzeugte schließlich sogar ihren Mann von der Kraft dieses Gottes. Gefahr drohte den Priestern des traditionellen persischen Gottes jedoch durch eine bevölkerungspolitische Maßnahme, die Seleucos um das Jahr 310 v. Chr. anordnete. Er holte griechische Familien ins persische Land.

Im Heimatland der Griechen herrschte Überbevölkerung. Der Gedanke lag nahe, die überzähligen Menschen nach Persien zu bringen, das in ausreichendem Maß Platz bot. Jahr für Jahr wanderten Zehntausende von Männern, Frauen und Kindern aus Griechenland und Macedonia über das Gebiet von Euphrat und Tigris hinauf zum persischen Hochland. Die Verwaltung der macedonischen Beherrscher Persiens organisierte die Ansiedlung in eigens gegründeten Kolonien. Die Zuwanderer behielten die griechische Sprache bei. Persien entwickelte sich zum zweisprachigen Gebiet.

Wenn die macedonischen Herren glaubten, sie könnten Persien in ein zweites Griechenland verwandeln, so täuschten sie sich. Nach wenigen Jahren fanden die Zuwanderer die Lebensart der Perser angenehm. Viele vergaßen den Kult des Dionysos und ließen sich von der Glaubensvorstellung des Zarathustra leiten. Die Kinder und Enkel, die zunächst Fremde waren zwischen den Gebirgen Elburz und Zagros, fühlten sich schließlich als Perser. So konnte es geschehen, daß die Nachfolger des Alexander nach 160 Jahren der Herrschaft über Persien aufgaben. Eine andere Volksgruppe hatte inzwischen nachdrücklicher als die Herren aus Macedonien ihren Einfluß geltend gemacht, und er ist bis heute wirksam – zum Erstaunen der Iranreisenden, denen deutlich gesagt wird, die Iraner seien – im Gegensatz zu den arabischen Irakern – arisch. Bemerkenswert ist der Stolz der Perser, zu den „arischen Völkern“ zu gehören. Nicht nur der Respekt vor Ahura Mazda hat die Invasion der Araber im Jahre 636 oder 637 überlebt, sondern auch die Bindung der Perser an ihre arischen Wurzeln.

Arier prägten Persiens Kultur mit

Mohammed Reza Pahlawi war stolz auf einen ganz bestimmten Titel: Er nannte sich „Aryamehr“ – „das Licht der Arier“. Er legte mehr Wert auf diese Bezeichnung als auf den Ehrennamen „Schahanschah“ – „König der Könige“.

„Aryamehr“: Dieser Titel umriß ein Programm. Der Schah war das Licht eines arischen Volkes. Die Iraner waren für ihn arisch – die Araber aber waren für ihn Semiten.

Daraus leitete sich für den iranischen Herrscher die Überlegenheit seines Volkes ab – aber auch die Leistungen der frühen Könige Cyros und Darios, die für Mohammed Reza Pahlawi ganz selbstverständlich Arier waren.

Unpräzise sind die Angaben über die Herkunft der arischen Familien, die das Hochplateau besiedelt haben. Geschichtskundige Perser nennen drei Wanderwellen von Sippen, die aus dem südlichen Sibirien gekommen sein sollen. Als Zeitpunkt werden drei unbestimmte Markierungen gesetzt: 3000 v. Chr. – 1500 v. Chr. – 700 v. Chr. Diese Ariergruppen, so wird erzählt, hätten sich nach einiger Zeit wieder aufgemacht, um neue Ziele zu erreichen. Ein Teil der arischen Sippen hätte schließlich Indien erreicht; ein starker Teil aber sei nach Europa gewandert. Die Kelten Süddeutschlands seien die Nachfahren iranischer Arier. Die Verwandtschaft, insbesondere in der Sprache, sei feststellbar.

Daß die Sprachverwandtschaft existierte, war schon dem ersten Schah der Pahlawidynastie bewußt. Reza Khan fühlte sein Sprachbewußtsein irritiert durch die arabischen Wörter, die in Iran gebraucht wurden. Er verlangte die Säuberung der Sprache von diesen Wörtern. Zu diesem Zweck ließ er eine „Sprachakademie" gründen, deren Aufgabe es war, arabische Wörter durch iranische zu ersetzen.

Die Sprachakademie achtete besonders darauf, den Wortschatz zu pflegen, der die Verwandtschaft der iranischen Sprache zu indogermanischen Sprachfamilien aufzeigte.

Diese Verwandtschaft ist in der Tat erstaunlich. Fünf Beispiele: Khoda heißt auf iranisch Gott; Maadar heißt Mutter; Padar heißt Vater; Dokhtar heißt Tochter; Baradar heißt Bruder.

So läßt sich auch der Staatsname Iran auf eine alte sprachliche Form zurückführen. Die Wurzel – so sagen iranische Sprachkundige – bilde das Wort „airyanem", das so zu übersetzen sei: „Den Ariern gehörig".

Der Schah, das „Licht der Arier", berief sich auf diese rassische Bindung seines Volkes an die Arier. Reza Pahlawi zog es vor, sein Reich Iran zu nennen; er lehnte die traditionelle Bezeichnung Persien ab.

Er traf mit der Festlegung der Bezeichnung den Willen vieler Iraner, die auch heute noch der Meinung sind, mit „Persien" sei nur die Provinz „Fars" gemeint, das frühgeschichtliche Parsa – die Region um Shiraz. Außerdem sei der Name „Persien" hauptsächlich von den Kolonialmächten gebraucht worden. Das Wort habe etwas Herabwürdigendes an sich; es beweise Respektlosigkeit vor dem stolzen iranischen Volk. Der Gebrauch des Begriffs „Persien" sei deshalb zu vermeiden.

Reza Schah, der Begründer der Pahlawidynastie, versuchte die Regierungen anderer Staaten zu zwingen, nur den Staatsnamen „Iran" zu verwenden. Er schreckte nicht davor zurück, Briefe fremder Könige und Präsidenten abzuweisen, die an den „Schah von Persien" adressiert waren.

Nachdem die ersten drei arischen Wanderwellen abgeklungen waren, ereignete sich um das Jahr 140 v. Chr. eine vierte Invasion eines Volkes, das zu den Ariern gezählt werden durfte: Die Parther, bisher ein Nomadenvolk, suchten Siedlungsgebiete auf dem Hochland zwischen den Gebirgen. Ihr König hieß Mithridates I. (171 bis 137 v. Chr.). Iranische Historiker vergleichen ihn mit Cyros, dem Begründer der iranischen Monarchie. Von Mithridates I. wird berichtet, er habe die Seleukidenherrschaft, die noch auf Alexander zurückging, beendet. Doch wie Cyros habe er seine Gegner milde behandelt und sie damit als Partner gewonnen. So ist es ihm tatsächlich gelungen, dem iranischen Reich wieder territoriale Größe zu geben. Sehr rasch verwandelten sich die Parther vom Wandervolk zu seßhaften Sippen, die das Land, das sie besaßen, zu kultivieren wußten. Sie intensivierten die Landwirtschaft. Von Vorteil war, daß es den Parthern gelang, ihre Pferde, die zur Nomadenzeit als behäbiges Transportmittel gedient hatten, durch Veränderung des Futters in Tiere zu verwandeln, die bei täglicher Arbeit zu verwenden waren.

Andere Pferde wurden für den Einsatz im Kriege, für den Verteidigungsfall trainiert. Sie wurden nicht länger mit Steppengras, sondern mit Getreide gefüttert. Sie hatten fortan die Kraft, gepanzerte Bogenschützen zu tragen. Die Truppen der Parther waren damit in der Lage, einen erfolgsgewöhnten und gefährlichen Gegner abzuwehren.

Um das Jahr 55 v. Chr. bereitete sich der römische Feldherr Crassus darauf vor, die „Schätze des Ostens“ in Besitz zu nehmen; er vermutete den Reichtum in Iran zu finden. Dorthin wollte er vorstoßen, von Syrien aus. Seine Invasion erfolgte gegen den Willen des römischen Senats, der die Meinung vertrat, der Procunsul Crassus besitze zu wenig Erkenntnisse von der geheimnisvollen Welt, die sich hinter dem Zagrosgebirge verbarg. Der Senat behielt recht.

Im Gebiet der heutigen Osttürkei trafen die damals schwerfälligen römischen Kohorten auf die parthische Reiterei. Die Schlacht bei Carrhae endete für die Römer in einer militärischen Katastrophe. Ungefähr 30 000 Legionäre sollen ihr Leben verloren haben. Unter den Toten befanden sich auch Crassus und sein Sohn.

Erst nach der Niederlage von Carrhae führten auch die Römer rasche berittene Verbände in ihrer Streitmacht ein. Doch diese Umrüstung brauchte Zeit. Es war eine bittere Erkenntnis für die Römer, jahrelang dem Volk, das auf der iranischen Hochfläche lebte, unterlegen zu sein. Der Schock wirkte sich zwei Jahrzehnte lang aus. Die römischen Legionen wagten bis zum Jahr 37 v. Chr. keine strategischen Attacken mehr. Dann wollte Marcus Antonius die Feldzeichen, die in iranischen Tempeln als Beute ausgestellt waren, zurückholen, doch auch dieser Feldzug scheiterte. Das Interesse des Feldherrn Marcus Antonius war künftig auf das

Land am Nil gerichtet. Cleopatra hatte seine Sinne gefangengenommen.

Die Parther hatten trotz aller Erfolge die Römer zu fürchten begonnen. Sie gaben schließlich freiwillig die einst eroberten Feldzeichen zurück. Die parthischen Befehlshaber hatten kein Interesse mehr, sich mit dem Westen, mit den Römern, militärisch auseinanderzusetzen. Der Konflikt fand auf geistig-religiösem Gebiet statt: Die iranische Götterwelt gewann Einfluß bei den römischen Legionären, die im Osten des Imperiums stationiert waren. Der Ahura-Mazda-Kult wurde populär bei den Römern.

Neben Ahura Mazda hatte sich allerdings eine weitere Gottheit gestellt: Mithras, der Gott der Sonne, des Rechts und der staatlichen Ordnung. Dieser Gott war schon in der Zeit von Zarathustra bedeutend gewesen, doch dieser Religionsstifter hatte neben Ahura Mazda keine weitere Himmelsmacht dulden wollen. Er hatte seinen Gläubigen die Überzeugung ausgetrieben, Mithras sei von Einfluß auf ihr Leben. Doch als die Parther sich auszubreiten begannen im Land zwischen den Gebirgen Elburz und Zagros, da setzte sich auch wieder der Glaube an Mithras durch. Daß Mithras den Parthern heilig war, beweist schon der bei ihnen gebräuchliche Königsname Mithridates – er bedeutet „Geschenk des Mithras".

Die römischen Legionäre neigten dazu, die zeitweise Überlegenheit ihres Gegners göttlichen Kräften zuzuschreiben. Waren die Iraner siegreich, dann mußte dies mit ihrer starken Gottheit zusammenhängen. Mancher Römer hielt es für klug, sich von Mithras Hilfe zu erflehen. Der Mithras-Kult breitete sich auf römischem Gebiet aus. Er wurde weit im Westen wirksam.

Daß Mithras wieder in die Götterwelt des Iran eingerückt war, hatte dem Ansehen von Ahura Mazda nicht geschadet. Auf iranischen Münzen jener Epoche sind Feueraltäre zu erkennen, die zu Ehren von Ahura Mazda brennen. Der

Gott der geflügelten Sonnenscheibe herrschte noch immer. Auch die Könige der Partherzeit glaubten, trotz Mithrasverehrung, an den Gott, der Iran seit vielen Generationen Macht und Wohlstand gebracht hatte. Es waren die Monarchen, die aus Parthersippen stammten, die um das Jahr 140 n. Chr. auf die Idee kamen, sich den Titel „Schahanschah“ zu geben – „König der Könige“. Doch die anspruchsvolle und anmaßende Bezeichnung entsprach schließlich nicht mehr der Realität. Jahrelang hatte Ahura Mazda den Herrschern die Kraft gegeben, den Römern standzuhalten, die römische Invasion zu verhindern. Die Auseinandersetzung hatte jedoch die Kräfte des Landes verbraucht. Die Zentralgewalt verlor an Macht. Die Stämme sicherten sich Unabhängigkeit. In der Provinz Fars, in der Stadt Stakhr - die nahe bei den Ruinen von Persepolis lag – wirkte ein Priester im Tempel von Ahura Mazda. Sein Name war Sassan. Nach ihm wird das Geschlecht der „Sassaniden“ benannt, das um das Jahr 220 n. Chr. die Partherdynastie ablöst.

Der Priester Sassan hatte einen Sohn, der Papak hieß. Er war mit einer Frau aus einflußreicher Arierfamilie verheiratet. Die Frau war ehrgeizig. Sie brachte ihren Mann und seine Nachkommen dazu, das Herrschaftsgebiet auszudehnen, das ursprünglich auf die Region zwischen den Tempelorten Persepolis und Pasargade beschränkt war.

Enkel und Urenkel des Priesters Sassan machten beachtliche Eroberungen. Ihr Reich dehnte sich nach Westen über den Persischen Golf aus – er wurde damit zum persischen Binnengewässer. Das Gebiet des heutigen Emirats Kuwait, die Küste Saudi Arabiens und beide Ufer der Meerenge von Hormuz wurden von einem „Sassaniden“ beherrscht, der Ardeshir hieß. Er fühlte sich als Herrscher in einer langen ununterbrochenen Reihe von Monarchen. Überliefert ist eine stolze Bemerkung, die von Cyros und Darios stammen könnte: „Mir, Ardeshir, wurden Land, Thron und Krone von Ahura Mazda übergeben!“

Zur Zeit des Königs Ardeshir entstand der Gedanke, das Meer an der Westküste des Iran – es heißt auf unseren Landkarten Persischer Golf – müsse umrahmt bleiben von Land, das zu Iran zählt. Bis in die Gegenwart hat sich diese Vorstellung gehalten: Der Schah hatte die „sassanidische Idee“ aufgegriffen; Chomeini hat sie unter religiös-schiitischen Vorzeichen weiterentwickelt. Keiner der Mächtigen des Iran hat auf den verlockenden Gedanken verzichtet, sämtliche Ufergebiete des Golfs zu beherrschen. Im Zeitalter des Erdöls bekam dieser Gedanke besondere Bedeutung.

Beherrschende Ideologie des Staates, der den Persischen Golf umrahmte und der im Osten bis zum Indus reichte, war weiterhin der Glaube an die Allmacht des Gottes Ahura Mazda. Zu dessen Hofstaat gehörten Götter zweiten Ranges: dazu zählte Anahita, die Göttin des Wassers, die auch gleichzeitig Göttin des Feuers gewesen sein mag. Ahura Mazda gab Anordnungen an seine göttlichen Untertanen; er regierte. Der König folgte dem Beispiel des Gottes.

Die Zeit der Nachkommen des Priesters Sassan – sie reichte ungefähr vom Jahr 220 bis 642 n. Chr. – war eine Epoche der Restauration der Werte früherer Epochen: Die eigenständige persische Kultur blühte auf. Baumeister perfektionierten die Stilelemente Kuppel und Gewölbe, die bis heute als typisch iranisch gelten. Entwickelt wurde die Kunst der Miniaturmalerei und des Teppichwebens. Ein Teppich von überwältigender Schönheit soll zur Zeit des Königs Chosrow (560 bis 579 n. Chr.) entstanden sein, gewoben aus Seidengarn und durchwirkt mit silbernen Fäden. Der Teppich trug den Namen „Frühling des Chosrow“. Dargestellt war eine iranische Gartenlandschaft im Frühling. Seinen besonderen Effekt soll der Teppich den Edelsteinen zu verdanken gehabt haben: Aus Diamanten bestanden die Bilder der Wasserkaskaden; aus Smaragden die Abbildungen edler Pflanzenarten. Der Teppich soll nach der Schlacht von Qadisiyah von den arabischen Siegern nach Mekka gebracht worden sein. Er gilt als verschollen.

König Schapur, der um die Mitte des dritten Jahrhunderts, also dreihundert Jahre vor Chosrow gelebt und geherrscht hatte, war in der sassanischen Epoche der Restauration iranischer Kulturwerte ein Herrscher von hoher militärischer Begabung gewesen. Zu bestaunen ist an den Felswänden von Nashq-e-Rustam die Aufzählung seiner Eroberungserfolge. Sie ist als Flachrelief gestaltet. Zu erkennen ist der „Schahanschah“ Schapur zu Pferde. Er trägt ein gewaltiges Schwert an seiner Seite. Der Schahanschah läßt sich Gefangene vorführen. Eine Inschrift besagt, der „König der Könige“ habe Peshavar besetzt – die Stadt liegt im heutigen Pakistan und beherrscht den Khaiberpaß. Erwähnt wird, Schapur sei dem Lauf des Flusses Indus gefolgt; mit seinen Truppen habe er den Hindukush bezwungen, das Hochgebirge in Zentralasien; der Fluß Oxus sei in seinen Besitz gelangt; die Städte Samarkand und Taschkent hätten sich ihm unterworfen.

Schapur war auf der Suche nach einer Perfektion der Lehre des Zarathustra. Der König benötigte eine moderne Ideologie, die es ihm leichter machen sollte, das Riesenreich zusammenzubinden. Er stieß auf einen Visionär, der aus der Gegend von Ktesiphon stammte. Dieser Ideologe hieß Mani. Er soll im Jahre 216 n. Chr. geboren worden sein. Mani sah sich als Vollender der Lehre des Zarathustra.

Er griff die dualistischen Grundsätze der ursprünglichen Zarathustralehre auf und entwickelte sie weiter. Hatte Zarathustra von Gut und Böse gesprochen, so sah Mani die Spaltung von Körper und Seele, von Geistigkeit und Sinnlichkeit. Mani sah in der spirituellen Reinheit die höchste Stufe menschlicher Entwicklung. Die spirituelle Reinheit war im Menschen verborgen als Lichtfunke. Seine Befreiung vom Körper war das Ziel der Gläubigen.

Obgleich der Ideologe Mani unter dem Schutz des Schahanschah stand, gelang es den Priestern des traditionellen Glaubens an Ahura Mazda, ihn zu beseitigen. Es wird berichtet, Mani sei ermordet worden.

Mit seinem Tode erlosch die Reformbewegung, die dem Glauben neue Impulse hätte geben können. Langsam trat eine Verkrustung des Regimes ein, die sich auf politische und religiöse Belange ausdehnte. Am Hof des Schahanschah wurden Pracht und Zeremonien wichtig. Der Herrscher zeigte sich kaum vor seinen Untertanen; er blieb bei Festen hinter Vorhängen verborgen. Die Priester des Gottes Ahura Mazda hatten nur noch die Aufgabe, unter Berufung auf die Gottheit die Position des Schahanschah zu festigen.

Das Amt der Priester war erblich geworden. Wichtig war ihnen Position und Würde. Der Inhalt des Glaubens war in Vergessenheit geraten. Als der „König der Könige" Chosrow im Jahre 628 n. Chr. starb, war das Glaubensgebäude brüchig. Die Zeit war reif in Iran für den völligen Umsturz.

Der Machtapparat, der ausgehöhlt war, verfügte jedoch noch immer über ein gut funktionierendes Heer. Es war stark genug zum Kampf mit dem Rivalen um die Beherrschung der damaligen Welt. Byzanz, Ostrom, machte Persien den Anspruch streitig, seinen Willen durchsetzen zu können. Die Auseinandersetzung begann im Jahre 602 n. Chr. mit der persischen Invasion des byzantinischen Gebiets. Zehn Jahre später erreichten die Panzerreiter Antiochia im heutigen Syrien. Ein Jahr später wurde Jerusalem persisch. Die wichtigste christliche Stadt, die Wirkungsstätte des Jesus von Nazareth, befand sich damit nicht mehr in christlicher Hand. In Jerusalem wurden Feuergottesdienste für Ahura Mazda zelebriert.

Im Herzen der Arabischen Halbinsel, mehr als fünfzig Tagreisen von Jerusalem entfernt, registrierte ein Mann das Geschehen, der bisher keine Rolle in der Politik gespielt hatte. In Mekka nahm der Kaufmann Mohammed die Veränderungen wahr. Er sprach diesen Satz aus: „Besiegt sind die Römer im nahen Lande!" In der dreißigsten Koransure findet sich diese historische Feststellung. Mit den „Römern" sind die Byzantiner gemeint – die Oströmer.

Die Araber vernichten Ahura Mazda

Der Feststellung der Niederlage der Byzantiner folgt eine Prophezeiung, die überraschend wirkt: „Doch die Byzantiner werden Sieger sein in einigen Jahren." Der Prophet Mohammed sollte recht behalten. Zwölf Jahre nach der Einnahme von Jerusalem werden die „Oströmer", die Byzantiner, die Überlegenen. Vorausgegangen war eine Heeresreform, die den byzantinischen Streitkräften Schlagkraft und Beweglichkeit verschafft hatte. Sie griffen überraschend an, stießen bis Ktesiphon durch und besetzten die Stadt. Der Schahanschah floh.

Der vom Propheten Mohammed vorhergesagte Sieg der „Oströmer" führte nicht zum Untergang Irans. Dieses Ereignis fand erst zehn Jahre später statt, nach dem Erfolg der arabischen Reiter und Bogenschützen über die schwerfälligen persischen Panzerreiter bei Qadisiyah. Zu Ende war der Glaube an Ahura Mazda – diese Gottheit hatte bei Qadisiyah gründlich versagt. Machtlos wurde die Kaste der Zarathustrapriester.

Die islamischen Rituale brauchten keine „Eingeweihten", die besondere Privilegien beanspruchen konnten. Das soziale Gefüge mit „oben und unten" veränderte sich.

Bis heute sind Historiker erstaunt darüber, wie rasch sich der Umbruch vollzog. Die Meinung herrscht, daß sich niemals zuvor in der Geschichte ein Volk derart schnell seiner Traditionen entledigt hatte, um sich einer anderen Ideologie zu öffnen. Das Geheimnis ist darin zu suchen, daß im Reich des Schahanschah Religion und Kultur dem Hof und der Geistlichkeit vorbehalten waren. Nur die Eliteschicht war mit den Regeln des Glaubens befaßt und vertraut. Der Inhalt des islamischen Glaubens aber war von jedem leicht zu begreifen: Der eine und allmächtige Gott stand über allem. Zwischen Gott und den Menschen war kein Vermittler eingeschaltet.

Daß die Lehren des Zarathustra und des Propheten Mohammed miteinander verwandt waren, fand bald eine Erklärung in Persien: Ein Anhänger des Zarathustra sei einst Berater des Propheten Mohammed gewesen. Noch in unserer Zeit ist dieser Zusammenhang in der Gedankenwelt der Iraner verankert: Ideen und Verhaltensregeln des Zarathustraglaubens seien in den Islam übergegangen.

Die Überzeugung breitete sich auf dem iranischen Hochplateau aus, der eine Generation zuvor verstorbene Prophet Mohammed habe durch seine Offenbarung Grundsätze der Lehre des Zarathustra wiederbelebt. Der Wunsch nach Gerechtigkeit sei Prinzip iranischer Glaubenstradition gewesen; er werde jetzt im islamischen Staat verwirklicht.

Als die Geschäftsleute von Isfahan erfuhren, daß sie an die neuen Herren, die Moslems, weniger Steuern zu zahlen hatten, als an die bisherige Stadtaristokratie, die der Schahanschah eingesetzt hatte, wurden sie leichten Herzens islamische Gläubige. Sie fanden verständige Oberherren in den Gouverneuren, die der Kalif, der in Damaskus residierte, nach Isfahan geschickt hatte.

Doch nicht immer war das Verhältnis zwischen Iranern und den aus Arabien eingetroffenen Herren ungetrübt. Nach zwei Generationen des guten Zusammenwirkens kam Hadsch Ibn Jusuf im Jahre 694 als Gouverneur nach Isfahan. Er war entschlossen, von seinen männlichen iranischen Untertanen die Beschneidung zu verlangen. Diese Gesetzesänderung für die iranische Provinz des Kalifenstaats löste Unruhe aus; es drohte Rebellion. Da reagierte der Kalif ziemlich rasch. Von Damaskus aus erließ er ein Dekret, das die Vorschrift der Beschneidung für die iranische Provinz außer Kraft setzte.

Mit dem Jahr 715 n. Chr. endete das gute Verhältnis der Kalifen aus dem Hause Omayya zu den iranischen Untertanen. Die Gouverneure, die verantwortlich waren für das Hochplateau zwischen den Gebirgen Elburz und Zagros, begannen auf Kosten der Kaufleute und Grundbesitzer ein Luxusleben zu führen. Sie kopierten dabei ihre Herren, die Kalifen in Damaskus. Die Folge war eine vom Volk getragene Protestbewegung. In Chorasan, im Nordosten des iranischen Gebiets, organisierten sich die Unzufriedenen und formierten sich zu Marschkolonnen. Über den Köpfen der Marschierenden flatterten schwarze Fahnen. Sie ersetzten bald überall die weißen Flaggen der Omayyaden.

Im Jahre 750 endete die Zeit des Hauses Omayya. Der vierzehnte und letzte Kalif dieses arabischen Geschlechts konnte vor dem Einmarsch der iranischen Kolonnen aus seiner Hauptstadt entfliehen. Kairo war sein Ziel. Doch auch dort wurde er von den Siegern gesucht. Die Häscher fanden ihn in einer christlichen Kirche. Vor dem Altarkreuz wurde der Omayyade enthauptet.

Iranischer Einfluß setzt sich im arabisch-islamischen Reich durch

Der Feldherr Abu Muslim, der iranischer Abstammung war, hat der Dynastie der Abbasiden zur Macht verholfen. Die Kämpfer, die seinem Befehl gehorcht hatten, waren Perser. Abdallah Ibn Abbas, der neue Kalif, der sich auf nahe Verwandtschaft zum Propheten Mohammed berief, war Araber. Doch er hörte mehr und mehr auf die Perser, die ihn an die Staatsspitze gehoben hatten. Der Feldherr Abu Muslim hatte eine Abneigung gegen Damaskus, das so nahe am byzantinischen Reich lag und dessen Bewohner sich der byzantinischen Kultur zuneigten. Er erinnerte sich daran, daß Ali, der Schwiegersohn des Propheten, einst dem Omayyadenkalifen den Bau eines Palasts in Damaskus übelgenommen hatte, den er mit der Begründung erstellt hatte, die Nähe zu Byzanz verlange den Besitz repräsentativer Bauwerke. Der Perser Abu Muslim meinte, Abdallah Ibn Abbas möge seine repräsentativen Bauten nicht im byzantinischen, sondern im persischen Stil erbauen – und dies gelinge nur nahe an Persien. Am Tigris solle die neue Hauptstadt des Kalifenreichs entstehen.

Sie erhielt zunächst den Namen „Medinat as Salama" – Stadt des Friedens. Doch sie wurde bald schon „Baghdad" genannt. Der Name stammte aus der persischen Sprache. Er kann mit „Geschenk des Herrschers" übersetzt werden.

Der Bauplan der Stadt folgte dem Konstruktionsprinzip früher persischer Rundburgen. Die Anlage, die Kalif Dschafar al Mansur um das Jahr 770 n. Chr. am Tigris errichten ließ, war eine Stadt des Ostens. Übernommen wurden die Erfahrungen der Baumeister aus der Sassanidenzeit. Persische Architekten demonstrierten vor Baubeginn dem Kalifen durch Aschespuren auf dem Sandboden, welche Dimension die neue Hauptstadt haben solle. Sie zeichneten einen Kreis von 2650 Metern. Dieser Kreis zeigte die Mauer an, die den Palast des Kalifen und die Zentralmoschee umgeben sollte. Größter Wert wurde auf die Sicherheit gelegt: Die eigentliche Stadt wurde von zwei Wällen umgeben, der innere Wall wurde höher gemauert als der äußere.

Vier Tore ermöglichten den Zugang ins Innere der Stadt. Im Südosten stand das Basrator; es wurde hauptsächlich von Passanten benutzt, die aus den Vororten am Tigris zur Stadt wollten. Das Kufator im Südwesten empfing Pilger, die aus Mekka kamen. Durch das syrische Tor betraten Händler die Stadt, die Waren auf dem Euphrat transportiert hatten. Das Chorasantor war für Reisende bestimmt, die vom persischen Hochplateau kamen.

Die Wohnviertel schlossen sich an die innere Mauer an. Die Straßen waren, wie Speichen eines Rads, auf das Zentrum des Kreises ausgerichtet, auf Palast und Moschee. Jeder Stadtteil konnte vom nächsten abgeriegelt werden. Wachen sorgten dafür, daß in den Stadtvierteln Ruhe herrschte. Die Patrouillen hatten das Recht, jeden sofort zu töten, der sich bei Dunkelheit auf den Straßen zeigte.

Der Kalif, der Baghdad hat erbauen lassen, starb im Jahre 775 n. Chr. Mit dem Nachfolger, dem Kalifen Al Mahdi – „dem Wohlgeleiteten“ –, zog etwas mehr Lebenslust in die Stadt ein. Der Harem wurde zum Mittelpunkt des Kalifenpalasts.

Einen Harem hatte es in Damaskus nicht gegeben. Die Omayyadenkalifen hatten meist Frauen aus den wichtigen arabischen Stämmen zu sich in den Palast geholt; sie waren gemäß islamischem Gesetz geheiratet worden. Die Abbasiden aber nahmen sich Sklavinnen, die keinen Rechtsstatus besaßen. Die Frauen des Harems stammten meist aus dem Iran. Der Kalif bevorzugte feingliedrige Perserinnen. Ihre Schönheit veranlaßte den Herrscher, Preislieder zu singen. Eines dieser Gedichte soll so gelautet haben:

„Ich sehe Wasser vor mir,
Und dennoch verzehrt mich glühender Durst.
Kein Mittel finde ich, den Durst zu löschen.
Alle Sterblichen sind meine Untertanen.
Du aber, als Sklavin, bist meine Herrin.
Meine Liebe zu dir ist so groß,
Daß ich für dich leiden will:
Wenn du mir die Hände abschneiden willst,
Sage ich nur: Erfülle deinen Willen.“

Nicht nur im Harem war die Bedeutung Persiens zu spüren, sondern auch im Ratssaal des Herrschers. Dort bestimmten kluge Männer der Familie Barmak die Politik.

Der Aufstieg der Familie hatte schon zur Zeit der Omayyadenkalifen begonnen. Zur Zeit des Kalifen Abdel Malik (685 bis 705 n. Chr.) war ein Mann aus Persien in Damaskus eingetroffen, der sich Barmak nannte. Einige historische Quellen sagen, er sei Arzt gewesen; andere bezeichnen ihn als Geschichtsschreiber, der für eine positive Darstellung der Leistungen früherer Omayyadenherrscher reich belohnt worden sei.

Trotz der Elogen für das Geschlecht Omayya wurde die Familie Barmak in den Dienst der Abbasiden übernommen.

Die „Barmakiden" wurden nach Baghdad berufen. Sie waren schließlich Perser, Männer des Ostens. Sie verstanden das Gedankengut, das von den Abbasidenkalifen bevorzugt wurde. Die Verwaltung des Abbasidenreichs brauchte wenige Köpfe, die vertraut waren mit der Mentalität des Ostens.

Khaled Barmak hieß der Barmakide, der als Leiter des riesigen Bauprojekts der Runden Stadt eingesetzt wurde. Der erfolgreiche Bauherr wurde Statthalter in Mosul. Dort fiel er allerdings in Ungnade. Der Kalif Dschafar al-Mansur beschuldigte ihn, er habe in Mosul gewaltige Steuerbeträge unterschlagen. Der Kalif verurteilte ihn zum Tod durch Enthaupten. Kurz vor der Hinrichtung gab es in Mosul einen Aufstand, der jedoch nicht durch die Verurteilung des Khaled Barmak ausgelöst worden war. Da der Verurteilte aber in Mosul überaus populär war, galt er als der einzige, der vermitteln konnte. Der Kalif begnadigte ihn.

Daß die Sippe Barmak aus den persischen und nicht aus den arabischen Reichsgebieten stammte, wurde vom Kalifen Harun al-Rashid sehr geschätzt. Er war in Persien geboren worden, in Rey; der Ort gehört heute zu Tehran. Harun al-Rashid war auf einen weltgewandten Diplomaten angewiesen, denn er unterhielt nach dem Jahr 804 n. Chr. Kontakte zu europäischen Herrschern. Er schickte eine Delegation zu Kaiser Karl dem Großen nach Aachen. Der Wesir Jahja al-Barmaki hatte seinem Herrn deutlich gemacht, daß Kaiser Karl der einzige Herrscher auf der Welt sei von einigermaßen ebenbürtiger Position. Der Wesir war verantwortlich für die Geschenke, die von der persischen Delegation in Aachen übergeben werden konnten. Dazu gehörten Stoffe, Duftessenzen, astrologische Bücher, eine raffiniert konstruierte Wasseruhr – und ein weißer Elefant, der Abbas geheißen hatte.

Jahja al-Barmaki leitete für ein Jahrzehnt die Politik des Kalifats. Er sorgte dafür, daß die persischen Provinzen gegenüber den arabischen Reichsteilen bevorzugt wurden – sie brauchten weniger Steuern zu zahlen.

Daß die Sippe allerdings in Baghdad einen Palast im persischen Stil besaß, der prächtiger war als die Residenz des Kalifen Harun al-Rashid, wurde letztlich der ganzen Familie zum Verhängnis. Während eines Trinkgelages brach der Zorn des Herrschers aus. Er warf seinem Wesir vor, sich bereichert zu haben. Jahja al-Barmaki versuchte sich zu verteidigen; doch er steigerte damit nur die Wut des Kalifen. Harun al-Rashid verlor jegliche Beherrschung: Er gab Befehl, der Wesir sei sofort zu erdolchen. Der Befehl wurde befolgt. Damit war die persische Sippe Barmaki entmachtet.

Die Hinrichtung des Vertrauten persischer Abstammung tat dem Kalifen bald darauf leid. Wiedergutmachung war unmöglich, denn die Sippe Barmaki besaß keinen brillanten Kopf mehr. In schlaflosen Nächten bedrückte den Herrscher die Erinnerung an den Toten. Um sich abzulenken, ließ Harun al-Rashid den Hofpoeten rufen. Sein Name war Abu Nuwas. Auch er war Perser, doch er beherrschte die arabische Sprache. Während der achtzehn Jahrzehnte seit der Schlacht von Qadisiyah war Arabisch zur offiziellen Sprache der Perser geworden.

Der Perser Abu Nuwas brachte seinen Herrn dazu, die islamischen Gesetze zu mißachten, die den Genuß berauschender Getränke verboten. Die Moslems in Persien hatten nie aufgehört, Wein zu trinken – dazu war das rote Getränk aus den Trauben von Schiraz viel zu köstlich. Abu Nuwas wußte durch Verse seinem Kalifen die Lust zum Wein zu steigern. Berauscht hörte Harun al-Rashid dem Dichter und seinen sinnlichen Versen zu:

„Sie liegt bei mir, wenn hell der Wein im Becher leuchtet;
Und wenn die Nachtigall im dichten Baume singt.
Wie lange willst du warten auf den nächsten Schluck?
Erwache! Denn der Trunk ist alles, was das Leben bringt.
Ergreif' das Weinglas und die Hand des Freundes.
Er blickt auf dich mit schwer verhaltener Lust.

Der sanfte Wind umspielt des Weines Becher.
Laß' zwischen uns ihn kreisen immerfort.
Die Nacht verbring' ich plaudernd hier
Und blicke auf den Mond,
Als streckt er auf das Wasser hin, sein goldnes Schwert."

Harun al-Rashid, der in der persischen Stadt Rey geboren worden war, starb in der persischen Provinz Chorasan – vergiftet vom eigenen Sohn Mohammed al-Emin. Der Mörder aber wurde von seinen Brüdern nicht als Kalif anerkannt. Im persischen Land organisierte sich ein Heer, das sich den Brüdern unterstellte zum Kampf gegen Mohammed al-Emin. Am 26. September 813 n. Chr. brach das Perserheer in Baghdad ein. Die Stadt wurde verwüstet. Nach jenem Septembertag waren die Straßen von Trümmern bedeckt; aus den Brunnen sprudelte kein Wasser mehr; in den Gärten bedeckte Wüstensand die Beete; die Tore der Stadt waren aus den Angeln gehoben. Der glücklose Mohammed al-Emin, der Mörder seines Vaters Harun al-Rashid, ertrank im Tigris.

Die Macht der Herrscher in Baghdad schwand. Der Kalifenpalast verlor seinen Glanz. Die Herrscher hatten eine Entwicklung zu fürchten, die ihnen die Regierungsgewalt entreißen konnte. Ein Machtzentum war über zwei Jahrhunderte entstanden, das jetzt an Attraktivität gewann: Die Familie des im Jahre 632 verstorbenen Propheten berief sich auf Äußerungen ihres Stammvaters, die den Anspruch erhoben, nur Mitglieder dieser Familie dürften im islamischen Staat regieren. Lange hatten sich die Kalifen aus den Geschlechtern Omayya und Abbas überhaupt nicht um die Forderungen der Prophetenfamilie gekümmert. Jetzt aber wurde die Gefahr deutlich spürbar. Sie steigerte sich während der nächsten Jahrzehnte.

Diese Entwicklung nützten regionale Herrscher aus. Sie erkannten eine Chance für ihre Unabhängigkeit. Einzelne Sippen lösten sich aus dem Reichsverband, der 300 Jahre lang bestanden hatte. Die Herren dieser Großfamilien waren getrieben von beträchtlichem kulturellem Ehrgeiz. Sie gaben Arbeiten in Auftrag, die bis in unsere Zeit von Bedeutung sind.

Das „Buch der Könige“ und die persische Identität

Einer dieser regionalen Mächtigen – er hieß Mahmud – regierte in Ghazan, im heutigen Afghanistan. Sein Herrschaftsbereich lag im Süden der jetzigen afghanischen Hauptstadt Kabul. Sein Titel war Sultan. Eigentlich war Mahmud Türke – und er sprach auch Türkisch. Doch er bemühte sich, Perser zu werden – insbesondere nachdem es ihm gelungen war, sein Gebiet auf das ganze Land zwischen Kaschmir und dem Zagrosgebirge auszudehnen. Mit dem Erstarken seiner politischen Macht wuchs in ihm das Bedürfnis, seinem Hof kulturellen Glanz zu geben. Er ließ Kontakt aufnehmen zu Männern, die sich durch Begabung und Geist vor anderen auszeichneten. Zu diesen Begabten zählte Abdel Kasim Mansur, der in der Nähe der heutigen Stadt Meshed lebte – also in der Ecke des Iran, wo zu unserer Zeit Iran, Turkmenistan und Afghanistan zusammenstoßen. Abdel Kasim Mansur, der wahrscheinlich im Jahre 935 n. Chr. geboren worden ist, war durch Gedichte aufgefallen und durch historisches Wissen.

Sultan Mahmud sah eine Chance, die Begabung des Mannes aus Meshed für seinen Hof zu nutzen: Er gab ihm den Auftrag, ein Epos zu schreiben, das Persiens Helden früher Zeit verherrlicht. Dargestellt werden sollte der Glanz und der Ruhm der Frühzeit bis zur bitteren Niederlage durch den arabischen Ansturm im Jahre 637 n. Chr. Der Auftraggeber wollte jedoch kein Geschichtsbuch, sondern ein Buch voller Geschichten. Schilderung der Wirklichkeit war nicht verlangt.

Wenig ist vom Motiv des Abdel Kasim Mansur bekannt,

die riesige Aufgabe anzupacken. Berichtet wird, der schreiberfahrene Mann sei in finanzieller Verlegenheit gewesen; er habe Geld gebraucht für die Aussteuer seiner Tochter, die in eine wohlsituierte Familie einheiraten sollte. Vereinbart wurde zwischen dem Sultan Mahmud und dem Autor ein hohes Honorar, das in Goldstücken ausbezahlt werden sollte.

Fünfunddreißig Jahre lang mühte sich Abdel Kasim Mansur, den gewaltigen Stoff persischer Legenden in Verse zu fassen. Er hat 60 000 Zeilen niedergeschrieben. Das Werk ist damit viermal länger als die „Ilias" von Homer. Auf die erste Seite des Epos schrieb der Autor voll Stolz den Titel „Schahnameh" – das „Buch der Könige".

Grundlage des Versepos war ein Prosawerk, das Abdel Kasim Mansur aus Elementen bereits vorhandener Legendenwerke zusammengestellt hatte. In der Stadt Tus war diese Prosafassung entstanden. Tus liegt in der Nähe der heutigen Stadt Meshed und ist der Geburtsort des Abdel Kasim Mansur.

Durch einen seiner Agenten, der in Tus für den Sultan die Ohren offenhielt, hatte der kulturbeflissene Mächtige erfahren, daß Abdel Kasim Mansur den Ehrgeiz besaß, eine persische Sprache wiederzuerwecken, die seit der Eroberung Persiens durch die Araber in Vergessenheit geraten war. Linguisten der Neuzeit haben diese sprachliche Ausprägung „Pahlawi-Sprache" genannt.

Sie trägt auch die Bezeichnung „Mittelpersisch". Sie war Umgangssprache der „Sassaniden", die Irans herrschende Dynastie von 208 n. Chr. bis zur Eroberung 637 gewesen war. Die Schriften des Zarathustra waren in „Pahlawi" verfaßt worden. Abdel Kasim Mansur sah in der Pahlawi-Sprache die echte Form des linguistischen Ausdrucks für eine Beschreibung frühpersischer Geschichten. Er griff jedoch nicht zurück auf Schriftzeichen der Sassanidenzeit; offenbar reichten sie nicht aus, um dem dichterischen Ausdruck genügen zu können. Der Autor behielt für sein Werk das arabische Alphabet bei, das sich seit der islamischen Eroberung in Persien bewährt hatte. Abdel Kasim Mansur schrieb Pahlawi-Wörter in arabischen Schriftzeichen. Was er um das Jahr 1000 für richtig gehalten hat, ist bis in unsere Zeit in Persien üblich.

Im Zusammenhang mit der Entstehungsgeschichte des Epos „Schahnameh" ist die Legende erhalten, Abdel Kasim Mansur sei von Tus aus zur Residenz des Sultans Mahmud gewandert. Am Ziel angelangt, traf er im Garten die drei vom Sultan hochgeschätzten Hofdichter an. Ihnen war die Begegnung unangenehm, sie waren nicht an Konkurrenz von auswärts interessiert. Jeder wollte den lukrativen Auftrag für sich gewinnen. Der Sultan hatte verlauten lassen, er werde demjenigen eine Belohnung zukommen lassen, der den Stoff zu seiner Zufriedenheit bewältige. Abdel Kasim Mansur bestand darauf, daß der Sultan erfahre, ein Mann aus Tus bewerbe sich um den Dichterlohn.

Der Sultan hielt wenig von dieser Stadt im Nordosten Persiens. Die Bewohner dort waren der für ihn seltsamen Meinung, nur solche Männer dürften herrschen, die zur Familie des Propheten gehörten, die in direkter Linie von ihm abstammten. Diejenigen, die diese Ansicht vertraten, nannten sich Angehörige der „Schiat Ali", der Partei des Ali. Gemeint war der Schwiegersohn des Propheten Mohammed, der zum erstenmal die Forderung erhoben hatte, nur Mitglieder der „Heiligen Familie" besäßen im islamischen Staat das Recht zu herrschen. Ali hatte Anhänger für seinen Machtanspruch gefunden. Nach nahezu vier Jahrhunderten lebte Alis Anspruch in vielen Köpfen weiter. Daß der Sultan die Anhänger der „Schiat Ali" nicht leiden konnte, war selbstverständlich – er gehörte nicht zur „Heiligen Familie".

Die drei Hofpoeten versuchten den Herrscher gegen Abdel Kasim Mansur zu beeinflussen. Sie erzählten ihm, der Fremde gehöre zu jenen, die nicht am Fortbestand der Ordnung interessiert seien, die Unruhe stiften wollten. Der Sultan glaubte seinen Hofpoeten, der Mann aus Tus gehöre zu den gefährlichen Anhängern der „Schiat Ali“, doch er wollte selbst prüfen, ob dieser absonderliche Mann Fähigkeiten als Dichter besitze. Der Sultan forderte Abdel Kasim Mansur auf, jetzt sofort und ohne Vorbereitung Verse zu verfassen. Ohne lange zu überlegen, sprach der Dichter aus Tus dieses kleine Gedicht:

„Das Kind in der Wiege,
Dessen Lippen feucht sind
Von der Milch der Brust seiner Mutter
Lispelt doch schon den Namen Mahmud.“

Dem Herrscher gefielen diese Verse, und er gab dem Dichter zum Lohn einen neuen Namen. Abdel Kasim Mansur sollte künftig „Ferdusi“ heißen.

Basis des Namens ist das Wort „Ferdaus“, das Paradies bedeutet. Der Name „Ferdusi“ bezeichnet jemand als einen Menschen, der dem Paradies zugehörig ist, der die Schönheit des Paradieses weiterverbreitet.

Doch wer Ferdusi neidisch gesinnt war, der sagte ihm immer nach, er sei ein schiitischer Ketzer, der den rechten Weg des Islam verlassen habe. Ferdusi konnte den im Sinne des sunnitischen, „traditionell Gläubigen“ Sultans berechtigten Vorwürfen nur durch Präsentation seiner Arbeit begegnen. Er faßte zunächst die populäre Tragödie von Rostam und Sohrab in Verse. Er sah darin eine zentrale Episode des Epos „Schahnameh“.

Die Handlung: Der Held Rostam, der sich verpflichtet hat, sein Land zu schützen, gerät in Konflikt mit einem ehrgeizigen Eindringling, der sich eine Existenzmöglichkeit erkämpfen will – gegen bestehende königliche Rechte. Dieser Ehrgeizige heißt Sohrab. Rostam weiß nicht, daß Sohrab sein eigener Sohn ist. Rostam stellt Sohrab zum Zweikampf. Der Sohn ist ebenso stark wie der Vater. Der Kampf bleibt lange Zeit unentschieden. Doch dann gelingt es Rostam, seinem Gegner den Dolch in die Brust zu stoßen. Jetzt erst erkennt Rostam an einem Amulett am Arm des Sohrab, daß er gegen den eigenen Sohn gekämpft hat – und daß er diesen Sohn umgebracht hat.

Die Tragödie von Rostam und Sohrab löst Mitgefühl und Mitleid aus. Sie weckt vor allem schiitische Emotionen. Wer sich zur Schiat Ali bekennt, der neigt zu tiefer Trauer, zum Einsinken in exzessives Leid. Der Tod des Sohrab wird beweint:

„O weh! Du Tapferer! Du Held voll Weisheit und Stärke!
O Weh! Wie viele Tränen wird deine Mutter weinen?
Deines Vaters Jammer wird auch mit den Jahren nicht vergehen!“

Der Herrscher, in dessen Auftrag Rostam gekämpft und gesiegt hat, zieht dieses Fazit der Tragödie:

„Niemand wird von Leid verschont!
Alle auf Erden leiden!
Jeder beweint und betrauert Tote.
Wer auf Erden zurückbleibt, der trauert.
Es war immer so, seit es Menschen gibt.
Leid und Trauer sind den Menschen aufgebürdet.“

Sultan Mahmud übersah zunächst die starken schiitischen Anklänge und drückte seine Zufriedenheit über die Versgestaltung des Zweikampfs von Rustam und Sohrab aus. Der Sultan wies seinen Wesir an, dem Meister der Sprache sofort einen hohen Betrag zu bezahlen. Doch Ferdusi gab sich bescheiden: Er wolle das Gold erst annehmen, wenn das gesamte Epos fertiggestellt sei. Diese Zurückhaltung erwies sich als Fehler für den Dichter.

Am Hofe des Mahmud stand ein Mann in hohem Ansehen, der Aiyar hieß. Von ihm ist nur bekannt, daß er dem Sultan zu schmeicheln wußte. Diesem Aiyar mißfiel, daß Ferdusi in der Gunst des Herrschers immer höherstieg. Er wußte, wie er dem Poeten schaden konnte: Er entnahm dem noch nicht abgeschlossenen Epos einzelne Texte, die im Lebensgefühl der Schiat Ali verfaßt waren. Diese Zusammenstellung der Verse ließ den Eindruck entstehen, Ferdusi folge als Moslem nicht der üblichen Lehre, sondern er verehre Ali, den Schwiegersohn des Propheten Mohammed, und Alis Sohn Husain über alle Maßen. Ferdusi war wieder dem Vorwurf ausgesetzt, er gehöre zur Schiat Ali und sei somit ein Ketzer.

Der Poet mußte zwar nicht um sein Leben fürchten, doch waren seine Privilegien am Hofe in Gefahr. Um Konsequenzen des Vorwurfs zu vermeiden, warf sich Ferdusi vorsorglich dem Sultan zu Füßen. Er beteuerte, rechtgläubig zu sein. Doch die Reaktion des Herrschers war ungnädig: „Du stammst aus Tus! Ich habe es doch gewußt, daß alle Leute von Tus gleich sind! Sie sind alle Schiiten! Du auch!"

Gerade zu der Zeit, als Ferdusi die Gnade seines Herrn verloren hatte, spürte er, daß sein Name in Persien bekannt war. Es existierten Abschriften der Verserzählung von Rustam und Sohrab. Gefallen gefunden haben die Verse, die Sohrabs Tod und seines Vaters Leid beschrieben. Die Popularität des Dichters wurde auch am Hofe des Sultans Mahmud bekannt. Der Herrscher erinnert sich daran, daß er Ferdusi verächtlich behandelt hatte. Er bedauerte sein Verhalten. Um eine Versöhnung einzuleiten, entschloß sich Mahmud, dem Dichter des „Schahnameh" Gold zu senden – und zwar soviel Gold, wie ein Elefant tragen konnte. Mit der Ausführung dieses Auftrags aber wurde der Höfling Aiyar beauftragt.

Berichtet wird, Aiyar habe den Elefanten nicht mit Gold, sondern mit Silber beladen lassen. Der Wert der Silbermenge habe viel weniger betragen, als der Wert des Goldes, das Mahmud dem Dichter hatte überreichen wollen. Als Ferdusi sah, daß ihm nur Silber ausbezahlt wurde, glaubte er ein zweites Mal vom Sultan verächtlich behandelt zu werden. Seine Reaktion war heftig: Er verschenkte das Silber an jeden, der davon haben wollte.

Als der Sultan davon hörte, begriff er zwar, daß der eigentlich Schuldige sein Höfling war, doch er ließ sich überzeugen, daß der Dichter respektlos gehandelt habe – in der Absicht, seinen Herrn zu beleidigen. Der Sultan wurde wirklich wütend: Er befahl, der Dichter müsse zertrampelt werden – und zwar vom selben Elefanten, der das Silber transportiert habe. Doch noch einmal gelang es Ferdusi durch ein einschmeichlerisches Kurzgedicht, das die Größe des Monarchen feierte, dessen Gnade zu erringen.

Ferdusi hatte zwar sein Leben gerettet, doch er traute künftig seinem Glück am Hofe nicht mehr. Ehe er die Residenz und seine Heimat verließ, fügte er der Abschrift des „Schahnameh“, die der Sultan besaß, noch insgeheim einen Anhang hinzu – in der Hoffnung, der Herr werde irgendwann später diese Beschimpfung entdecken:

„Wisse, daß du ein Tyrann bist,
Daß du dennoch nicht ewig verweilst auf der Erde.
Fürchte Gott und hüte dich, andere zu beleidigen.
Dreißig Jahre lang habe ich Verse geschrieben.
Versprechungen des Herrschers haben mir geholfen, durchzuhalten.
Nun aber wurde ich getäuscht.
Betrogen um wohlverdiente Belohnung.“

Nach Baghdad an den Tigris floh Ferdusi. Er trat in den Dienst des Kalifen ein. Der Poet pries nun den arabischen Herrn auf Arabisch und vergaß, daß er sich die Aufgabe gestellt hatte, die persische Sprache zu pflegen.

Auf Dauer fühlte er sich unwohl in Baghdad. Immer wieder stieg die Erinnerung in ihm hoch, daß seine Heimat durch die Niederlage von Qadisiyah gedemütigt worden war. Er verließ den Kalifen und wanderte zurück nach Tus. Die Erfahrungen, die er am Tigris gemacht hatte, veranlaßten ihn, Verse niederzuschreiben, die Irans frühe Könige feierten:

„O Iran! Wohin sind alle Könige verschwunden,
Die gerecht regiert hatten und die an das Glück der Regierten dachten.

Sie hatten Iran mit Glanz und Ruhm geschmückt.
Seit dem Tag aber, als die barbarischen und wilden Beduinen
Den Ruhm Irans in den Schmutz gezogen haben,
Hast du keinen glanzvollen Tag mehr erlebt.
Du hältst dich in der Dunkelheit verborgen."

Eigentümlich ist, daß der Anhänger der Schiat Ali zwar den aus den Händen der Araber übernommenen islamischen Glauben hochhält, daß er die Araber Ali und Husain preist, daß er die Araber jedoch insgesamt als Beduinen bezeichnet, sie als barbarisch und wild abqualifiziert.

In Tus starb Ferdusi im Jahre 1021. Die Legende erzählt, der Sultan habe es bereut, den Schöpfer des Epos „Schahnameh" nicht würdig bezahlt zu haben. Zur Wiedergutmachung schickte er wieder einen Elefanten nach Tus. Diesmal war das Tier mit Gold beladen. Es habe gerade das eine Tor von Tus passiert, als der Leichnam des Ferdusi zum anderen Tor hinausgetragen wurde zum Friedhof. Die Überlieferung weiß nicht zu berichten, wer das Gold geerbt hat.

Den Platz des Grabs markiert ein Monument im Stil der frühen Könige – ein Block, der aus Quadern gefügt ist. Die geflügelte Scheibe des Gottes Ahura Mazda ziert ihn. Darüber, daß Ferdusi Anhänger der Schiat Ali gewesen war, sagt das Monument nichts aus. Das Bauwerk ist zur Zeit des ersten Pahlawischahs entstanden. Es dokumentiert dessen Willen, die iranische Geschichte freizuhalten von der Erinnerung an die Eroberung durch die Araber nach dem Jahr 637 n. Chr. Ferdusi wird nicht der Schiat Ali zugeordnet, zu den islamischen Gläubigen, die an die Sonderstellung der „Heiligen Familie" glauben, sondern den Anhängern Zarathustras, die an Ahura Mazda geglaubt und die das Feuer angebetet haben. Reza Khan, der erste Pahlawischah, tat der Person des Dichters Ferdusi damit unrecht.

Die Parabel vom Schiff der Schiat Ali

In besonders reichillustrierten Ausgaben des Epos „Schahnameh“, die vor 400 Jahren entstanden sind, finden sich bildliche Darstellungen der tatsächlichen religiösen Ansichten des Autors. Sie sind nach Textvorlagen entstanden. Ferdusi schildert, daß auf dem von Gott geschaffenen Meer siebzig Schiffe schwimmen. Auf den Schiffen befinden sich weiße, braune und schwarze Menschen – allerdings nur Männer. Sie sind alle auf den wilden Wellen unterwegs auf der Suche nach dem Heil.

Mit den siebzig Schiffen sind siebzig unterschiedliche Religionen gemeint, die den Zugang zu Gott suchen, die den Menschen in gefahrvollen Situationen helfen wollen. Sie sind alle vom Untergang bedroht – bis auf ein Schiff, dessen Besatzung in der Lage ist, allen Bedrohten die Hand entgegenzustrecken.

Dieses eine Schiff ist besonders prächtig ausgestattet. Auf ihm reist die „Heilige Familie“. Sie besteht aus dem Propheten Mohammed, dessen Schwiegersohn Ali und aus den Propheten-Enkeln Hassan und Husain. Mohammed und Ali sitzen unter einem Baldachin; Hassan und Husain stehen daneben. Während die Menschen auf allen anderen Schiffen ihre Gesichter unverhüllt zeigen, tragen Mohammed, Ali, Hassan und Husain feine, nahezu völlig durchsichtige Schleier. Ihre Häupter sind von goldenem Glanz umgeben.

Die Parabel vom Schiff der Schiat Ali will zeigen, daß die Familie des Propheten das Heiligste darstellt, was die Menschheit besitzt. Die „Heilige Familie“ – so glauben die Schiiten und mit ihnen Ferdusi – ist von Allah als ein Symbol der absoluten Vollkommenheit geschaffen worden. Sie allein kann den Menschen Heil bringen in Zeiten der Bedrängnis.

Der absolute Glaube an die „Heilige Familie“, an die Nachkommen des Propheten, die Ali Hassan und Husain heißen, unterscheidet den Schiiten vom Sunniten. Die von Mohammed verordnete Basis des Glaubens aber ist für Schiiten und Sunniten gleich. Diese Basis besteht aus fünf Pfeilern:

Der Moslem hat das Glaubensbekenntnis zu sprechen: „Es gibt keinen andern Gott als Gott (Allah), und Mohammed ist sein Prophet". Zu fünf Tageszeiten sind die Moslems verpflichtet, dieses Bekenntnis zu beten: Ehe die Sonne am frühen Morgen über dem Horizont aufsteigt; wenn die Sonne den Abstieg vom Zenit beginnt; wenn die Sonne den halben Weg zwischen Zenit und Horizont zurückgelegt hat; sofort nach Sonnenuntergang; zu Beginn der Nachtruhe. Die Gebete sind mit Blick in Richtung der Ka'aba von Mekka zu sprechen.

Am Freitag haben sich die Männer zum gemeinsamen Gebet in der Moschee einzufinden.

Der Gläubige ist zur Bezahlung von Almosensteuer verpflichtet.

Der Moslem hat während des neunten Monats im Mondjahr – dieser Monat trägt den Namen Ramadan – an jedem Tag zu fasten. Zwischen Sonnenaufgang und Sonnenuntergang darf ein gläubiger Moslem, der sich gesund fühlt, keine Speise und keinen Trank zu sich nehmen.

Wenigstens einmal in seinem Leben sollte sich der Moslem auf Pilgerfahrt zur Ka'aba nach Mekka begeben.

Diese fünf den Moslems vorgeschriebenen Handlungen bilden die „fünf Pfeiler des Islam". Sie gelten für alle Gläubigen.

Im Glaubensbekenntnis aber wird ein Unterschied deutlich: Alle Moslems bezeugen, an Allah und an dessen Propheten Mohammed zu glauben. Die Schiiten aber fügen dem Bekenntnis diese Worte an: „Ich bezeuge, daß Ali der Freund Allahs ist."

Gemeint ist Ali Ibn Abu Talib, der Schwiegersohn des Propheten Mohammed. Er war verheiratet mit der Prophetentochter Fatima. Als Alis Geburtsjahr wird das Jahr 600 n. Chr. angenommen. Sein Vater Abu Talib war Sheikh einer angesehenen Sippe in Mekka. Durch unbekannte Umstände verlor Abu Talib sein Vermögen. Um die Lebensbedingungen des jungen Ali zu sichern, wurde Mohammed gebeten, ihn in seinen Familienverband aufzunehmen. Mohammed wiederum war in seiner Jugendzeit von Abu Talib versorgt und erzogen worden.

Mohammed hatte, als er Ali zu sich holte, noch nicht die Offenbarung Allahs empfangen; er war noch Kaufmann in Mekka. Um das Jahr 610 n. Chr., als Ali zehn Jahre alt war, fühlte Mohammed in sich die Verpflichtung, den Willen des einen und allmächtigen Gottes zu offenbaren. Das Kind Ali begriff, daß sein Pflegevater eine wichtige Aufgabe für alle Menschen zu erfüllen hatte. Aus eigenem Willen bekannte sich Ali zu Allah.

Die Unterstützung durch den Jungen wurde für den Propheten wichtig, denn seine Offenbarungen stießen auf eine Mauer der Interesselosigkeit in Mekka. Das Establishment war gegen diesen Propheten, der revolutionäre Ansichten vertrat. Mohammed, der die Überzeugung vertrat, es gebe nur einen Gott, verlangte die Schließung der Tempel der drei Fruchtbarkeitsgöttinnen, die in Mekka gläubig verehrt wurden. Diese Tempel und die damit verbundenen Vergnügungsstätten waren die Attraktion für zahlreiche Karawanenführer, die nach wochenlanger Wüstenreise den Markt in Mekka besuchten, um sich zu entspannen. Würden Tempel und Bordelle geschlossen, fehlte der Verwandtschaft des Propheten die Einnahmequelle. Sie verlangte von Mohammed, er möge mit derartigen Offenbarungen aufhören. Der Prophet wurde beschimpft und schließlich sogar bedroht. Er mußte um sein Leben fürchten. Im Jahre 622 n. Chr. sah sich der Prophet veranlaßt, Mekka zu verlassen. Die Bewohner der Stadt Jathrib, die 300 Kilometer entfernt war, hatten ihm das Angebot gemacht, er solle ihre religiöse und politische Führung übernehmen.

In jener Nacht, als Mohammed heimlich sein Haus verließ, weil er die Gefahr sah, auf seinem Lager von der eigenen Verwandtschaft erschlagen zu werden, war Ali so mutig, sich anstelle des Propheten ins Bett zu legen. Ali riskierte sein Leben – und Mohammed konnte ungehindert entkommen.

In der Stadt Jathrib – die sich wenig später Medinat al Rasul nannte, „Stadt des Propheten" – wurde Mohammed erwartet. Er sollte auf der Basis der Gesetze Allahs, das Rechtschaos beseitigen, dem die Bewohner selbst nicht mehr Herr geworden waren. Es gelang dem Propheten, Streitigkeiten zu schlichten und Ordnung zu schaffen. Aus der unterentwickelten Gemeinde Jathrib wurde die wohlhabende Stadt Medina. Mohammed wurde ihr Regent, ihr weltlicher Herrscher. Ali Ibn Abu Talib, damals 22 Jahre alt, war dabei sein wichtigster Mitarbeiter. Er wurde in die Familie aufgenommen: Mohammed gab Ali seine Tochter Fatima zur Frau.

Ali war wesentlich daran beteiligt, daß sich auch Mekka doch noch den Anweisungen des Propheten unterwarf. Die bisherigen Götter wurden abgeschafft – auch die drei Fruchtbarkeitsgöttinnen. Ali wurde damit beauftragt, die Statuen zu zerschlagen.

Die wichtigen Aufgaben, die ihm von Mohammed übertragen worden waren, machten ihn sicher in der Überzeugung, er werde eines Tages ganz selbstverständlich die Nachfolge Mohammeds als Staatsoberhaupt im Stadtstaat Medina antreten, zu dem inzwischen Mekka und ein beachtliches Gebiet ringsum gehörte. Doch als der Prophet Mohammed unerwartet starb – dies geschah am 8. Juni des Jahres 632 n. Chr. –, waren die Wohlhabenden und damit Einflußreichen in der Stadt der Ansicht, es sei gewinnbringender für sie, wenn sie die Macht in der Gemeinde in der eigenen Hand behielten. Die Reichen, die zur ursprünglichen Bevölkerung von Jathrib gezählt hatten, waren jetzt der Überzeugung, sie hätten sich jahrelang den Vorschriften des Propheten gebeugt und es wäre jetzt an der Zeit, die Regierung wieder selbst in die Hand zu nehmen. Sie erkannten an, daß sie profitiert hatten während der Jahre der Regentschaft des Propheten – sie seien reicher und mächtiger geworden, doch es bestehe kein Anlaß, den „Leuten aus Mekka" auch weiterhin die Führung zu überlassen.

Die „Leute", die einst mit Mohammed aus Mekka gekommen waren, sahen, daß Kräfte am Werk waren, die sie entmachten wollten. Sie erinnerten sich, der Prophet habe eindeutig seinen Willen zum Ausdruck gebracht, es dürfe nur ein Mann seiner engeren Verwandtschaft zum Regenten des islamischen Staates ernannt werden. Doch die einst zerstrittenen Herren von Jathrib waren sich jetzt einig, der „Gesandte Allahs" habe ganz eindeutig keinen Nachfolger bestimmt – auch nicht seinen Schwiegersohn Ali. Die Herren bestimmten, Abu Bakr sei künftig das Oberhaupt in der Stadt. Mit seiner Ernennung war ein Kompromiß erreicht. Abu Bakr war ein enger Vertrauter des Propheten gewesen, doch er gehörte ganz eindeutig nicht zu Mohammeds Familie. Für Abu Bakr sprach, daß er der Vater war von Aisha, der Lieblingsfrau des verstorbenen Propheten.

Ali war nicht anwesend, als die erstarkte Stadtelite ihre Entscheidung traf. Er bestritt zwar die Rechtmäßigkeit dieser Entscheidung, doch er forderte Abu Bakr nicht heraus. Es wird berichtet, Ali habe keinen blutigen Streit unter den Moslems heraufbeschwören wollen. Ali widmete sich der Ordnung der Offenbarungen seines Schwiegervaters. Von Ali stammte die erste Zusammenstellung der Koransuren.

Die Zahl derer wuchs langsam, die sich dafür einsetzen wollten, daß Ali der rechtmäßige „Herr der Gläubigen" sei. Drei Männer hatten sich zusammengefunden, die Alis Anspruch propagierten. Ihre Namen sind überliefert: Salman al Farisi, Abu Dharr und Al Mikdal Ibn al Aswad al Kindi. Die drei hatten nicht zum engen Kreis der Getreuen des Propheten gehört, doch sie fühlten sich jetzt zur Treue verpflichtet – während diejenigen, die am meisten von Mohammed profitiert hatten, sich nun Abu Bakr anschlossen. Es soll Salman al Farisi gewesen sein, der das Argument benutzte, es sei der Prophet selbst gewesen, der vor seinem Tod gesagt habe: „Wenn ich nicht mehr bin, hinterlasse ich die zwei wertvollsten Geschenke Allahs – das sind der Koran und meine Familie.“ Damit habe der Gesandte Allahs noch selbst die Forderung aufgestellt, es dürfe nur jemand aus seiner Familie die Gläubigen Allahs anführen; und dies müsse auf der Basis des Koran, der ewiges Gesetzbuch sei, geschehen.

Eine zweite Äußerung des Propheten wurde bekannt, die den Anspruch des Ali festigen sollte. Mohammed habe gesagt: „Ich bin der Baum des Paradieses. Dieser Baum reicht mit seinen Zweigen bis auf die Erde. Wer diese Zweige ehrt, wer bei ihnen das Heil sucht, dem ist das Paradies sicher.“ Damit habe Mohammed die Sonderstellung seiner Nachkommen, seiner „Zweige“ absichern wollen. Diese Nachkommen garantierten den Zugang zum Heil.

Die dynastische Idee entwickelte sich aus dem Gedanken, es sei Allahs Wille, daß die Regierung im Islam in der Hand der „Familie“ bleiben müsse – in einer nächsten Entwicklungsstufe wurde die Familie zur „Heiligen Familie“.

Der Konflikt mit den Herrschenden war nicht zu vermeiden. Die Kalifen Abu Bakr und Omar dachten nicht daran, auch nur einen Teil ihrer Macht an Ali abzutreten. Ali selbst vermied allerdings auch weiterhin jeden Streit. Von Ali stammte der Vorschlag, den islamischen Kalender mit dem Tag der heimlichen, aber raschen Abreise des Propheten – der „Hidschra“ aus Mekka – beginnen zu lassen.

Dem dritten Kalifen – er hieß Othman – diente Ali als Vermittler. Um das Haus des Othman in Medina hatten sich Hunderte von Unzufriedenen versammelt, die dem Kalifen vorwarfen, sein Regime sei korrupt; er schaffe eine neue Schicht der Privilegierten. Alis Vermittlung brachte für

Othman nur einen kurzen Aufschub. Die Rebellen brachen schließlich in das Haus des Kalifen ein. Sie erdolchten den Staatschef. Dies geschah im Jahre 656 n. Chr.

Die Stimmung in Medina war reif für die Machtübernahme durch Ali. Er sollte wieder Stabilität in die Machtverhältnisse bringen. Die Honoratioren leisteten ihren Treueeid in der „Moschee des Propheten“ in Medina. Es geschah im 35. Jahr islamischer Zeitrechnung (24. Juni 656 n. Chr.).

Noch im selben Jahr ritt Ali nach Basra, um im Land an Euphrat und Tigris eine Rebellion niederzukämpfen, die von Mohammeds Witwe Aisha angestachelt worden war. Um Aisha hatten sich die Sheikhs der Familie Koraisch zusammengeschlossen, die ihren Fehler bereuten, schließlich doch noch auf Ali gesetzt zu haben.

Innerhalb weniger Wochen hatte Ali die gesellschaftliche Situation in Medina zu verändern versucht: Er hatte sich auf die Seite der Unzufriedenen gestellt. Seine Reden hatten Gerechtigkeit für alle gefordert: „Nur einer, der den Armen hilft, kann mit der Liebe seines Volkes rechnen.“

Die Sippe Koraisch brüstete sich, sie sei direkt verwandt mit dem Propheten – „er war der Unsrige“ –, doch ließ sie Ali wissen, daß er sich bei Schwierigkeiten nicht auf sie berufen könne. Ali hatte die Verwandtschaft verärgert durch ständige Einmischung. Von ihr wurde bescheidenes Leben verlangt: „Kümmert euch nicht um Reichtum und nicht um Würden.“ Mißfallen hatte auch der ständige Hinweis auf die besondere Position der unmittelbaren Nachkommen des Propheten erregt: „Der Segen Allahs ruht auf allen, die dem Samen des Gesandten Allahs entsprungen sind.“ Gemeint waren nicht er selbst, sondern seine Söhne Hassan und Husain, die von der Prophetentochter Fatima geboren worden waren und die damit das Blut des Propheten in ihren Adern hatten.

Die Aristokratie der Sippe Koraisch hatte einen Ansatzpunkt gefunden, um Ali in Verlegenheit zu bringen. Sie verlangte, Ali möge diejenigen bestrafen, die den Kalifen

Othman erdolcht hatten. Hätte Ali diese Forderung erfüllt, wären die meisten seiner Anhänger von ihm abgefallen. Das Grundmotiv seiner Predigten, die Mahnung, der Herrscher habe gerecht zu regieren, hatte die Rebellion vor der Residenz des Othman ausgelöst.

Die Koraisch-Aristokratie aber drängte immer lautstarker auf Verurteilung der Othmanmörder. Aisha, der Witwe des Propheten, gelang es schließlich, Unruhe an Euphrat und Tigris zu stiften. Im Zweistromland wurde die Beschuldigung erhoben, Ali habe seine Anhänger zum Mord an Othman angestiftet. Schließlich traten sogar „Augenzeugen" an die Öffentlichkeit, die behaupteten, dabeigewesen zu sein, als Ali auf den Kalifen einstach.

Ali wehrte sich entschlossen. Er konnte den Aufstand am Euphrat niederwerfen. Er besaß fortan dort eine politische Basis, die ihm einigermaßen stabil zu sein schien.

Ali benötigte diese Basis dringend, denn inzwischen beanspruchte ein entschlossener Gegner die Macht im islamischen Staat. Der Gouverneur von Damaskus – er hieß Muawija und stammte aus dem Clan Omayya – beanspruchte das Kalifenamt, das rechtmäßig Ali gehörte. Muawija aber behauptete, der Kalifenmörder Ali dürfe nicht Herrscher sein. In der Moschee von Damaskus stellte Muawija ein blutgetränktes Hemd aus, von dem er behauptete, Othman habe es getragen, als er von Ali ermordet worden sei. Es gelang dem Gouverneur durch diesen Trick, die Männer von Damaskus gegen Ali zu mobilisieren. Sie rüsteten ein Heer aus zum Kampf „für Gerechtigkeit". Der Mörder Ali müsse bestraft werden. Doch als Muawija dieses Heer ins Gefecht führen wollte, war die Begeisterung, gegen den Schwiegersohn des Propheten kämpfen zu sollen, nur gering. Die Truppen des Muawija und des Ali lagerten am oberen Euphrat nur wenige hundert Meter voneinander entfernt und warteten darauf, daß die Entscheidung, wer nun Kalif sein dürfe – Ali oder Muawija –, ohne Blutvergießen falle.

Im Juli 657, im 36. Jahr des Islam, wandte Muawija eine List an. Er befahl seinen Reitern, Seiten aus dem Koran an ihre Lanzen zu heften und dann entschlossen anzugreifen. Als die Kämpfer des Ali sahen, daß Blätter des Heiligen Buches ihnen im Sturmangriff entgegengetragen wurden, wichen sie zurück. Sie hatten Respekt vor dem Koran. Ali, der ihnen diesen Respekt beigebracht hatte, war der Verlierer.

Muawija, der Sieger, schlug nun vor, die Frage, wer Kalif sein solle, könne nur durch ein Schiedsgericht entschieden werden. Daß sich Ali darauf einließ, schwächte seine Position. Seine Anhänger fragten sich, aus welchem Grund der durch Allah und den Propheten Bevorzugte sein Schicksal in die Hände eines Schiedsgerichts legte, dessen Zusammensetzung ganz offensichtlich von Muawija bestimmt wurde. Viele der Kämpfer aus dem Zweistromland verließen Ali und zogen nach Hause.

Das Schiedsgericht, das tatsächlich aus Vertrauten des Gouverneurs von Damaskus bestand, klagte Ali des Mordes an Othman an. Alis Verteidigung ließ das Schiedsgericht nicht gelten. Durch Manipulation des Rechts gelang es den Vertrauten des Muawija, Ali für abgesetzt zu erklären. Nach Meinung des Schiedsgerichts war damit für alle Zeit die Sonderstellung der Nachfahren des Propheten erloschen.

Ali Ibn Abu Talib ritt ins Zweistromland zurück. Nur noch wenige der Getreuen begleiteten ihn. Von Kufa aus – diese Stadt hatte er sich nun als Machtbasis ausgesucht – schickte Ali Briefe an den Gouverneur von Damaskus, der sich nun Kalif nannte. Diese Briefe hatten alle denselben Inhalt: „Allah, der Ruhmreiche und Edle, hat bestimmt, daß Blutsverwandtschaft mit dem Propheten respektiert werden muß. Deshalb stehen die Mitglieder der Prophetenfamilie über allen anderen Menschen."

Am 22. Januar 661 n. Chr., an einem Freitag, der den Moslems heilig ist, wartete ein Mann am Weg zur Moschee, der es nicht verzeihen konnte, daß sich Ali dem Schiedsgericht des Muawija unterworfen hatte; der Mann sah in diesem Nachgeben Verrat an der gerechten Sache der Familie des Propheten. Als Ali an dem Wartenden vorüberschritt, fiel ihn der Mann an und stieß ihm einen Dolch in die Stirn. An der Spitze des Dolchs befand sich Gift. Drei Tage lang litt der tödlich Verwundete. Dann starb Ali – im Alter von 61 Jahren.

Bald schon erzählten sich die Menschen an Euphrat und Tigris Wundersames von den Ruhmestaten, die der Verstorbene zu Lebzeiten vollbracht habe. Mit seinem Schwert Dhu al Fakar sei es ihm gelungen, ganz allein an einem Kampftag 523 Männer zu töten. Er habe dieses Schwert mit so viel Kraft geführt, daß er mit einem Streich Oberkörper und Unterleib eines Gegners voneinander habe trennen können. Der Oberkörper sei dabei in den Sand gestürzt; Der Unterleib sei noch fest im Sattel gesessen.

Im Laufe der Jahre erinnerten sich die Gläubigen mehr an die Worte des Ali als an seine Kriegstaten. Ohne Zahl sind die überlieferten Mahnungen an die Menschen, in Einfachheit und Ehrlichkeit zu leben und gerecht zu sein gegenüber anderen:

„Derjenige ist am schlechtesten für den Tag des Jüngsten Gerichts gerüstet, der sich hochmütig beträgt und der andere verächtlich behandelt."

„Was du über das hinaus verdienst, was du zum Leben brauchst, das gebe den Bedürftigen."

„Derjenige, der heute andere schlecht behandelt, der beißt sich morgen selbst in die Hand aus Reue."

„Gier und Geiz halten die Menschen als Sklaven gefangen."

„Wer als Herrscher sicher sein will, verlasse sich auf seine Großzügigkeit."

„Viele Gläubige verehren Allah, weil sie eine Belohnung

erwarten – so verehren Händler den Allmächtigen. Viele Gläubige verehren Allah aus Angst vor Strafe – so verehren Sklaven den Allerbarmer. Wieder andere verehren Allah aus Dankbarkeit – so verehren freie Männer den Spender des Lebens."

„Wenn jemand dich für gut hält, sorge dafür, daß er sich nicht täuscht."

„Wer sich anschickt, sein Volk zu regieren, der möge sich zuerst selbst erziehen, ehe er andere erzieht. Was er anderen beibringen will, soll er durch eigenes Betragen vormachen und nicht durch Worte seiner Zunge."

„Gesegnet sei der Mensch, der das nächste Leben im Auge behält, der so handelt, daß er jeder Zeit Rechenschaft ablegen kann. Gesegnet sei der Mensch, der sich damit begnügt, was er selbst braucht."

„Der größte Reichtum ist der Verzicht auf Begierde."

Die Überlieferung besagt, Ali sei in der Nähe von Kufa bestattet worden, in der Nähe des Dammes, der die Euphratflut von der Stadt zurückhält. Mit dem Bau eines Mausoleums entstand der Ort al Nedschef.

Die Schiat Ali, die Partei des Ali, festigt sich

Es hieß, Ali Ibn Abu Talib habe ein Vermächtnis an seinen ältesten Sohn Hassan Ibn Ali Ibn Abu Talib weitergegeben. In der Überzeugung derer, die an die besondere Position der „Heiligen Familie" glauben, habe Ali an den Sohn Hassan seinen Koran und das Schwert Dhu al Fakar ausgehändigt mit der Aufforderung, die Aufgabe zu erfüllen, der Familie zu ihrem Recht zu verhelfen. Von Hassan wurde verlangt, den Krieg gegen die Omayyaden fortzusetzen.

Dieselben Männer, die nur wenige Monate zuvor Ali die Unterstützung versagt hatten, als er sie zum Kampf aufforderte, standen nun auf dem Standpunkt, Hassan habe das Vermächtnis des Ali unbedingt zu erfüllen. Die Kommandeure der Bewaffneten drängten ihn, aktiv zu werden. Doch gerade dazu hatte Hassan nur geringe Lust. Er war zu sehr an Bequemlichkeit gewöhnt.

Hassan befand sich bereits im vierten Lebensjahrzehnt und fühlte sich der Aufgabe, der „Heiligen Familie" vorzustehen, nicht gewachsen. Sein Privatleben war ihm wichtiger. Seit jungen Jahren war er mit dem Spottnamen „mitlak" belegt worden – der „Scheidungsbeflissene". Er trennte sich häufig von seinen Frauen und holte sich neue in den Harem. Da ihm das islamische Gesetz nur vier Frauen gestattete, machte Hassan durch Scheidung den Platz frei für neue, ebenfalls nur vorübergehend gültige Bindungen.

Hassan ließ sich in Kufa zum Kalifen proklamieren. Es war ihm bewußt, daß er nur als Nebenkalif amtierte, daß der eigentlich Mächtige, das Oberhaupt der Omayyadendynastie in Damaskus, als „Beherrscher der Gläubigen" residierte. Der Gedanke, gegen die Omayyaden kämpfen zu müssen, jagte Hassan Schrecken ein, obgleich er über eine beachtliche Streitmacht verfügte:

40 000 Bewaffnete lagerten vor der Stadt Kufa. Sie wurden kommandiert von ehrgeizigen Männern, die aus ihrer Unterstützung der „Heiligen Familie" Profit schlagen wollten. Für die von ihnen geprägte Bewegung setzten sie den Namen „Schiat Ali" durch – die „Partei des Ali".

Die 40 000 Kämpfer verlangten Nahrung und Sold; sie verlangten mit Wein versorgt zu werden und verstießen damit gegen ein islamisches Gebot. Streit und Handgreiflichkeiten ließen sich kaum vermeiden. Die Bewohner von Kufa, an Ruhe in ihrer Stadt interessiert, verlangten von Hassan, er möge endlich seine Truppe in Richtung Damaskus abmarschieren lassen. Hassan gab schließlich den Befehl zum Beginn des Feldzugs. Er blieb in Kufa und hoffte, die Armee werde auch ohne ihn siegreich sein. Doch ohne wirklichen Befehlshaber lösten sich Zusammenhalt und Disziplin der Truppe auf. Enttäuschung machte sich breit. Die Kämpfer hatten gehofft, an der Seite Hassans Beute erringen zu können, doch der ließ sich lange Zeit bei der Truppe nicht blicken. Als er endlich doch zur Armee stieß, wurde er von einem Dutzend seiner Kämpfer ausgeplündert und verprügelt. Hassan wurde dabei ernsthaft verletzt. Er vermied es künftig, mit den Bewaffneten zusammenzusein.

Von diesen Ereignissen an ist eine Lebensbeschreibung des Prophetenenkels Hassan objektiv nicht mehr möglich. Was von nun an geschah, sehen Schiiten und Sunniten mit jeweils anderen Augen. Wer sich an der „Encyclopaedia of Islam" und an der „Shorter Encyclopaedia of Islam" (1965) orientiert, der erfährt, Hassan habe vom Tag der Verwundung durch die eigenen Leute an nur noch den Wunsch gehabt, sich mit dem Hause Omayya in Damaskus zu einigen. Er suchte Kontakt zu den Verantwortlichen am Kalifenhof.

Boten brachten dem bisher verhaßten Feind Muawija Briefe, denen zu entnehmen war, daß Hassan daran dachte, auf alle Rechte als Ältester der Familie des Propheten zu verzichten. Er wollte vor allem nicht länger Kalif sein – und nicht länger „Beherrscher der Gläubigen" genannt werden. Hassan bat Muawija um ein Angebot für eine faire Lösung des Problems zwischen dem Hause Omayya und ihm, dem Enkel des Propheten Mohammed. Auf die Antwort brauchte der entmutigte Kalif nicht lange zu warten. Der mächtige Herrscher, der nicht nur den größten Teil der arabischen Halbinsel, sondern auch Syrien kontrollierte – und der damit rechnen konnte, auch das reiche Nilland in die Hand zu bekommen –, forderte Hassan auf, selbst einen Preis für den umfassenden Verzicht auf seine dynastischen Rechte festzulegen.

Hassan, der noch immer rechtmäßiger Kalif war, wollte nun das Geschäft nicht durch überzogene Forderungen gefährden; er habe – so meint die in der „Encyclopaedia of

Islam" zitierte Überlieferung – die Summe von fünf Millionen Dirham verlangt sowie das Steueraufkommen eines wohlhabenden persischen Distrikts auf Lebenszeit. Sein Bruder Husain solle mit zwei Millionen Dirham abgefunden werden.

Es führt zu keinem sinnvollen Ergebnis, diese Beträge in heutige Währungen umrechnen zu wollen. Der Kaufwert des Geldes unterscheidet sich zwischen damals und heute so grundsätzlich, daß eine derartige Kalkulation keine Rechenbasis besitzt. Soviel kann festgestellt werden, daß der Wert der geforderten Beträge beachtlich war.

Die „Encyclopaedia of Islam" kommt zum Schluß, Hassan habe während eines persönlichen Treffens mit Muawija das Geld akzeptiert und bedingungslos den Verzicht auf alle Rechte der Familie des Propheten bekräftigt. Für Muawija schien damit das Problem der „Heiligen Familie" erledigt zu sein.

Wer sich in Iran auf die „Encyclopaedia of Islam" beruft und die Meinung äußert, Hassan habe sich durch Annahme von Geld die Ansprüche auf das Kalifat und auf die Rechte der „Heiligen Familie" abkaufen lassen, der muß mit wütenden Reaktionen rechnen. Für die Schiiten, die von der islamischen Revolution des Ayatollah Chomeini geprägt sind, ist Hassan der Zweite der „Imame" in der Kette der heiligen Männer aus der Familie des Propheten, die von Ali bis zum Zwölften Imam reicht. Der Imam Hassan trägt den Ehrentitel „Shahid" – „Märtyrer".

Nach schiitischer Überzeugung ist der Imam Hassan im Auftrag des Clans der Omayyaden getötet worden, weil er sich eben nicht zum Verzicht auf seine ihm von Allah übertragenen Rechte bereitgefunden hatte. Die Legende entstand, Muawija selbst sei für Hassans Tod verantwortlich. Er habe an Hassans Lieblingsfrau Asma ein Tuch schicken lassen, das mit einem besonderen Gift präpariert gewesen sein soll. Die Anweisung an Asma habe gelautet, sie müsse ihrem

Mann nach dem Liebesakt dieses Tuch reichen, damit er sich abtrockne. Über Hassans feuchte Haut sei dann das Gift in den Körper eingedrungen. Er sei nach kurzem, aber schrecklichem Leiden gestorben – als Märtyrer für seinen Glauben.

Die „Encyclopaedia of Islam" gibt an, Hassan Ibn Ali Ibn Abu Talib sei in Medina an Schwindsucht gestorben – unbehelligt vom Omayyadenclan, der Hassan nicht mehr als gefährlich angesehen habe.

Wer nicht zur Schiat Ali gehört, der argumentiert, es sei höchst unwahrscheinlich, daß Muawija einen Mann habe ermorden lassen, der das unruhige Zweistromland verlassen habe, um friedlich in Medina zu leben. Im eigenen Interesse aber durfte die sich eben formierende Schiat Ali – die Partei des Ali – den Standpunkt nicht zulassen, der Sohn des als heilig verehrten Ali habe die Rechte der Familie verkauft. Hassan mußte ein Glied sein in der Kette der Imame, die als die einzigen legitimen „Beherrscher der Gläubigen" galten und gelten. Die wichtigste Voraussetzung für die Position des Imam hatte Hassan dadurch erfüllt, daß er der älteste Sohn des Ali Ibn Abu Talib und der Prophetentochter Fatima war.

Die Verfechter der Rechte der „Heiligen Familie" hatten diesen Grundsatz festgelegt: Es lebt jeweils nur ein Imam als Autorität zur Leitung der Menschheit; der Imam muß seine Abstammung auf Ali und Fatima zurückführen können. Der Prophet selbst habe diese Vorschriften erlassen. Seine Sorge sei gewesen, die Gläubigen könnten in der Zukunft gewollt oder ungewollt vom rechten Weg abweichen, den Allah durch die Offenbarung des Korans gewiesen habe. Die Aufgabe des Imam sei es, die Gläubigen auf dem rechten Weg zu halten, oder sie darauf zurückzuführen.

Daß ein Imam künftig der Lenker aller Gläubigen sein werde, habe der Prophet allein seinem Schwiegersohn Ali deutlich gemacht. Bis zum Tode des Mohammed sei diese Anweisung ein Geheimnis geblieben. Ali habe vom Gesandten Allahs das besondere Wissen um die göttlich inspirierte Kraft der Imame erhalten. Nach dem Glauben der Schiiten hat Ali dieses besondere Wissen an Hassan und dieser wiederum an Husain weitergegeben.

Husain – der wichtigste Märtyrer der Schiiten

Husain war der jüngere der Söhne, die von der Prophetentochter Fatima ihrem Mann geboren worden waren. Beim Tod des Hassan war Husain ebenfalls schon ein reifer Mann – er war beinahe 50 Jahre alt.

Husain war dem Bruder beim Amtsverzicht nach Medina gefolgt. Allerdings war Husain keineswegs damit einverstanden, daß Hassan auf die Rechte der gesamten Familie verzichtet hatte. Er sah darin einen schlimmen Verrat am Vater Ali und vor allem am Großvater Mohammed. Anzunehmen ist, daß sich Husain nicht hat entschädigen lassen.

Obgleich er den Verzicht nicht akzeptierte, war Husain zunächst nicht bereit, als Imam als „Lenker der Gläubigen" aktiv zu werden. Er lebte zurückgezogen in Medina. Er bewies würdige und distanzierte Haltung gegenüber dem Omayyadenclan. Er äußerte kein Wort, aus dem eine feindliche Haltung gegen die Mächtigen im Damaskus hätte abgeleitet werden können. Husain war zu diesem Zeitpunkt Realist: Er hatte begriffen, daß die Omayyaden das Riesenreich der Moslems fest im Griff hatten – das islamische Imperium reichte von Nordafrika im Westen bis zum indischen Subkontinent im Osten.

Husain schätzte die Leistungen des Muawija. Bis zu dessen Tod im Jahre 680 n. Chr. verhielt sich Husain völlig ruhig. Mit einem Traum, so wird erzählt, habe die stille Zeit für den Enkel des Propheten ein Ende gefunden.

Während des nächtlichen Schlafs habe Husain ganz deutlich einen brennenden Palast vor sich gesehen. Mitten in der Feuersbrunst lag ein goldener Sessel, umgestürzt und zerbrochen. Beim Erwachen wußte Husain, daß in dieser Nacht Muawija gestorben war.

Als wenige Tage später die Aufforderung des Omayyaden-Gouverneurs von Medina im Haus des Husain eintraf, der Enkel des Propheten Mohammed habe sich in der Residenz des Gouverneurs einzufinden, war Husain keineswegs überrascht. Er ahnte, daß von ihm eine Huldigung verlangt wurde für den neuen Mächtigen in Damaskus. Der neue Kalif aber konnte wiederum nur ein Mann aus dem Hause Omayya sein. Ihm wollte Husain auf keinen Fall Treue schwören. Doch eine direkte Absage wollte er sich nicht leisten. Seine Antwort an den Gouverneur lautete, er sei bereit, den Treueid zu leisten – jedoch nicht in der Residenz des Gouverneurs, sondern in der Moschee von Medina, in der schon sein Großvater gewirkt habe. Er werde daher am darauffolgenden Freitag zur Gebetszeit in der Moschee erscheinen, um dem „Beherrscher der Gläubigen", dem Kalifen Jezid, treue Gefolgschaft zu versprechen. An jenem Freitag aber wartete der Gouverneur vergebens in der Moschee von Medina auf den Prophetenenkel. Husain hatte Medina verlassen. Das Haus Omayya begriff rasch, daß es fortan einen aktiven Feind besaß.

Innerhalb von zwei Wochen gelangte die Nachricht vom Zwist zwischen Husain und dem Hause Omayya in das Zweistromland von Euphrat und Tigris. Die Hoffnung flammte auf, Husain könne zum Symbol werden für den Kampf um Lostrennung der östlichen Gebiete vom Reich der Omayyaden. Wer persisch empfand, der träumte in der Tat davon, Persien habe durch Husain eine Chance, die Schmach der Niederlage von Qadisiyah zu korrigieren. Damals, vor mehr als fünfzig Jahren, waren die Perser durch Araber geschlagen worden. Daß auch Husain arabischer Abstammung war, wurde nicht beachtet in der Euphorie, eine Loslösung von Damaskus liege im Bereich der Möglichkeiten.

In Kufa strömten die Menschen auf dem Platz vor der Moschee zusammen. Die Gefühle wallten so sehr auf, daß die Verantwortlichen der Omayyadenadministration klugerweise ihre Truppen aus der Stadt abzogen. Mit Gewalt war dieser Masse in ihrer Begeisterung nicht beizukommen.

Die Propagandisten der Schiat Ali nutzten die plötzlich entstandene Freiheit. Sprechchöre wurden mobilisiert, die Husain priesen. Er war zum Hoffnungsträger geworden.

Boten wurden losgeschickt, um Husain aufzuspüren. Er wurde schließlich in Mekka gefunden. Die Boten überbrachten Pergamentrollen, auf denen mehrere tausend Männer aus Kufa bekundet hatten, ihr Heil hänge allein von Husain ab. Sie flehten darum, daß er die Herrschaft in Kufa übernehme.

Husain zögerte. Er hatte das Beispiel seines Vaters Ali vor Augen. Dessen Bemühungen, die Treue der Männer von Kufa beständig zu halten, waren unrühmlich zu Ende gegangen. Husain fürchtete einen raschen erneuten Stimmungswechsel seiner Anhänger. Trotzdem reizte ihn die Vorstellung, er könne wenigstens in einem Teil des islamischen Reichs die Herrschaft der „Heiligen Familie" aufrichten.

Husain handelte vorsichtig: Er schickte zunächst seinen Vetter Muslim Ibn Akil nach Kufa. Von seinen Berichten erhoffte sich Husain die nötige Information, um entscheiden zu können, ob er den Ritt nach Kufa wagen solle.

Die Situation, die Muslim Ibn Akil in der Stadt vorfand, war wenig ermutigend für die Sache des Husain. Die Begeisterung für den Sohn des Ali war bereits merklich abgeflaut. Wieder war nach wenigen Wochen der Euphorie der Umschwung zur Depression eingetreten. Die Mehrheit der Stadtbewohner glaubte, Husain habe resigniert und wolle sich nicht mehr am Kampf um die Macht im Staat beteiligen.

Dieser Meinung war der neue Kalif in Damaskus nicht. Er schätzte Husain als zähen Kämpfer ein. Um ihm jegliche Möglichkeit zu nehmen, in Kufa Fuß zu fassen, schickte er

Ubeid Allah Ibn Ziad dorthin. Er sollte den Gouverneur ablösen, der sich als zu nachsichtig gegenüber der Schiat Ali erwiesen hatte.

Der neue Herr wandte einen Trick an, um die wahre Einstellung der Bewohner von Kufa zu erkunden: Ubeid Allah Ibn Ziad hielt sein Gesicht bedeckt, als er sich dem Stadttor näherte. Auf die Frage des Torwächters, wer er sei, antwortete einer aus der Reitergruppe, die ihn begleitete, mit leiser Stimme: „Husain ist gekommen." Als die Ankömmlinge langsam in die Stadt einritten, herrschte zunächst Schweigen in den Straßen. Dann aber brachen auf einmal Begeisterungsrufe los. Immer mehr Frauen und Männer – und vor allem Kinder – strömten aus Gassen auf Straßen und Plätze. Der Schrei „Husain ist gekommen!" war überall zu hören.

Doch dann ließ der neue Gouverneur das Tuch fallen, das sein Gesicht bedeckt hatte. Zu erkennen war, daß er nicht Husain sein konnte. Die Begeisterung der Masse schlug um in Panik. Von Furcht gepackt, rannten die Menschen davon. Wer in einem festen Haus wohnte, der verriegelte die Tür und wartete, was der Fremde zu unternehmen gedachte.

Der erste Befehl des Gouverneurs wurde bald schon auf den Straßen verkündet. Ubeid Allah Ibn Ziad ordnete an, jeder Sheikh einer Sippe habe zu prüfen, ob sich jemand zur Schiat Ali bekenne. Verdachtsmomente seien zu melden. Argwohn lähmte von dieser Stunde an das Leben in Kufa. Keiner konnte mehr dem anderen trauen.

Muslim Ibn Akil, Husains Vetter und Späher, konnte sich nach der Ankunft des neuen Gouverneurs verbergen. Ubeid Allah Ibn Ziad aber wurde den Verdacht nicht los, jemand müsse sich als Agent des Husain in Kufa befinden. Er ließ einen angesehenen Geschäftsmann verhaften, von dem bekannt war, daß er die Schiat Ali unterstützte. Der Verhaftete sagte jedoch aus, daß er nichts wisse von einem Abgesandten des Husain. Der Gouverneur wurde wütend und prügelte auf den Geschäftsmann mit dem Stock ein.

Das Geschehen im Gouverneurspalast erregte die Gemüter fast aller Bewohner von Kufa. Sie rotteten sich zusammen und brüllten Haßgesänge gegen das Haus Omayya. Da sie jedoch die Freilassung des Verhafteten nicht erreichen konnten, zerstreuten sich die Empörten nach und nach.

Die Suche der Häscher des Ubeid Allah Ibn Ziad war schließlich erfolgreich: Sie nahmen Muslim Ibn Akil fest. Er wurde in das Haus des Gouverneurs geschleppt. Wieder brachen Entrüstung und Wut los in Kufa. Weinend und schreiend zogen die Menschen durch die Straßen. Die aufgebrochenen Emotionen blieben ohne Folgen. Das Gebäude des Gouverneurs war zur Festung ausgebaut; es war von den Massen nicht zu stürmen.

Ubeid Allah Ibn Ziad hatte inzwischen die Mentalität der Wankelmütigen von Kufa begriffen. Sie konnten keine Gefahr bilden für die Macht des Hauses Omayya im Zweistromland und in persischen Gebieten. Er entschloß sich, durch Härte zu imponieren. Er ließ Husains Informanten auf das Dach des Gouverneurspalastes stellen, daß ihn die Menschen sehen konnten, die sich auf dem Platz davor einfanden. Dann schlug der Scharfrichter geschickt zu. Der Kopf des Muslim Ibn Akil wirbelte durch die Luft und schlug mitten unter den Menschen auf.

Der Gouverneur Ubeid Allah Ibn Ziad hatte ein warnendes Zeichen gesetzt für alle, die von einer Machtübernahme in Kufa durch die Schiat Ali träumten. Niemand zeigte noch Neigung, die Sache des Husain zu unterstützen.

Zu diesem Zeitpunkt wartete der Prophetenenkel noch in Mekka auf ein Zeichen aus dem Zweistromland. Da er von seinem Vetter Muslim Ibn Akil überhaupt keine Berichte erhalten hatte, wuchs seine Ungeduld. Er hatte ihr schließlich nicht länger standhalten können. Mit großem Gefolge machte er sich auf den Weg. Nahezu hundert Getreue folgten ihm. Männer, Frauen und Kinder der „Heiligen Familie" und Bewaffnete, die hofften, mit Husain Ruhm, eine feste

Position im Staat und Reichtum zu erlangen. Jeder Mann war beritten. Frauen und Kinder wurden in Sänften auf Kamelen transportiert.

Die Reisegruppe des Husain mied den direkten Weg durch die Wüste, an den die Reiter aus Medina gewöhnt waren – aus Sorge vor omayyadischen Patrouillen. Sie bewegten sich am Ostufer des Roten Meeres entlang durch Steppenland zur östlichen Küste des Mittelmeers. Damaskus und Jerusalem berührten sie nicht. Die Karawane erreichte schließlich den Euphrat und – nach vier Wochen Reise – den Ort Qadisiyah, an dem sich 43 Jahre zuvor die Niederlage der Perser vollzogen hatte. Die Araber hatten damals im Jahre 637 n. Chr. gewonnen. Die Völker des Ostens im islamischen Reich, und dazu zählten die Perser, hatten während der zurückliegenden Generation versucht, sich von den Arabern, von Damaskus, von der Sippe der Omayyaden zu lösen – unter der Führung der Familie des Propheten. Es muß Husain bewußt gewesen sein, daß er arabischer Abstammung war und dennoch das Symbol des Widerstands gegen die Araber.

Für Husain erlangte der Ort Qadisiyah eine besondere Bedeutung: Er erfuhr hier von der Hinrichtung seines Vetters Muslim Ibn Akil und von der Situation in Kufa. Bis zu dieser Stunde hatte er gehofft, er könne im Triumph in die Stadt einziehen, getragen von der Begeisterung der Schiat Ali. Jetzt zerplatzte die Vision von der kampflosen Besetzung einer Hauptstadt für ein islamisches Reich seiner Vorstellung. Husain war ratlos. An eine Rückkehr der Familie und der Bewaffneten war nicht zu denken. Die Karawane war von Berittenen der Omayyaden entdeckt worden. Sie wurde umkreist von den Feinden. Sie hatten offenbar jedoch keinen Befehl zum Angriff.

Der Troß, den Husain mit sich führte, umfaßte – von 70 Tieren getragen – das Mobiliar eines Haushalts, der eines

Königs würdig gewesen wäre. An Beweglichkeit, an schnellen Ortswechsel war allerdings nicht zu denken. Für Husain blieb nur die Möglichkeit, die von Ubeid Allah Ibn Ziad geschickten Kämpfer von der Rechtmäßigkeit seiner Sache zu überzeugen. Husains Absicht war, seine Position als Prophetenenkel auszuspielen, um sich aus der kritischen Situation zu retten. Husain brauchte Zeit. Da er befürchten mußte, vom Wasser abgeschnitten zu werden, sorgte er zunächst dafür, daß sich seine Karawane auf den Euphrat zubewegte. Der Fluß sollte leicht erreichbar sein.

Die ersten Gespräche zwischen Husain und dem Befehlshaber der Omayyadentruppe waren geprägt von den erlesenen Formen arabischer Höflichkeit. Der Offizier aus Damaskus respektierte die hohe Abstammung seines Gegners. Husain ließ durchblicken, daß er willens sei, mit seiner Begleitung nach Mekka zurückzukehren. Bedingungen stellte der Prophetenenkel nicht. Er bot sogar an, er wolle künftig völlig zurückgezogen und ohne politische Aktivität leben. Er werde seine irdische Existenz mit religiöser Betrachtung in einem Haus bei der heiligen Ka'aba in Mekka zu Ende führen.

Ob dieses Angebot ernst gemeint war, kann nicht geklärt werden. Es wurde von der Gegenseite gar nicht beachtet. Der Gouverneur in Kufa hatte Anweisung des Kalifen Jezid, den Umtrieben der Schiat Ali für alle Zeiten die Grundlage zu entziehen. Der Gefahr einer Spaltung des islamischen Reichs sollte ein Ende bereitet werden. Der Beschluß zur Tötung des Husain wurde am 9. Oktober des Jahres 680 n. Chr. im Gouverneurspalast von Kufa gefaßt.

Kerbela heißt der Ort, der damals am nächsten lag zum Rastplatz der Karawane, nachdem Husain samt Tieren und Hausrat näher an das Euphratwasser herangerückt war. Der Ring der Gegner wurde immer enger. Der Omayyadenoffizier hatte noch immer Scheu davor, das Blut eines Mannes zu vergießen, der zur Familie des Propheten gehörte. Als gläubiger Moslem war er überzeugt, der Gesandte Allahs werde am Tag des Jüngsten Gerichts eine derartige Tat nicht verzeihen. Er fürchtete, seine Seele sei der ewigen Verdammnis anheimgegeben, wenn er für den Tod des Husain verantwortlich gemacht werden könne. Deshalb bemühte er sich, Husain zu überreden, die Kapitulation anzubieten. Das Problem, was mit dem Prophetenenkel danach zu geschehen habe, mußte dann von Ubeid Allah Ibn Ziad gelöst werden. Doch Husain hatte sich bereits entschlossen, sich auf keinen Fall gefangennehmen zu lassen.

Bemerkenswerte Erkenntnisse soll Husain in der letzten Nacht seines Lebens ausgesprochen haben. Der Tag war heiß gewesen; erst nach Mitternacht brachte der Wind von der Wüste her einige Kühlung. Mit den Männern der Verwandtschaft redete Husain; die Frauen blieben auch in diesen entscheidenden Stunden von Gesprächen ausgeschlossen. Husain erwähnte das Geschick, das durch seine Familie den Gläubigen auferlegt worden sei. Die Gesamtheit der Moslems hätte davon profitiert, wenn Ali, Hassan und er selbst rechtzeitig auf Machtansprüche verzichtet hätten. Der zersetzende Streit dauerte jetzt schon seit zwei Generationen an; ihm müsse nun ein Ende bereitet werden. Nur für kurze Zeit fand Husain Schlaf in jener Nacht.

Bei Sonnenaufgang erwachte er mit tröstlichen Gedanken. Im Traum, so erzählte Husain seinen Begleitern, sei ihm der Prophet Mohammed erschienen, der gesagt habe: „Am Abend wirst du bei mir im Paradies sein. Glaube mir, unbedeutend ist der Schritt aus dem Leben ins Paradies. Er beendet alle Leiden. Ich habe dir versprochen, daß deine Aufnahme ins Paradies sicher ist. Mein Wort soll dir Vertrauen geben."

Als Husain Weinen und Schluchzen vernahm, sagte er: „Wenn ihr weint, dann lacht der Feind. Wer von uns will ihm das Lachen gönnen?"

Da Husain nicht kapitulieren wollte, blieb ihm nur der Kampf mit der Waffe. Doch seine Gegner wichen dem Gefecht aus. Da setzte Husain seine letzte Hoffnung auf die Kraft seiner Sprache, auf seine Gabe, andere zu überzeugen. Husain spürte, daß die Gegner bereit waren, ihm zuzuhören. Der Prophetenenkel bestieg sein Kamel, daß ihn jeder sehen und hören konnte. Die Worte des todgeweihten Husain sind den Schiiten bis heute heilig:

„Wisset, daß ich Husain bin, der Sohn der Fatima, der Tochter des Gesandten Allahs. Ich bin der Sohn des Ali, des ersten Gläubigen im Islam. Zu ihm hatte der Prophet gesagt: ‚Dein Fleisch ist mein Fleisch und dein Blut ist mein Blut.‘ Ich bin der Bruder des Hassan, von dem der Prophet gesagt hat: ‚Dieser Hassan ist der Herr aller Bewohner des Paradieses.‘ Wenn ihr also Moslems seid, und wenn ihr zum Volk meines Großvaters zählt, wie wollt ihr dann am Tag der Auferstehung die Feindschaft mit mir rechtfertigen? Ihr wollt mein Blut vergießen, obgleich ich bei Mohammed hoch angesehen war! Was habe ich begangen, daß ihr glaubt, das Recht zu haben, mich umzubringen? Bin ich ein Mörder? Bin ich ein Räuber? Ich lebte zurückgezogen in Mekka, bis mich die Männer aus Kufa eingeladen haben, zu ihnen zu kommen. Wenn ihr euch die Gnade Allahs erhalten wollt und die Fürsprache meines Großvaters, so laßt mich und die Meinen nach Mekka zurückkehren, denn mich reizt keine weltliche Herrschaft mehr.“

Husain wollte zugleich die Vernunft ansprechen und das Herz. Argumente, flehende Worte, direkte Drohungen – viele Register der Eloquenz benutzte Husain, und doch blieben sie alle ohne Wirkung. Er ließ sich nicht beirren durch Zeichen der Ungeduld des Gegners. Husain versuchte Zeit zu gewinnen in der Hoffnung auf eine glückliche Wendung. In der Mittagshitze aber wurde die Stimme schwächer. Kehle und Zunge waren vor Durst ausgetrocknet. Die Zuhörer wurden unaufmerksamer und verloren schließlich das Interesse an der langen Rede. Der Kommandeur aus Kufa wurde ärgerlich. Er mußte Vorwürfe des Gouverneurs fürchten. Den Befehl zum Angriff konnte er nicht länger hinauszögern – so sehr er sich auch vorgenommen hatte, seine Hände rein zu halten vom Blut des Prophetenenkels.

Dann entwickelte sich der Kampf von selbst, ohne daß ein Zeichen gegeben wurde. Die ersten Attacken wurden abgewiesen von den Bewaffneten in Husains Begleitung. Berichtet wird, Husain habe mit außerordentlicher Tapferkeit gekämpft; mehrere Gegner seien durch sein Schwert tödlich verletzt worden. Der Kampf zog sich hin bis in die steigende Hitze des Nachmittags. Angreifer und Verteidiger litten unter Durst. Die Männer des Husain aber waren von den Strapazen besonders betroffen, denn die Umzingelung durch die Gegner trennte sie vom Euphratwasser. Ihre Kraft erlahmte. Sie wurden schließlich auseinandergetrieben. Husain gelang es noch, sich bis zum Fluß durchzuschlagen. Einen Schluck Wasser trank er, dann wurde er durch Schwerthiebe getötet.

Husain habe, so berichten schiitische Chronisten, aus vierunddreißig Schwertwunden und aus dreiunddreißig Pfeilwunden geblutet.

Die Sieger schlugen dem Prophetenenkel den Kopf ab; er wurde nach Damaskus geschickt, zum Kalifen Jezid. Das Haupt wird bis heute in der syrischen Hauptstadt verwahrt, in einem Nebenraum der Omayyadenmoschee. Er ist für Schiiten ein besonders verehrtes Heiligtum.

Den kopflosen Rumpf des Husain ließen die Sieger im Sand liegen. Er wurde einige Tage später von den Bewohnern naheliegender Häuser bestattet. Der Begräbnisplatz blieb in Erinnerung. Vier Jahre nach dem Tod des Husain, der im 61. Jahr des Islam geschehen ist (10. Oktober 680 n. Chr.), trafen sich schiitische Gläubige an der Stelle, wo sie den Leichnam vermuteten. Sie blieben dort einen Tag und eine Nacht lang, um des schreckliche Ereignisses zu gedenken. Seither ist der Ort Kerbela den Schiiten heilig. Er liegt 90 Kilometer südwestlich von Baghdad.

Kalif Jezid ahnte, daß das Problem der Auseinandersetzung mit den Nachkommen des Propheten mit dem Tod des Husain nicht erledigt war. Er sah voraus, daß seiner Herrschaft der „Märtyrer Husain" gefährlicher werden konnte als der lebende Husain. Jezid war unzufrieden mit dem Ausgang der Konfrontation bei Kerbela. Den Tod des Husain hatte er nicht gewollt. Eigentlich hatte Jezid nur die Umtriebe der „Heiligen Familie" unterbinden lassen wollen. Dies hätte ohne Blutvergießen geschehen sollen. Der Omayyadenherrscher wollte jetzt das Unglück nicht noch vergrößern. Er ließ die Überlebenden – vor allem Frauen und Kinder – nach Kufa bringen, damit sie dort versorgt werden konnten. Als sie dort eintrafen, wurden sie von verzweifelten Frauen und Männern umringt, die weinten und schluchzten. Gellende Schreie waren zu hören: „Husain! Husain! Husain!" Von einer Stunde zur anderen hatte Reue die Bewohner von Kufa gepackt. Sie konnten sich nicht verzeihen, daß sie Husain nicht zur Hilfe geeilt waren, daß sie nicht bereit gewesen waren, dem „edelsten Geschlecht, das je auf Allahs Boden gelebt hatte", mit aller Kraft beizustehen. Die Menschen von Kufa begleiteten die „Heilige Familie" ein Stück weit auf dem Weg nach Damaskus. Berichtet wird, eine der Töchter des Husain habe ihr verächtliches Erstaunen über das Verhalten der Jammernden nicht verborgen. Sie soll zu einem der Männer aus Kufa gesagt haben: „Warum weinst du? Etwa wegen unseres Schicksals? Ihr habt uns doch durch Briefe und Boten hierhergelockt. Dann habt ihr zugesehen, wie unsere Männer und Kinder umgebracht wurden. Und jetzt weint ihr wieder!"

Mit dem Tod des Husain hatte die Schiat Ali ein festes Fundament erhalten. Der Märtyrertod des Prophetenenkels war ein schreckliches Ereignis, das sich ins Gemüt einprägte, das Mitleiden auslöste, das nachzuvollziehen war: In der Islamischen Republik Iran nehmen sich in unserer Zeit gläubige Männer vor, am 10. Tag des Monats

Moharram, am Todestag des Husain, dessen Leiden selbst erleben zu wollen: Sie schlagen sich und fügen sich Schmerzen zu.

„Die Perser sind das beste Volk“

Nach dem Tod der drei Familienchefs, Ali, Hassan und Husain, war es für die Sippe der Nachkommen des Mohammed selbstverständlich, daß ein Nachfolger gefunden werden mußte. Eine Leitgestalt sollte der „Heiligen Familie“ den Weg in die Zukunft weisen. Der älteste Sohn des Husain bot sich an; er wurde „Zain al Abidin“ genannt – der „Schmuck der Frommen“.

Die Überlieferung, die nach schiitischer Ansicht gültig ist, berichtet, Zain al Abidin sei der Sohn einer Frau aus adeliger persischer Familie gewesen. Sie habe ursprünglich im Harem des Ali eine Heimat gefunden. Ali habe das Mädchen dann – noch unberührt – seinem Sohn Husain geschenkt. Dieser Verbindung sei der Sohn entsprungen, der dann zum „Schmuck der Frommen“ wurde. Zu jener Zeit habe sich im Harem des Ali eine weitere persische Fürstentochter befunden, die Alis besondere Zuneigung genoß. Ali, so wird berichtet, habe sich daran erinnert, daß einst der Prophet diese Aussage gemacht habe: „Die Familie des Propheten ist die beste unter allen Familien – die Perser aber sind das beste Volk.“ Der Gedanke lag nahe, die Familie des Propheten und das Volk der Perser zu verbinden.

Zain al Abidin kultivierte die Neigung zu persischen Frauen, zur persischen Poesie und zu Gefühlen der Trauer und des Leides. Er betonte den Passionsgedanken in der den Schiiten gerechten Heilsgeschichte, in der Husain, der Märtyrer, von besonderer Bedeutung war und ist. Zain al Abidin erzählte das Leiden des Husain mit derart intensiven Formulierungen, daß die Zuhörer in lautes Schluchzen ausbrachen. Nach schiitischer Überzeugung wurde Zain al Abidin diese Leitgestalt der Schiat Ali im Auftrag der Sippe Omayya umgebracht - durch Gift. Der Mord war als vorsorgliche Maßnahme gedacht; er sollte verhindern, daß für den im islamischen Staat herrschenden Clan Gefahr drohte durch Mitglieder der „Heiligen Familie". Von Damaskus aus blickten die Omayyaden gebannt nach Osten, in Richtung Persien, immer in der Sorge, die Nachkommen des Propheten organisierten dort den Aufstand gegen die arabischen Oberherren. Der Omayyadenkalif Marwan II. erhielt im Jahre 748 n. Chr. diese eindringliche Warnung von seinem Statthalter an Euphrat und Tigris, der auch für Persien zuständig war, zugeschickt:

„Schläft das Haus Omayya oder wacht es? Staunend stelle ich mir diese Frage! Ich sehe glühende Kohlen unter Asche glühen. Die Glut wird bald schon zur hellen Flamme auflodern. Wenn die Klugen nicht die Glut ersticken, wird dieses Feuer Kopf und Rumpf des Reiches der Gläubigen verzehren!" Was den Statthalter beunruhigte, waren schwarze Fahnen, die überall in Persien und am Euphrat und Tigris flatterten. Schwarze Fahnen hatte es bisher nie gegeben im islamischen Reich. Die Frage war, wer ließ diese geheimnisvollen Zeichen auf Mauern und Türme setzen?

Nicht die schwarzen Fahnen allein beunruhigten den Vertreter der Omayyaden im Osten des Reichs. Da wurden unter der Hand Gedichte verbreitet, die Liebeslyrik zu sein schienen, die jedoch dazu dienten, auf behutsame Weise eine Veränderung der Machtverhältnisse zu propagieren:

„Mich beglückt nicht Liebe zu zarten Frauen.
Mein graues Haar verhindert Spaß an Scherz und Spiel.
Nicht das Zelt der Geliebten,
Oder die Mulde im Sand, wo sich das Zelt befand,
Ist mir Anlaß zum Träumen.
Der Liebreiz der Frauen entzündet meine Leidenschaft nicht.

Ich sehne mich nur nach den Frommen,
Und nach denen, die Allah fürchten.
Nur nach den Edelsten rührt sich Verlangen in mir,
Nach dem reinsten Stamme, durch den ich mich Allah nähere.
Ich ersehne die Herrschaft der Familie des Propheten.
Nur durch sie kann ich Freude empfinden.
Nur dem Haus Mohammeds kann ich Anhänglichkeit zeigen.
Zu ihm allein führt der Weg des Rechts.
Nach welchem Wort des Heiligen Buchs
Kann meine Liebe zur Familie Mohammed Verbrechen sein?"

Der Dichter hieß Kumeit Ibn Zaid. Er war 40 Jahre alt. Zu seiner Zeit vollzog sich der Machtwechsel im islamischen Reich tatsächlich. Das Haus Omayya wurde aus dem Kalifenamt gejagt – Damaskus wurde zur Provinzstadt –, der Osten des Reichs entwickelte sich zum Schwerpunkt. Doch die Hoffnungen der „Heiligen Familie", die mit dem Kalifat des Abdallah Abu Abbas (er regierte von 750 bis 754 n. Chr.) verbunden war, erfüllten sich nicht. Kalif Abu Dschafar Mansur (754 bis 785 n. Chr.) verfolgte die Nachkommen des Propheten mit Haß. Er verlangte vom Statthalter in Medina, daß das Haus von Djafar as Sadiq angezündet und niedergebrannt werde. Ein Wunder, so berichten die schiitischen Legenden, habe das Haus gerettet. Die Flammen weigerten sich, das brennbare Material des Hauses zu verzehren.

Djafar as Sadiq war der Sechste in der Reihe der Chefs der „Heiligen Familie", die mit Ali begonnen hatte. Seit Alis Tod im Jahre 661 n. Chr. waren rund 40 Jahre vergangen, da wurde Djafar Ibn Mohammed geboren, dem die Schiat Ali den Namen Djafar as Sadiq gab – „der Vertrauenswürdige". Bei seiner Geburt war die Tradition fest fixiert, den Ältesten der Familie des Propheten als „Imam" zu bezeichnen. Der Vater des Djafar as Sadiq war es, der den Unterschied zwischen dem Propheten und dem Imam so definierte: „Der Prophet ist ein Mann, der die Offenbarung aus den Stimmen der Engel hört. Er sieht die Engel auch in körperlicher Gestalt vor sich. Der Imam hört ebenfalls die Stimmen der Engel, doch er sieht sie nicht. Der Prophet hat im Koran zwar die volle Wahrheit verkündet, doch er hat gewisse Geheimnisse für sich behalten. Diese Geheimnisse gab der Prophet an Ali weiter. Ali hat von sich aus einen Vertrauten benannt, der das Wissen des Propheten zu bewahren hatte. Dieser Mann des Vertrauens ist der Imam. Jeder Imam trägt das Geheimnis weiter zur nächsten Generation.

Das Licht Allahs leuchtet in jedem Imam

Djafar as Sadiq führte die Definition vom Wesen des Imam, die er von seinem Vater übernommen hatte, weiter:

„Als Allah sich entschloß, die Schöpfung zu beginnen, machte er für alles, was er schaffen wollte, eine Urform. Dies geschah, ehe die Erde ausgebreitet und ehe der Himmel gespannt wurde über der Erde. Allah existierte damals dank seiner Macht und Autorität. Ein Lichtstrahl ging von ihm aus, ein Funke seines Glanzes. Dieses Licht fiel auf unsichtbare Materie, aus der Allah die Gestalt des Propheten Mohammed formte. Allah, der Allmächtige, sagte zum Propheten: ‚Dir habe ich mein Licht anvertraut und den Schatz meiner lenkenden Gewalt. Um deinetwillen schaffe ich für die Menschen das Paradies und das Höllenfeuer. Die Männer deiner Familie werden nach dir meinen Willen den Menschen mitteilen. Ich werde deinen Nachkommen das Wissen um meine Geheimnisse zuteil werden lassen. Keine Wahrheit wird vor den Männern deiner Familie verborgen sein. Kein Geheimnis bleibt vor ihnen verhüllt. Sie werden als Beweis meiner Existenz vor die Menschheit treten. Sie werden allen Menschen meine Macht verkünden‘."

Die Überlieferung besagt, Dschafar as Sadiq habe diesen Gedanken in einer Schrift entwickelt, die den Titel trug „Schleier des Geheimnisses“. Das Geheimnis sei lange Zeit nur Ali und den ersten Imamen bewußt gewesen. Es bestehe eben darin, daß Allah vor allen Wesen und Dingen zuerst den Propheten geformt habe. Danach habe Allah erst sein Schöpfungswerk fortgesetzt.

„Als die Zeit kam, da breitete Allah die Erde aus und spannte den Himmel. Er unterwarf die Erde dem Gesetz der Zeit. Er ließ die Wasser aufspringen, daß sie schäumten und Dampf bildeten. Allahs Thron schwamm auf dem Wasser dahin. Auf dem Rücken des Wassers legte sich das Land. Aus dem Dampf ließ Allah die Wolken des Himmels entstehen. Er befahl dem Land und dem Wasser, ihm gehorsam zu sein. Und beide unterwarfen sich. Allah formte daraufhin die Engel aus seinem Licht. Dann gab Allah zu wissen, daß Mohammed sein Prophet sei. Dann erschuf Allah den Adam. Den Engeln machte Allah bekannt, daß Adam mit einem Teil des göttlichen Willens vertraut sei – ihm seien die Namen der Wesen und Dinge bekannt. Allah machte dann Adam mit der Verantwortung vertraut, die er zu tragen habe: Adam sei als Imam eingesetzt, als der geistige Führer der Engel. Adam trage als Imam das Licht Allahs in sich.“

Djafar as Sadiq lehrte die Gläubigen, Adam sei dieser Führungsposition nicht gewachsen gewesen. Er sei in Sünde verfallen – und mit ihm die gesamte Menschheit. Wäre der Prophet Mohammed nicht gewesen, wäre das Licht Allahs auf Erden für immer erloschen gewesen. Von Mohammed übernahmen die Imame die Aufgabe, das Licht zu bewahren und in sich zu tragen zum Heil der Menschheit.

Die Heilslehre des Sechsten Imam Djafar as Sadiq gipfelt in dieser Feststellung: „Wir Nachkommen des Propheten sind das Licht von Himmel und Erde. In unsere Hand ist das Heil gelegt. Von uns wird das Geheimnis des göttlichen Willens bewahrt. Wir sind der Endpunkt, dem alle Wesen und Dinge zustreben. Wir sind auserlesen aus der Menschheit.

Wer sich an unsere Freundschaft klammert, der wird in diesem Leben Nutzen daraus ziehen. Im Leben nach dem Tod aber werden wir ihm beistehen."

Zum Bewußtsein der Schiiten gehört die Überzeugung, keiner der Imame sei eines natürlichen Todes gestorben. Djafar as Sadiq sei im Jahre 765 n. Chr. vergiftet worden im Auftrag des Kalifen Dschafar Mansur.

Die Sabi'yah, die Siebener-Schiiten

Ein Vierteljahrhundert lang war Djafar as Sadiq der Imam der Schiat Ali gewesen. Mit dem Tod des Sechsten Imam durchfuhr ein Riß den Zusammenhalt der schiitischen Gläubigen. Viele bezweifelten die Rechtmäßigkeit des vom Sechsten Imam bestellten Nachfolgers. Djafar as Sadiq hatte zunächst seinen erstgeborenen Sohn Ismaïl dazu bestimmt, Leitgestalt der Gläubigen zu sein. Doch dieser Sohn war gestorben, noch ehe er die Imamwürde wirklich hatte übernehmen können – der Vater lebte weiter und galt weiterhin als Imam.

Der plötzliche Tod des Ismaïl hatte Ratlosigkeit ausgelöst. Die Diskussion entflammte, ob es zulässig sei, einen Ersatzmann mit dem hohen Amt des Imam zu betrauen. Bezweifelt wurde, daß Allah wirklich diesen Ersatzmann in seinen Heilsplan einbezogen hatte. Viele Männer des Glaubens waren der Meinung, Allah habe ein Zeichen gesetzt – er wolle die Epoche der Imame beenden.

Andere aber meinten, Ismaïl sei in Wirklichkeit gar nicht gestorben. Ismaïl sei, als Siebter Imam, der Sicht der Menschen entzogen worden. Allah habe ihn „entrückt", verborgen. Ismaïl werde an einem Tag, den Allah festlegen werde, wieder vor die Augen der Gläubigen treten.

Anhänger beider Meinungen sahen die Kette der Imame als beendet an. Kein anderer als Ismaïl trage das Licht Allahs in sich. Ismaïl sei der letzte der von Allah mit dem Licht

Begnadeten gewesen. Mit dem Siebten Imam sei die Aufgabe der Imame überhaupt in der Sicht Allahs erfüllt.

Diejenigen, die sich dieser Meinung anschlossen, wurden fortan als Mitglieder der „Sabi'yah“ bezeichnet, als Gläubige der „Siebenerschiiten“. In unserer Zeit bekennen sich Moslems in Indien, in Teilen des Iran und in Zentralasien zur „Sabi'yah“.

Die orthodoxen Schiiten – sie sind in der Mehrheit – aber glauben daran, daß der Sechste Imam Djafar as Sadiq dem Sohn Ismaïl noch vor dessen Tod die Berufung zum Imam wieder entzogen habe, da dieser eine starke Neigung zur Trunksucht zeigte.

Der Sohn, den der Sechste Imam für würdig hielt, Leitgestalt der Menschen zu sein, hieß Musa Qazim. Er war keineswegs der zweitälteste Sohn des Sechsten Imam; zwei Söhne waren noch vor ihm geboren worden und besaßen deshalb Anspruch, Imam zu werden. Doch Musa Qazim hatte durch ein Wunder beweisen können, daß er von Allah auserwählt worden sei. Die Legende erzählt, er habe im Hof seines Hauses Brennholz aufschichten lassen, das dann angezündet wurde. Musa Qazim sei daraufhin in die Flammen getreten. Er habe sich dort nicht gerührt. Die Feuerzungen hätten zwar seine Kleider und seinen Leib berührt, doch sie hätten ihm keinen Schaden zugefügt. Musa Qazim habe daraufhin seinen nächstälteren Bruder aufgefordert, zu ihm ins Feuer zu treten, wenn er überzeugt sei, einen gerechten Anspruch auf das Amt des Imam erheben zu können. Der Bruder wagte den Schritt ins Feuer nicht. Auch der dritte Bruder hielt es für klug, den Flammen fernzubleiben. Musa Qazim hatte daraufhin keinen Mitbewerber mehr, der ihm die höchste Würde der Schiat Ali streitig machte.

Musa Qazim achtete darauf, dem Kalifen in Baghdad nicht als ehrgeizig aufzufallen. Er war überzeugt, sein Vater sei ermordet worden – und er wollte nicht dasselbe Schicksal erleiden. Musa Qazim hatte niemals eine legale Frau, und trotzdem hatte der Siebte Imam 18 Söhne und 23 Töchter. Unfreie Frauen, Sklavinnen hatten ihm diese Kinder geboren. Kritisierte jemand die Zustände im Haus des Imam, gab Musa Qazim diese Antwort:

„Meine Söhne sind trotz allem vornehmer als alle Männer, die nicht zu unserer Familie zählen. Nur die Vaterschaft ist wichtig. Nur der Vater gibt den Adel weiter."

Der Anspruch, von höherem Adel zu sein als alle lebenden Männer, kam dem Kalifen zu Ohren, der seit dem Jahr 786 n. Chr. Harun al Rashid hieß. Der Herrscher traute dem Imam nicht; er glaubte, der Nachkomme des Propheten Mohammed schüre Unruhe im Land. In der Tat waren die Bauern unzufrieden, weil Harun al Rashid die Steuern erhöht hatte, um seine teure Hofhaltung finanzieren zu können. Das Steueraufkommen wurde damals fast ausschließlich von Bauern erwirtschaftet. Bauern zahlten mindestens ein Drittel, wenn nicht gar die Hälfte ihres Jahresertrags an die Steuereinnehmer. Die Grundbesitzer aber, die nicht selbst das Land mit dem Pflug bearbeiteten, brauchten nur ein Zehntel ihrer Einnahmen abzuführen. So entwickelte sich eine Schicht der Reichen mit Vorrechten gegenüber der Masse der Bevölkerung. Viele Bauern traten, um den Steuereintreibern zu entgehen, ihr Land an die Großgrundbesitzer ab; sie wurden zu besitzlosen Ackerknechten.

Die Entrechteten blickten wieder einmal auf die „Heilige Familie" in der Hoffnung, vom Imam Zuspruch zu erfahren. Doch Musa Qazim verhielt sich still. Er wollte dem Kalifen keinen Anlaß zu einer Strafaktion bieten. Harun al Rashid aber wußte, wie er den Siebten Imam provozieren konnte.

Der Kalif reiste nach Mekka, um in einer persönlichen Begegnung mit Musa Qazim zu prüfen, ob dieser vielleicht als Agitator hinter der Unruhe der Bauern stecken könnte. Harun al Rashid präsentierte sich im Angesicht der Ka'aba zu Recht als Mitglied der Familie des Propheten – gehörte er doch als Angehöriger des Abbasidenclans tatsächlich zur

Verwandtschaft, wenn auch eines niederen Grades. Der Kalif neigte sich vor der Ka'aba mit diesen Worten: „O du Prophet des Allmächtigen, ich grüße dich als meinen Vetter!" Musa Qazim, der Siebte Imam aber blieb aufrecht stehen und sprach: „Ich grüße dich, mein lieber Vater!" Damit hatte der Imam festgestellt, daß sein Verwandtschaftsgrad im Verhältnis zum Gesandten Allahs von höherem Wert war. Diese Feststellung aber ärgerte den Kalifen. Er ließ den Siebten Imam nach Baghdad deportieren. Dort ist Musa Qazim im Gefängnis gestorben.

Die Einstellung der Schiat Ali zum Kalifen Harun al Rashid ist zwiespältig. Ihm wird zwar vorgeworfen, er habe den Siebten Imam umbringen lassen, doch es wird bis heute positiv vermerkt, daß er den Leichnam des Ali aufgefunden habe – 130 Jahre nach dessen Tod.

Überliefert ist, Harun al Rashid habe sich während eines Jagdritts gewundert, daß sein Pferd an einem Punkt störrisch stehenblieb. So sehr er es auch antrieb, es ging keinen Schritt mehr voran. Nichts Auffälliges war zu erkennen. Der Kalif schickte Diener los, die sich bei Familien in der Nachbarschaft erkundigen sollten, was es mit dem Platz auf sich habe. Die Stadt Kufa lag nur eine Stunde zu Pferd entfernt. Die Diener kamen zurück mit der Auskunft, an jener Stelle – so hätten schon die Alten berichtet – liege Ali begraben. Harun al Rashid ließ die Leiche freilegen. Zu seinem großen Erstaunen erkannte der Abbasiden-Kalif, daß der Körper noch gut erhalten war. Harun al Rashid sah sogar die Wunde in der Stirn, die dem Schwiegersohn des Propheten den Tod gebracht hatte.

Harun al Rashid ordnete an, daß über dem Toten ein Mausoleum zu errichten sei. Der Abbaside hat dem Begründer der Schiat Ali Reverenz erwiesen.

Die persische Partei setzt sich durch

Zur Zeit des Kalifen Harun al Rashid war die Kluft aufgebrochen zwischen Ost und West im islamischen Reich. Die persischen Einflüsse, übermächtig geworden in wenigen Jahren, wurden von arabisch orientierten Clans abgelehnt und bekämpft. Als die persische Sippe Barmak in dieser Auseinandersetzung zugrunde ging, rebellierten die persischen Stämme. Der Kalif war schließlich gezwungen, selbst eine Militärexpedition in die Unruhegebiete zu begleiten. Der beschwerliche Ritt über Ausläufer des Elburzgebirges zehrte an den Kräften des Herrschers. Der Krieg in Chorasan verlief nicht nach dem Willen des Obersten Befehlshabers; hartnäckig kämpften die Perser um ihre Unabhängigkeit von den bisher übermächtigen Arabern. Am 24. März 809 n. Chr. starb Harun al Rashid bei der kleinen Ortschaft Tus, die sechs Generationen später Heimat des Dichters Ferdusi wurde.

Zwischen den Söhnen des verstorbenen Kalifen brach Streit aus, wobei der Riß zwischen arabischen und persischen Ansprüchen sichtbar wurde: Der eine der beiden Söhne – er hieß Amin – hatte eine Araberin zur Mutter; der andere, Ma'mun, stammte von einer persischen Sklavin des Harun al Rashid ab. Der Einfluß der Mütter wirkte sich aus: Amin bevorzugte die Araber; Ma'mun stellte sich auf die Seite der Perser. Beide verfochten ihre Ansprüche um das Erbe des Vaters; beide verfügten über Truppenverbände. Im September des Jahres 813 n. Chr. brachen die persischen Reiter des Ma'mun in die Hauptstadt Baghdad ein. Sie benahmen sich wie Eroberer. Sie plünderten und vergewaltigten. In Trümmer fielen die prachtvollen Bauten, mit denen Harun al Rashid die Stadt geschmückt hatte. Aus den Brunnen sprudelte kein Wasser mehr. In die Gärten der Paläste trug der Wind den Sand der Wüste. Der persischen Partei, die sich durchgesetzt hatte, bot sich die Möglichkeit eines Wiederaufbaus, ganz nach ihrem Geschmack.

Ma'mun entwickelte die Idee, die schiitische Glaubensrichtung zur verbindlichen Ideologie in seinem Staat zu machen. Dazu war die Aussöhnung nötig zwischen den Sphären des Kalifen und des Imams. Die weltliche und die geistliche Macht mußten aufeinander abgestimmt werden. Der Achte Imam wollte sich auf den Versuch einer Kooperation einlassen.

Seit dem Tod des Siebten Imams trug Ali al Reza, ein Mann von zwanzig Jahren, die Verantwortung für die Schiat Ali. Auch Ali al Reza hatte eine persische Sklavin zur Mutter.

Er wurde vom Kalifen Ma'mun aufgefordert, ins Heerlager nach Merv zu kommen; der Ort liegt auf turkmenischem Gebiet ostwärts der heutigen Stadt Meshed. Ein halbes Jahr dauerte die Reise des Imam. Bei seiner Ankunft stellte er zu seiner Überraschung fest, daß der Kalif bereits eine Münze hatte prägen lassen mit der Aufschrift: „Ma'mun Beherrscher der Gläubigen und Ali al Reza der Imam aller Moslems."

Der Clan der Abbasiden bekam die Veränderungen im islamischen Staat drastisch vor Augen geführt. Seit Abdallah Ibn Abbas, dem ersten Kalifen aus ihrer Sippe, galten schwarze Fahnen als Abbasidensymbol. Wo sich der Kalif aufgehalten hatte, wurden schwarze Flaggen gehißt. Jetzt aber verbot ein Dekret des Herrschers das Aufziehen der Tücher dieser Farbe. Grün wurde zur Farbe der Macht; grün war bisher das Farbsymbol der Schiat Ali gewesen. Daß die grüne Flagge gezeigt wurde, machte die starke Position der Schiiten augenfällig Die Einigung zwischen dem Kalifen und dem Imam vollzog sich erstaunlich schnell. Ma'mun gab dem eigenen Clan bekannt, daß er sich entschlossen habe, Ali al Reza schon jetzt zu seinem Nachfolger einzusetzen. Eine Diskussion über diese Entscheidung ließ Ma'mun nicht zu.

Der Abbasidenclan wollte sich jedoch nicht auf die Seite schieben lassen. Solange sich Ma'mun noch in Persien aufhielt, setzte die bisher regierende Familie in Baghdad den

Kalifen ab. Sie bestimmte einen anderen Mann aus den eigenen Reihen zum Regenten. Der Imam aber sei, als Leitgestalt einer ketzerischen Sekte, für sie überhaupt nicht zuständig.

Ma'mun und Ali al Reza gaben ihren persischen Truppen den Befehl, die Rebellen in Baghdad anzugreifen. Die Attacke war erfolgreich.

Historisch bewanderte Schiiten unserer Zeit sind der Meinung, allein die Zuneigung des Kalifen Ma'mun zum persischen Volksteil sei ernstgemeint gewesen – nicht jedoch der Wille, den Imam tatsächlich an der Macht zu beteiligen. Dadurch, daß Ma'mun Ali al Reza zu sich nach Merv geholt habe, sei es ihm möglich gewesen, die Leitgestalt der Schiat Ali unter Kontrolle zu halten und ihn schließlich auszuschalten. Im Jahre 817 n. Chr. wurde Ali al Reza ermordet – durch Gift in der Speise aus der Abbasidenküche.

Daß der Achte Imam in Persien seine letzte Ruhestätte finden würde, hatte – nach schiitischer Überzeugung – schon der Prophet Mohammed vorausgesagt. Zweihundert Jahre vor dem Tod des Ali al Reza sei dies geschehen. Zum Beweis wird dieser Text zitiert: „Einer aus meiner Sippe wird in Chorasan beerdigt werden. Wer auch immer den Ort seines Grabes als Pilger aufsucht, dem sichert Allah den Einzug ins Paradies zu. Sein Leib wird niemals von den Flammen der Hölle verzehrt werden."

Noch deutlicher ist die Prophezeiung, die Ali zugeschrieben wird: „Einer meiner Nachkommen wird vergiftet werden im Lande Chorasan. Er wird denselben Namen tragen wie ich. Er wird Ali heißen. Der Name seines Vaters aber wird Musa sein. Wer sein Grab besuchen wird, der ist aller Sünden ledig. Weder die bereits begangenen noch die zukünftigen Sünden werden ihn belasten. Sollte ein Mensch so viele Sünden begehen, wie es Sterne am Himmel hat, und sollte die Zahl seiner Sünden der Zahl der Regenbogen gleich sein, so werden sie doch alle vergeben."

Die Aussage des Ali wird bis heute als gültig angesehen. Das Grab des Imam al Reza im persischen Meshed ist das wichtigste Heiligtum der Schiiten. Es ist das einzige Grab eines Imam, das sich in Iran befindet. Alle anderen Imame sind im Zweistromland bestattet.

Der Kalif Ma'mun, der den Tod des Imam gewollt hatte, sorgte dafür, daß der Tote eine würdige Begräbnisstätte in Chorasan erhielt. Ma'mun selbst ließ das erste Mausoleum für Ali al Reza errichten. Daraus wurde ein Gebäudekomplex in Viereckform mit den Ausmaßen von 300 Metern mal 230 Metern. In diesem Geviert sind Moscheen zu finden, Koranschulen, Innenhöfe, Karawansereien und Unterkünfte für Pilger. Der Zutritt ist für Nichtmoslems absolut verboten.

Schiiten unserer Zeit sind der Überzeugung, die Pilgerfahrt nach Meshed sei in der Tat viel wichtiger für das Heil, als der Besuch der Ka'aba in Mekka. Der volle Name der Stadt lautet: Meshed e Moqqadas. Der Name ist zu übersetzen mit „Heilige Stätte der Märtyrer".

Ali al Reza wird zu den edelsten der Iraner aller Zeiten gezählt. Seine Wundertaten haben sich im Gedächtnis erhalten: „Wenn er darum betete, fiel Regen. Er konnte festlegen, welche Regenwolke für welche Provinz bestimmt war. Er hatte die Macht, Goldmünzen aus den Felsen wachsen zu lassen, wenn er mit einem Stück Holz daran rieb. Er wußte, was in den Herzen der Menschen vorging und kannte die Stunde ihres Todes."

Wundertaten, so wird berichtet, hätten auch der Neunte und der Zehnte Imam vollbracht. Sie konnten Sand in Gold verwandeln, Tote wieder ins Leben zurückrufen, die Zukunft voraussagen.

Die Kalifen aber waren darauf bedacht, nicht noch einmal der Leitgestalt der Schiat Ali Profil zu geben. Soweit es ihnen möglich war, versuchten sie den schiitischen Einfluß einzudämmen. Es gelang ihnen im Zweistromland. Sie konnten dort die Mausoleen von Ali und Husain absperren und sogar zerstören lassen. In der persischen Region wurden sie der Schiat Ali nicht mehr Herr – auch wenn es den Kalifen gelang, den Neunten und den Zehnten Imam ebenfalls vergiften zu lassen.

Nicht Jesus ist der Retter der Welt – sondern der Zwölfte Imam

Der Elfte Imam soll eine byzantinische Prinzessin, also eine Christin, geheiratet haben. Dieses Ereignis hatte eine Vorgeschichte. Schiitische Historienschreiber erzählen sie so:

Es muß um das Jahr 855 n. Chr. gewesen sein, als der Zehnte Imam in Samarra im Zweistromland in Ehrenhaft lebte. Er konnte sich dort frei bewegen. Bashar Ibn Sulaiman war damals ein Vertrauter des Imam. Dieser Bashar Ibn Sulaiman erhielt vom Imam den Auftrag, eine Sklavin zu erwerben, die für den Sohn des Imam bestimmt sein sollte. Er bekam einen Brief ausgehändigt, der in der Schrift der byzantinischen Christen verfaßt war, und noch dazu 220 Dinare. Die Anweisung an Bashar Ibn Sulaiman lautete: „Begib' dich nach Baghdad zur Schiffsanlegestelle am Tigris. Geh' dorthin, wo Schiffe aus Syrien ausgeladen werden. Du wartest auf einen Schiffseigner, der Amr Ibn Jezid heißt. Achte darauf, ob er ein Sklavenmädchen feilbietet, das sich durch zwei Seidenkleider verhüllt. Sie wird in der Sprache der Christen reden. Du wirst sie sagen hören, daß sie jeden verflucht, der sie anzurühren wagt. Wenn du diese Sklavin erkannt hast, gib ihr diesen Brief."

Bashar Ibn Sulaiman führte den Auftrag richtig aus. Über seine Erlebnisse soll er mit diesen Worten berichtet haben: „Als ich dem Mädchen den Brief gab, konnte sie ihre Tränen nicht zurückhalten. Zum Sklavenhändler sagte sie: ‚Verkaufe mich an diesen Mann. Wenn dies nicht geschieht, bringe ich mich um!‘ Mit dem Verkäufer einigte ich mich auf den Preis von 220 Dinare, die ich in der Tasche trug. Das Mädchen war sehr glücklich und ging mit mir. Den Brief des Imam küßte sie mehrmals. Auf dem langen Weg von Baghdad nach Samarra erzählte sie mir ihre Geschichte. Sie sagte: ‚Ich bin eine Prinzessin. Ich bin die Enkelin des Kaisers von Byzanz. Meine Mutter stammt von Simon ab, der einst ein Jünger von Jesus war. Mein Großvater, der Kaiser, wollte mich eigentlich mit seinem Neffen verheiraten. Ich war gerade dreizehn Jahre alt. Zur Hochzeit kamen 700 Männer aus vornehmen Familien und 4000 Offiziere und Beamte. Der Kaiser saß auf einem Thron, der reich mit Diamanten verziert war. Nur über 40 Stufen war dieser Thron erreichbar. Neben dem Kaiser hatte sein Neffe Platz genommen. Mein Großvater, der Kaiser, verlangte, daß das Buch des Alten Testaments geöffnet werde. In diesem Augenblick gaben die Beine des Sessels nach, auf dem mein künftiger Mann saß – er stürzte zu Boden. Auch einige der Standbilder waren umgestürzt. Schrecken verbreitete sich. Jeder glaubte an böse Zeichen. Mein Großvater aber wollte von derartigen Gedanken nichts wissen. Die Standbilder und der Thron wurden wieder aufgestellt. Erneut sollten die Hochzeitsfeierlichkeiten beginnen. Kaum aber war das Buch des Neuen Testaments geöffnet, zerbrachen die Beine des Sessels erneut. Der Neffe des Kaisers lag wieder am Boden. Jetzt packte die 700 Männer von Adel und die 4000 Offiziere und Beamten Furcht, die an Wahnsinn grenzte. Sie rannten davon. Der Kaiser aber begab sich mit Kummer im Herzen in seine Kammer.‘ In der Nacht, die auf dieses furchterregende Ereignis folgte – so erzählte die Prinzessin von Byzanz –, habe sie geträumt: ‚Jesus erschien mir mit allen seinen Jüngern. Sie standen genau an der Stelle, wo der Thronsessel aufgestellt war. Mohammed trat auf Jesus zu. Hinter Mohammed schritt Ali. Alle Nachkommen von Ali, die erleuchteten Imame, gingen in strahlendem Licht. Jesus umarmte

Mohammed. Der Prophet aber sprach: ‚O du Geist Allahs! Ich bin gekommen, um die Tochter aus dem Stamm deines Jüngers Simon für meinen Nachfahren zu erbitten.' Jesus blickte auf Simon und sagte: ‚Adel und Ruhm sind hier erschienen, um deine Sippe mit der Familie des Mohammed zu vereinigen.' Simon stimmte der Hochzeit zu, und alle stiegen auf eine Empore, die aus Licht gebaut war.'

Nach diesem Traum, so erzählte die Prinzessin aus Byzanz, habe sie nicht den Mut gehabt, den Inhalt irgend jemand zu erzählen. Sie habe kaum noch gegessen. Vor allem aber habe sie keinen Schluck Wein mehr getrunken. Innerhalb weniger Wochen sei sie abgemagert und krank geworden. Sie habe sich erst besser gefühlt, als es ihr gelungen sei, dem Kaiser das Zugeständnis abzuringen, daß er islamische Gefangene im byzantinischen Reich freilasse."

Von ihrer vollständigen Heilung aber berichtete die Prinzessin aus Byzanz mit dieser Erzählung: „Fatima, die Tochter des Propheten, ist mir im Traum erschienen, zusammen mit der Jungfrau Maria. Beide haben mir zugeredet, ich solle den Glauben an Allah annehmen und ich solle dieses Bekenntnis sprechen: ‚Allah ist der einzige Gott, und Mohammed ist sein Prophet. Ali aber ist der Freund Allahs'." Keinen Augenblick habe sie gezögert, sagte die Prinzessin. In der folgenden Nacht habe sie deutlich gespürt, daß ein Mann neben ihr auf dem Bett lag. Ohne mit ihr zu reden, habe er die Ehe mit ihr vollzogen, die zuvor Mohammed besiegelt habe. Sie habe sofort gewußt, daß Hassan dieser Mann sei, der Sohn des Zehnten Imam. Es sei ihr auch bewußt gewesen, daß Hassan bald schon der Elfte Imam sein werde.

Die Prinzessin aus Byzanz habe für sich die Aufgabe erkannt, zum Heil der Menschen und zu ihrer Erlösung beizutragen: „Ich wollte den Kaiserhof verlassen. Ich zog Männerkleidung an und schloß mich byzantinischen Reitern an, die gegen die Perser ins Feld zogen. Dabei geriet ich in Gefangenschaft, wurde Sklavin und wurde schließlich in Baghdad verkauft.“ Sie war nun Eigentum des Zehnten Imam, der ihr bei der ersten Begegnung in Samarra verkündete: „Du wirst einen Sohn gebären, von dem dereinst das Regime der Gerechtigkeit auf Erden ausgehen wird! Dieser Sohn ist zum Retter der Welt bestimmt!“

Dem Christentum ist in der Heilsvorstellung der Schiiten eine dienende Funktion zugewiesen. Nicht Jesus, der Sohn der Maria, bringt den Menschen Erlösung, sondern der Sohn, den eine christliche Prinzessin mit einem Mann der Schiat Ali gezeugt hat. Ein Nachfahre des Propheten Mohammed und des Ali wird – nach schiitischer Überzeugung – Vollstrecker des göttlichen Willens am Ende der Zeiten sein. Der Zwölfte Imam, der Sohn des Elften Imam und der christlichen byzantinischen Prinzessin, wird am Tag des Jüngsten Gerichts Gut und Böse trennen; er wird Richter und Erlöser sein.

Legenden spiegeln die Auseinandersetzung zwischen der Schiat Ali und dem Christentum wider, die zur Zeit des Elften Imam die Menschen bewegt hat. Herrscher im islamischen Reich war damals der Kalif Al Mutamid Allahi, der von 870 bis 892 n. Chr. regierte. Er hatte nicht allein Unruhen in den persischen Reichsteilen zu bekämpfen, er mußte sich mit den Folgen einer verheerenden Trockenheit befassen. Hungersnot plagte das islamische Land. Da machte ein christlicher Prediger von sich reden, der offenbar die Gabe besaß, Wolken am Himmel aufziehen zu lassen. Der Christ erregte dadurch Aufsehen, daß er die Wolken auch noch zum Regnen brachte. Offenbar konnte dieser Christ die Not im Lande besiegen. Die Gefahr war groß, daß der christliche Glaube populär wurde im islamischen Staat. In seiner Ratlosigkeit schickte der Kalif einen Offizier zum Imam Hassan, der als Ehrenhäftling in seinem Haus unter Bewachung stand. Der Offizier hatte zu fragen, wie der Imam die Situation beurteile und wie die Krise zu bewältigen sei. Die Hungersnot treibe die Menschen in die Arme des Christen. Die Lage konnte, wenn die Trockenheit noch länger fortdauere, überaus kritisch für den Herrscher und für den Imam werden. Unter diesen Umständen erklärte sich Hassan bereit, dem christlichen Geistlichen die Zauberkraft zu nehmen. Er sah zusammen mit einigen hundert Männern und Frauen dem Christen zu, der wieder einmal am bisher völlig klaren Himmel eine Regenwolke erscheinen ließ. Da ergriff Hassan den Arm und öffnete ihm die Hand. Jetzt erkannten alle Umstehenden, daß er einen Knochen in der Hand hielt. Hassan sagte sofort, daß es sich um Gebein eines Mannes aus der „Heiligen Familie“ handele und daß es wohl selbstverständlich sei, daß ein derartiger Knochen die Kraft besitze, Wolken herbeizuholen und Regentropfen fallen zu lassen. Die Menge, so erzählt die Legende, habe von dieser Stunde an nichts mehr von diesem Christen und von seinem Glauben wissen wollen.

Obgleich er dem Kalifen einen Dienst erwiesen habe, sei der Elfte Imam auf Befehl des Herrschers vergiftet worden – im Jahre 873 n. Chr., im 251. Jahr des Islam.

Der Retter der Welt wird „entrückt“

Wichtiger als alle anderen Prophezeiungen, die dem Gesandten Allahs zugeschrieben werden, erscheint den Schiiten diese:

„O Volk! Ich bin der Prophet, und Ali ist mein Erbe. Aus unserem Stamme wird der Geleitete kommen, der letzte der Imame. Er wird alle übrigen Religionen besiegen, und er wird Rache nehmen an den Bösen. Er wird Festungen einnehmen, und er wird sie zerstören. Er wird die Sippen der Götzenanbeter auslöschen. Er wird die Schuldigen am Tod der Märtyrer Allahs bestrafen. Er wird ein Held des Glaubens sein. Er wird Wasser fließen lassen aus dem Brunnen der göttlichen Weisheit. Wer sich verdient gemacht hat, der wird vom letzten Imam reich belohnt. Der letzte der Imame ist der Auserwählte Allahs. Er wird alles Wissen der Imame erben. Was er tut, ist recht. Ihm wird Allah den Islam anvertrauen. Sein Name wird meinem Namen gleichen. Seine Titel aber werden sein: Der Geleitete; der Langerwartete; der Beherrscher aller Zeiten."

Es soll nicht mehr als ein Jahr verstrichen sein seit der „Entlarvung" des Christen und seines Wetterzaubers, als dem Elften Imam ein Sohn geboren worden ist. Die Mutter war jene byzantinische Prinzessin, die – nach schiitischer Überzeugung – durch Mohammed und Jesus gemeinsam zur Eheschließung mit dem Elften Imam veranlaßt worden war.

Das Leben des Jungen soll mit wunderbaren Ereignissen begonnen haben. Berichtet wird, er habe sofort nach der Geburt gekniet. Dann habe er seinen rechten Zeigefinger zum Himmel gestreckt und diese Worte gesprochen: „Preis dem Herrn der Welt. Heil für Mohammed und seine Familie."

Der Neugeborene soll schon am ersten Lebenstag gesagt haben: „Ich bezeuge, daß es nur einen Gott gibt. Vor 14 Generationen war mein Ahne der Gesandte Allahs. Ali war der Freund Allahs. Ebenso ist mein Vater der Freund Allahs. Mein Vater ist der Elfte der würdigen Männer, die dem Gesandten Allahs und Ali nachgefolgt sind. Ich bin der Zwölfte der Imame. O Herr, verleihe mir die Kraft, meine Aufgabe zu erfüllen. Laß mich stark sein in deinem Dienst. Stärke meine Autorität vor den Gläubigen. Fülle die Erde mit Aufrichtigkeit und Gerechtigkeit."

Die Tante des Neugeborenen, ihr Name war Halimah, habe, so wird berichtet, diesen Ausruf gehört. Sie bezeugte auch, daß der Junge bereits bei der Geburt beschnitten gewesen sein soll, und daß er niemals durch eine Nabelschnur mit dem Leib seiner Mutter verbunden gewesen sein soll. Auf seinem rechten Arm seien diese Worte zu lesen gewesen: „Die Wahrheit ist auf die Erde gekommen. Die Unwissenheit wird verschwinden."

Der Junge, der dazu bestimmt war, Zwölfter Imam zu sein, habe schon vom ersten Lebenstag an mit seinem Vater, dem Elften Imam, über Allah und den Islam diskutiert. Doch dann hätten bald Engel die Unterrichtung des Auserwählten übernommen. Der Elfte Imam habe gesagt: „Unter diesen Voraussetzungen entwickelt sich ein Junge in einem Monat so weit, wie andere Jungen in einem Jahr."

Zu den Legenden aus dem Leben des Zwölften Imam gehört der Bericht eines Mannes, der Ismaïl hieß. Der Erzähler läßt den Eindruck entstehen, er berichte, was er selbst erlebt hat:

„Ich saß am Bett des Imam Hassan, der sich bemühte, Medizin einzunehmen, doch seine Hand zitterte so sehr, daß die Schale an seine Zähne schlug. Der Imam setzte die Schale ab und sagte zu seinem Diener: ‚Geh in den Raum dort und hole mir das Kind, das kniet und betet.' Das Kind ließ sich erst dann zu seinem Vater bringen, als das Gebet abgeschlossen war. Das Gesicht unter dem lockigen Haar leuchtete. Der Junge zeigte seine Zähne, als er lächelte. Der Imam sagte: ‚Mein Kind, du bist der Beherrscher aller Zeiten. Du bist der Leiter und der Geleitete zugleich. Du bist auf Erden der Beweis für die Existenz Allahs. Du bist der letzte der Imame. Du bist rein und mit allen Tugenden versehen. Der Gesandte Allahs hatte bereits dein Kommen verkündet. Er hatte vorausgesagt, daß du Mohammed heißen wirst. Dieses Wissen habe ich von meinen Vätern.' Nach diesen Worten starb Imam Hassan – der Elfte Imam."

Der Zwölfte Imam wird wohl sechs Jahre alt gewesen sein, als er in die Nachfolge seines Vaters eintrat. Bemerkenswert ist, daß der Elfte Imam nach diesem „Augenzeugenbericht" offenbar nicht durch Gift starb – er hatte Medizin eingenommen, ehe er starb.

Die Worte, mit denen der Elfte Imam seinen Sohn Mohammed angeredet hatte, gelten für schiitische Gläubige als Formel der Kraftübertragung auf den Zwölften Imam. Von diesem Augenblick an war der junge Mohammed Leitgestalt der Schiat Ali – auch wenn er nicht mehr gesehen wurde. Er verschwand offenbar noch vor der Trauerfeier für den Vater.

Seit jenem Ereignis im Jahre 873 n. Chr. entwickelte sich allmählich dieser Glaubensgrundsatz der Schiiten: Der Zwölfte Imam wurde „entrückt". Nach dem Willen Allahs existiert er jedoch auch weiter – doch er lebt im Verborgenen. Er wird zur rechten Zeit wieder erscheinen.

Die Lehre von der „Entrückung" wird so interpretiert: Die Entrückung bedeutet nicht, daß sich der Zwölfte Imam im Himmel aufhält. Er lebt weiter unter den Menschen. Mit manchen nimmt er Kontakt auf. Viele haben die Gewißheit, er habe auf wunderbare Weise in ihr Leben eingegriffen. Er warte darauf, daß ihm die Gläubigen ihre Probleme darlegen – durch Gebete oder durch beschriebene Zettel, die sie an heiligen Plätzen niederlegen, etwa am Grab des Märtyrers Husain in Kerbela.

Den Zwölften Imam spricht der Gläubige im Gebet mit diesen Namen an: „Stellvertreter Allahs; Hüter des Geheimnisses der Welt; letztes Geschenk Allahs; Tor des Zugangs zu Allah; immerwährendes Licht Allahs; Beweis für die Existenz Allahs gegenüber allen Geschöpfen".

Viele gläubige Schiiten sind überzeugt, am Ende der Zeit – noch vor der Wiederkehr des „entrückten Imam" – werde ein Zusammenprall von Gut und Böse stattfinden. Diese Auseinandersetzung finde in Stufen statt: Zuerst wird das Kommen des Märtyrers Ali erwartet. Er wird den Siegelring des Königs Salomo und den Stab des Moses tragen. Am Euphrat, bei Kufa, sammelt Ali ein Heer; alle Getreuen von einst werden sich um ihn scharen. Alis Gegner ist der Satan, der ebenfalls ein Heer kommandiert. Seine Truppe ist größer und gewaltiger als die des Ali, denn zu Satan stoßen alle, die seit Anbeginn der Zeiten dem Bösen geholfen haben. Sie sind in der Übermacht. Das Riesenheer Satans wird zunächst siegen: Alis Männer weichen zurück, bis sie ans Ufer des Euphrat gedrängt werden. Doch ehe sie ins Wasser stürzen, greift Allah ein. Er wird den Untergang der Gerechten nicht zulassen. Die größte Schlacht aller Zeiten endet mit dem Triumph der Armee des Ali. Der Sieg wird ermöglicht durch Hilfe aus dem Himmel: Mohammed, der Gesandte Allahs, erscheint in einer Wolke und löst bei Satan und dessen Getreuen furchtbare Schrecken aus. Satans Truppen stieben auseinander. Das Böse hat damit für immer seine Macht verloren. Der Tag des Jüngsten Gerichts bricht an – und mit ihm das Regime des Zwölften Imam.

Die Schiiten besitzen eine präzise Vorstellung vom Ablauf der endgültigen Abrechnung mit den Schuldigen und Bösen. Zwei Gruppen werden zunächst ihren Urteilsspruch erfahren: Die Besten der Guten und Schlimmsten der Schlechten. Ein Teil der Strafe für die Schlimmsten der Schlechten besteht darin, daß sie mit ansehen müssen, wie wunderbar die Rechtgläubigen und Fehlerfreien belohnt werden. Dann erst beginnt die unbegrenzte Zeit der Qualen für die Schlimmsten der Schlechten.

Der Zwölfte Imam ruft die Toten zum Urteilsspruch aus den Gräbern. Diejenigen, die nie Böses getan haben, stellen sich hinter dem Märtyrer Husain auf – die Übeltäter aber finden ihren Platz hinter dem Omayyadenkalif Jezid, der für den Tod des Husain bei Kerbela verantwortlich war. Diejenigen, die weder extrem böse noch extrem gut gewesen waren, ruhen so lange in ihren Gräbern weiter, bis die furchtbare Abrechnung mit den Frevlern und die wunderbare Belohnung der Edlen abgeschlossen ist. Den Lauen gilt nur geringes Interesse des Beherrschers aller Zeiten – sie werden später summerisch abgeurteilt. Wer sich jedoch zur Schiat Ali, zu den Märtyrern und zum Zwölften Imam bekannte mit Taten und Worten, der darf mit Befreiung von den Höllenqualen rechnen.

Persiens eigener Weg

Als die Überzeugung in der Osthälfte des islamischen Reiches zu wachsen begann, der entrückte Zwölfte Imam sei der Retter der Welt, begann der Zerfall des Abbasidenstaates. Genau in jenen Jahren festigt Ahmed Ibn Tulun (835 bis 884 n. Chr.) seine persönliche Macht am Nil. Sein Vater war noch Militärsklave der Abbasiden gewesen; er stammte aus der Region ostwärts von Samarkand. Der Sohn wurde zunächst Gouverneur am Nil, dann aber unabhängiger Herrscher. 35 Jahre lang kann das Land am Nil seine Unabhängigkeit behaupten – und damit die Abbasiden schwächen. Erst im Jahre 904 n. Chr. gelingt es dem Kalifen in Baghdad, sich wieder in Ägypten durchzusetzen.

Das Resultat dieses Konflikts war, daß sich im Osten nahezu ungehindert regionale Dynastien, unabhängige Machtzentren aufbauen konnten. Der Abbasidenclan, mit den Verhältnissen am Nil beschäftigt, war nicht mehr stark genug, um diese Entwicklung zu verhindern.

Für den Prozeß der allmählichen Loslösung Persiens aus dem von Arabern bestimmten Reich war die Dynastie der Tahiriden (821 bis 873 n. Chr.) richtungsweisend, die von Tahir Ibn Husain begründet worden ist. Chorasan war das Zentrum seines Machtbereichs. Dort wagte er es im Jahre 822 n. Chr., den Namen des Kalifen Abdallah al Ma'mun aus dem Freitagsgebet zu streichen. Damit manifestierte Tahir Ibn Husain, daß er unabhängig sein wollte vom Herrscher in Baghdad. Doch wenige Tage später starb der ehrgeizige Regionalherrscher von Chorasan unter ungeklärten Umständen. Nachfolger wurde sein Sohn, der klug beraten war und sofort anordnete, daß der Name des Abbasidenkalifen wieder Bestandteil des Freitagsgebets wurde.

Diese Geste der offensichtlichen Unterwerfung lohnte sich: Abdallah Ibn Tahir (828 bis 844 n. Chr.) bekam von der Zentralregierung in Baghdad weitgehende Autonomie zugesprochen. Er konnte die Macht seiner Dynastie festigen. Die

Abneigung gegen die arabischen Herren im Zweistromland wuchs.

Die souveränen Regionalherrscher waren ehrgeizig und machthungrig. Sie führten Krieg untereinander und gegeneinander. Wer sich durchsetzen konnte, der war bald vermessen genug, den offenen Konflikt mit dem Abbasidenkalifen zu wagen. Abdallah Ibn Tahir stieß von Chorasan bis Rey vor, damit gehörte ihm das Gebiet der heutigen Stadt Tehran. Seine Nachfolger erhoben Anspruch auf den Zugang zum Kaspischen Meer.

Konkurrenz für die Dynastie, die Tahir Ibn Husain begründet hatte, entstand weit im Osten, im Grenzgebiet zu den „Ungläubigen Indiens". Dort hatte sich im Verlauf der Jahre ein Zentrum der Schiat Ali herausgebildet. Dies hatte ungehindert geschehen können, da das heute pakistanische Gebiet mehr als 3000 Kilometer von Baghdad entfernt lag. Ein Mann, von dem berichtet wird, er sei eigentlich Kupferschmied gewesen, nutzte die weite Entfernung von der Zentralregierung aus und erkämpfte sich weitgehende Unabhängigkeit. Sein Name war Jakub Ibn Laith. Obgleich er nur über eine kleine Schar von Anhängern verfügte, gelang es ihm im Jahre 873, ins persische Hochland vorzustoßen und die Provinz Fars zu besetzen. Der Ehrgeiz verleitete ihn dazu, im Jahre 876 n. Chr. ins Zweistromland einzudringen und Baghdad zu bedrohen. Dort, in der Hauptstadt des Abbasidenreiches, herrschte Chaos. Seit dem Jahr 861 war keiner der Kalifen mehr eines natürlichen Todes gestorben. Fünf Monarchen waren nacheinander ermordet worden; jeder hatte nur wenige Monate lang regieren können; keiner hatte Zeit gehabt, sich um die persischen Provinzen zu kümmern. Doch war im Jahre 876 n. Chr. das Ansehen des Abbasidenherrschers Al Mutamid Allahi – er wurde erst 892 ermordet – noch so bedeutend, daß sich die Offiziere des Jakub Ibn Laith weigerten, offenen Krieg gegen ihn zu führen. Sie unterstützten Jakub Ibn Laith erst wieder, als er sich über den Schatt al Arab nach

Chusistan, in die heutige Ölregion des Iran zurückgezogen hatte.

Als Jakub Ibn Laith im Jahre 879 n. Chr. starb, war seine Familie nicht mehr aus ihrem Machtbereich zu verdrängen. Der Bruder des Verstorbenen – er hieß Amr – war stark genug, erneut das Wagnis einzugehen, den Namen des Kalifen aus dem Text des Freitagsgebets streichen zu lassen. Diese Geste der Unabhängigkeit blieb zwei Jahrzehnte lang ungesühnt, doch dann geriet Amr in Gefangenschaft. Er wurde im Jahre 902 n. Chr. in Baghdad umgebracht. Im selben Jahr starb auch der Abbasidenkalif Al Mutadid Billahi durch Gift.

Im Verlauf der Jahre erwuchs den regionalen Herrschern eine starke Opposition in der Schicht der Landbesitzer, die sich nicht gängeln lassen wollten. Die Landbesitzer bildeten wiederum eine Allianz mit der islamischen Geistlichkeit, die zunehmend schiitisch orientiert war. Die Auseinandersetzung zwischen den Herrscherdynastien und den Landbesitzern schwächten die Unabhängigkeitsbestrebungen im persischen Hochland. Doch genau in jenen Jahren ist eine eigentümliche Entwicklung festzustellen, die den persischen Nationalismus förderte: Die eigenständige persische Sprache setzte sich durch.

Begonnen hatte diese Entwicklung mit Jakub Ibn Laith. Der einstige Kupferschmied beherrschte die arabische Sprache nicht; er hatte deshalb von seinem Schreiber verlangt, die persische Sprache anzuwenden. Der Name dieses Schreibers ist bis heute bekannt: Er hieß Mohammed Ibn Wasif. Er hat seine freie Zeit dazu genutzt, Gedichte zu schreiben – in persischer Sprache. Sie werden bis heute hochgeschätzt in Iran.

Die Loslösung Persiens aus dem Machtbereich der Kalifen, die in Baghdad regierten, geschah in einem langwierigen Prozeß. Das arabische Joch konnte schließlich abgeschüttelt werden, doch im Osten Persiens entstanden neue Gefahren. Begonnen hatte die Bedrohung zur Zeit des Sultans Mahmud, der sich um das Jahr 1030 Zentralpersien unterworfen hatte – er war der Auftraggeber für das Epos „Schahnameh“. In jenen Jahren drängten Turkvölker aus Zentralasien nach Persien vor. Als ihren Stammvater bezeichneten sie einen Mann, der Seljuk geheißen hatte. Sie verlangten von Mahmud Land; in Chorasan wollten sie sich ansiedeln. Mahmud gab dem Drängen nach und gestattete rund 4000 Familien die Einwanderung ins Gebiet ostwärts des Kaspischen Meers, in das heutige Turkmenistan. Die Sippe vergrößerte sich rasch und drang zunächst in den Bereich von Meshed vor. Im Jahre 1055 n. Chr. aber gehörten diesen Nachfahren des Seljuk bereits die Städte Rey und Isfahan. Weitere zehn Jahre später gelang es den Seljuken, ein byzantinisches Heer zu besiegen und bis Syrien vorzudringen.

Das islamische Reich der Seljuken entstand. Ihre Hauptstadt war Isfahan. Das Turkvolk, das wenig Erfahrung besaß in der Verwaltung eines Landes, sicherte sich die Dienste erfahrener Beamter, die den Regionalherrschern gedient hatten. Ein Organisator von hohen Fähigkeiten war Nizam al Mulk (1012 bis 1092). Er schuf eine effektive Zentralregierung für den gesamten persischen Bereich. Er hatte die Idee, für dieses Reich einen regelmäßigen Postverkehr einzurichten; etwas Derartiges war bis dahin unbekannt in Ost und West. Verbunden mit der Postorganisation war ein Geheimdienst; seine Agenten lasen die Post, die übers Land befördert wurde.

Die Seljuken wurden vom persischen Volk als Unterdrücker angesehen. Es waren die Fremden, die zu bestimmen hatten. Die Familien der Regionalmonarchen, die bisher den Adel gebildet hatten, wurden durch Clans des Turkvolkes ersetzt.

Die Nachfahren des Seljuk waren um das Jahr 1010 Moslems geworden. Sie bekannten sich zur Glaubenslehre, die allein den Propheten Mohammed als Leitgestalt akzeptierte. Nichts hielten sie von Ali und Husain – und der Zwölfte

Imam, der „entrückte Imam", galt ihnen nicht als der Retter der Menschheit. Die „Ketzerei" der Schiat Ali sollte ausgerottet werden. Die Geistlichen wurden angewiesen, beim Freitagsgebet Ali und Husain zu verfluchen. Nizam al Mulk erließ eine Verordnung, die den Seljukensippen den Umgang mit Andersgläubigen verbot: „Wir leben in der Überzeugung, den reinen Glauben zu besitzen. Wir lehnen Juden, Christen und die Feueranbeter des Zarathustraglaubens ab. Wir stehen nicht in Verbindung mit Schiiten. Diese Leute sind unrein im Glauben. Sie sind schlecht."

Diese Worte wurden gerächt. Im Jahre 1092 wurde Nizam al Mulk von einem Schiiten umgebracht. Im selben Jahr starb der Herrscher Malek Schah, in dessen Auftrag Nizam al Mulk gehandelt hatte.

Jetzt begannen Auseinandersetzungen um die Erbfolge. Die Jahre der relativen Stabilität waren vorüber für das Seljukenreich. Der letzte Herrscher Persiens, der in jener Epoche einige Jahre lang eine Zentralmacht bewahren konnte, war Allaeddin Mohammad, der von 1200 bis 1220 regierte. Er war dem „reinen Glauben" der Seljuken untreu geworden – Allaeddin Mohammad war Schiit.

Zuerst unbemerkt von den Regierenden, die mit inneren Streitigkeiten beschäftigt waren, kämpfte sich ein mächtiger Gegner von Osten her in Persien vor: Dschingis Khan. Seine Offensivkraft war gewaltig. Allaeddin Mohammad scheiterte beim Versuch, die Invasion abzuwehren. Geschlagen fand er Zuflucht auf einer kleinen Insel im Kaspischen Meer. Dort starb er. Sein Sohn Jalaleddin zog sich nach Kurdistan zurück. Im Bergland verbargen sich vor den mongolischen Reitern, die ihn suchten. Heldenmütig soll sein Kampf gewesen sein.

Allaeddin Mohammad und Jalaleddin leben weiter in persischen Sagen und Legenden als Retter des Islam vor den mongolischen und gottlosen Barbaren. In Wahrheit waren die militärischen Erfolge der beiden gering.

Der Einfall der Mongolen – eine Prüfung für Persien

Persien hatte die Epoche der Seljuken überstanden; das Turkvolk war islamisch gewesen und anpassungsfähig an persische Traditionen. Die Mongolen aber hatten für Moslems keine erkennbare Religion. Ihre fremdartige Sprache verhinderte jede Verständigung. Die Bewohner Persiens waren der Brutalität der Fremden ausgeliefert. Der arabische Historiker Ibn al Athir, der den Mongoleneinfall selbst erlebt hatte – er starb im Jahre 1234 –, hinterließ in seinen Schriften diese Notiz: „Über Jahre hin habe ich es nicht fertiggebracht, mich mit der Barbarei der Mongolen als Geschichtsschreiber zu befassen. Es war eine schreckliche Zeit. Ich habe mich lange geweigert, auch nur darüber zu reden. Es war die größte Katastrophe, die sich ein Mensch ausdenken kann."

Der persische Historiker Juvaini (1236 bis 1283) beschreibt diese Ereignisse detailliert: „War eine Stadt erobert, dann wurde die Bevölkerung umgebracht. Jeder einzelne mongolische Kämpfer war verpflichtet, einige hundert Männer, Frauen und Kinder umzubringen. Allein in der Stadt Merv wurden 90 000 Menschen getötet. Es dauerte 135 Tage lang, bis die Toten in Gräber gelegt waren."

In Nishapur, das in der Nähe von Meshed liegt, glaubte der Mongolenführer Dschingis Khan Grund zu besonderer Brutalität zu haben. Dort war einer seiner Schwiegersöhne im Kampf gefallen. Dschingis Khan ordnete an, daß nach der Tötung aller Bewohner sämtliche Gebäude niederzubrennen seien. Das Land, auf dem die Häuser standen, wurde umgepflügt. Jegliches Leben war auszulöschen; sogar Hunde und Katzen wurden erschlagen. Den Iranern in Chorasan ist bis heute die Erzählung in Erinnerung geblieben, die Mongolen hätten in Nishapur die Köpfe der Erschlagenen zu einer riesigen Pyramide aufgetürmt.

Rätselhaft ist den Historikern bis heute, daß in der Überlieferung kein Hinweis darauf zu finden ist, daß sich die Bewohner der überfallenen Städte gewehrt hatten. Nirgends wurde ernsthaft Widerstand geleistet. Die Menschen ließen es geschehen, daß sie hingeschlachtet wurden. Die einzige Erklärung, die einen Sinn ergibt, ist diese: Die Menschen waren schon vor dem Eintreffen der Reiterhorden vor Schreck gelähmt; ihre Sinne waren blockiert. An Flucht war nicht zu denken, denn die Überfälle geschahen in rasender Geschwindigkeit. Beteiligt waren Tausende von Reitern. Genauere Zahlen über die Stärke der Angreifer gibt es nicht. Spätere Historiker sind der Meinung, mindestens eine halbe Million Mongolen seien um das Jahr 1220 über Persien hereingebrochen.

Ein fast unbedeutender Anlaß soll die Invasion der Mongolen ausgelöst haben. Im islamischen unabhängigen Königreich Khwarazm, das am Aralsee lag, war ein mongolischer Händler mit seiner Karawane festgehalten worden. Die Karawane transportierte offenbar beachtliche Reichtümer, denn die Mächtigen der Mongolei schickten eine Verhandlungsdelegation an den Aralsee. Diese Männer aber wurden im Land Khwarazm auf höchsten Befehl ermordet. Als er die Nachricht vom Tod seiner Delegierten erhielt, gab Dschingis Khan den Befehl zur Rache. Aus dieser Aktion entwickelte sich rasch ein Feldzug zur Vernichtung einer Kultur. In Buchara verbrannten die mongolischen Kämpfer eine Bibliothek, deren Bestände gewaltig gewesen sein sollen. Berichtet wird, niemand habe die Bibliothek oder auch nur einzelne Bücher zu retten versucht. Die Vernichtung sei als Manifestation des Willens Allahs verstanden worden.

Im Sturm der Mongolenmassen gingen nicht allein Städte unter, sondern auch Dörfer und einzelne landwirtschaftliche Gehöfte. Unbrauchbar wurde das traditionelle komplizierte System der Bewässerung durch unterirdische Kanäle. Es trägt die Bezeichnung „Qanat“. Sein Prinzip ist die Erfassung des Wassers der Quellen in Bergabhängen. Die Kanäle bringen das Wasser ins Tal zur weitflächigen

Verteilung. Voraussetzung für das Funktionieren des Qanat-Systems ist sorgfältige Wartung der Kanäle. Wird diese Wartung unterlassen, vertrocknet und versalzt das Land.

Die Moslems im Gebiet, das die „gottlosen" Mongolen kontrollierten, trösteten sich mit dem Gedanken, daß es noch immer einen Kalifen in Baghdad gab, von dem man sagen konnte, er sei der „Beherrscher der Gläubigen", und er regiere im Namen Allahs. In dieser Situation war es unbedeutend, daß dieser Kalif kein Schiit war, daß die Märtyrer Ali und Husain für ihn nicht von Bedeutung waren. Der Kalif konnte noch immer als Bollwerk des Islam gelten und als Symbol für die Herrschaft Allahs. Doch der Kalif geriet nach dem Jahr 1251 selbst in Gefahr. Der Großrat der Mongolen entschied zu jenem Zeitpunkt, der Feldherr Hulegu, der zur regierenden Familie zählte, werde einen großangelegten Kriegszug über die bisher eroberten Gebiete hinaus in Richtung Westen führen.

Hulegu war erfolgreich. Auf dem Weg über Azerbeidschan erreichte er 1258 Baghdad. Der Kalif, das Symbol der Herrschaft Allahs, wurde auf bestialische Art ermordet. Mit ihm sollen 500 000 Menschen aus der Stadt und im Umland getötet worden sein.

Wieder wurden kulturelle Schätze vernichtet. Dazu gehörte vor allem die Bibliothek von Baghdad. Riesig soll der Bestand an Schriften gewesen sein, die von den Abbasidenkalifen gesammelt worden waren.

Der Ehrgeiz des Hulegu war mit Einnahme und Zerstörung von Baghdad keineswegs befriedigt. Seine Reitertrupps stießen nach Westen vor und gelangten an die Ostküste des Mittelmeers. Jetzt aber waren die Kräfte der Teilnehmer an diesem Feldzug erschöpft. Sie brachten es nicht fertig, eine verhältnismäßig kleine Streitmacht aus Ägypten zu vertreiben. Hulegu mußte erkennen, daß die Verbindung zur Heimat abgerissen war. Der Feldherr ordnete den Rückzug auf persisches Gebiet an. Seine Residenz war zunächst in Azerbeidschan; dann siedelte der Mongolenhof nach

Täbriz um. In jener Zeit war zu bemerken, daß einzelne Mongolenfürsten Allah und die Märtyrer Ali und Husain verehren wollten. Mancher bekannte sich schließlich offen zur Schiat Ali. Das Bekenntnis soll deshalb leichtgefallen sein, weil kein anderer Glaube im Bewußtsein der Mongolenherren verdrängt wurde. Sie hatten bisher an keinen Gott geglaubt.

Unter der Herrschaft des Hulegu wurde Persien zur einigermaßen autonomen Provinz des Mongolenreiches. Die Bezeichnung lautete „Khanat". Der Titel „Khan" wurde üblich zur Bezeichnung des Mächtigen in Persien.

Als Hulegu im Jahre 1265 starb, begann sich die Lage der Bevölkerung langsam zu bessern. Unter Ghazan Khan (1295 bis 1304) erholte sich die Landwirtschaft, und der Handel entwickelte sich positiv. Ghazan Khan war der erste der persischen Mongolenherrscher, der wirklich Interesse am Leben seiner Untertanen hatte. Festgestellt wird in jenen Jahren, daß die persische Hochebene entvölkert war. Neun Zehntel der Bevölkerung waren ausgelöscht worden. Persien war nach der Mongoleninvasion für Jahrhunderte ein Land mit geringer Einwohnerzahl. Demographische Untersuchungen der Einwohnerzahl haben ergeben, daß erst um das Jahr 1950 – also zur Zeit des Schahs Mohammed Reza Pahlawi – Iran wieder den Stand der Bevölkerung erreicht hat, der nahezu 800 Jahre zuvor normal gewesen war.

Wie tief das Erlebnis des Mongoleneinfalls auch heute noch das Bewußtsein der Iraner beeinflußt, zeigt sich daran, daß in Gesprächen gerade dieses historische Ereignis oft angesprochen wird. Gerne weisen Iraner darauf hin, daß die Rosen ihres Landes durch ein besonders intensives Rot auffallen. Sie haben dann diese Erklärung für das Rot bereit: „Die Rosen sind leuchtend rot vom Blut, das die Mongolen vergossen haben."

In der dritten Generation der Mongolenherrschaft, um das Jahr 1300, wurde spürbar, daß dieses Regime an Kraft verlor; es paßte sich den Persern an. Die Zahl derer nahm zu, die zum Islam übertraten und Schiiten wurden. Nicht nur einzelne Mächtige und ihr Hofstaat bekannten sich zu Mohammed, Ali und Husain, sondern vor allem vollständige Armeeverbände. Islamisch geschulte Intellektuelle begannen mit der Aufarbeitung der jüngsten Geschichte. Rashid ed Din, er lebte um das Jahr 1300 und stand als Ratgeber und Historiker im Dienst der Mongolen, schrieb eine Geschichte dieses Volkes. Dieses Werk gilt als erste Universalhistorie der Weltgegend zwischen Iran und China. Bemerkenswert ist, daß Rashid ed Din durchaus kritisch über seine mongolischen Herren berichtete: Er verschwieg keineswegs, daß sie despotisch waren und keinerlei Talent für Organisation besaßen. Sie waren auf persische Spezialisten angewiesen, wenn sie den Versuch unternahmen, den Staatshaushalt zu ordnen. Das Experiment, Papiergeld einzuführen, scheiterte allerdings. Die Folgen für die Finanzen des Mongolenreichs waren schlimm.

Rashid ed Din ist in hohem Alter hingerichtet worden. Die Anordnung dazu gab Khan Abu Said (1316 bis 1334), der Schiite war. Zu vermuten ist, daß der Ratgeber, der wahrscheinlich jüdischer Abstammung war, dem Herrscher nicht in ausreichendem Maß schiitisch genug gesinnt war.

Als Zentrum eines neuerwachenden persischen Bewußtseins entwickelte sich die Region Fars im Süden des Iran, an den Ketten des Zagrosgebirges gelegen. Die wichtigste Stadt von Fars ist Shiraz. Hier wurde am Ende der Mongolenzeit ein Dichter geboren, der bis heute die Iraner fasziniert und dessen Einfluß auf europäische Dichtung nicht hoch genug eingeschätzt werden kann.

Hafis – der Poet am Beginn der persischen Neuzeit

Sein voller Name lautet Mohammed Shams ed Din Hafis. Er kam im Jahre 1326 zur Welt. Über Herkunft und Jugend ist wenig bekannt. Der Name Hafis weist auf eine gründliche religiöse Ausbildung hin, denn er bedeutet, daß der Namensträger den Koran auswendig beherrscht. Angenommen wird, daß Hafis schon in jungen Jahren selbst Koranunterricht erteilt hat. Bekannt sind Kommentartexte, die er geschrieben hat, die den Inhalt von Teilen des Heiligen Buches erläutern. Sie zeigen, daß er eine starke Neigung zum islamischen Mystizismus besaß. Er war bemüht, die Wahrheit über die Liebe Allahs durch persönliche Erfahrung zu ergründen. Dazu gehörte die gedankliche Erforschung der Natur des Menschen und der Kraft Allahs, die für Hafis Quelle jeder Weisheit war. Der westlichen Welt ist der islamische Mystizismus unter der Bezeichnung „Sufismus" bekannt – er ist abgeleitet vom arabischen Begriff „Sufi" für einen Menschen, der sich mit Mystizismus befaßt. Dieser Begriff wiederum ist auf das einfache Wort „Suf" zurückzuführen, das „Wolle" bedeutet. Aus Wolle bestanden offenbar die Kleidungsstücke der Männer, die sich mit Problemen befaßten, die Allah und die Welt betrafen.

Hafis war keineswegs der Erfinder des philosophischen Elements in der persischen Dichtkunst. Poeten der Zeit vor dem Mongoleneinbruch waren bereits beeinflußt von mystischer Denkart. Farid Eddin Attar, der um das Jahr 1220 gestorben ist, nahm den Gedanken von der „Einheit des Seins" zum Zentrum seiner Dichtung. Farid Eddin Attar pries die Weisheit Allahs, jegliches Wesen zum Teil der göttlichen Realität zu gestalten.

Die Besonderheit der vom islamischen Mystizismus beeinflußten Dichtung liegt darin, daß sie unterschiedliche Ebenen umfaßt, die mit denselben Worten dargestellt werden. Ein Gedicht kann verstanden werden als Ausdruck der

Zuneigung eines Mannes zu einer geliebten Frau; es kann jedoch auch gedeutet werden als Beschreibung der Sehnsucht eines Menschen nach der geistigen Vereinigung mit Allah.

Zum Meister der Verwebungen unterschiedlicher Ebenen entwickelte sich Hafis. Häufig bediente er sich dieser Ebenen: Er beschrieb das heitere Leben in der Stadt Shiraz, in der geliebt und in der Wein getrunken wurde; er griff auf historische Ereignisse zurück, die bedeutsam waren für Shiraz; er betonte seine Dankbarkeit gegenüber seinem weltlichen Herrscher; er schilderte seine Zuneigung zu Allah und seine Abhängigkeit vom wahren Beherrscher aller Wesen und Dinge.

Daß die Bedeutung der Ebenen von der Einstellung des Lesers und Hörers abhängt, hat sich im Lauf der persischen Geschichte als vorteilhaft für den Fortbestand der Werke des Hafis erwiesen. Seit dem erfolgreichen Ende der Islamischen Revolution des Ayatollah Ruholla Chomeini ist im Iran der Genuß von Wein verboten. Die Folge könnte sein, daß auch viele der Verse des Hafis, die sich mit der Köstlichkeit des Weins befassen, verboten sind. Läßt sich jedoch der Sinn der Verse so darstellen, daß er die Sehnsucht eines Menschen nach der Nähe zu Allah schildert, so kann nichts gegen die Verse eingewendet werden: Sie sind vereinbar mit den Zielen der Islamischen Revolution. Als Beispiel für eine mögliche Interpretation des vordergründigen Textes auf einer höheren Ebene sei dieser Text aus dem „Diwan des Hafis“ zitiert:

„Auf, o Wirt, laß den Becher kreisen,
Und reiche ihn mir freundlich dar.
Weil die Lieb, die leicht mir anfangs noch erschien,
Mir Schwierigkeiten ohne Zahl gebar.
Hoffnung, daß der Ostwind endlich löse,

Was an Duft in jenen Locken ruht,
Bewirkte, daß wegen ihrer krausen Strähnen
Jedes Herz beträufelt wird mit Blut.
Färbe dir den Teppich bunt mit Wein,
Wenn der Wirt, der alte, es dich heißt.
Denn die Wege und der Gang der Wochen
Kennt ein Wanderer, der viel gereist.
Geb‘ ich in des Seelenfreundes Hause
Jemals dem Genuß mich hin,
Wenn die Glocke alle Augenblicke
Klagend mahnt: Laß‘ uns weiterziehn.
Finster ist die Nacht, und bange Schrecken
Birgt die Welle und des Wirbels Schoß.
Die da leichtgeschürzt am Ufer weilen,
Wie begriffen sie mein hartes Los?
Nur der Eigenwille gab am Ende
All‘ mein Handeln übler Rede preis.
Bleibt wohl ein Geheimnis noch verborgen,
Das zum Märchen wird in jedem Kreis.
Wenn, Hafis, du dich auch nach Ruhe sehnst,
Vergiß nicht, was die Lehre spricht:
Hast du die Liebe dann gefunden,
Leiste auf die ganze Welt Verzicht.“

Die Verse schildern den Prozeß der Läuterung des Dichters. Der Wein soll nicht als alkoholisches Getränk verstanden werden, sondern als Essenz des Geistigen, die hilft, den Weg zur Selbstreinigung zu finden.

Der Erfolg des Dichters beruht bis in unsere Zeit auf der Schlichtheit der Sprache, die volkstümlich gehalten ist, die sich in einfachen Bildern ausdrückt, die Erfahrungen schildert, die jeder Mensch einmal gemacht hat. Daß etwas anderes gemeint sein kann, als sich aus der ersten Betrachtung der Worte ergibt, macht den Reiz der Verse aus.

Ihnen zuzuhören – in der Sprache des Hafis –, kann ein Genuß sein, auch wenn der Inhalt nicht verstanden wird.

Der Wohlklang der Vokale und Konsonanten regt die Sinne an, ohne sie aufzuregen. Die Sprache des Hafis strahlt Wärme aus.

Die Lebensweisheit des Poeten gefiel den Mächtigen in Shiraz nicht immer. Auch die schiitische Geistlichkeit muß bemerkt haben, daß die Ansichten des Hafis häufig eigene Wege beschritten, daß seine mystischen Erfahrungen den Rahmen der Glaubenslehre verließen. Als dem Poeten gedroht wurde, er werde nach seinem Tode nicht nach dem schiitischen Ritual beerdigt werden, konnte er sich durch einen traditionellen persischen Brauch vom Vorwurf befreien, er stehe abseits des von Allah abgesteckten Lebenswegs. Vor Zeugen stach er mit einer Nadel in ein Koranbuch. Die Textstelle, die von der Nadel getroffen wurde, sollte darüber Auskunft geben, ob Hafis sich noch auf dem rechten Weg des Glaubens befinde. Der von der Nadel bezeichnete Text half dem Dichter tatsächlich. Er besagte: „Der Mensch wird von Allahs Erbarmen geschützt." Damit war Hafis gerettet.

Der Dichter war etwa 65 Jahre alt, als über Persien ein erneuter Einfall von Osten hereinbrach. Der Anführer der Reitermasse war Timur Leng (Tamerlan). Er ist 1336 in Uzbekistan geboren worden. Von dort rekrutierte er auch seine Gefolgsleute und seine Truppe. Sie stammten alle aus dem Bergland zwischen Samarkand und Hindukush. Timur Leng sah sich zwar in der Nachfolge der großen Mongolenherrscher, die seit Dschingis Khan den Lauf der Geschichte zwischen dem Persischen Golf und dem Indischen Ozean bestimmt hatten, doch er war kein Mongole; er stammte von einem Turkvolk ab.

Im Jahre 1360 hatte er zunächst noch mit einer kleinen Horde seine Eroberungszüge begonnen. Es war ihm gelungen, Männer um sich zu scharen, die das Abenteuer liebten. Mit ihnen eroberte er im Jahre 1381 Chorasan. Ein Jahr später gehörte ihm Shiraz, die Heimatstadt des Dichters Hafis.

Die Einnahme dieses Ortes war Timur Leng keineswegs wichtig – er hatte dort nur den einen Wunsch, den Poeten Hafis zu treffen. Seine Absicht war jedoch nicht, ihn zu ehren und mit Geschenken zu bedenken; er wollte ihm Vorwürfe machen. Timur Leng hatte Verse von Hafis gelesen und dabei entdeckt, daß die Städte Buchara und Samarkand, die dem Eroberer besonders am Herzen lagen, verächtlich gemacht wurden. Darüber war Timur Leng wütend, und er verlangte Rechenschaft.

Die Situation war kritisch für den Dichter. Der Eroberer war dafür bekannt, daß er ohne Skrupel Köpfe abschlagen ließ, wenn ihm Taten oder Gedanken nicht paßten. Doch Hafis fand die richtige Antwort, die Timur Leng gefiel: „Wenn ich über Buchara und Samarkand nicht gelästert hätte, wäre mir jetzt nicht die Ehre widerfahren, vor Timur Leng zu stehen!"

Timur Leng unterwarf sich ganz Persien. So gnädig wie in Shiraz hat er sich dabei nicht immer verhalten. In Isfahan, das er 1387 besetzte, soll er für den Tod von 7000 Männern, Frauen und Kindern verantwortlich gewesen sein. Die persischen Geschichtsschreiber betonen alle die unmenschliche Grausamkeit des Timur Leng. Er hat in Persien nur Spuren der Zerstörung hinterlassen. Das Land wurde ausgepreßt: Es mußte Zahlungen leisten für die weiteren Feldzüge. Timur Leng besaß schließlich das ganze Land zwischen der Mongolei und der Ostküste des Mittelmeers. In der Nähe der heutigen Stadt Ankara besiegte Timur Leng im Jahre 1402 den osmanischen Herrscher Bayazid.

Der Name Timur Leng bedeutet Timur der Lahme. Er soll von einem persischen Spötter erfunden worden sein. Er entsprach in keiner Weise der Realität. Timur Leng war seinen Gegnern an Schnelligkeit überlegen.

Im Alter von fast siebzig Jahren wollte er sich China unterwerfen. Er zog ein riesiges Heer zusammen. Sein Ziel war die Zerstörung der Ming-Dynastie. Zu diesem Zweck hatten alle eroberten Gebiete Sondertribut zu entrichten. Das gewaltige militärische Projekt verschlang Riesensummen. Persien, Byzanz, die Wolgaregion und sogar Ägypten hatten große Mengen an Gold abzuliefern. Doch Timur Leng konnte sein Vorhaben nicht zum erfolgreichen Ende bringen – er starb im Jahre 1405. Die Todesursache soll übermäßiger Genuß von Alkohol gewesen sein.

Zu diesem Zeitpunkt war der Poet Mohammed Shams ed Din Hafis bereits 15 Jahre lang tot. Er ist knapp 65 Jahre alt geworden. Trotz aller Schwierigkeiten mit der Geistlichkeit hatte sich das Ansehen des Dichters im Lauf der Zeit gesteigert. Hafis war populär geworden.

Bei ihm mischten sich Sinnlichkeit und schiitische Glaubenselemente – und gerade diese Mischung traf das Gemüt des persischen Volkes. Ein Beispiel bieten Verse aus dem „Diwan“, in denen ganz überraschend das Wort „Kerbela“ aufscheint. Beim Ort Kerbela ist im Jahre 680 n. Chr. der Prophetenenkel Husain brutal von den Truppen des „Teufels“ Jezid umgebracht worden. Kerbela und Husain bilden eine gedankliche Einheit. Was wie ein Liebesgedicht beginnt, endet als Bekenntnis zum Märtyrertum:

„Seit der Liebreiz die Verliebten
Lud zu des Genusses Mahl,
Gab dein Mund und deine Locke
Herz und Seele preis der Qual.
Was die verliebte Seele leidet
Fern von dir, hat in dem Maß
Niemand auf der Welt erfahren,
Als die Durstigen Kerbelas.“

Der Aufstieg der Schiiten zur Macht

Der Erfolg der „Schia“ ist eng mit dem islamischen Mystizismus verbunden, mit Gemeinschaften der Sufibrüder. Es war im 13. Jahrhundert, als Sheikh Safi ad Din Abdul Fath Ishaq Ardabili eine Glaubensgemeinschaft im Ort Ardabil ansiedelte. Die Stadt liegt ostwärts von Täbriz unweit der Grenze von Azerbeidschan und auch nahe des Kaspischen Meeres. Sheikh Safi war eine Persönlichkeit mit großem Wissen, die durch Intelligenz zu überzeugen vermochte. Der Sheikh war bald unumstrittener Herrscher der Region am westlichen Ausläufer des Elburzgebirges. Als er im Jahre 1334 starb, gab Sheikh Safi Herrschaft und Wissen an seinen Erben weiter.

Veränderungen zeigten sich an: Die Gründerfamilie des Sufi-Ordens von Ardabil konnte glaubwürdig nachweisen, daß sie vom Propheten Mohammed abstammte. Die Tore zur schiitischen Glaubenswelt waren damit geöffnet. Der Mystizismus trat in den Hintergrund; der politische Aspekt gewann an Bedeutung. Die Familie stellte Machtansprüche. Angestrebt wurde souveräne Herrschaft über Menschen und Land. Doch der Machthunger löste Turbulenzen aus. Konkurrenten bemühten sich, den Aufbau eines eigenständigen Staatswesens zu verhindern. Zum Glück besaß der Chef der Familie, der von 1447 bis 1460 zuständig war, bedeutende militärische Talente: Er konnte seinen Einfluß erweitern. Doch im Jahre 1460 wurde er umgebracht. Sein Sohn verlor 28 Jahre später sein Leben im Kampf. Auch dessen Söhne starben bei Auseinandersetzungen um die Macht. Nur ein Nachkomme überlebte die Verfolgungen. Sein Name war Ismaïl.

Er war erst 15 Jahre alt, als er von den überlebenden Kämpfern, die der Familie treu geblieben waren, zum Fürsten bestimmt wurde. Er war entschlossen, sich ein Reich zu erobern.

Ismaïl besaß ein wirksames Rezept für seinen Erfolg: Er betonte seine Abstammung vom Märtyrer Ali und verlangte wegen dieser Genealogie respektiert zu werden. Er war für seine Anhänger ein Imam im Sinne der zwölf Imame. Er propagierte schließlich, er sei die Inkarnation des Ali. Er gab sich den Titel Schah-i-Vilayat, „der König der Heiligkeit". Dieser Titel bedeutete weltliche und religiöse Macht. Die Untertanen hatten Ismaïl nicht allein als politischen Oberherrn zu verehren, sondern er repräsentierte Ali – wenn nicht sogar Allah.

Bis zum Jahr 1500 war Persien durchaus noch als ein sunnitisches Land zu betrachten. Es war allerdings mit ausgeprägten schiitischen Zellen durchsetzt. Sie befanden sich im Bereich von Rey (Tehran), am Kaspischen Meer und in der Gegend um Qom. Ismaïl sah in der schiitischen Orientierung des Glaubens seine Chance – wer an Ali und Husain glaubte, der zweifelte auch nicht an seiner göttlichen Kraft. Wenn er ein persisches Reich schaffen wollte, mußte es ein schiitisches Reich sein. Gewalt und Verbreitung von Schrecken waren seine Mittel zur Ausdehnung seines Territoriums. Aus Angst um ihr Leben flohen sunnitische Geistliche, die bisher das religiöse Leben bestimmt hatten, in türkische und in zentralasiatische Gebiete. Mit den Geistlichen verließen auch Kaufleute, Grundbesitzer und Gelehrte den Staat des Ismaïl, der vom Jahr 1504 ab Azerbeidschan und das persische Hochplateau umfaßte. Seit der Flucht der Sunniten in jener Zeit leben auf persischem Boden nur noch wenige Sippen dieser Glaubensrichtung. Wer nicht Ali und Husain verehrte, war nicht mehr geduldet in Persien. Damit war eine wichtige Entscheidung für die Zukunft des Landes gefallen.

Als Verkörperung des Märtyrers Ali war es für Ismaïl selbstverständlich, daß er von seinem Volk beim Freitagsgebet die Verfluchung der ersten Kalifen verlangte, die unmittelbar auf Mohammed als Regierungschefs im islamischen Staat gefolgt waren. Abu Bakr, Omar und Othman, die Ali von der Macht verdrängt hatten, galten als Teufel. Ihre Namen wurden in der Moschee von den Gläubigen mit Wutgeheul ausgestoßen. Sie waren Feinde des Islam und Gegner Allahs. Nur in Täbriz gab es Schwierigkeiten: Einige Familien sahen nicht ein, warum sie Abu Bakr, Omar und Othman zur ewigen Verdammnis verfluchen sollten. Ismaïl aber verkündete: „Wehrt sich jemand gegen meinen Befehl, ziehe ich mein Schwert. Keiner, der gegen meine Anordnung protestiert, wird am Leben bleiben."

Er machte seine Drohung wahr: Ismaïl behandelte seine Gegner gnadenlos. Dem lokalen Herrscher von Chorasan, der Sunnit bleiben wollte, ließ Ismaïl den Kopf abschlagen. Der Schädel wurde auf seine Anweisung kunstvoll mit Gold verkleidet und in ein Trinkgefäß verwandelt. Dieses schickte Ismaïl – zum Ausdruck seiner Verachtung – als Geschenk an den Sultan des Osmanischen Reiches, der sich „Beschützer der Gläubigen" nannte und der sich zuständig fühlte für alle Sunniten.

Diese Beleidigung wollte Sultan Selim (1512 bis 1520), der den Beinamen „der Strenge" trug, nicht hinnehmen. Er mobilisierte im Jahre 1514 ein Heer, das über Waffen verfügte, die in Persien noch unbekannt waren: Selim hatte in Europa Artilleriegeschütze und Handfeuerwaffen gekauft. Sie setzte er am 22. August 1514 auf armenischem Gebiet gegen die Schwertträger und Bogenschützen des Ismaïl ein. Dessen Kämpfer erlitten eine verheerende Niederlage. Ismaïls Ansehen als Schah-i-Vilayat, als „König der Heiligkeit", war nach diesem Ereignis spürbar gemindert. Die Widerstandskraft seiner Truppen war fortan schwach. Sie räumten vor den überlegenen Waffen des Sultans die Hauptstadt Täbriz. Sie wichen nach Qazvin aus. Bald darauf verlegte Ismaïl seine Residenz nach Isfahan.

Vom Tag der entscheidenden Niederlage an war Ismaïl eine gebrochene Persönlichkeit. Es hatte ihm nichts genützt, Inkarnation des Ali sein zu wollen. Ausschlaggebend für seine Unterlegenheit war der Rückstand an Waffentechnik. Ismaïl verstand die Zeichen der neuen Zeit nicht mehr. Als Ausdruck seiner Enttäuschung setzte er sich fortan einen schwarzen Turban auf den Kopf. Daraus entwickelte sich bald eine Tradition, die – unter besonderen Vorzeichen – bis in unsere Zeit ihre Bedeutung hat.

Ismaïl starb am 23. Mai 1524. Seine Großmachtpläne hatten sich zerschlagen. Seinen Nachfolgern hinterließ er als Erbe einen Staat, der in Streit mit den Osmanen verwickelt war. Zwei Generationen hatten sich damit abzufinden, daß der sunnitische Sultan die stärkste politische und militärische Kraft an Euphrat, Tigris und am Persischen Golf kommandierte. Daß Persien nicht mehr an sich selbst glaubte, ist daraus zu ersehen, daß Ismail II. (1576 bis 1578) daran dachte, die Verehrung von Ali und Husain aufzugeben, die Verfluchung der ersten drei Kalifen zu unterlassen und sich zum selben Glauben zu bekennen, wie der osmanische Sultan, der seit dem Jahr 1574 Murad hieß.

Konkurrent der Schiat Ali: Die Osmanen

Winzig war das Fürstentum gewesen, das sich der Turkmenenhäuptling Osman, der den Beinamen „der Siegreiche" trug, im Nordwesten Anatoliens erobert hatte. Er hatte zu einem Stamm gehört, dessen Sippen als Nomaden ihren Lebensraum gegen byzantinische Krieger zu verteidigen hatten. Da Byzanz immer schwächer wurde, gelang die Ausweitung des Gebietes, das Osman beanspruchte. Bis zum Jahr 1359 war den Nachfahren des „Siegreichen" bereits die Südküste des Marmarameers zugefallen. Die Überlegenheit der Osmanen in jener Zeit war darauf zurückzuführen, daß sie erfahrene christliche Söldner fanden. Byzanz rüstete ab – und die Osmanen profitierten davon. Die christlichen Söldner hatten vor allem Erfahrung in der Durchführung von Belagerungen. Es gab keine Stadt, die ihnen widerstehen konnte.

Nach Überwindung des Marmarameers gelang dem Osmanenheer der Einbruch nach Europa. Die byzantinische Hauptstadt Constantinopel blieb für die islamischen Eroberer allerdings noch unerreichbar. Doch ab 1354 führten die Osmanen wohlorganisierte „Razzien“ auf dem Balkan durch. Zum erstenmal bekam Europa die expansive Kraft des Islam zu spüren.

Eine Generation später entdeckten die italienischen Handelsstädte Venedig und Genua, daß der heranwachsende Staat einen exzellenten Markt für ihre Waren bot. Sie sicherten sich Handelsvorrechte, die im Jahre 1385 vertraglich gefestigt wurden.

Am 28. Juni 1389 fand die Schlacht auf dem Amselfeld im Kosovo statt, bei der die Serben empfindlich geschlagen wurden. Chronisten jener Zeit berichten, das christlich-orthodoxe Serbenheer sei durch Verrat geschwächt gewesen. Ein Überläufer soll der Schwiegersohn des Serbenfürsten Lazar gewesen sein. Von ihm wird allerdings auch erzählt, er habe den Osmanensultan Murad im selben Jahr 1389 durch einen Dolchstich in den Bauch getötet.

Sultan Bayazid leistete wenig später einen heiligen Eid, er werde bald schon sein Pferd auf dem Hochaltar der Peterskirche zu Rom Heu fressen lassen. Daß der Vormarsch nach Europa gelingen könnte, war kein vermessener Gedanke – vor den osmanischen Reitern lag damals der Weg in die Steiermark und damit nach Oberitalien offen.

Der Einbruch der Mongolen verhinderte Feldzüge nach Europa. Timur Leng stand zur Überraschung des Sultans Bayazid plötzlich vor der Stadt Angora; sie heißt heute Ankara. Bayazid versuchte den Belagerungsring von außen aufzubrechen. Dabei wurden die Truppen des Sultans aufgerieben. Er selbst geriet in die Gefangenschaft des Timur Leng.

Zuerst wurde Bayazid ganz gut behandelt, doch nach einem Fluchtversuch wurde er in Ketten gelegt und in einem Gitterkäfig verwahrt. Er starb am 8. März 1403.

Die Folge waren Erbstreitigkeiten. Jetzt hätte für das christliche Europa die Chance bestanden, die islamische Herrschaft über Teile Europas zu beenden. Doch für eine derartige Kraftanstrengung waren die europäischen Herrscher nicht einig genug.

Timur Leng hatte nicht die Absicht, osmanisches Gebiet, das er besetzt hielt, fest in seinen Bereich einzugliedern. Er begnügte sich, den in Anatolien siedelnden Turkvölkern Fürsten seiner Wahl zu geben. Sie konnten sich jedoch nicht halten. Nach dem Jahr 1421 verlor einer nach dem anderen seine Ländereien.

In jenem Jahr wurde Murad II. Sultan der Osmanen. Ihm war es möglich, das Reich zu ordnen. Er führte eine Verwaltungsreform durch und ordnete die Staatsfinanzen. Seinem Nachfolger Mehmed II. waren die eben vergangenen Jahre zu friedlich und ereignislos verlaufen. Mehmed II. verdiente sich schon bald den Beinamen „Fatih", der „Eroberer". Seine größte Leistung war die Belagerung von Constantinopel, sie dauerte vom 6. April bis zum 29. Mai 1453 und endete mit der Einnahme der einst stolzen Hauptstadt des byzantinischen Reichs.

Mehmed II. dachte an Weltherrschaft des Islam. Er war der erste der islamischen Herrscher, der in den Dimensionen der damals bekannten Welt dachte. Ihm gelang zwar die Erfüllung der Vision nicht, doch schuf er einen Staat, der von der Donau bis zum Euphrat reichte.

Unter dem Regime von Bayazid II. (1481 bis 1512) begnügte sich das Osmanische Reich mit der bisher erreichten Ausdehnung. Der Sultan hatte starke Neigung zum islamischen Mystizismus. Er zeigte Sympathie für die Sufibewegung. Sein Volk gab ihm den Beinamen „Wali", der Heilige. Auf einem der Hügel des einstigen Constantinopel ließ er sich eine Moschee bauen, die „Bayazidije", die bis heute durch ihre architektonische Gestaltung und durch Kostbarkeit der beim Bau benutzten Materialien berühmt ist.

Zur Regierungszeit des Bayazid II. geschah es, daß die Nachfahren des Sheikhs Safi ed Din Abdel Fath Ishaq Ardabili – sie sind bekannt unter dem historischen Begriff der „Safawiden" – die Kontrolle über die persischen Gebiete übernahmen. Der Schritt zur Entstehung des unabhängigen persischen Staates war nur für kurze Zeit durch Ismaïl II. gefährdet gewesen; er hatte zum Glück für Persien nur zwei Jahre lang regiert (1576 bis 1578). Seine Vision von der Rückbesinnung auf die Glaubenswerte der Sunniten hätte die Unterwerfung Persiens unter das Regime des osmanischen Sultans bedeuten können. Nach dem Tod des Ismaïl II. setzt der Prozeß des Auseinanderdriftens der arabisch-sunnitischen und der persisch-schiitischen Blöcke ein. Diese Seperation bestimmte die Geschichte der Welt im Nahen und Mittleren Osten; sie prägt die Politik der Gegenwart.

Der Aufschwung Persiens setzte nicht rasch ein. Ein schwacher Schah folgte auf Ismaïl II. Er konnte der inneren Turbulenzen des Landes nicht Herr werden. Der Gouverneur von Meshed sah sich schließlich veranlaßt, mit Gewalt einen Herrscherwechsel durchzuführen. Er wollte selbst Schah werden, doch er hatte Sorge, man werde ihm nicht glauben, wenn er behauptete, die Inkarnation des Ali zu sein. Diesen Anspruch konnte nur ein Mann erfüllen, der wirklich noch zu den Nachfahren des Sheikhs Safi ed Din Abdel Fath Ishaq Ardabili zählte, zu den „Safawiden". Der Gouverneur von Meshed suchte einen Safawiden, der möglichst keinen eigenen Willen hatte, der leicht zu lenken war. Der Gouverneur wollte selbst der Lenker des Staates sein. Nach einiger Überlegung hielt er den Sohn des von ihm abgesetzten Schahs für geeignet. Doch er erlebte eine Überraschung.

Schah Abbas – der Schöpfer des Iran

Der Auserwählte des Gouverneurs war gerade 16 Jahre alt. Er war Zeuge gewesen von den hilflosen Bemühungen des Vaters, seine Hofhaltung in Ordnung zu halten. Der Vater – sein Name war Mohammed Khuda Banda – hatte nur ein schwaches Sehvermögen besessen. Er konnte seine nächste Umgebung kaum wahrnehmen. So konnte es geschehen, daß die Stammeshäuptlinge, denen er als „Inkarnation Alis" gegenübersaß, seine tastenden Bewegungen als lächerlich empfanden. Sie überhörten seine Anweisungen ganz einfach. Der junge Abbas mußte diese Situation als schmerzhaft empfunden haben. Er war damit einverstanden, daß der Vater abgesetzt wurde; er war bereit, sich selbst zum Schah ausrufen zu lassen. Sein Ziel war die Stärkung der Autorität des Herrschers.

Während der Regierungszeit des Mohammed Khuda Banda (1578 bis 1587) war es den Osmanen gelungen, Gebiete zu annektieren, die von Persien beansprucht wurden. Im Osten aber hatten die Uzbeken persisches Land geraubt. Dem 16jährigen Monarchen war bewußt, daß sein Reich, das im Innern nicht geordnet war, keinen Krieg an zwei Fronten führen konnte. Mit einem der beiden Feinde mußte er Waffenstillstand schließen. Er bemühte sich um ein Abkommen mit Murad III., der seit 1574 als Zwölfter Sultan des Osmanischen Reiches in Constantinopel regierte.

Murad III. lebte in einem Palast, in dem sich zwei Frauen um die Macht stritten: Die Mutter des Sultans und dessen Frau aus einer reichen venezianischen Familie. Sie kämpften um Einfluß auf den Herrscher. Dieser litt an Epilepsie, und er fühlte sich, da er immer mit einem Anfall rechnen mußte, äußerst unsicher.

Murad III. hatte nur eine Leidenschaft: Er wollte Gold sehen und Gold anfassen. Er hortete das Edelmetall in seinem Palast am Bosporus. Als Folge dieser Finanzpolitik herrschte Goldmangel im Osmanischen Reich. Murad III. sah sich im Jahre 1589 nicht mehr in der Lage, seine Janitscharen, die Kerntruppe seiner Streitkräfte, zu bezahlen.

Zu diesem Zeitpunkt wurde der Sultan vom jungen Schah Abbas gefragt, ob er bereit sei, Waffenstillstand an der Demarkationslinie zu Persien zu schließen. Der Konflikt um mesopotamische Gebiete war seit 1570 von osmanischer Seite mit hohem Aufwand geführt worden. Murad III. stimmte dem Waffenstillstand und schließlich sogar einem offiziellen Friedensvertrag zu. Schah Abbas bezahlte dafür in Gold und durch Abtretung von Azerbeidschan an das Osmanische Reich.

Obgleich damit der Zweifrontenkrieg vermieden war, unternahm der Herrscher Persiens zehn Jahre lang keinen Feldzug gegen die Uzbeken. Er verwandte die gewonnene Zeit zum Aufbau eines „stehenden Heeres", das ständig zur Verfügung stand. Das Vorbild dazu lieferte ihm Frankreich. Die Soldaten wurden allerdings nicht in Persien rekrutiert, sondern in Georgien und Armenien. Schah Abbas wählte Christen aus, die sich zum Islam bekennen mußten. Die Truppe unterstand allein dem Schah Abbas. Für die Bezahlung war nicht die Staatskasse verantwortlich; sie war Angelegenheit des Herrschers. Die Finanzierung ging dennoch zu Lasten der Staatseinnahmen, denn Abbas zweigte ganze Provinzen aus dem Staatsgebiet ab, die fortan als „Kronländer" bezeichnet wurden. Die Steuereinnahmen dieser Kronländer wurden zur Bezahlung aller Kosten des stehenden Heeres benutzt.

Die Reform des persischen Heereswesens war erst nach zehn Jahren abgeschlossen. Sie lohnte sich für Herrscher und Land. Der Schah war künftig nicht mehr auf die Launen der Stammessheikhs angewiesen, die – ganz nach ihrem Willen – für die Kämpfer ihrer Sippe den Kriegseinsatz hatten ablehnen können. Auf das stehende Heer hatten die Sheikhs keinen Einfluß. Ohne jemand fragen zu müssen, konnte Schah Abbas vom Jahr 1598 ab den Kampf gegen

Gefahren von außen aufnehmen. Abbas war zu diesem Zeitpunkt 26 Jahre alt.

Sein erster Gegner waren die Uzbeken. Sie hatten die Provinz Chorasan annektiert, und damit auch das Heiligtum von Meshed, dem Begräbnisort des Achten Imam Ali Reza. Er war im Jahre 817 als Märtyrer der Schiat Ali ums Leben gekommen. Schah Abbas, der sich mit Ernst seiner Aufgabe widmete, Inkarnation des Ali zu sein, mußte sich darum bemühen, den heiligen Bezirk samt der Grabstätte des Imam unter seine Kontrolle zu bringen. Die Eroberung von Meshed und der Provinz Chorasan gelang dem persischen Heer im Jahre 1598. Es war die erste Bewährungsprobe für die neuformierte Truppe, die über Waffen nach europäischem Standard verfügte.

Vier Jahre später war der Feldzug gegen die Osmanen erfolgreich. Murad III., der Sultan des gewaltigen sunnitischen Reiches, hatte sich das Herrschen abgewöhnt. Er fühlte sich nur noch wohl im Kreis von Hofnarren, Gauklern und Seiltänzern – er hielt sich vor allem in den Räumen seiner Haremsdamen auf. Es war Brauch geworden, diejenigen Hofbeamten töten zu lassen, die ihn durch schlechte Nachrichten beunruhigen mußten. Die Meldungen vom Verlust der persischen Provinzen im Jahre 1602 drangen deshalb gar nicht bis zu den Ohren des Sultans durch.

Bis zu diesem Zeitpunkt war Qazvin die Hauptstadt des Schah Abbas gewesen; Qazvin liegt nahe am Kaspischen Meer. Jetzt aber entschied sich der Herrscher, mit seiner Residenz weiter in den Süden zu ziehen, nach Isfahan.

In der wechselnden Geschichte Persiens hatte Isfahan regionale Bedeutung besessen. Schah Abbas aber gab der Stadt Glanz. Durch ihn wurde Isfahan zu einer der schönsten Städte der damaligen Welt. Das Bild des Zentrums ist geprägt durch einen imposanten rechteckigen Platz, der 500 Meter lang und 150 Meter breit ist. Im Süden des Platzes steht die Masdsched-e-Schah, die Schah-Moschee, die heute nach Chomeini benannt wird. Sie ist zwischen 1611 und 1630 gebaut worden. Das Besondere dieser Moschee ist, daß das eigentliche Gebäude zu seinem Eingang im Winkel steht. Auf diese Weise ist garantiert, daß der Betende ganz von selbst in Richtung Mekka blickt. Im Osten befindet sich die Masdsched-i-Lutfullah; sie verdankt ihren Namen einem Gelehrten, der zur Zeit von Schah Abbas in Isfahan gelehrt hat. Eindrucksvoll ist das Ali Qapu, das höchste Gebäude am Platz. 117 Stufen führen vom Eingang hinauf zum Obergeschoß. Von dort aus pflegte Abbas den Polospielen zuzuschauen, die von seinen Höflingen und Kavalieren auf dem ausgedehnten Viereck zu seinen Füßen ausgeführt wurden. Das Ali Qapu war einst der Eingang zur Residenz des Schahs, die sich in westlicher Richtung ausdehnte. Ali Qapu läßt sich mit „edle Pforte“ übersetzen.

Rings um den Platz hatte Schah Abbas den Bazar anlegen lassen sowie kleine Moscheen, schiitische religiöse Schulen, Karawansereien und öffentliche Bäder.

Isfahan war bald schon auch in Europa als außerordentliche Sehenswürdigkeit des Orients bekannt. Botschafter aus europäischen Staaten fanden sich in der Residenz ein, um im Auftrag ihrer Monarchen dem Schah die Reverenz zu erweisen. An den Höfen der Herrscher von Italien, Frankreich und Österreich war die Nachricht von der Schaffung eines starken Persiens mit Genugtuung aufgenommen worden. Über Generationen hin hatte Europa unter der Bedrohung durch die Osmanen gelitten. Ein mächtiges Persien konnte Gegenpol sein zum Reich des Sultans; es konnte das Interesse der Osmanen von Europa ablenken. So war es ganz selbstverständlich, daß die Verantwortlichen in Rom, Paris und Wien Kontakt zur Residenz in Isfahan aufnahmen.

Die Botschafter wiederum schickten begeisterte Berichte über die Hauptstadt des Schahs an ihre Herrscher. Diese weckten in der Vorstellung europäischer Intellektueller und Dichter Begeisterung für den Orient.

Im Gefolge der Diplomaten reisten Kaufleute an, um

europäische Waren anzubieten und um persische Teppiche zu erwerben. Die Entwicklung der Seeroute rings um Afrika herum wirkte sich vorteilhaft aus für den Handel zwischen Europa und Persien: Die Kaufleute waren nicht mehr gezwungen, gefährliche Wege durch das Osmanische Reich zu benutzen; sie hatten jetzt über das Meer freien Zugang zu persischen Märkten.

Darüber ärgerten sich allerdings die Handelsherren Portugals, die noch einen letzten Stützpunkt zu ihren Gunsten nutzen wollten. Noch immer konnten sie mit ihrer Flotte die Seerouten kontrollieren – sie besaßen zu diesem Zweck eine Flottenbasis an der Straße von Hormuz, an der Meerenge zwischen Arabien und Persien, am Zugang zum Persischen Golf. Aus dieser Basis wurden die Portugiesen 1622 vertrieben – mit Hilfe englischer Kriegsschiffe. Jetzt konnte der persische Handel mit Europa ungehindert Aufschwung nehmen.

Da die wohlhabenden Europäer immer mehr Teppiche verlangten, befahl der Schah den Ausbau des Teppichknüpfgewerbes. Dieses Handwerk wurde besonders gefördert. Doch nicht nur Teppiche wurden zum Export nach Europa freigegeben, sondern auch Seide. Hochgeschätzt in Europa wurde der Reichtum an Farben und die Feinheit der Gewebe. Schah Abbas sicherte sich selbst ein unabhängiges Einkommen durch die Bestimmung, der Seidenhandel sei allein Angelegenheit des persischen Hofes und werde vom Schah direkt überwacht.

Schah Abbas kannte die persische Geschichte. Er berief sich nicht allein darauf, Inkarnation des Märtyrers Ali zu sein und der „Schatten Allahs auf Erden". Er ließ sich auch als „Glanz des Darios" bezeichnen und schlug damit von seiner Person einen historischen Bogen zurück in die Frühgeschichte Persiens, in die einst glanzvolle Epoche. Schah Reza Pahlawi knüpfte drei Jahrhunderte später daran an.

Schah Abbas hatte sich in schwierigen Situationen als mutig erwiesen, doch seit seiner Kindheit wurde er von der Angst geplagt, sein Leben werde bald durch ein Attentat enden. Die Mörder, so fürchtete er, seien in der eigenen Familie zu suchen. Abbas fürchtete vor allem seine Söhne. Er hatte zunächst geglaubt, die Gefahr sei zu bannen, wenn er sie als Gouverneure in entfernte Gegenden schickte. Doch mußte er feststellen, daß sie dort gegen ihn rebellierten. Nach dieser Erfahrung holte Abbas die Prinzen wieder nach Isfahan zurück. Der Harem wurde ihnen zum Gefängnis. Dort begegneten ihnen nur Frauen und Eunuchen, die darauf zu achten hatten, daß keiner der Gefangenen Gedanken an Vatermord und Rebellion hegte. Geriet einer der Söhne in Verdacht, gegen den Schah Position zu beziehen, ordnete der Herrscher die Tötung des offenbar Schuldigen an. War der Vater milde gestimmt, befahl er nur, dem Verdächtigen die Augen auszustechen.

Schah Abbas starb eines natürlichen Todes am 19. Januar 1629 – noch ehe alle Bauten am Hauptplatz von Isfahan vollendet waren. Doch er hinterließ ein stabiles Land. Grundlage der Stabilität war die Ideologie der Schiat Ali. Der Glaube an Ali und Husain war zur gültigen Religion in Persien geworden. Um seine eigene Glaubensfestigkeit vor den Untertanen unter Beweis zu stellen, war Abbas nahezu 1000 Kilometer von Isfahan nach Meshed zu Fuß gepilgert. Als einfacher Gläubiger wollte er das Grab des Achten Imam aufsuchen.

Abbas hatte die Gefahr, die einem stabilen Staatswesen durch religiösen Fanatismus drohen konnte, gesehen. Er hatte aus diesem Grunde ein ihm genehmes schiitisches Establishment aufgebaut. Es wurde durch ein Netz von schiitischen Unterrichtsstätten geschaffen, in denen junge Männer die Lehre des Islam in einer Weise in sich aufnahmen, die dem Herrscher ins Konzept paßte.

In diese Abbas-Schulen kamen auch lernbegierige Männer aus Mesopotamien, aus Syrien, vor allem aber aus

Indien. Zur Zeit des Schahs Abbas war die Basis gelegt worden für schiitische Gemeinschaften, die in unserer Zeit gesellschaftlich und politisch von Gewicht sind.

Nader Schah will den schiitischen Glauben abschaffen

Auf Schah Abbas folgten keine starken Herrscher, doch sie hatten alle Glück, daß keine andere Dynastie rings um das persische Hochland vom Willen getrieben war, dieses zu besetzen und das Geschlecht der Safawiden auszulöschen. Einzig der Sultan des Osmanischen Reichs unternahm Versuche, um den schwachen Herren von Persien Provinzen abzunehmen. Am 13. April 1635 – sechs Jahre nach dem Tod des starken Schah Abbas – begann der osmanische Herrscher einen Feldzug, der noch im August jenes Jahres Täbriz erreichte. Da hatte sich niemand zur Verteidigung bereit gefunden. Eine Fortsetzung des Kriegszugs in Richtung Qazvin wäre möglich gewesen. Doch Murad hatte offenbar kein Interesse mehr an militärischen Abenteuern; er zerstörte die schiitischen Moscheen von Täbriz und zog sich dann wieder aus persischem Gebiet zurück. Ein Vertrag wurde geschlossen, der bestimmte, daß Azerbeidschan künftig den Osmanen gehörte.

Abbas II. (1642–1667) war eine kraftlose Erscheinung, die zusehends dem Alkohol verfiel. Berichtenswert aus seiner Regierungszeit ist, daß er die wachsende Bedeutung von Rußland begriff; er forderte Rußland auf, einen Gesandten nach Isfahan zu delegieren. Durch diese diplomatische Maßnahme wurde verhindert, daß die russischen Zaren Expansionsgelüste in Richtung Persien entwickelten. Derartige Gelüste brachen erst im Jahre 1722 aus. Damals war Peter der Große Zar von Rußland. Seine Truppen fielen in den Norden Persiens ein. Das Land wartete wieder einmal auf einen Retter. Der stand schon bereit.

Sein Name war schlicht: Er hieß Nadr. Seine Herkunft ist

ungewiß. Als Geburtsdatum gilt der 22. Oktober 1688. Er begann seinen Weg als Mitglied der Turkverbände, die den Safawiden während aller Wirren treu geblieben waren. Innerhalb kurzer Zeit wurde der junge Mann Kommandeur der Truppe. Er nutzte geschickt die innere Unordnung im persischen Hochland aus, um für sich selbst Macht zu gewinnen. Sein eigener Aufstieg untergrub die Position der herrschenden Dynastie. Nach überraschenden Erfolgen über die Russen – er nahm ihnen Baku weg – war sein Ansehen so beachtlich, daß er selbst daran denken konnte, Schah von Persien zu werden. Er war inzwischen 35 Jahre alt geworden und von Ehrgeiz erfüllt. Nach seiner Meinung war der regierende Safawidenschah schwach und ideenlos. Doch der sofortige Griff nach der Macht wäre ein unkluger Schritt gewesen. Eine Zwischenlösung bot sich an: Der Militärkommandeur ernannte den Sohn des unfähigen Herrschers zum Schah.

Doch dieser Sohn war noch ein Kind, das keine eigene Meinung besaß. Das Kind starb bereits nach vier Jahren. Der Militärkommandeur mag wohl für den frühen Tod gesorgt haben.

Zu Beginn des Jahres 1736 versammelten sich alle wichtigen Männer aus dem persischen Hochland und aus den Gebirgen Zagros und Elburz an einem abgelegenen Ort, um über den Zustand des Landes zu beraten. Die Position des Herrschers war unbesetzt. Den einberufenen Notabeln stand es zu, einen neuen Schah zu bestimmen. Der Militärkommandeur schlug vor, es möge wieder ein würdiger Mann aus der Dynastie der Safawiden ausgewählt werden – sie habe sich schließlich in 150 Jahren seit Schah Ismaïl bewährt; sie habe damit einen Anspruch erworben.

Von seiner Person wies Nadr jeden Verdacht ab, er sei doch nur darauf aus, selbst die Herrschaft in den Griff zu bekommen. Er betonte sogar ausdrücklich, er sei jetzt 48 Jahre alt und damit kaum mehr in der Lage, Persien für lange Zeit zu regieren.

Die Honoratioren aber stellten fest, daß es im ganzen Land keinen fähigeren Thronanwärter gäbe. Sie bestimmten durch Akklamation, daß sie von Nadr regiert werden wollten. Er wurde fortan Nadr Schah genannt.

Da er in einer starken Position war, konnte Nadr Schah eine Bedingung stellen, die allerdings gewaltige Überraschung hervorrief. Der Gewählte verkündete, er werde erst dann seine Position einnehmen, wenn er die Zusage erhalte, daß in Persien künftig nicht mehr der Glaube an die „Heilige Familie" Ideologie des Staates sei. Die schiitische Ausprägung des Islam dürfe nicht mehr Basis des Reiches sein. Niemand habe das Recht zu behaupten, er sei die Inkarnation des Märtyrers Ali, des Schwiegersohns des Propheten. Alle Glaubenstraditionen um Ali und Husain müßten in Vergessenheit geraten.

Doch eine Umkehr zur sunnitischen Überzeugung durfte nicht eintreten – sie hätte die Abgrenzung Persiens zum sunnitischen Osmanischen Reich verwischt. Ein Glaubensvakuum durfte allerdings auch nicht entstehen. Nadr Schah verlangte, daß eine „neue Säule des Glaubens" errichtet werde. Basis dieser Säule sei der Sechste Imam, dessen Name Dschafar as Sadiq war (699 bis 765). Sein eigentlicher Name war Dschafar Ben Mohammed, doch Gläubige hatten ihm die Bezeichnung as-Sadiq gegeben; der Name läßt sich so übersetzen: Der „Vertrauenswürdige".

Die Notabeln waren dankbar, daß Nadr bereit war, Schah zu werden. Sie diskutierten die gestellte Bedingung nicht lange. Sie stimmten zu, daß die Ansichten des Sechsten Imam ideologische Basis Persiens werde. Es stellte sich heraus, daß niemand so recht Bescheid wußte, welchen Inhalt die Gedankenwelt des Dschafar as Sadiq eigentlich gehabt hatte. Die Angelegenheit kam ihnen reichlich verschwommen vor.

Am 8. März 1736 übernahm Nadr die Verantwortung für Persien. Er veränderte seinen Namen und nannte sich fortan Nader. Er hieß damit der „Ungewöhnliche".

Der originale Pfauenthron gelangt nach Persien

Bald schon nach Übernahme der Schahwürde hat sich Nader Schah mit einer Rebellion der Sippe Bakhtiyar zu befassen, die sich der Glaubensreform nicht anpassen wollte. Der Aufstand wurde nach hartem Widerstand der Bakhtiyaris niedergeworfen. Die Kampfkraft dieser Gegner hatte dem Herrscher derart imponiert, daß er den Unterlegenen vergab und eine große Anzahl von ihnen in seine Armee aufnahm.

Kriege zu führen, war die Leidenschaft des Nader Schah. Erzählt wird, eines Tages habe er sich mit einem islamischen Geistlichen darüber unterhalten, wie wohl das Paradies beschaffen sei. Der Geistliche begann aus der Überlieferung zu zitieren und Aussagen des Propheten Mohammed zu erwähnen, die das Paradies als den Ort preisen, an dem sich die Gerechten zur ewigen Freude und Seligkeit versammeln. Nader Schah unterbrach den Geistlichen und fragte, ob es im Paradies auch üblich sei, Kriege zu führen. Der Geistliche schüttelte den Kopf. Nader Schah stellte betrübt fest: „Dann gibt es also dort das Vergnügen nicht, sich einen Feind zu unterwerfen. Wie kann ich im Paradies ewige Freude erwarten, wenn es dazu keinen Anlaß gibt."

Nach Unterwerfung der Bakhtiyarsippe wandte sich Nader Schah dem afghanischen Bergland zu. Die Provinz um die Oase Kandahar war sein Ziel. Dort residierten noch immer Angehörige der Safawidendynastie. Im November 1736 zog eine Armee mit der Kampfstärke von 80 000 Mann aus Isfahan los. Bei winterlichen Verhältnissen erreichte die Truppe die Provinz Kandahar. Nach kurzem Kampf war die Stadt erobert.

Dem Schah war zuvor berichtet worden, dort befinde sich der Mantel des Propheten. Zu seiner Enttäuschung blieb ihm dieses wertvolle Stück verborgen. Nader Schah hielt sich nicht lange in Kandahar auf. Er rückte im schnellen Ritt auf den Khyberpaß zu, der heute die Grenze zwischen Afghanistan und Pakistan beherrscht. Da er gewarnt worden war, er werde in Paßhöhe von einem starken Gegner erwarte, wich er diesem im bergigen Gelände geschickt aus und fiel ihm in den Rücken. Nader Schah gewann Schlacht auf Schlacht, und seine Reiter überwanden außerdem große Entfernungen. Am 20. März 1737 erreichte die persische Armee Delhi. Sie hatte bis zu diesem Tag während des fünfmonatigen Feldzugs 3000 Kilometer zurückgelegt. Die Verluste betrugen etwa 4000 Mann.

Mit reicher Beute beladen zogen die Eroberer aus Delhi wieder ab. Zu den wertvollen Beutestücken zählte der Diamant Koh-i-Nur („Berg des Lichts"), der seit dem Jahre 1849 zum britischen Kronschatz gehört. Anzunehmen ist, daß sich in der Beute des Nader Schah auch der Diamant Darya-i-Nur („Meer des Lichts") befand, der im Safe der Staatsbank von Tehran aufbewahrt wird.

Erbeutet wurde auch ein Thron, den die damaligen Chronisten als „Pfauenthron" bezeichnen. Es handelt sich nicht um das prächtige Exemplar, das sich heute im Gewölbe der Staatsbank befindet. Dieser „Pfauenthron" stammt aus der Zeit des Schahs Fath Ali (1797 bis 1834).

Der „Pfauenthron", den Nader Schah in Delhi erbeutet hatte, ist verschollen. Wahrscheinlich ist er auf dem langen Weg von Indien nach Persien zerbrochen.

Nach der Rückkehr aus Indien übertrug Nader Schah seine Funktionen dem Sohn Reza Quli. Der nahm sich die Freiheit, sämtliche Mitglieder der Safawidendynastie töten zu lassen. Er wollte damit die Gefahr auslöschen, irgendwann könnte irgendwer dieser Sippe nach der Macht greifen. Von diesem Ereignis an mißtraute der Schah dem Sohn. Er beschuldigte ihn, er selbst habe die Absicht, schnell Herrscher zu werden. In einer Aufwallung des Zorns gab Nader Schah Befehl, dem Sohn die Augen auszustechen. Er mußte jedoch bald erkennen, daß der Vorwurf falsch war – doch da war die Blendung bereits erfolgt.

Die Gedanken an diesen Irrtum belasteten Nader Schah während des Rests seines Lebens. Doch er wurde keineswegs milder, menschenfreundlicher. Hatte er zuvor schon dazu geneigt, brutal und rücksichtslos zu sein, so empfand er jetzt Freude daran, Untertanen foltern und hinrichten zu lassen. Besonders hart ging er gegen jene vor, die seiner religiösen Kursänderung nicht folgen wollten. Sein Neffe Ali hatte es gewagt, das von Nader Schah beschlagnahmte Eigentum einiger schiitischer Geistlicher an die Besitzer zurückzugeben. Diese Maßnahme wurde im ganzen Land als ein erster Schritt zur Wiederherstellung der schiitischen Glaubensordnung angesehen. Der Neffe Ali bekam insgeheim dafür den Beinamen „Adli“ – der „Gerechte“. Adli und sein Sohn wurden bald darauf ermordet.

Als die Brutalität und die Mordlust des Nader Schah unerträglich wurde, setzten Männer aus seiner eigenen Streitmacht seinem Leben ein Ende. Dies ist im Juni des Jahres1747 geschehen.

Elf Jahre lang hatte Nader Schah die Macht in Persien ausgeübt, doch es war ihm nicht gelungen, dem Land Stabilität zu geben. Er hatte nicht begriffen, daß Persien nach einem bestimmten Prinzip regiert werden muß, durch das drei Faktoren in Balance zu bringen sind. Die drei Faktoren sind: Der Schah; er steht im Zentrum. Auf ihn orientieren sich die anderen Faktoren – sie werden verkörpert durch die regionalen Feudalherren und durch die Betreiber des landwirtschaftlichen Anbaus. Die letzteren sind nicht mit den europäischen „Bauern“ gleichzusetzen; eher gilt für sie die Bezeichnung „Landwirte“. Sie leben in dörflicher Gemeinschaft, die sich wiederum in Abhängigkeit vom Feudalherrn der Region befindet, an den Abgaben zu leisten sind.

Der Feudalherr wiederum sorgt dafür, daß die Bewässerung der Ackerflächen funktioniert. In sehr früher Zeit der

Kultur auf der persischen Hochfläche ist dafür das Qanatsystem entwickelt worden, das nur durch Zusammenwirken der sozialen Schichten wirksam ist. Es ist nur effektiv und lohnend für den Bereich zusammenhängender Landschaften. Das Qanatsystem bedingt Solidarität; es kann nicht auf die Bedienung einzelner landwirtschaftlicher Betriebe ausgerichtet sein.

Das Kanalnetz des Bewässerungssystems muß zentral verwaltet werden. Diese Aufgabe erfüllt der Feudalherr. Er garantiert, daß die Schächte und Kanäle gereinigt werden und funktionsfähig bleiben, daß ständig Wasser zur Verfügung steht, das an die Gesamtheit landwirtschaftlicher Betriebe verteilt werden kann.

Die einzelnen Betriebe sind von der zentralen Verteilungsinstanz abhängig. In den zeitweise überaus trockenen Gebieten der persischen Hochfläche ist landwirtschaftlicher Anbau nur möglich, wenn die Landwirte nicht auf Regen angewiesen sind. Er fällt nur unregelmäßig und meist in geringer Menge. Das Qanatsystem bringt Wasser aus den Bergen in das Flachland. In den Bergketten des Zagros und des Elburz herrscht kein Mangel an Niederschlag. Wer das Leitungssystem beherrscht, in dem das Bergwasser fließt, der hat Einfluß und Macht. Die Position kann mißbraucht werden – und davor fürchten sich die Landwirte. Sie sind in Sorge, schließlich zu Sklaven der Feudalherren degradiert zu werden. Sie benötigen deshalb eine Instanz, die sie um Hilfe bitten können, wenn sie sich bedrängt fühlen. Diese Instanz ist allein der Monarch, der Schah.

Als Folge dieser Ordnung, die durch das Qanatsystem bedingt ist, ergibt sich, daß die Feudalherren – im Gegensatz zur Ordnung in Europa – nicht als Beschützer der Menschen wirkten, die den Acker bestellten. Dazu war allein der Schah geeignet. Von ihm verlangten die unteren Schichten der Bevölkerung Gerechtigkeit und Führung.

Der Safawidenschah Abbas (1587 bis 1629), den man

bald schon den „Großen“ nannte, hatte es perfekt verstanden, die Machtbalance zwischen den Feudalherren und den Produzierenden auszugleichen. Nader Schah aber bewahrte das Gleichgewicht zwischen den traditionellen sozialen Kräften nicht. Deshalb herrschte Instabilität während der elf Jahre seiner Regierungszeit. Sie war der Grund, warum Nader Schah im Jahre 1747 ermordet wurde.

Sein Nachfolger Karim Khan Zand versuchte den Fehler zu korrigieren. Ihm war Zeit dazu vergönnt; er regierte nahezu dreißig Jahre lang (1750 bis 1779). Wie er aussah, ist auf einem Gemälde aus jenen Jahren zu ersehen: Er war von kräftiger Gestalt; ein schwarzer Vollbart umrahmte sein Gesicht; die Augen blickten skeptisch. Seine sensiblen Hände waren jederzeit bereit, nach dem Dolch zu greifen, der im Gürtel steckte. Karim Khan Zand hatte ein Problem: Seine politische Basis bestand allein aus der Sippe Zand, die nicht stark genug war, rivalisierende Stämme in Schach zu halten. Der Schah hatte ständig regionale Konflikte zu bekämpfen.

Für die Stadt Shiraz war die Herrschaft des Karim Khan Zand allerdings segensreich. Er hatte diesen Ort als Hauptstadt gewählt. Isfahan war zu sehr von seinen Vorgängern geprägt – Shiraz aber konnte Karim Khan Zand nach seinem Willen gestalten. Zwei Katastrophen hatten Shiraz nahezu ausgelöscht: Chroniken berichten von einer verheerenden Überschwemmung im Jahre 1668 und von den Plünderungen durch afghanische Horden, denen Shiraz zwischen 1724 und 1729 ausgeliefert gewesen war.

Karim Khan Zand veranlaßte zunächst die Ausbesserung der Schäden, die durch die zwei Katastrophen entstanden waren. Dann wurden Neubauten begonnen. Dazu gehört die Zitadelle „Qaleh e Karim Khan“, die an der Hauptstraße der Stadt liegt. Der Bau besteht aus starken Ziegelmauern; bemerkenswert sind die halbrunden Ecktürme, die durch Ziegelornamente geschmückt sind. Die Zitadelle steht in unmittelbarer Nähe des Bazars. Seiner Gestaltung hatte Karim Khan Zand seine besondere Aufmerksamkeit gewidmet. Er wollte Shiraz zum Handelszentrum entwickeln.

Die regionalen Konflikte, die Karim Khan Zand von Shiraz aus zu lösen versuchte, hatten ihre Ursache darin, daß er die soziale Struktur der Bewohner des persischen Hochlandes nicht im Gleichgewicht halten konnte. Da er den Ausgleich der Kräfte nicht schaffte, wandte er Mittel der Gewaltherrschaft an. Sie verschlechterten die Situation und führten schließlich dazu, daß die Sippe Zand von der Sippe Qajar überwunden wurde.

Ein Kastrierter rächt sich

Als jüngerer Mann ist er im Jahr 1775 in die Hände des Zandclans gefallen. Sein Name: Mohammed aus der Familie Qajar. Er stammte aus einem der zahlreichen Turkvölker, die sich als Rivalen bekämpften. Die Familie Qajar zeichnete sich vor anderen Sippen dadurch aus, daß sie den Ehrgeiz hatte, nicht nur eine begrenzte Region, sondern das gesamte persische Hochland zu beherrschen. Sie machte kein Geheimnis daraus, daß sie den Zandclan aus Shiraz vertreiben wollte.

Bei einem der zahlreichen Gefechte zwischen Anhängern des Schahs und Rebellen wurde Mohammed Qajar gefangengenommen. Er wurde in Shiraz in einen Käfig eingesperrt. Karim Khan Zand ordnete eine Verschärfung der Haft an: Der Gefangene wurde kastriert. In seiner mißlichen Lage schwor er, jedes Mitglied des Zandclans, das in seine Hand fallen würde, bestialisch zu bestrafen.

Da er entschlossen war, seinen Drang nach Rache zu verwirklichen, gelang es ihm tatsächlich, aus der strengen Haft in Shiraz zu entkommen. Er schlug sich durch ins Stammesgebiet der eigenen Sippe. Dort fand er viele Verwandte, die bereit waren, mit ihm Krieg zu führen gegen den regierenden Zandclan. Der Kastrierte stellte eine Truppe zusammen, die stark genug war, die Krieger des Schahs herauszufordern. Ein Überraschungserfolg bewies, daß Mohammed Qajar taktische Begabung besaß: Er konnte einen erfolgreichen Vorstoß in Richtung Kerman unternehmen.

Die Stadt liegt am Rande des zentralpersischen Wüstengebiets. Sie war vom Jahre 1510 an von unterschiedlichen Völkerschaften beansprucht worden: Turkmenenstämme fielen über sie her, und sie wurde Opfer afghanischer Invasionen. Ab 1729 ordnete sich die Bevölkerung dem jeweiligen Schah unter; die Familien wehrten sich jedoch gegen hohe Steuerauflagen. Sie rebellierten, wurden belagert und erobert. Im Jahre 1794 befand sich Lotf Ali Khan aus der Sippe Zand in Kerman. Die Stadt war eine wesentliche Basis der Zandsippe. Als der befestigte Ort von den Kriegern des Mohammed Qajar eingeschlossen wurde, war für Lotf Ali Khan kein Fluchtweg mehr offen. Bei der Eroberung der Stadt geriet er in Gefangenschaft. Für Mohammed Qajar war die Stunde der ersehnten Rache gekommen – er ließ dem Erben der Zanddynastie die Augen ausstechen.

Karim Khan Zand war inzwischen gestorben – der Geblendete war der Erbe des Reiches. Jetzt konnte der Kastrierte seinen Triumph voll auskosten: Er ließ Lotf Ali Khan töten und im Fußboden der Schahresidenz in Shiraz einmauern. Mohammed Qajar trat auf die Knochen seines Feindes. Der Sieger über die Zandsippe änderte seinen Namen. Er nannte sich nun Agha Mohammed Khan Qajar.

Er hatte sein Ziel erreicht. Niemand machte ihm die Herrschaft über Persien streitig. In Schiraz, wo der Zandclan seine Spuren hinterlassen hatte, wollte er allerdings nicht regieren. Er wählte einen Ort aus, den kein anderer Mächtiger geprägt hatte. Seine Wahl fiel auf Tehran. Die nächste bedeutendere Siedlung war Rey.

Der Grund für die Ortswahl war, daß sich Tehran in einer Region befand, die dem Stamm Qajar gehörte. Agha Mohammed Khan Qajar war Oberhaupt dieses Stammes.

Um jederzeit seinen Triumph erneut auskosten zu können, ließ der Qajarenschah die eingemauerten Gebeine des Lotf Ali Khan aus Shiraz holen. Sie fanden nun ihren Platz in der neuen Residenz von Tehran. Agha Mohammed Khan Qajar konnte weiterhin seinen Feind mit Füßen treten.

Waren die bisherigen Hauptstädte blühende Oasen in einer eher kargen Landschaft gewesen, so war Tehran eine dürftige Siedlung in einer Gegend mit üppigen Gärten. Der Ort litt nie unter Wassermangel. Dafür sorgten zwei Flüsse, die vom Elburzgebirge herunterstürzen und sich im Gebiet der Stadt in viele Wasserläufe teilen.

Das Klima gilt als ausgesprochen warm – trotz der Höhe, die im Süden bei 900 Metern beginnt und im Norden bis 1800 Meter ansteigt. Auf die Wärme des Orts weist schon der Name Tehran hin; er ist zusammengesetzt aus den altpersischen Worten „Teh" – es bedeutet warm –, und „ran", das mit Platz zu übersetzen ist. Sollte die Temperatur während der Sommermonate unerträglich sein, ist es für die wohlhabenden Bewohner möglich, ins Elburzgebirge auszuweichen. 70 Kilometer nordöstlich von Tehran ragt das Massiv des Damarand auf mit einer Höhe von 5678 Metern. In altpersischen Legenden spielt der Damarand eine wichtige Rolle.

In Tehran, seiner Hauptstadt, faßte Agha Mohammed Khan Qajar im Jahre 1796 den Entschluß, den schiitischen Glauben wieder als verbindliche Ideologie für das persische Reich einzusetzen. Die Untertanen hatten erneut die Märtyrer Ali und Husain zu verehren. Die Rückkehr zur Religion, die Schah Abbas der Große zweihundert Jahre zuvor dem Reich verordnet hatte, vollzog sich ohne Schwierigkeiten. Die Perser waren in Gemüt und Bewußtsein immer Schiiten geblieben.

Agha Mohammed Khan Qajar litt fünfzig Jahre lang darunter, daß er als Junge kastriert worden war. Er konnte keinen leiblichen Erben haben. Gerade weil er Eunuch war, glaubte er, sich durch besondere Härte bewähren zu müssen. Überliefert ist, daß er zu seinen Truppenführern diese Worte gesagt haben soll: „Ich will so stark sein wie Cyros und Darios. Ich werde das Höchstmaß an Leistung von euch und von euren Männern verlangen. Ich will den Thron, auf dem ich sitze, immer wieder aufs neue verdienen."

Der Ehrgeizige wurde gefürchtet und gehaßt. An einem Tag des Jahres 1797, so wird erzählt, wagten es zwei Höflinge, in der Nähe des Schahs lautstark zu streiten. Verärgert über die Vermessenheit befahl der Herrscher, den beiden seien die Köpfe abzuschneiden. Einige der einflußreichen Männer am Hof baten um Gnade für die Verurteilten, doch Agha Mohammed Khan Qajar bestand darauf, daß der Befehl auf der Stelle ausgeführt werde. Er konnte schließlich dazu gebracht werden, das Abschneiden der Köpfe aufzuschieben, da gerade die Stunde des Freitagsgebets angebrochen war. Die Verurteilten nutzten die Frist. Sie bestachen den Wachhabenden, der den Schah während des Gebets beschützen sollte. Der Wachhabende blickte zur Seite, als die Höflinge auf den Betenden einstachen. Agha Mohammed Khan Qajar war gerade 63 Jahre alt geworden. Sein Verdienst war, daß er durch die Rückführung des Reiches zum schiitischen Glauben Persien Stabilität gebracht hatte.

Frankreich, England und Rußland interessieren sich für Persien

Fath Ali, der Neffe des Ermordeten wurde Schah. Er mußte sich vom Beginn seiner Regierungszeit an mit Politik befassen, die sich außerhalb seines Reichs abspielte, er hatte sich um Außenpolitik zu kümmern.

Im Jahre der Ermordung seines Vorgängers Agha Mohammed Khan Qajar (1797) wurde General Napoleon Bonaparte von der Regierung der Französischen Republik nach Ägypten geschickt mit dem Auftrag, durch Besetzung des Nillandes Englands Verbindung mit Indien zu unterbrechen oder wenigstens zu erschweren. Ägypten war das geographische Bindeglied zwischen dem englischen Mutterland und seiner an Schätzen reichen indischen Kolonie.

Napoleon Bonaparte nahm den Auftrag seiner Regierung mit dem Hintergedanken an, er könne – wie Alexander der Große – einen Vorstoß in Richtung Indien wagen, um sich selbst ein Reich zu schaffen. Als Stratege wußte Napoleon Bonaparte, daß ein Überraschungsangriff, wie ihn Alexander geführt hatte, nicht mehr möglich war. Die Konkurrenz zwischen Frankreich und England hatte die Weltpolitik kompliziert gemacht. Ein Feldzug in Richtung Indien mußte gründlich vorbereitet werden.

Im Jahre 1798 erschien Napoleons Sondergesandter, General Gardanne, in Tehran. Er sollte Schah Fath Ali dazu bewegen, Truppenverbände gegen die Präsenz der Engländer in Indien zu mobilisieren. Der französische General hatte den Auftrag, einen Konflikt zwischen Persien und Indien auszulösen. Frankreich versprach dem Schah, es werde nicht im Wege stehen, wenn Persien sein Gebiet im Osten erweitere, bis nahe an die indische Grenze. Fath Ali hörte den Vorschlägen des Sondergesandten interessiert zu.

Kaum hatte Gardanne eine erste Audienz beim persischen Herrscher absolviert, erreichte ein englischer Bevollmächtigter die persische Hauptstadt – es war Captain Malcolm. Er war im Vorteil, denn seine Regierung hatte ihm nicht nur Versprechungen mitgegeben, sondern vor allem Gold. Er besaß Kapital, das er bei Verhandlungen einsetzen konnte. Dem englischen General war aufgetragen, den Schah davon abzuhalten, Streitkräfte nach Indien zu schicken.

Fath Ali erwies sich als geschickter Verhandler. Er zog die Gespräche in die Länge, bis schließlich General Gardanne, ohne ein Ergebnis erzielt zu haben, Tehran verließ. Von den Engländern erreichte Fath Ali, daß sie die Verpflichtung eingingen, an Persien jährlich einen beachtlichen Betrag zu zahlen, wenn die persische Armee Indien und die dortigen englischen Garnisonen in Ruhe ließ.

Als dann aber Napoleon Bonaparte aus Ägypten abreiste, um in Paris höchste Staatswürden anzustreben, stellte London die Zahlungen an den Schah sofort ein. Fath Ali hatte sich an das leichtverdiente Gold gewöhnt. Er protestierte gegen den britischen Vertragsbruch, doch seine Proteste gingen auf dem langen Weg zwischen Tehran und London verloren.

Fath Ali liebte die Pracht. Er war stolz auf seine exquisite Kleidung. Sein Staatsgewand war mit Goldfäden durchwirkt und mit Perlen bestückt. Auffällig waren die großen Diamanten. Einen Kontrast zum golden leuchtenden Ehrenkleid bildete der tiefschwarze Bart, der das Gesicht umrahmte und der bis in die Gegend der Hüfte reichte.

Im Jahre 1800 wurde der prachtliebende Herrscher mit den Expansionsplänen Rußlands konfrontiert. Russische Truppen fielen in Georgien ein; sie eroberten Tiflis. Diese Region war bis dahin von Persien verwaltet worden, doch Rußland brauchte dieses Gebiete, um seine Absicht verwirklichen zu können, sich den Weg nach Süden zu öffnen, um sich Häfen in „warmen Gewässern“ zu sichern. Die Großmacht Rußland wollte nicht länger hinnehmen, daß es nur Seehäfen besaß, die über die meisten Monate des Jahres zugefroren waren.

Schah Fath Ali konnte den russischen Druck nur mühsam abschwächen. Im Jahre 1813 war er gezwungen, sich auf einen Friedensvertrag einzulassen, der mit dem Verzicht auf Georgien erkauft war. Schmerzhaft war für Fath Ali der Verzicht auf das Recht, im Kaspischen Meer eine Flotte unterhalten zu dürfen.

Damit war jedoch der russische Drang nach Süden nicht befriedigt. Persien hatte den Griff nach dem Gebiet um Erivan abzuwehren, der im Jahre 1815 gefährlich wurde. Der persische Oberbefehl wurde dem Sohn des Schah anvertraut, dem Kronprinzen Abbas Mirza. Er war zu jener Zeit Gouverneur von Azerbeidschan. Abbas Mirza verfügte über eine ausreichende Zahl von Bewaffneten, denn die „russische Gefahr“ löste eine starke patriotische Welle in den Städten und Dörfern des persischen Hochlands aus. Dieser Zulauf zu den Truppen des Kronprinzen ermöglichte Anfangserfolge, doch auch dieser Krieg endete nach langer Dauer mit einer persischen Niederlage (1828). An Feuerkraft waren die russischen Truppen den Persern gewaltig überlegen gewesen. Nationalistische Begeisterung hatte nicht ausgereicht, um dem russischen Druck standzuhalten.

Der fähige Kronprinz Abbas Mirza starb im Jahre 1833. Die Todesursache war nicht Mord, sondern eine Krankheit. Ein Jahr später starb auch Schah Fath Ali. Er war es gewesen, der den „Pfauenthron“ hatte zimmern und verzieren lassen, der im Gewölbe der Staatsbank in Tehran steht.

Der politische Fehler dieses Schahs war, daß er sich aus Angst vor Rußland in seinen letzten Lebensjahren völlig auf Ratschläge aus London verließ. Aus Ratschlägen wurden Anweisungen. Sie waren derart eindeutig, daß es der resignierende Schah einem englischen Diplomaten überließ, die fälligen Abkommen mit der Zarenregierung auszuhandeln. Die Folge waren schwerwiegende Konzessionen gegenüber Rußland, welche die persischen Positionen schwächten. Die britischen Unterhändler hatten allein im Interesse Londons gehandelt. Die britische Diplomatie war damals für ein starkes Zarenreich aufgeschlossen.

Daß sich Persien derart behandeln ließ, schadete seinem Ansehen bei den Mächten, die in Europa zu bestimmen hatten. England und Rußland sahen in Persien eine leichte Beute. Statthalter Englands in Indien betrachteten Persien als „Vorgarten Indiens“. Rußland schickte sich an, den Aralsee seinem Reich einzugliedern und das Gebiet von Buchara, Taschkent und Samarkand ins Visier zu nehmen.

Doch die russischen Pläne ließen sich nur langsam verwirklichen. Der russische Vormarsch verlief zögerlich. Die Russen konnten den Emir von Buchara erst 1868 zur Kapitulation zwingen. Doch allein schon die permanente Bedrohung löste in Tehran Nervosität aus. Niemand traute sich zu, der „russischen Gefahr" ernsthaft standhalten zu können. Sorge vor Niederlagen löste Unsicherheit aus. Daraus entwickelten sich innere Wirren. Hoffnungen wurden gesetzt auf göttliche Erscheinungen, auf das Eingreifen des Himmels.

Da nahte sich ein Jahrestag, der die Phantasie der Schiiten besonders faszinierte. Im Verlauf des Jahres 1844 – nach westlicher Zeitrechnung, genau am 23. Mai – jährte sich der Tag, an dem der Zwölfte Imam entrückt wurde, zum tausendsten Mal. Die tausend Jahre sind allerdings in islamischen Mondjahren gerechnet.

Die Mehrheit der Gläubigen war überzeugt, daß sich der entrückte Imam an jenem Jahrestag zeigen werde, um diejenigen zu belohnen, die an seine Existenz glauben, und um die Zweifler zu überzeugen. Andere lasen aus den Offenbarungen des Propheten und der Imame Hinweise darauf, daß der Zwölfte Imam seine Funktion als Beherrscher der Gläubigen und schließlich aller Menschen übernehmen werde.

Die Glaubenswelt der Baha'i entsteht in Persien

Vom Zwölften Imam kam kein Zeichen an jenem 23. Mai des Jahres 1844. Doch am 11. Juni desselben Jahres machte ein Mann auf sich aufmerksam, der Sayyed Ali Mohammed hieß. Er war 23 Jahre alt und als Sohn eines Händlers geboren. Die Eltern waren früh gestorben – ein Onkel mütterlicherseits kümmerte sich um den Jungen.

Der Namensbestandteil Sayyed zeigte an, daß Ali Mohammed ein Mitglied der „Heiligen Familie" war. Im Bewußtsein, hervorgehoben zu sein gegenüber den meisten Angehörigen des iranischen Volkes, befaßte sich der Heranwachsende intensiv mit der schiitischen Glaubenslehre. Er hat sein Wissen in Kerbela erweitert, am Ort, an dem Husain den Märtyrertod erlitten hat.

In der Moschee von Shiraz präsentierte sich Sayyed Ali Mohammed als der Vermittler zum entrückten Zwölften Imam. Durch seine Person sei es für jeden Gläubigen möglich, Kontakt zu diesem aufzunehmen. Er sei das Tor zum Vollstrecker des göttlichen Willens und das Tor zum Verständnis der göttlichen Weisheit.

Das in Arabien, aber auch in Persien geläufige Wort für Tor heißt „Bab". Da sich Sayyed Ali Mohammed „Bab" nannte, gaben sich seine Anhänger die Bezeichnung „Babi". Sie sammelten sich um die Moschee von Shiraz. Dort verlangten sie, daß der von Allah Erleuchtete ihnen das Tor zur göttlichen Weisheit öffne. Der Sayyed aber forderte von seinen Anhängern unbedingtes Vertrauen. Er predigte: „Wenn die Stunde gekommen ist, werde ich das Tor bilden, das zu der Herrlichkeit der Offenbarung führt."

Die Beschreibung seiner eigenen Funktion nahm bald anmaßende Züge an. Sayyed Ali Mohammed sagte von sich, er sei der „höchste Punkt der Offenbarung". Am Tag des Jüngsten Gerichts, mit dem bald zu rechnen sei, werde er die Aufgabe des Richters übernehmen. Bei dieser Übersteigerung der eigenen Bedeutung schwand die Wertschätzung für den Zwölften Imam innerhalb weniger Monate. Sayyed Ali Mohammed wollte schließlich selbst als Vollstrecker von Allahs Willen gelten.

Die Aussage des „Bab" war: Zwölfhundert Jahre zuvor sei der Prophet Mohammed Verkörperung der Offenbarung Allahs gewesen; jetzt aber habe Allah in seiner Gnade noch einmal, und deutlicher als zuvor, einen Mann auf diese Erde geschickt, der Allahs Macht, Willen, Wissen und Kraft repräsentiere. Er sei, so sagte Sayyed Ali Mohammed, der Spiegel, in dem der Gläubige Allah erkennen könne.

Rasch verbreitete sich die Überzeugung, Allah habe seinen Willen kundgetan, in Städten und Dörfern der persischen Hochebene. Mit Besorgnis mußte die schiitische Geistlichkeit feststellen, daß ihre Freitagspredigten von immer weniger Männern gehört wurden. Alle Mahnungen zur Rückkehr zum traditionellen Glauben an die Märtyrer Ali und Husain und an den entrückten Zwölften Imam blieben ohne Reaktion. Die herrschende Qajarendynastie sah die Unterhöhlung der schiitischen Staatsreligion mit Unbehagen. Der Glaube an „Bab" brachte Unsicherheit ins Land: Wer an Sayyed Ali Mohammed glaubte, der konnte sich nur schwer der Autorität des Schahs beugen. Der Herrscher war gezwungen, gegen den „Babglauben" einzuschreiten.

Es war zur Regierungszeit von Nasr Eddin Schah (1848 bis 1896), daß sich die im Land Verantwortlichen zum Handeln gezwungen sahen: Sayyed Ali Mohammed wurde verhaftet und nach Täbriz im Norden deportiert. Diese Stadt war bisher vom Babglauben am wenigsten angesteckt worden. Ohne eine Gerichtsverhandlung wurde der Sayyed, der sich als „Verkörperung der Offenbarung Allahs" fühlte, auf den Hauptplatz der Stadt geschleppt, an den Händen gebunden und durch Seile in die Höhe gezogen. Erzählt wird, 700 Soldaten hätten Befehl gehabt, auf den hilflos hängenden Körper zu schießen. Sie alle feuerten gemeinsam eine Salve ab. Als sich der Pulverrauch verzogen hatte, waren zwar die zerschossenen Seile zu sehen, doch Sayyed Ali Mohammed war verschwunden.

Der Qajarengouverneur von Täbriz wollte nicht an ein Wunder glauben; er war überzeugt, die Soldaten hätten mit Absicht nur auf die Seile geschossen. Er befahl seiner Garde, den Verschwundenen zu suchen. Er wurde in einer Moschee nahe beim Hauptplatz gefunden. Sayyed Ali Mohammed hatte sich hier keineswegs verstecken wollen. Er saß auf einem Teppich am Boden und diskutierte mit einem schiitischen Geistlichen über Glaubensfragen. Ohne Widerstand zu leisten, ließ sich der Sayyed zum Hauptplatz zurückführen. Dort wurde die Hinrichtung wiederholt – diesmal mit dem vom Gouverneur gewünschten Ergebnis.

Nasr Eddin Schah ordnete die Verfolgung der Babanhänger in ganz Persien an. 20 000 Menschen sollen hingerichtet worden sein. Dennoch war die Glaubensbewegung nicht einzudämmen. Im August 1852 versuchten zwei Anhänger des toten Sayyed den Herrscher zu ermorden. Sie wollten den Tod des für sie heiligen Mannes rächen. Der Mordplan mißlang.

Während der zwei Jahre, die seit der Hinrichtung des „Bab" vergangen waren, hatte ein Mann die Führung der Glaubensbewegung übernommen, der sich Baha Allah nannte. Dieser Name läßt sich übersetzen mit „Glanz Allahs". Sein richtiger Name war Mirza Husain Ali Nuri.

Seine Lehre läßt sich so zusammenfassen: „Füge niemand ein Leid oder einen Schaden zu; jeder hat seinen Nächsten zu lieben; wird jemand das Opfer von Ungerechtigkeit, darf er sich nicht dagegen wehren; jeder darf nur gute Taten im Sinn haben; das Leben des Menschen soll einfach sein; es ist eine gute Tat, einem Kranken zu helfen." (Zitiert nach „Shorter Enzyclopaedia of Islam" 1961)

Ganz offensichtlich hat sich Baha Allah am frühen Christentum und seiner Lehre orientiert. Baha Allahs Ziel war es, durch Beachtung dieser Lehre den ewigen Frieden herbeizuführen.

Die Autorität und Überzeugungskraft des Baha Allah muß beachtlich gewesen sein. Seine Anhängerschaft wuchs so stark an, daß er vom Schahregime zum Staatsfeind Nummer Eins erklärt wurde. Ihm wurde vorgeworfen, seine Absicht sei, einen Anschlag auf den Herrscher zu organisieren. Er wurde in Tehran in Verwahrung genommen.

Während der Zeit im Tehraner Gefängnis hatte Baha

Allah die Vision, Allah habe ihn beauftragt, den Menschen insgesamt den göttlichen Willen zu verkünden. Die schiitische Geistlichkeit verlangte vom Schah, er müsse verhindern, daß Baha Allah beginne, vom Tehraner Gefängnis aus seine Missionsarbeit fortzusetzen. Der Schah gab willig der Forderung nach: Er ließ den „Glanz Allahs" nach Baghdad ausweisen. Baha Allah befand sich damit im osmanischen Gebiet. Dort wurde er nicht verfolgt. Ungehindert konnte er Pamphlete verfassen und in gedruckter Form nach Persien verschicken. Die Schriften verkündeten, jeder Gläubige habe, gemäß dem Willen Allahs, auf Baha Allah zu hören. Der Erfolg der schriftlichen Predigten war groß.

Nasr Eddin Schah verlangte nun vom osmanischen Sultan, er möge Baha Allah an einen entlegenen Ort bringen lassen, da er von Baghdad aus einen zu großen Einfluß auf die persische Bevölkerung ausübe. Der Sultan entsprach dem Wunsch: Baha Allah wurde zuerst nach Istanbul deportiert und von dort rasch nach Adrianopel.

Baha Allah ließ sich nicht einschüchtern: Er schrieb Briefe an die Herrscher von Persien, Rußland, Preußen, Österreich, England und der Türkei, in denen er verkündete, er sei der Gesandte Allahs in der Gegenwart und er verlange Anerkennung. Die Briefe schockierten den Sultan des Osmanischen Reichs. Der „Glanz Allahs" wurde erneut deportiert: Diesmal nach Akko an der Ostküste des Mittelmeers.

Die Entfernung des glaubensstarken Mannes aus Persien hatte nicht die von Nasr Eddin gewünschte Wirkung. Die Anhängerschaft wuchs. Die Glaubensgemeinschaft wurde inzwischen „Bahai" genannt.

Baha Allah lebte in Akko in Ehrenhaft. Er konnte korrespondieren und agitieren. Er erlebte es, daß seine Anhängerschaft nicht nur in Persien wuchs, sondern auch in Indien und Burma. Die Lehre des Baha Allah wurde ab 1893 sogar in den Vereinigten Staaten von Amerika gepredigt.

Ein Jahr zuvor war Baha Allah in Akko gestorben. Er hatte seinen Sohn Abdel Baha zum Nachfolger ernannt. Auch er erwies sich als wirkungsvoller Propagandist. Bis zum Beginn des Ersten Weltkrieges hatte er – mit Erlaubnis der osmanischen Verwaltung – von Akko aus Afrika, Europa und die USA bereist. Er predigte Toleranz, Liebe zu anderen Menschen und Sehnsucht nach Frieden.

Die theologische Grundlage des Bahaiglaubens ist so zu umreißen:

Gott besitzt keine körperlichen Qualitäten; er existiert nicht in den Dimensionen, die vom Menschen zu begreifen sind. Er ist nicht an Zunahme seiner Allmacht interessiert und nicht an der Reduzierung. Sein Wesen ist an die Ewigkeit gebunden. Er ist nicht geschaffen worden, und er wird nicht untergehen. Da Gott nicht greifbar ist, muß sein Wesen und sein Wille den Menschen mitgeteilt und vermittelt werden. Diese Aufgabe übernehmen Gottes Boten. Dazu gehört dieser Personenkreis: Abraham, Moses, Zarathustra, Buddha, Jesus, Mohammed, der Zwölfte Imam und Sayyed Ali Mohammed, der „Bab“ genannt wird. Sie gelten als „Exponenten Gottes auf Erden“.

Nach Ansicht der Denker des Bahaiglaubens ist die Reihe der Gottesboten keineswegs abgeschlossen. Da der Stand der menschlichen Zivilisation sich verändert, muß sich auch die Aufgabe der „Boten Gottes“ anpassen. Die Offenbarung der Boten ist progressiv – so wie sich die Menschen progressiv entwickeln. Die Botschaft, die Gott den Menschen schickt, verändert sich im Lauf der Zeit. Neue Botschafter werden kommen – im Normalfall alle tausend Jahre: Auf den Zwölften Imam folgte tausend Jahre später Sayyed Ali Mohammed.

Zwischen den Ansichten der Bahaigläubigen und den überzeugten Schiiten konnte es keine Brücke geben. Völlig inakzeptabel für Schiiten ist der Glaubensgrundsatz der Bahai, es existiere in Vergangenheit, Gegenwart und Zukunft eine fortlaufende Linie von Boten Gottes. Die Schiiten waren und sind überzeugt, daß Mohammed der letzte aller Propheten gewesen ist, und daß der Zwölfte Imam die letzte Inkarnation des göttlichen Willens war. Der Zwölfte Imam ist von Allah entrückt worden; er wird wiederkommen, wenn es dem Willen Allahs entspricht.

Die ersten Entwicklungsstufen dieser in Persien entstandenen Glaubensbewegung waren nur möglich, weil im Lande allgemeine Unzufriedenheit herrschte. Zu spüren war, daß die Qajarenschahs immer mehr dem Einfluß fremder Mächte erlagen, daß sie Persien an England und Frankreich auslieferten.

Zur Zeit des Sayyed Ali Mohammed, der in Täbris im Jahre 1850 erschossen worden ist, waren seine Worte und Lehren für viele Perser ein Zeichen, daß Hoffnung bestand für die Bewahrung der persischen Eigenart. Die spätere Entwicklung des Bahaiglaubens entfernte sich dann weitgehend von den Traditionen des Ursprungslandes; doch da war dann bereits eine eigene Motorik nationalistischer Entwicklung am Werk, die nicht mehr zu stoppen war.

Der Kampf um Monopole

Ein Jahr nach der Erschießung des Sayyed Ali Mohammed genehmigte Schah Nasr Eddin, daß in Tehran eine höhere Schule eröffnet wurde, in der nach europäischem Lehrplan unterrichtet wurde. An diesem Institut wurde Französisch und Englisch gesprochen. Der Zustrom junger Männer war groß. Mädchen waren allerdings nicht zugelassen – Mädchen durften vom Jahr 1865 an Schulen besuchen. Viel Ärger bereitete die Entscheidung des Schahs, europäischen Freimaurern die Möglichkeit zu geben, ihren Kult zu praktizieren.

Zur Zeit des Nasr Eddin Schah (1846 bis 1896) verschlang der Hof des Herrschers viel Geld. Der Schah verfiel der Verlockung, aus fremder Hand Geld anzunehmen. Er war vor allem an permanenten Einnahmen interessiert. Sein Wunsch ging zum erstenmal in Erfüllung, als ihm eine englische Waffenfabrik offerierte, sie werde Gewehre, Pistolen und Munition zu billigen Preisen anbieten, wenn sie ein Monopol für Waffengeschäfte erhalte. Die Absprache lohnte sich für den Schah – sie war ungünstig für die Waffenfabrik in Kerman, die nicht zu den niederen Preisen liefern konnte, die von den Engländern verlangt wurden. Diese Entwicklung erreichte ihren Gipfel, als Nasr Eddin im Jahre 1890 das Monopol für Tabakanbau und Tabakhandel an eine englische Finanzgruppe übertrug. Die Preisgestaltung für Tabakerzeugnisse in Persien sollte nach dem Willen der englischen Monopolisten erfolgen. Für dieses Zugeständnis sollte der Schah jährlich 15 000 britische Pfund in seine persönliche Schatulle erhalten und zusätzlich ein Viertel des Gewinns, den der britische Monopolbetrieb erwirtschaftete.

Kaum war das Geschäft mit der englischen Finanzgruppe abgeschlossen, brachen Unruhen im Land aus. Tabakwaren wurden innerhalb weniger Wochen teuer. Sie waren jedoch die einzigen Genußmittel, die sich die Männer auch der ärmeren Schichten leisten konnten. Insbesondere die Bürger von Tehran waren daran gewöhnt, Tabak in Pfeifen zu rauchen und in selbstgefertigten Zigarren. Der Preis war bisher niedrig gewesen, da die Tabakpflanzer selbst für den Vertrieb gesorgt hatten – ohne Einschaltung von Zwischenhändlern. Der Vorteil des Tabaks war, daß der Rauchgenuß auch dem strenggläubigsten Moslem nicht verboten war. Nie hatte sich der Prophet Mohammed oder einer der zwölf Imame gegen das Rauchen ausgesprochen. So geschah es, daß die schiitische Geistlichkeit sofort gegen die Monopolregelung des Jahres 1890 polemisierte. Wortgewaltige Mullahs riefen zum Verzicht auf. Kein Mann sollte rauchen, solange der Verkauf des Tabaks von Fremden betrieben wurde. Die Aufrufe hatten Erfolg. Die Männer verzichteten auf die gewohnte Pfeife. Sie mieden die Läden der Monopolhändler.

In der Auseinandersetzung um das Tabakmonopol entwickelten die schiitischen Geistlichen Selbstvertrauen. Die Mullahs fühlten, daß sie die Aufgabe hatten, den Gläubigen gegen Eigenmächtigkeiten der Staatsgewalt zu helfen. Sie spitzten den Konflikt so lange zu, bis Nasr Eddin Schah begriff, daß er mit Gewaltbereitschaft der Massen zu rechnen hatte. Insbesondere die Tabakpflanzer – etwa eine halbe Million Männer – waren bereits derart emotional aufgeheizt, daß sie drohten, mit Fäusten und Messern gegen Vertreter der staatlichen Autorität zu kämpfen. Der Schah sah sich schließlich gezwungen nachzugeben. Er mußte den Monopolvertrag mit der britischen Gesellschaft auflösen.

So einfach war dies jedoch nicht. Die Gesellschaft mobilisierte Unterstützung der britischen Regierung. Sich mit den Mächtigen in London zu streiten, konnte sich Nasr Eddin nicht leisten. Er bot Entschädigung an. Als der Betrag ausgehandelt war, belief er sich auf eine halbe Million Pfund Sterling. Über eine derartige Summe verfügte der persische Staatshaushalt allerdings nicht. Er mußte Schulden machen bei einer britischen Bank. Von nun an war Persien gegenüber England hochverschuldet. Nasr Eddin überlebte die Beilegung des Rechtsstreits nicht lange.

Im Mai des Jahres 1896 wollte der Schah ein prächtiges Fest begehen. Der Anlaß war sein 50jähriges Jubiläum als Schah von Persien. Die Berechnung dieser fünfzig Jahre war nach der islamischen Zeitrechnung erfolgt – nach Mondjahren, die nur elf Tage kürzer sind als Sonnenjahre.

Am 1. Mai besichtigte Nasr Eddin die Abdel Azim Moschee im Süden von Tehran. Dort sollte der religiöse Teil der Festlichkeiten stattfinden. Am Eingang der Moschee wartete ein Mann, der entschlossen war, den Herrscher umzubringen. Er schoß und traf den Schah, der eben in seine Kutsche einsteigen wollte.

Die Begleitung des Monarchen handelte geistesgegenwärtig. Unter allen Umständen sollte vermieden werden, daß das Volk sofort erfuhr, daß ein Attentat stattgefunden hatte. Mit dem spontanen Ausbruch eines Aufstands gegen das Regime mußte gerechnet werden. Der Schah, der bereits tot war, wurde in die Kutsche gehoben und so festgehalten, daß die Männer und Frauen, die am Straßenrand standen und bereit waren zu jubeln, nicht den Eindruck hatten, es sei etwas Unnormales geschehen. Der Tod des Nasr Eddin Schah blieb vor dem Volk verborgen bis zur Thronbesteigung des ältesten Sohns des Ermordeten. Sein Name: Muzzafer Eddin (1896 bis 1907).

Der Attentäter Mohammed Reza stammte aus Kerman, aus der Stadt, in der die Munitionsfabrik hatte stillgelegt werden müssen, weil England den persischen Waffenmarkt beherrschte. Das Motiv für das Attentat wurde zunächst jedoch nicht in sozialen Mißständen gesucht, sondern im religiösen Bereich. Angenommen wurde, Mohammed Reza sei ein Anhänger des Bahaiglaubens. Der Grund für diese Annahme war, daß Prediger der Bahaigemeinde von Kerman gegen das britische Preisdumping polemisiert hatten. Es stellte sich jedoch heraus, daß der Attentäter Schiit war und daß er sich von Parolen der schiitischen Geistlichen hatte leiten lassen.

Eine Fotografie ist erhalten, die den Attentäter Mohammed Reza auf einer Steintreppe sitzend zeigt. Er ist durch Ketten gefesselt; neben ihm steht ein Soldat. Der Attentäter hat einen schwarzen Vollbart. Seine Augen machen deutlich, daß er seine Tat nicht bereut. Die Aufnahme ist wenige Minuten vor der Hinrichtung entstanden.

Um die Thronbesteigung des Muzzafer Eddin gegen Attentäter abzusichern, stellten der britische und der russische Gesandte in Tehran gemeinsam eine Schutztruppe. Gegen diese Demonstration ausländischer Macht waren am darauffolgenden Freitag lautstarke Proteste in den Moscheen zu hören. Die Wut richtete sich dagegen, daß Persien offenbar nicht mehr in der Lage war, seinen Schah effektiv zu schützen. Für die Sicherheit im Staat waren Russen und Engländer zuständig.

Die Interessen der russischen und der britischen Regierungen hatten unterschiedliche Gründe. London wollte am Handel mit Persien profitieren; die Geschäftswelt sah voraus, daß Städte wie Tehran, Täbriz, Shiraz und Isfahan profitable Märkte boten. Außerdem stimmten britische Handelsherren mit ihrer Regierung in einem strategischen Punkt überein: Die Kontrolle über Persien war notwendig zur Verteidigung der Herrschaft über Indien.

Gerade in jener Zeit wurde deutlich, daß das Deutsche Reich ebenfalls eine aktive Politik im Mittleren Osten betreiben wollte. Die Reichsregierung dachte daran, eine durchgehende Bahnverbindung zwischen Berlin und dem Persischen Golf zu schaffen. Der deutsche Plan zum Bau der „Baghdadbahn“ bewirkte Unruhe in London.

Rußland war darauf aus, seinen Machtbereich nach Süden auszudehnen, um endlich die „warmen Wasser“ des Persischen Golfs zu erreichen. Russische Flottenstrategen verlangten von ihrer Regierung Zugang zum Indischen Ozean.

Für Rußland und England lohnte sich der gemeinsame Schutz für den neuen Schah. Sie bekamen Handelsrechte zugesprochen, die profitable Geschäfte möglich machten. Die Agenten der russischen und britischen Handelshäuser fanden in Tehran Partner, die den Import ausländischer Waren organisieren konnten, die für persische Produkte warben, die den Zufluß des ausländischen Kapitals gewinnbringend anlegten. In Tehran bildete sich eine wohlhabende Bevölkerungsschicht, die aus Großhändlern und Finanzspezialisten bestand.

Nicht beteiligt am wirklich ertragreichen Geschäft waren die Händler, die bisher die persische Wirtschaft funktionsfähig gehalten hatten. Abseits standen die Kaufleute in den Basaren, auf den Märkten in Stadt und Land. Sie hatten gegen wenig Geld für die Verteilung der Waren gesorgt. Die iranische Wirtschaft war auch in der Zeit politischer und religiöser Turbulenzen durch die Beständigkeit der Basaris stabil geblieben. Die Kaufleute des Basars waren respektiert worden von den Herrschern.

Nun aber waren die Basaris nicht mehr kapitalkräftig genug für die Ansprüche der neuen Zeit. Das Geld, das ins Land floß, blieb im Besitz der neuen Schicht der Großkaufleute. Wenig sickerte durch in die Kassen der Kleinhändler und Handwerker.

Muzzafer Eddin entdeckte immer wieder neue Einnahmequellen für seine Konten. Als Persien ein Telefonnetz bekommen sollte, bewarb sich eine britische Firma um das Kommunikationsmonopol. Sie war bereit, den Hof großzügig zu unterstützen.

Geschäftsleute mit Gespür für technische Entwicklungen der Zukunft konnten zwar nicht voraussehen, daß Ölprodukte in gewaltigem Umfang für neuentwickelte Transportmittel gebraucht wurden, doch sie glaubten daran, daß das Erdöl wichtig sein würde während der kommenden Jahrzehnte – und daß die Erdölindustrie erstaunliche Verdienstmöglichkeiten bieten würde. Die britische und die russische Regierung versuchten sich die Bohrrechte zu sichern. Ergebnisse der Geologen ermutigten dazu: Sie hatten festgestellt, daß es auf der Ostseite des mesopotamischen Flußsystems Öl geben müsse. Muzzafer Eddin ließ sich im Vorgriff auf den kommenden Ölboom reich honorieren.

Eine gute Geschäftsmöglichkeit bot auch der Plan des Schahs, die persische Armee auf einen modernen Standard zu bringen. Großkalibrige Artillerie mußte erworben werden. Die Waffenlieferanten der Industriestaaten waren aufgefordert, Angebote einzureichen – und Vorschüsse auf künftige Provisionen zu zahlen. In diesem Fall verhielt sich London zurückhaltend; dafür wurde Moskau aktiv. Als Gegenleistung für das Monopol, Geschütze liefern zu dürfen, finanzierte der russische Zar die Aufstellung einer Eliteeinheit nach dem Muster eines in Rußland bestehenden Verbandes. So entstand eine Brigade, in der ausgewählte Kosaken dienten. Der Zar bezahlte den Sold, und er stellte tausend Gewehre bereit. Dies geschah unmittelbar vor dem Jahr 1900. Die Kosakenbrigade wird sich für die politische Entwicklung des modernen Staates Persien als entscheidend erweisen.

Die Revolte, die eine Verfassung erzwingt

Muzzafer Eddin, der fünfte der Qajarenschahs, erkannte die Gefahr nicht, die seinem Reich durch die Übereignung an ausländische Kapitalgeber erwuchs. Im Jahre 1900 ließ er sich persönlich 25 Millionen Rubel auszahlen als Vorschuß auf Erträge, die in den nächsten Jahren von russischen Monopolbetrieben erwirtschaftet werden könnten. Der Herrscher benötigte dieses Geld, um die Kosten einer ausgedehnten Reise nach Europa begleichen zu können. Muzzafer Eddin hielt sich in Berlin und Paris auf. Er staunte und ließ sich bestaunen. Positive Resultate für Persiens wirtschaftliche Entwicklung hatten die Gespräche in den Hauptstädten nicht.

Während sich der Schah in Europa aufhielt, wurde in Tehran im Kreis der schiitischen Geistlichen und der Basaris die Frage diskutiert, welche Rechte der Schah eigentlich habe. Durfte er Persien als sein Eigentum betrachten, das er verkaufen und verschenken konnte? Die Entrüstung war gewaltig, als bekannt wurde, daß Persien nur mit russischer Erlaubnis ausländisches Kapital ins Land holen durfte. Dieses Versprechen hatte Muzzafer Eddin gegenüber dem Zaren abgegeben. Das ausländische Kapital war schon lange Ursache allgemeiner Unzufriedenheit gewesen – die absolute Abhängigkeit von Moskau in allen Fragen der Verschuldung aber war für die gehobene Schicht der Perser, die wirtschaftlich zu denken vermochte, der Gipfel des Verzichts auf Souveränität. Muzzafer Eddin konnte fortan keinen Respekt seiner Untertanen mehr erwarten.

Die Wut über den unfähigen Schah war beachtlich. Die Basaris forderten Beteiligung an Entscheidungen, die das wirtschaftliche Leben Persiens betrafen. Sie rebellierten dagegen, daß sie am Kapitalfluß nicht beteiligt waren. Die schiitische Geistlichkeit aber betonte, das Unglück des Landes sei darauf zurückzuführen, daß die „Heilige Familie" nichts zu sagen habe, daß die Nachfahren von Ali und Husain keine gesellschaftliche Bedeutung besäßen. Die Geistlichen verlangten die Rückbesinnung auf die Tugenden der Imame; die Erinnerung an den Zwölften Imam müsse wieder geweckt werden.

Im Gegensatz dazu wollten die Intellektuellen eine intensivere Anpassung der Gesellschaft an die westliche Welt. Sitten und Gebräuche, die in London üblich waren, sollten auch in Tehran eingeführt werden. Allein die Übernahme des westlichen Denkens könne dem Reich des Schahs eine blühende Zukunft sichern.

Von der Seite der Intellektuellen wurde die Idee präsentiert, die Situation des Landes verlange nach der Einsetzung einer Verfassung, die Regeln biete für Rechte und Pflichten aller sozialen Kräfte. Die Verfassung sollte vor allem festlegen, was der Schah zu leisten habe und was ihm dafür geboten werde.

Die Idee von der Verfassung wurde von den Basaris und von der schiitischen Geistlichkeit aufgegriffen. Die Basaris erhofften sich von der Verfassung stärkere Anbindung an das überregionale wirtschaftliche Geschehen und Beschneidung der Macht des Schahs. Die schiitische Geistlichkeit wollte erreichen, daß der entrückte Zwölfte Imam die von allen anerkannte Leitgestalt des Staates wurde.

Diese drei unterschiedlichen Gruppen verbanden sich zu einer lockeren politischen Vereinigung, die allgemein bald als der „Verband der Constitutionalists" bezeichnet wurde, als der Verband derer, die eine Verfassung für Persien haben wollten.

Die britische diplomatische Vertretung in Tehran begriff sofort, daß die „Constitutionalists" eine neuartige politische Kraft für Persien darstellten. Die Diplomaten boten Hilfe an, die dankbar angenommen wurde. Von der britischen Gesandtschaft aus wurden Propaganda und Agitation der „Constitutionalists" organisiert. Politiker in London sahen ein, daß sich ihnen eine Chance bot, die pro-russische Haltung des Tehraner Hofs auszuhöhlen. Die „Constitutionalists" prangerten die Bevorzugung Rußlands bei der Vergabe von Monopolrechten an. Sie beklagten lautstark den „Ausverkauf" des Landes an das Zarenreich. Die Agitation war erfolgreich: In der iranischen Hauptstadt machte sich antirussische Stimmung breit.

Ihre Ausbreitung wurde erleichtert durch die Schwächung russischer Positionen im Verlauf des russisch-japanischen Krieges. In der Nacht vom 8. auf den 9. Februar 1904 griffen japanische Kriegsschiffe die russische Flotte an den Kais von Port Arthur an – mit verheerenden Folgen für den zaristischen Schiffsverband. Diese Niederlage löste mit Verspätung Rebellion in der Hauptstadt St. Petersburg aus. Am Sonntag, dem 23. Januar 1905 marschierte eine gewaltige Menschenmasse, angeführt von einem orthodoxen Priester, zum Platz vor dem Winterpalais, um gegen das Regime des Zaren zu protestieren. Die Palastwachen feuerten auf die Demonstranten. Das Resultat waren Hunderte von Toten und Verwundeten.

Der Verlauf des „Blutigen Sonntags" stürzte das Zarenreich in Turbulenzen: Arbeiter streikten; Bauern protestierten; Einheiten der Armee und Flottenverbände meuterten; die Eisenbahn stellte auf wichtigen Strecken den Verkehr ein. Der Zar wurde zu Konzessionen gezwungen. Im April 1906 fanden in Rußland Parlamentswahlen statt, die mit dem Sieg der „Konstitutionellen Demokraten" endeten.

Niederlagen und Revolution lösten in Tehran keine Sympathien für Rußland aus. Die Basaris, die Intellektuellen und die schiitische Geistlichkeit waren weiterhin gegen die prorussische Haltung des Muzzafer Eddin eingestellt, doch ihre führenden Köpfe zogen Lehren aus den Ereignissen in Rußland. Trat in St. Petersburg eine Verfassung in Kraft, so wollten auch die politisch Aktiven in Tehran eine Verfassung haben.

Wie in der zaristischen Hauptstadt wurde nun auch in Tehran demonstriert. Die Gesamtheit der Basaris, der Geistlichen und der Intellektuellen fühlte sich stark gegenüber dem Qajarenschah. Sie stellten Muzzafer Eddin ein Ultimatum: Seine Minister sollten innerhalb kürzester Frist den Entwurf einer Verfassung vorlegen. Die drei Richtungen der „Constitutionalists" – Intellektuelle, Basaris und Geistlichkeit – konnten sich selbst nicht auf einen Textvorschlag einigen, der die drei politischen Ziele zusammengefaßt hätte.

Der Schah wollte sich nicht erpressen lassen. Er schlug zurück. Viele der Befürworter einer Verfassung wurden verhaftet. Wer den Häschern entkommen war, der suchte Zuflucht bei der diplomatischen Vertretung der britischen Krone in Tehran – sie gewährte Asyl.

Trotz dieses entschlossenen Schlags gegen die Verfassungsfreunde befand sich Muzzafer Eddin keineswegs in einer starken Position: Sein Volk war gegen ihn. Selbst wer wenig Verständnis für Politik hatte, war nun dafür, daß Persien eine Verfassung bekommen müsse. Vom russischen Zaren konnte der keine Rückenstärkung erwarten, der steckte selbst in Schwierigkeiten. Die Briten aber waren ganz offensichtlich seine Feinde. In dieser Situation folgte der Schah dem Vorschlag seiner Ratgeber. Er gestattete, daß sich eine Nationalversammlung formierte, die aus politisch aktiven Männern bestand. Deren Aufgabe sollte es sein, dem Reich eine Verfassung zu geben.

Ende des Jahres 1906 lag die Verfassung schriftlich vor, doch Muzzafer Eddin weigerte sich, das Dokument zu unterzeichnen. Ihm mißfiel, daß er seinem Sohn eine Monarchie hinterlassen sollte, in der die Macht des Monarchen beschnitten war. Doch am 30. Dezember 1906 verlangten führende schiitische Geistliche Zugang zum Sterbezimmer des Schahs. Sie bedrängten den Sterbenden, er möge darauf bedacht sein, daß er seinem Volk zuletzt noch die Basis für Glück und Wohlstand hinterlasse – Allah werde ihm die Unterzeichnung der Verfassung als gute Tat anrechnen. Muzzafer Eddin gab seinen Widerstand auf. Seit jenem 30. Dezember 1906 besitzt Persien eine schriftliche Verfassung.

Der Zwölfte Imam als wahrer Herrscher Persiens

Hart umkämpft war ein Verfassungsartikel, der religiöse Bedeutung besaß. Er besagte, daß der entrückte Zwölfte Imam der eigentliche Herrscher des Reiches sei. Der Verborgene, der Herr aller Zeiten, bilde die wahrhaftige Autorität in Persien. Im Gedanken an ihn werde das Parlament tagen, beraten und beschließen. Die Verantwortlichen von Legislative und Exekutive wurden zu Statthaltern des letzten der Heiligen aus der Familie des Propheten erklärt, der mehr als tausend Mondjahre zuvor unter geheimnisvollen Umständen aus dem Blickfeld der Menschen verschwunden war.

Der erste Schah, der hinnehmen sollte, daß er kein absoluter, sondern ein konstitutioneller Herrscher war, daß er im Namen des Zwölften Imam regieren sollte, hieß Mohammed Ali. Im Januar 1907 übernahm er das Amt. Historiker werfen ihm vor, er sei faul, feige und lasterhaft gewesen. In einer Zeit, in der Persien eine starke Hand gebraucht hätte, kümmerte sich Mohammed Ali nicht um sein Reich. Die Großmächte nützten die Gelegenheit aus.

Im Jahre 1907 bemerkten die Verantwortlichen in St. Petersburg und London, daß sie beide einen gemeinsamen

Gegner hatten: Ihre Länder wurde vom kaiserlichen Deutschland bedroht. Kaiser Wilhelm II. hatte Ambitionen, die russische und englische Absichten im Mittleren Osten störten. Zu erkennen waren Pläne, daß Deutschland Fuß fassen wollte am Persischen Golf, um gegen England und Rußland Position zu beziehen. Das Kaiserreich sollte die Funktion einer Weltmacht übernehmen – es konnte seine Bedeutung beweisen, wenn es Präsenz zeigte in einer Region, die offensichtlich anderen Weltmächten wichtig war.

In dieser Lage waren die Regierungen in St. Petersburg und London darauf bedacht, Konflikte zwischen ihnen abzubauen. In der „Anglo-Russian Convention" vom 31. August 1907 legten sie fest, daß ihre Rivalität im Einfluß auf Persien nun definitiv ein Ende habe. Sie schufen für sich Zonen der Zuständigkeit auf persischem Territorium. Rußland durfte sich verantwortlich fühlen für alle Gebiete nördlich der Linie von der türkischen Grenze nach Isfahan und Jazd. Bis zum Punkt, wo die Grenzen von Persien, dem russisch orientierten Turkmenistan und Afghanistan zusammen stießen. Damit waren die wichtigen Städte Tehran und Täbriz den Russen unterstellt. England beanspruchte den Süden Persien. Die Demarkationslinie verlief von der afghanischen Grenze über Kerman nach Bandar Abbas an der Meerenge von Hormuz. Der Schah hatte nur zu bestimmen in der Pufferzone zwischen den beiden Einflußgebieten. In seiner Hauptstadt Tehran war Mohammed Ali nicht der Souverän; dort war ein Vertreter des russischen Zaren zuständig. Niemand nahm in Tehran die Meinung des Schahs zur Kenntnis.

Wie unbedeutend der Qajarenherrscher tatsächlich war, erwies sich im Jahre 1911. Die beiden Großmächte waren zur Einsicht gelangt, daß die Aufrechterhaltung der Pufferzone in Mittelpersien eine unnötige und sinnlose Rücksichtnahme auf Mohammed Ali bedeutete. Ohne ihre Absicht schriftlich festzulegen, einigten sich die britische und die russische Regierung darauf, auch Mittelpersien unter sich aufzuteilen. Dabei wurden die wichtigsten Gebiete den Engländern zugestanden; Rußland war allein daran interessiert, sich den Zugang zum Persischen Golf zu sichern.

Wenn der Schah schon die Souveränität über sein Reich verloren hatte, wollte er sich selbst beweisen, daß er wenigstens der Herr über das persische Volk war. Seine Berater redeten ihm ein, diese Selbstbestätigung könne am besten dadurch erreicht werden, daß er die Verfassung vom Dezember 1906 außer Kraft setze und das Parlament auflöse. Werde der Parlamentarismus abgeschafft, sei der Schah wieder alleiniger Herrscher über das Volk.

Die Ermutigung zur Abschaffung der Verfassung kam aus St. Petersburg: Der Zar hatte Probleme mit revolutionären Strömungen in seinem Land. Er bekam zu hören, im unbedeutenden Land Persien seien die Verhältnisse zwischen Herrscher und Volk durch eine schriftliche Übereinkunft abgesichert. Wurde in Tehran das Verfassungssdokument zerrissen, dann gab es für die unruhigen Geister in Rußland keinen Grund mehr, verfassungsmäßige Freiheit zu fordern. Aus St. Petersburg wurde dem Schah mitgeteilt, er werde für seinen mutigen Schritt, Verfassung und Parlament abzuschaffen, jede Unterstützung erhalten.

Der Zeitpunkt für Rückkehr zur Alleinherrschaft war in der Tat günstig, weil die „Constitutionalists“ wegen der Rechte der religiösen Minderheiten in Persien zerstritten waren. Grundsatz der Verfassung war, daß gleiches Recht für alle gelten sollte. Zwar waren die Perser überwiegend Schiiten, doch Minderheiten bekannten sich zum christlichen Glauben, zu den Lehren Zarathustras, zum sunnitischen Islam und zu den Bahais. Für Schiiten war der Gedanke unerträglich, daß diesen Minderheiten Gleichberechtigung im glaubensmäßigen und im politischen Bereich eingeräumt werden sollte. Ganz besonders auf die Gläubigen der Bahaireligion konzentrierte sich die Ablehnung durch die schiitische Geistlichkeit. Sie konnte nicht verzeihen, daß sich diese Religion durch Abspaltung aus der schiitischen Glaubensgemeinschaft entwickelt hatte. Den Bahais wurde vorgeworfen, sie unterstützten die völlige Freigabe des Genusses alkoholischer Getränke, und sie würden sich auch für die Genehmigung zur Eröffnung von Bordellen in Tehran einsetzen.

Am Höhepunkt des Streits um die Verfassung griff Mohammed Ali ein. Er rief die traditionell orientierte schiitische Geistlichkeit zur Mobilisierung der Massen auf: Demonstriert werden sollte gegen „glaubensfeindliche Paragraphen" der Konstitution. Der Coup gelang tatsächlich. Unter der Parole: „Wir brauchen keine Verfassung, wir haben den Koran", besetzten johlende und jubelnde Haufen das Zentrum von Tehran.

Doch im Parlamentsgebäude hielten die „Constitutionalists" stand. Der Schwung der Demonstranten drohte schon zu erlahmen, da wandte sich Mohammed Ali an Offiziere der Kosakenbrigade mit der Bitte, das Parlament stürmen zu lassen. Der russische Oberst Liakhoff entsprach der Bitte: Er beschoß das Parlamentsgebäude mit schwerer Artillerie. Als Oberst Liakhoff vom Schah zum Militärgouverneur von Tehran bestellt wurde, sahen die Verteidiger der Verfassung ihre Sache als verloren an; sie flohen nach Täbriz und bildeten dort eine Gegenregierung.

Hatte die schiitische Geistlichkeit zunächst den Coup des Schahs unterstützt, so stand sie jetzt plötzlich auf der Seite der Aufständischen. Die Ernennung des Russen Liakhoff zum Militärgouverneur hatte den Meinungsumschwung bewirkt. Die schiitische Geistlichkeit war nun in Sorge, der Militärgouverneur würde im Auftrag der Regierung von St. Petersburg ein Vasallenregime errichten.

Als der Zar der Kosakenbrigade den Befehl gab, die revolutionären „Constitutionalists" aus Täbriz zu vertreiben, erkannten die Geistlichen, daß sie recht hatten mit ihren Befürchtungen. Sie riefen zum nationalen Widerstand gegen den Schah und gegen die Kosaken auf. Sie hatten Erfolg damit: Die Volkswut richtete sich vor allem gegen die

Russen. Oberst Liakhoff hatte keinen Erfolg damit, die Revolutionäre aus Täbriz zu vertreiben. Er konnte auch nicht verhindern, daß die Mitglieder des Parlaments nach Tehran zurückkehrten. Die Kosakenbrigade versagte beim neuerlichen Einsatz gegen das Parlamentsgebäude.

Die Berater des Schahs gerieten nun in Panik. Sie flohen aus Tehran. Der Schah, alleingelassen, begab sich unter den Schutz des russischen Obersten. Liakhoff brachte Mohammed Ali nach Rußland ins Exil – für immer.

Die Flucht des Schahs hatte zur Folge, daß in Persien ein Machtvakuum entstanden war. Die wenigen Staatsfunktionäre, die noch an den Fortbestand der Qajarendynastie glaubten, übertrugen die Funktion des Staatsoberhaupts an den elfjährigen Sohn des Mohammed Ali; sein Name war Ahmad.

Die Machtlosigkeit aller offiziellen Instanzen Persiens zeigte sich bald darauf.

Im Auftrag des Parlaments hatte der amerikanische Finanzexperte Morgan Shuster die Aufgabe übernommen, den zerrütteten Staatshaushalt zu ordnen. Als der russische Zar davon erfuhr, glaubte er, seine Autorität in Tehran sei gefährdet. In einem Ultimatum verlangte er die sofortige Entlassung des Amerikaners. Seine Truppen warteten gar nicht die Abreise des Finanzexperten ab. Sie marschierten in Täbriz ein. Schlimmer war, daß sie sich nicht scheuten, das für Schiiten wichtigste Heiligtum in Meshed zu beschießen. Ihr Ziel war das Mausoleum des Achten Imam Ali Reza.

In dieser Notsituation baten die führenden Mitglieder des Parlaments die britische Regierung dringend um Hilfe gegen die russischen Truppen. Doch das Hilfeersuchen wurde von London strikt abgelehnt. Noch immer war die „Anglo-Russian Convention“ aus dem Jahre 1907 in Kraft; sie verbot militärische Aktionen der Vertragspartner gegeneinander. Dem Parlament blieb nichts anderes übrig, als den Amerikaner Morgan Shuster zu entlassen.

Zur völligen Überraschung der schiitischen Geistlichkeit, der Basaris und der Intellektuellen brach im Jahre 1917 das für ihre Begriffe so starke Russische Reich zusammen. Die Revolution hatte den Zaren von Rußland beseitigt. Die Folge war, daß sich in Persiens Norden russische Streitkräfte untereinander bekämpften. Bolschewisten und Weißrussen schlugen aufeinander ein. Gewinner waren zunächst die Weißrussen. Sie verteidigten ihre Basis am Kaspischen Meer erfolgreich.

Rußland war der Verlierer im Kampf um Persien. Das Land stand nun unter britischer Kontrolle. Am 9. August 1919 wurde Persien mit internationaler Zustimmung von England zum Protektorat erklärt. Versuche persischer Politiker, den Siegermächten des Ersten Weltkriegs die Feststellung der Unabhängigkeit Persiens abzuringen, scheiterten. Die Dokumente, die in Tehran als Basis der persischen Forderung zusammengestellt und nach Paris und London geschickt wurden, blieben in beiden Hauptstädten unbeachtet.

Großbritannien – Sieger am Persischen Golf

„Turkestan, Afghanistan und Persien sind für mich Figuren auf einem Schachbrett, auf dem das Spiel um die Beherrschung der ganzen Welt stattfindet." Dieses Bekenntnis hat George Nathaniel Curzon ausgesprochen, der sich seit 1920 Marquis Curzon of Keddleston nennen durfte. Als er sich um Turkestan, Afghanistan und Persien zu kümmern hatte, war er Außenminister in der Regierung von Lloyd George.

Curzon war zu diesem Zeitpunkt 60 Jahre alt. Glanzvolle Zeiten lagen hinter ihm. Von 1898 bis 1905 war er Viceroy of India gewesen. Er hatte es verstanden, Hof zu halten, obgleich er der jüngste Engländer gewesen ist, dem diese Position je übertragen worden war. Der Brite war in seiner

Haltung und in seinem Denken ein würdiger Vertreter des Viktorianischen Zeitalters. Als Viceroy verlangte er Zeichen der Unterwerfung und der Demut von den indischen Maharajas. Curzon liebte Pomp und feierliche Zeremonien. Er betrachtete sich als die zweitwichtigste Persönlichkeit im Empire – nach Königin Victoria.

Daß Curzon persönlich arrogant war, hatte zu seiner Rolle als Viceroy gepaßt. Warum er ständig derart steif und zeremoniell war, wußte kaum jemand. Im Jahre 1878 hatte Curzon einen Reitunfall gehabt; die Folge waren Rückenschmerzen, die er ein Leben lang auszuhalten hatte. Er war gezwungen, ein enges Lederkorsett zu tragen. Linderung suchte Curzon bei Drogen, die in Indien leicht zur Verfügung standen.

Gegen Ende seiner ersten Amtszeit als Viceroy, die bis 1903 gedauert hatte, glaubte Curzon gut beraten zu sein, sich den „Helden von Khartoum", Lord Kitchener, als Mitarbeiter nach Indien zu holen. Kitchener, der den Aufstand des Mahdi, der islamischen Leitfigur am oberen Nil niedergeworfen hatte, sollte Commander in Chief der Indian Army sein und zugleich Mitglied in Curzons Ministerrat.

Hatte sich Curzon durch Kitcheners Berufung Glanz für seine eigene Hofhaltung erwartet, so sah er sich getäuscht. Curzon mußte feststellen, daß sich Kitchener grob und unhöflich benahm. Die beiden Persönlichkeiten konnten sich gegenseitig nicht ausstehen und stritten sich schließlich. Curzon stellte seine Regierung vor die Alternative: Entweder wird Kitchener deutlich gemacht, daß allein Curzon in Indien zu bestimmen hat, oder Curzon bittet um seine Ablösung.

Selbstverständlich hatte Curzon angenommen, daß die Verantwortlichen in London seine Position stützen werden. Zu seiner maßlosen Enttäuschung erhielt der Viceroy of India am 16. August 1905 die telegraphische Mitteilung, die Königin habe sein Rücktrittsgesuch angenommen.

Verärgert verzögerte Curzon den Zeitpunkt seiner Abreise absichtlich. Als er schließlich in London eintraf, hatte ein Regierungswechsel stattgefunden, und die neuen Herren der britischen Politik erinnerten sich nicht mehr an die Leistungen des einstigen Viceroy of India, der die Restaurierung des Taj Mahal angeordnet hatte.

Von 1905 bis 1919 lebte Curzon auf seinen Gütern. Anhaltend verärgert über die Behandlung, die ihm zuteil geworden war. Während dieser langen Jahre reifte in ihm der Gedanke, seine Lebensaufgabe sei die Absicherung der Zugehörigkeit Indiens zum Britischen Empire. Voraussetzung sei selbstverständlich die Angliederung der mittelöstlichen Länder, die am Weg nach Indien lagen. Deshalb richtete Curzon den Blick auf Turkestan, Afghanistan und vor allem auf Persien.

Als Curzon schließlich Foreign Secretary wurde – dies geschah 1919 durch Lloyd George –, war er mit den Dokumenten konfrontiert, durch die der persische Wunsch nach Unabhängigkeit untermauert worden war. Er las Abhandlungen über die Taten der erhabenen Könige Cyros und Darios; er nahm zur Kenntnis, daß Persien ein Land war, das für die gesamte Menschheit kulturelle Leistungen vollbracht hatte; er sah Fotografien der zweitausendfünfhundert Jahre alten Palastanlage von Persepolis. Die Antwort Curzons auf die Dokumente lautete: Persien bleibt fortan Protektorat des Britischen Empire.

Dieser Erklärung folgte ein Protokoll, das Einzelheiten für den Protektoratsstatus regelte. England wollte die Aufsicht über die persische Armee und über die persische Finanzverwaltung übernehmen. Die Streitkräfte waren gemäß britischer Normen zu reformieren. Um die sofortige Kostendeckung zu ermöglichen, erhielt Persien eine Anleihe in Höhe von zwei Millionen Pfund Sterling zu 7% Jahreszinsen. Für die Verwendung dieses Geldes wurden britische Beamte eingesetzt. Sie sollten auch die Rückzahlung überwachen, für die ein Zeitraum von zwanzig Jahren vorgesehen war.

Als Foreign Secretary konnte Curzon seinen Standpunkt durchsetzen, daß Persien und der Persische Golf die geographischen Pfeiler seien, die im Griff Englands bleiben müßten; sie würden gebraucht, um Indien dauerhaft an das Britische Empire zu fesseln. Curzon warnte ausdrücklich davor, Persien und den Persischen Golf aus der Hand zu lassen. Die Folge sei der völlige Verlust Indiens.

Gleich im ersten Amtsjahr als Foreign Secretary war es George Nathaniel Curzon gelungen, Persien durch Vertrag Fesseln anzulegen. Der bedeutendste Staat am Persischen Golf befand sich damit unter englischer Aufsicht. Dies bedeutete, daß sich für absehbare Zeit keine andere Großmacht am Persischen Golf einnisten konnte.

Ölfunde verändern den Wert Persiens

Daß politische Vorstellungen und Pläne rasch wertlos werden können, mußte Curzon am Ende seiner Amtszeit als Foreign Secretary erleben. Er verließ das britische Auswärtige Amt im Jahre 1924.

Im Herbst 1923 brach in Chusistan, am Ostufer des Schatt al Arab und des Tigris, eine Rebellion gegen die Regierenden in Tehran aus. Der Aufstand begann mit britischer Unterstützung. Finanzier der Rebellion war die Anglo Persian Oil Company, die in Chusistan mit der Ölförderung begonnen hatte. Die britischen Chefs dieser Gesellschaft waren der Meinung, ihre Interessen könnten nicht mehr von der persischen Regierung als ihrem bisherigen Vertragspartner gewahrt werden. Sie glaubten gut beraten zu sein, wenn sie sich mit den Zuständigen der Stämme in der Ölregion Chusistan verbündeten. Der wichtigste Stamm war dort die Sippe Bakhtiar. Sie kämpfte um ihre Unabhängigkeit von Tehran. Ihr Sheikh wollte selbst über die Einnahmen aus dem Ölgeschäft verfügen. Sein Name: Sheikh Khazal Sardar e Qadas.

Er glaubte, niemand als Oberherrn akzeptieren zu müssen. Er war der Partner der reichen Anglo Persian Oil Company. Er war geschützt durch britische Garantien. England benötigte das Öl, über das er verfügte, denn die britische Flotte war dabei, ihre Kriegsschiffe von Kohlefeuerung auf Ölfeuerung umzustellen. Daß das Öl strategische Bedeutung besaß und bald für die Weltpolitik bedeutsam sein würde, war dem Sheikh des Bakhtiarstammes durchaus bekannt. Das Wort des britischen Kolonialministers Winston Churchill „der nächste Krieg wird von uns auf einer Woge von Öl gewonnen", war auch am Persischen Golf bekanntgeworden. Die „Woge von Öl" aber konnte in Chusistan gefördert werden.

Dort waren am 26. Mai 1908 Ölfelder entdeckt worden, die eine Deckung des britischen Bedarfs für lange Zeit garantierten. 170 Kilometer nordostwärts vom Schatt al Arab, bei Masjed Soleyman, hatte der „australische Engländer" William Knox d'Arcy nach Öl bohren lassen. Er war von der Vision geleitet, im mesopotamischen Becken könne Öl im Überfluß gefunden werden. Seine Suche war lange umsonst gewesen, sie hatte die eigenen Finanzmittel aufgebraucht; eingesprungen war die Shell Company, doch auch sie verfügte in jenen Jahren nur über geringe Reserven. Als alle Hoffnungen auf reiche Ölfunde unter dem Boden Persiens schon erloschen waren, da traf die Nachricht in London ein, in Chusistan sei eine ergiebig sprudelnde Ölquelle angebohrt worden.

Der Kapitalmarkt begann sich sofort für das Ölgeschäft zu interessieren. Die Anglo Persian Oil Company wurde gegründet. Auf ihre Veranlassung entstand die erste Pipeline des Nahen und Mittleren Ostens. Sie verband das Ölfeld Masjed Soleyman mit dem Hafen Abadan, der am Schatt al Arab liegt – gegenüber der irakischen Stadt Basra.

Als der Erste Weltkrieg ausbrach, war die Umrüstung der britischen Flotte auf Ölfeuerung abgeschlossen. Zu diesem Zeitpunkt war auch die Versorgung mit Öl gesichert: Winston Churchill, der 1911 bis 1915 der First Lord of the

Admirality gewesen war, hatte für die britische Regierung rechtzeitig die Mehrheit der Aktien der Anglo Persian Oil Company erworben.

Diese Gesellschaft, die in Chusistan investierte, war darauf bedacht, das Ölgebiet fest an England zu binden. Als beste Möglichkeit dazu bot sich – nach Meinung der Ölmanager – die finanzielle Verkoppelung an: Chusistan sollte vom englischen Pfund abhängig gemacht werden. Die Gelder, die an Sheikh Khazal Sardar e Qadas bezahlt wurden, dienten diesem Zweck.

England hatte jedoch auch einen psychologischen Ansatzpunkt, um die „Freundschaft“ der Stämme von Chusistan zu gewinnen: Seine Political Agents spielten sehr geschickt den ethnischen Unterschied zwischen den Persern und den Menschen am Schatt Al Arab aus: Die Stämme am Ostufer des Tigris sind überzeugt, arabischer Abstammung zu sein; sie verständigen sich in arabischer Sprache Die Bewohner jener Region fühlen Abneigung gegen die Perser. Es bedurfte nur geringer Mühe, um diese Stämme zum Aufstand gegen die Perser und zum Kampf für die Unabhängigkeit zu veranlassen.

Begünstigt war Sheikh Khazal Sardar e Qadas zunächst durch den Umstand, daß der Qajarenherrscher und seine Höflinge die wahre Bedeutung des Ölvorkommens nicht begriffen. Sie waren auf wirtschaftlichem Gebiet im traditionellen Denken gefangen. Kommende Entwicklungen erspürten sie nicht. Die Anführer der Bakhtiarstämme aber hatten englische Berater, die es gewohnt waren, in ökonomischen Dimensionen zu denken. Ihnen wurde geraten, in Abadan eine Raffinerie bauen zu lassen – und sie beauftragten sofort englische Firmen mit der Errichtung der Anlagen. Sheikh Khazal übersah absichtlich, daß er sein Vorhaben mit der Regierung in Tehran hätte abstimmen müssen. Der Stammeschef benahm sich, als ob Chusistan ein autonomes Emirat sei, das unter dem Schutz Englands stehe. Mit Billigung der Political Agents nahm Sheikh Khazal zum von den Engländern eingesetzten Gouverneur der Provinz Basra Kontakt auf. Der arabische Sheikh verstand sich gut mit dem arabischen Statthalter. Sie besprachen mögliche Verteidigungsmaßnahmen für Chusistan für den Fall einer persischen Intervention.

Die Führung des Britischen Empire hatte keine Bedenken, zwei unterschiedliche politische Konzepte zu verfolgen: Der Außenpolitiker Curzon hatte dafür gesorgt, daß Persien an England gebunden blieb – nach seiner Ansicht konnte Indien nur dann britischer Besitz bleiben, wenn Persien, Afghanistan und Turkestan von England kontrolliert wurden. Die Wirtschaftspolitiker in London aber beachteten Curzons Richtlinien nicht: Sie vergaßen Englands Interesse an Gesamtpersien und kümmerten sich nur um einen Teil des Persischen Reiches – um Chusistan.

Es dauerte jedoch lange, bis die Verantwortlichen in London und Ahwaz begriffen, daß sich in Tehran eine Veränderung vollzog. George Nathaniel Curzon und Sheikh Khazal Sardar e Qadas nahmen monatelang nicht wahr, daß sich im Norden Persiens um eine starke Persönlichkeit ein Machtzentum zu bilden begonnen hatte. Ein Mann war entschlossen, dem Chaos und der Turbulenzen ein Ende zu bereiten. Sein Name: Reza Khan.

Er verdankte seine Karriere der legendären Eliteeinheit der Kosakenbrigade. Reza Khan hatte, dank dieser Einheit, die Position des Obersten Befehlshabers der persischen Gesamtstreitkräfte erreicht. Als die Rebellion der Bakhtiarstämme ausbrach, war Reza Khan die höchste militärische Autorität in Persien, und er war entschlossen, seine Macht auszunützen.

Sein wichtigster Grundsatz war, keine Aufstände zu dulden, und er verkündete diesen Grundsatz lautstark.

Sheikh Khazal Sardar e Qadas war überrascht, daß er aufgefordert wurde, sich an die Anweisung der Tehraner Zentralregierung zu halten. Er wollte Widerstand leisten, doch er mußte feststellen, daß die Bakhtiarsippe nicht in unverbrüchlicher Treue zu ihm hielt. Ein Clan nach dem anderen verließ ihn. Die Sheikhs unterwarfen sich dem Oberbefehlshaber Reza Khan.

Sheikh Khazal geriet in Bedrängnis. Er war noch immer fest überzeugt, England werde ihm helfen, da in London die Sorge herrsche, die Ölgebiete am Schatt al Arab seien in Gefahr, dem direkten Zugriff der Anglo Persian Oil Company entrissen zu werden. Doch Sheikh Khazal mußte feststellen, daß sich die Engländer still verhielten – und der Gouverneur von Basra regte sich ebenfalls nicht. Unter diesen Umständen hielt es Sheikh Khazal für besser, dem starken Mann in Tehran ebenfalls seine Unterwerfung anzubieten. Er teilte Reza Khan mit, der Aufstand in Chusistan sei zu Ende.

Die Wirtschaftspolitiker In London hatten die neue Entwicklung wahrgenommen: Persien war dabei, sich grundlegend zu verändern; die Verhältnisse und Regeln der Vergangenheit galten nicht mehr Die Entschlossenheit des Reza Khan hatte deutlich gemacht, daß ein dauerhafter Zugriff auf die persischen Ölfelder nicht durch einen regionalen Sheikh zu garantieren war, sondern durch Verständigung mit der Zentralmacht in Tehran. Sie bestand am Ende des Jahres 1923 allein aus Reza Khan.

Er war am 28. Oktober 1923 persischer Ministerpräsident geworden. Nur wenige Tage später – am 3. November 1923 – verließ Ahmad Schah, der letzte Herrscher aus dem Geschlecht der Qajaren, das Land. Offiziell wurde verkündet, er begebe sich nach Europa zur Behandlung seiner Krankheiten. An eine Rückkehr zum Pfauenthron war nicht zu denken. Reza Khan führte die Regierungsgeschäfte in Persien bereits mit starker Hand.

Reza Khan und die Kosakenbrigade

Die legendäre Eliteeinheit hatte mehr als ein halbes Jahrhundert der Bewährung hinter sich. Als Schah Nasr Eddin im Jahre 1878 Gebiete im Kaukasus bereiste, machten kosakische Reiter, die vor ihm Kampfkraft und Artistik zu Pferde demonstrierten, Eindruck auf ihn. Der Schah ahnte nicht, daß der damalige Zar des Russischen Reiches dieses Interesse mit Absicht hervorgerufen hatte. Der Zar wollte, daß ein kosakischer Reiterverband in den Dienst des persischen Herrschers trat, um den russischen Interessen zu dienen. Der Verband sollte im Sinne Rußlands aktiv werden, wenn der Zar den Befehl dazu gab. Nur eine einzige Stimme erhob sich damals im Beraterstab des Schah Nasr Eddin. Der Offizier Ahmad Amir Mahdi warnte: „Da legen uns die Russen ein Joch um den Hals!"

Bald schon nach der ersten Begegnung zwischen dem Schah und den Kosaken traf eine russische Militärmission in Tehran ein. Ihr stand der Oberst Domantovich vor, der den Auftrag hatte, die Elitetruppe aufzustellen. Sie erhielt von Anfang an die Bezeichnung „Kosakenbrigade". Oberst Domantovich sah den eigentlichen Zweck der Truppe darin, den britischen Einfluß auf Persien einzudämmen. Der Oberst verbarg keineswegs, daß er russischer Nationalist war, der russischen und nicht persischen Absichten zu dienen hatte.

Domantovich entwickelte, mit russischem Geld, ein Programm zur Ausbildung persischer Offiziersanwärter. Wer im Rahmen dieses Programms auf die Militärakademie nach St. Petersburg geschickt wurde, entschied der Oberst. Der Schah wurde gar nicht gefragt. Weder er noch sonst ein Perser besaß irgendeinen Einfluß auf den Eliteverband. Die Entscheidungen über Beförderungen, Soldzahlungen, über Verwendung und Einsatz der Truppe wurden von der russischen Militäradministration in Baku getroffen. Der einzige Vorteil der Kosakenbrigade für den Schah: Er brauchte für sie kein Geld auszugeben.

Die Politik des Zaren war darauf ausgerichtet, die ihm bequeme Qajarendynastie an der Macht zu halten. Deutlich wurde diese Absicht nach der Ermordung des Schahs Nasr Eddin im Jahre 1896. Die Kosakenbrigade garantierte den reibungslosen und sicheren Übergang zu Schah Muzzafer Eddin. Während der unruhigen Zeit, als die „Constitutionalists“ in Tehran für eine Verfassung und für ein Parlament kämpften, schützte die Brigade die Residenz des Herrschers.

Daß diese Aufgabe mit strenger Disziplin ausgeführt wurde, führte dazu, daß die „Kosaken“ unpopulär waren in Tehran. Wer zu den „Befürwortern einer Verfassung“ zählte, der sah in diesem Reiterverband das Symbol der Kapitulation Persiens gegenüber Rußland.

Im Jahre 1900 standen 1500 Offiziere und Mannschaften im Dienst der Eliteeinheit. An die berittene Truppe waren Einheiten der Artillerie und Infanterie angegliedert worden. Nach und nach ersetzte der Generalstab in Baku das russische Offizierspersonal durch persischen Nachwuchs, der in St. Petersburg ausgebildet worden war. Im Jahre 1920 stammten nur zehn Offiziere aus Rußland – 133 aber waren persischer Abstammung. Die Beziehung zwischen Russen und Persern wurde zunehmend gespannter: Die Russen benahmen sich, als seien sie die Herren der Perser. Die Wurzeln späterer Antipathie waren damit gelegt.

Mit dem Niedergang des Zarenreichs, während der Jahre vor dem Ausbruch des Ersten Weltkriegs, wurden die Geldzuwendungen aus Baku geringer. Dennoch fühlte sich der Schah nicht veranlaßt, den Unterhalt des Kosakenverbands mitzufinanzieren. Am Hof von Tehran herrschte die Meinung vor, der Zar werde doch schließlich nicht die Existenz einer Einheit aufs Spiel setzen, die in seinem Interesse einsatzbereit war.

Als die Zahlungen aus Baku nicht mehr den Mindestsatz an Kosten decken konnten, nahmen die Offiziere Kontakt zum Parlament auf. Sie boten den „Constitutionalists“ ihre Dienste an. Eine Neuordnung der innenpolitischen Allianzen bahnte sich an.

Sie konnte sich allerdings zunächst nicht auswirken, da der Erste Weltkrieg die Einsatzbereitschaft der Kosakenbrigade lähmte: Die russische Heeresführung berief russische Offiziere zu ihren Einheiten im Zarenheer zurück. Sie wurden zum Kampf gegen das Deutsche Reich gebraucht.

Doch auch ihr Einsatz rettete Rußland nicht. Das Reich mußte mit den Deutschen Frieden schließen. Der Zar wurde entmachtet und schließlich erschossen. Die Revolution siegte.

Im Norden Persiens und in den russischen Kaukasusgebieten setzten sich die Bolschewisten allerdings nicht durch. Ein Gegner der Roten, der Oberst Starroselski, übernahm das Kommando der Brigade. Bekannte sich einer der wenigen noch verbliebenen russischen Offiziere zur Revolution, wurde er aus dem Dienst entlassen.

Weil sich die Revolutionäre auf persischem Boden nicht hatten durchsetzen können, fühlten sich die neuen Herren Rußlands nicht für die Kosakenbrigade verantwortlich. Oberst Starroselski fand in Baku niemand mehr, der für die Kosten der Brigade aufkam. Da erklärte sich die britische Regierung bereit, die nötigen Zahlungen zu leisten. Ein größerer Betrag traf bei der Tehraner Niederlassung der Imperial Bank of Persia ein. Die britische Regierung war zur Überzeugung gelangt, es könnte klug sein, die Kosakenbrigade im Interesse Englands am Leben zu erhalten. Die Political Agents der britischen Krone wurden darauf angesetzt, Führungspersonal zu finden, das bereit war, britische Interessen zu vertreten. So geschah es, daß Reza Khan Verantwortung übernahm.

Reza stammte aus einer Soldatenfamilie, doch war keiner seiner Vorfahren Offizier gewesen. Geboren worden ist er am 16.März 1878 in einer kleinen Ortschaft im Herzen des Elburzgebirges. Für den Jungen ist es selbstverständlich, daß er Soldat wird wie sein Vater und Großvater. Er ist stark und hochgewachsen. Als er sich im Jahre 1897 bei der Kosakenbrigade bewirbt, wird er sofort angenommen. Er hatte zuvor noch mühsam – ohne richtigen Lehrer – lesen und schreiben gelernt.

Schnell entwickelte er bei der Truppe Verständnis für moderne Waffen. Ihm imponierte besonders die Wirksamkeit des in Europa entwickelten Maxim-Maschinengewehrs. Seine Vorgesetzten und Kameraden nannten ihn deshalb bald „Reza Khan Maxim".

Durch Eifer und Disziplin fiel der Soldat Reza auf. Er gehörte trotzdem nicht zu jenen, die auf die Militärakademie nach St. Petersburg geschickt wurden. Eine gründliche Ausbildung war ihm versagt geblieben. Als er Sergeant geworden war, glaubten seine Vorgesetzten, er habe das Zeug zur ersten Stufe einer Offizierslaufbahn. Dann allerdings brachten innere Wirren und Unsicherheiten zur Zeit des Ersten Weltkriegs die Karriere des Reza Khan zum Stillstand.

Im Jahre 1919 wurde er im Alter von 41 Jahren Oberst und damit einer der Kommandeure der Kosakenbrigade. Er hatte sich zu einer imposanten Erscheinung entwickelt, die Kosakenuniform schmückte ihn. Reza Khan trug blankgeputzte Stiefel, die bis knapp unter die Knie reichten: Sie wurden im Lauf der Jahre zu seinem Kennzeichen – gefürchtet von denen, die seine Herrschaft ablehnten. Sie mußten damit rechnen, von diesen Stiefeln getreten zu werden.

Wie entschlossen Reza Khan handeln konnte, bewies er im Februar 1921. Der Zorn hatte ihn gepackt über die Regierenden in Tehran. An der Spitze des Staates stand damals der Qajare Ahmad; er war 23 Jahre alt. Seit 1909 gehörte ihm der Pfauenthron – doch er wußte nichts mit der Macht anzufangen. Ein fotografische Aufnahme aus der Zeit, als er sich die Verachtung des Obersten Reza Khan zugezogen hatte, zeigt einen dicklichen jungen Mann mit weichen Gesichtszügen; um ihn herum stehen Jugendliche – fast noch Kinder –, die seinen Hofstaat bilden. Der Schah und die Höflinge erwecken den Eindruck, sie warteten darauf, daß ihnen jemand sage, was zu geschehen habe.

Der Schah brauchte nicht mehr lange zu warten. Mitte Februar 1921 verlangte Reza Khan vom Schah die Übertragung der gesamten Kommandogewalt über alle bewaffneten Kräfte Persiens auf seine Person. Sein Argument: „Niemand respektiert Persien; alle lachen über unser Land; ich bin entschlossen, dem Persischen Reich wieder Achtung zu verschaffen!“

Schah Ahmad besaß keine Alternative zur Ernennung des Obersten zum Oberbefehlshaber, da dieser ohnehin schon die alleinige Befehlsgewalt hatte.

Sobald Reza Khan der einzige war, der den gesamten Streitkräften Befehle geben durfte, ließ er die Hauptstadt besetzen. Dies geschah am 21. Februar 1921. In der Nacht drang die Eliteeinheit der Kosakenbrigade mit einer Stärke von 3000 Mann in Tehran ein. Ahmad Schah hielt sich im Golestanpalast auf. Er wurde geweckt und mit der Forderung auf Entlassung der Minister und Hofbeamten konfrontiert. Ohne Diskussion unterzeichnete Ahmad Schah die gewünschten Dekrete.

Reza Khan nützte die Gelegenheit, um nicht nur das Militär, sondern auch den innenpolitischen Bereich in seine Hand zu bekommen: Er ernannte auf der Stelle neue Minister und Beamte. Er selbst beanspruchte für sich zunächst keinen Posten im Zivilkabinett.

Reza Khan fühlt sich angeregt durch Kamal Atatürk

Seine nächste Aufgabe als Persiens starker Mann sah Reza Khan darin, den nördlichen Teil Persiens von den Russen zu befreien. Sie hatten sich in der Provinz Gilan festgesetzt, die unmittelbar ans Kaspische Meer grenzt. Die Provinzhauptstadt ist Rasht. In ihr lebten damals mehr als 10 000 Menschen. Arbeit bot ihnen die Seidenherstellung.

Im Verlauf der Wirren nach der Revolution in Rußland hatten die Bolschewisten die Provinz Gilan in die Hand bekommen. Sie konnten seit der Konsolidierung der revolutionären Regierung in Leningrad und Moskau mit Verstärkung rechnen – sie fühlten sich deshalb sehr sicher.

Zu ihrer Bestürzung wurden die Hilferufe aus Rasht – abgeschickt bei Beginn der Offensive des Reza Khan – weder von Moskau noch von Leningrad beachtet. Der entschlossene Vorstoß des Reza Khan veranlaßte die Bolschewisten zur raschen Flucht aus Rasht. Innerhalb weniger Tage gelang der Truppe des Reza Khan die Befreiung der gesamten Provinz Gilan von den Roten.

Dann wandte sich Reza Khan nach Osten, um Aufstände in der flächenmäßig bedeutenden Provinz Chorasan niederzuschlagen. In Meshed, in der Stadt, in der sich das Mausoleum des Achten Imam befindet, war die Forderung auf Unabhängigkeit der gesamten Provinz laut geworden; sie hatte Resonanz gefunden bei den überaus religiösen Bewohnern, die der Meinung waren, in der Hauptstadt Tehran werde der wahre schiitische Glaube verraten. Ohne daß die Artillerie des Reza Khan in Aktion treten mußte, ergaben sich die Aufständischen von Meshed.

·

Die selbstgestellte Aufgabe des Reza Khan, den Separatismus in jeder Form zu beenden, wurde im November 1923 abgeschlossen, als Sheikh Khazal Sardar e Qadas, der bislang autonome Herr über Chusestan, kapitulierte. Inzwischen hatte Reza Khan doch einen politischen Posten übernommen: Er war am 28. Oktober 1923 persischer Ministerpräsident geworden.

Ahmad Schah befand sich zu diesem Zeitpunkt auf dem Weg nach Europa. Reza Khan hatte der Herrschaft der Qajarendynastie ein Ende bereitet. Er war oberste Autorität in Persien. Doch er war sich nicht sicher, in welcher Funktion er Persien regieren sollte. Er suchte Orientierung in einem Nachbarstaat mit monarchischer und islamischer

Vergangenheit. Er glaubte, Mustafa Kamal Atatürk, der absolute Herrscher über die Türkei, könne sein Vorbild sein. Auch Mustafa Kamal Atatürk hatte eine Offizierskarriere hinter sich und war jetzt zuständig für ein islamisches Land, das Monarchie gewesen war.

Mustafa Kamal war in Saloniki zur Welt gekommen, im Jahre 1881; er war also drei Jahre jünger als Reza Khan. Auch Mustafa Kamal stammte aus einer einfachen Familie. Der Vater Ali Reza war Angestellter bei der osmanischen Regierung gewesen. Im Gegensatz zu Reza Khan hat der junge Mohammed Kamal – dies war sein eigentlicher Name – eine richtige Schule besucht, wenn auch mit Unterbrechung. Er hatte beim Tod seines Vaters die Schule verlassen müssen, weil die Mutter aus Kostengründen aufs Land zog; dort aber gab es keine Schule. Doch der Junge drängte wieder zurück in die Stadt. Er betrachtete Saloniki als seine Heimat.

Saloniki gehörte in jener Zeit zum Osmanischen Reich. Dort befand sich eine Vorbereitungsschule für die Militärakademie. Sie wollte Mohammed Kamal unbedingt besuchen.

In diesem Institut hatte Mohammed einen exzellenten Lehrer, der die mathematische Begabung des Jungen erkannte. Dieser Lehrer meinte, Mohammed müsse seinen Namen ändern in Mustafa. Der Name Mustafa weist auf Reife des Trägers und auf seine Vorliebe für Perfektion hin. Mit 18 Jahren wurde Mustafa Kamal in die Militärakademie Istanbul aufgenommen. Hier entdeckte er seinen Hang zur Politik. Mit anderen Kadetten verband ihn Haß und Verachtung für den despotischen Sultan des Osmanischen Reiches. Sein Name: Abdulhamid II.

Mustafa Kamal studierte Bücher über die Französische Revolution und über Napoleon. Er sah in den Ereignissen, die in Frankreich genau hundert Jahre früher stattgefunden hatten, die Zeichen zum Anbruch einer neuen Epoche für Europa. Er hoffte auf ähnliche Ereignisse im Osmanischen Reich.

Im Jahre 1902 schloß Mustafa Kamal sein Studium an der Militärakademie ab. Er übernahm ein Kommando bei der Kavallerie im damals osmanischen Syrien. Jetzt begann seine konspirative Zeit. Er war der Begründer geheimer Zirkel, die Namen trugen wie „Vaterland und Freiheit", oder „Komitee für Einheit und Fortschritt".

Mustafa Kamal nahm teil am Krieg der Osmanen gegen die Italiener in Nordafrika. Während der Balkankriege befehligte er die Verteidigung der Halbinsel Gallipoli. Im Verlauf des Ersten Weltkrieges erfüllte er unterschiedliche Aufgaben von wachsender Bedeutung – und wurde schließlich Oberst. Am Ende des Krieges war er verantwortlich für die 7. Armee der Osmanen in Palästina. Mustafa Kamal bekam dort die Überlegenheit der Engländer zu spüren. Er sah keine andere Chance mehr, als den Rückzug aus Palästina; die Flucht endete bei Aleppo.

Der Zusammenbruch des Osmanischen Reichs und die Aufsplitterung des Gebietes in Teilstaaten war für Mustafa Kamal keine Katastrophe, bedeutete diese Entwicklung doch die Möglichkeit der Schaffung eines in sich geschlossenen türkischen Nationalstaats. Er sollte nicht von einem Monarchen regiert werden. Als Hauptstadt der Republik Türkei sah Mustafa Kamal Ankara vor.

Mit Hilfe türkischer Einheiten in der Armee gelang es ihm, den türkischen Staat zu schaffen. Diese Aufgabe war im wesentlichen im Jahre 1923 erfüllt. Mit der Staatsgründung erfolgte die Aufkündigung aller Privilegien, die fremden Mächten jemals vom osmanischen Herrscher zugestanden worden waren. Der neue Staat sollte keine Fesseln tragen, die ihn an ausländische Interessen banden.

Aus dem „kranken Mann am Bosporus" – dies war eine Generation lang der Spottname für das zerfallende Reich gewesen – war ein lebensfähiges Staatsgebilde entstanden. Am 29. Oktober 1923 verkündete Mustafa Kamal, das Land habe künftig die Staatsform der Republik.

Mustafa Kamal war der „Vater der Republik", auch wenn ihm dieser Ehrenname „Atatürk" erst im Jahre 1938 von der türkischen Nationalversammlung verliehen wurde. Reza Khan wollte zum „Vater Persiens" werden. Zu jener Zeit überlegte sich Reza Khan bereits, ob sein Land nicht „Iran" heißen sollte.

Die wichtigere Frage aber war: Welche Staatsform ist die richtige für das Land, das bisher eine Monarchie gewesen war? Intellektuelle, europäisch orientierte Kreise in Tehran waren der Meinung, der Türke Mustafa Kamal habe klug gehandelt, als er die Staatsform der Republik gewählt habe. Reza Khan bekam den Ratschlag zu hören, er möge doch seinem Vorbild auch weiterhin folgen: Persien könne keine Monarchie mehr sein.

Reza Khan setzt die Monarchie fort

Ahmad Schah, der letze Qajarenherrscher, lebte in Frankreich. Als er sich vom Schreck der Machtübernahme durch Reza Khan erholt hatte, fiel ihm ein, daß er nicht abgedankt hatte, daß er eigentlich noch immer Schah war. Ahmad erklärte seine Bereitschaft, das Amt und die Würde wieder auf sich zu nehmen.

Ahmads Heimkehr wollte Reza Khan unter allen Umständen verhindern. Mit dem Qajarenherrscher wären auch die alten Zustände wieder zurückgekehrt, und dies durfte nicht geschehen. Die Gefahr bestand, daß sich Ahmad rasch für die Heimreise entschied. Reza Khan wäre dann gezwungen gewesen, dem Monarchen bei der Ankunft in Tehran zu huldigen. Es mußte ein Ausweg gefunden werden.

Der Gedanke, nach türkischem Vorbild eine Republik zu schaffen, lag nahe. Doch es gab warnende Stimmen, die darauf hinwiesen, daß Persien nicht mit der Türkei zu vergleichen sei. Die Warner meinten, die Türkei liege nahe bei Europa und könne nach europäischen Vorbildern gestaltet werden. Außerdem bilde die Türkei den westlichen Rand der islamischen Welt und sei deshalb aufgeschlossen für fremde Ideen und Einflüsse. Persien aber befinde sich im Zentrum der islamischen Länder – es könne sich gar nicht Europa zuwenden: Die Bevölkerung würde eine Zuwendung zu Formen westlicher Zivilisation nicht verstehen und nicht akzeptieren.

In den Diskussionen tauchte auch das Argument auf, Persien sei 2500 Jahre lang eine Monarchie gewesen. An Monarchen sei die Bevölkerung gewöhnt. Im Umgang mit republikanischen Präsidenten sei sie völlig unerfahren.

Dieses Argument leuchtete Reza Khan ein. Es war wichtig für ihn, wenn er seine eigene Situation betrachtete. Er war selbstkritisch genug einzusehen, daß ihm Wissen und Erfahrung fehlten. Er war sich nicht sicher, ob seine starke Persönlichkeit alle Mängel wettmachen könnte. Als Staatspräsident einer Republik war er auf sich selbst gestellt, er war ständig abhängig von seiner Überzeugungskraft. Sein schlimmster Mangel war, daß er als Redner unbegabt war. Republikanische Präsidenten aber mußten brillante Reden halten können.

Es wurde dem starken Mann Persiens deutlich, daß er für das höchste Staatsamt einen Rahmen brauchte, der ihn schützend umgab und der ihm zu Respekt verhalf. Diesen Rahmen konnte ihm nur die Monarchie bieten.

Reza Khan spürte instinktiv, daß sich die Perser danach sehnten, zu einem Monarchen hochblicken zu können. Seine Überlegungen bezogen die persische Geschichte ein: Reza Khan hatte die Erkenntnis, daß die Gefühlswelt des Volkes beherrscht wurde von der legendären Zeit, in der Cyros und Darios regiert hatten. Er begriff, daß die Menschen der unterschiedlichsten Schichten beeinflußt waren von den Sagengeschichten, die Ferdusi erzählt hatte. Ferdusis Epos „Schahnameh“ begann die Vorstellung des Reza

Khan zu beeinflussen. Der Gedanke an eine Republik Persien verblaßte nach und nach.

Als Reza Khan schließlich den Entschluß gefaßt hatte, Persien keine Republik werden zu lassen, fand er überraschend einen Verbündeten von Format: Die schiitische Geistlichkeit stellte sich geschlossen gegen die Gründung einer Republik.

Vor allem die Träger schwarzer Turbane, die Mitglieder der „Heiligen Familie", blickten mit Sorge auf die Geschehnisse in der türkischen Republik des Mustafa Kamal – sie fürchteten, in Persien werde Ähnliches geschehen. Der Nachfolgestaat des Osmanischen Reichs war inzwischen von einer Ordnung geprägt, die „Kamalismus" genannt wurde. Diese Ordnung war beherrscht von den Schlagworten „Nationalismus, Säkularismus und Modernismus". Dieses Programm, in die Tat umgesetzt, bedeutete Abwendung von den gesellschaftlichen Ordnungsprinzipien des Islam. Mustafa Kamal, der als Staatspräsident mit diktatorischen Vollmachten ausgestattet war, hatte den türkischen Nationalstaat proklamiert, in dem der Islam nicht Staatsreligion war. Der Koran galt nicht mehr als Basis der Gesellschaftsordnung.

Eine Entscheidung des Präsidenten hatte bereits das Erscheinungsbild des ganzen Landes verändert: Männer und Frauen hatten sich so zu kleiden, wie dies in Mitteleuropa üblich war. Frauen mußten in der Öffentlichkeit ihre Gesichter unverhüllt zeigen. Männerbärte waren als Zeichen der Rückständigkeit verpönt. Wer sich den Vorschriften zur Europäisierung nicht fügte, der wurde durch Zwangsmaßnahmen dazu gebracht, gemäß den Grundsätzen des „Kamalismus" zu leben.

Die Parole „Religion ist Privatsache", die in der Türkei Realität wurde, erschreckte die Geistlichkeit Persiens. Die Ayatollahs beschlossen, sich dagegen zu wehren, daß in Persien das Vorbild Türkei nachgeahmt werde.

Daß Reza Khan Alleinherrscher war, mußte als Tatsache

hingenommen werden. Nun wollten die Geistlichen ihn veranlassen, in einem politischen Rahmen zu bleiben, der von ihnen abgesteckt wurde.

In der heiligen Stadt Qom machten die Ayatollahs den ehrgeizigen Offizier mit ihrem Standpunkt bekannt: Die Geistlichen waren damit einverstanden, daß Reza Khan das islamische Persien als Monarch führte, wenn er die Absicht aufgab, Mustafa Kamal als sein Vorbild anzusehen.

Reza Khan mußte sich eingestehen, daß er auf die Geistlichkeit angewiesen war. Es gab außer der Armee keine andere gesellschaftliche Kraft, die ihn unterstützte. Das Parlament hatte am 21. März 1924 die Erfahrung machen müssen, daß Reza Khan den Sitzungssaal betreten hatte, um den Abgeordneten sein Mißfallen darüber zum Ausdruck zu bringen, daß sie sich Kontrollfunktionen bewahren wollten. Daß Reza Khan die Volksvertretung mißachtet hatte, wurde ihm von demokratischen Kräften übelgenommen. Sie wollten Widerstand leisten gegen die Idee, Reza Khan zum Schah zu krönen. Die schiitische Geistlichkeit aber fand Gefallen an ihm.

Am 1. April 1925 erklärte Reza Khan öffentlich, er habe immer nur das eine hohe Ziel vor Augen gehabt, den Glanz des Islam zu bewahren. Er werde auch in Zukunft dem Islam dienen und seine Verbreitung fördern. Von Politikern und Journalisten verlangte Reza Khan, sie sollten damit aufhören, die Einführung einer republikanischen Staatsform zu verlangen. Reza Khan erweckte den Eindruck, als habe er sich den Wünschen der schiitischen Geistlichkeit von Qom gefügt.

Geschickt hielt sich der 47jährige Reza Khan von der Öffentlichkeit fern. Er wohnte bescheiden in einem kleinen Dorf in der Nähe von Tehran. Er konnte beobachten, wie sein Fernbleiben Politiker und Geistlichkeit beunruhigte. Das Interesse an seiner Person und an seinen Absichten wurde durch die Geistlichkeit aufrechterhalten: Die Prediger erwähnten beim Freitagsgebet seinen Namen; sie priesen ihn als Retter in der Not des Landes.

Unter dem Druck von Demonstrationen, die von der schiitischen Geistlichkeit mobilisiert worden waren, sah sich das Parlament am 31. Oktober 1925 gezwungen, die Herrschaft der Qajarendynastie offiziell zu beenden. Das Geschlecht, das seit 1794 Persien repräsentiert hatte, sollte künftig nichts mehr zu bestimmen haben. Doch an jenem 31. Oktober 1925 wurde noch nicht entschieden, welche Staatsform in Persien künftig gelten solle.

Die Aufschiebung der Entscheidung wurde von Reza Khan nicht hingenommen. Von jenem Oktobertag des Jahres 1925 an ließ er sich mit dem Titel „Majestät" anreden. Er übernahm ganz einfach die Funktion des Staatsoberhaupts, ohne dazu legalisiert zu sein. Erst am 12. Dezember 1925 entschied sich das Parlament für die Weiterführung der Monarchie in Persien. Nachfolger der Qajaren sollte die Dynastie Pahlawi sein. Sie besaß allerdings keine Vergangenheit, keine Tradition. 257 der 260 Abgeordneten waren dennoch der Meinung, daß die Pahlawidynastie eine Zukunft habe.

Aus Reza Khan war Reza Schah Pahlawi geworden. Der Name „Pahlawi" war geschickt gewählt. Er bedeutete keineswegs Zugehörigkeit zu einem bestimmten Geschlecht. „Pahlawi" war die Bezeichnung für eine persische Sprache, die vom 3. Jahrhundert n. Chr. bis zum 10. Jahrhundert in Mittelpersien gebräuchlich war. Sie gilt als sehr kunstvolle Sprache.

So wurde durch Entschluß eines Mannes, der gerade Schah geworden war, das vergessene Wort „Pahlawi" zum Namen einer Dynastie, die – nach dem Willen ihres Gründers – die Zukunft Persiens in die Ewigkeit hinein sichern sollte.

Die Menschen, die sich im bescheidenen Dorf im Elburzgebirge daran erinnern konnten, daß Reza in ärmlichen Umständen aufgewachsen war, starben schon bald nach dem 12. Dezember 1925. Gerüchte halten sich bis heute, sie seien umgebracht worden. Die Höflinge des neuen Herrschers sorgten dafür, daß andere Gerüchte in Tehran zu hören waren. Sie besagten, in den Adern des Pahlawischahs fließe in Wahrheit königliches Blut. Irgendwann, in legendärer Zeit, seien die Vorfahren des Schahs Reza untergetaucht, um sich darauf vorzubereiten, in der Zeit der Not die Führung Persiens zu übernehmen.

Am 25. April 1926 war der Zeitpunkt gekommen, an dem das Pahlawigeschlecht sein „überkommenes Erbe" antrat. Die Krönungszeremonie fand im Herzen von Tehran, im Golestanpalast statt. Die Wände und Decken, die überzogen waren von Spiegelsplittern, reflektierten goldenes und silbernes Licht. Anwesend waren verängstigte Prinzen der entmachteten Qajarendynastie. Sie waren herbeigeholt worden, um den Übergang von einem Geschlecht zum anderen zu dokumentieren. Sie bezeugten, daß der monarchische Gedanke in Persien ohne Unterbrechung fortbestehe.

Daß die Pahlawis die Dynastie der Zukunft sind, das hat der sechsjährige Kronprinz Mohammed Reza zu demonstrieren. Er betritt den Raum, in dem sich der Pfauenthron befindet, mit festem und feierlichem Schritt. Mohammed Reza ist ein kleiner, schmächtiger Junge, der in eine angepaßte militärische Uniform gesteckt worden war. Er nimmt seinen Platz neben dem Pfauenthron ein.

Um die Kontinuität der Monarchie aufzuzeigen, werden dem Kronprinzen prächtige Objekte aus der Schatzkammer nachgetragen; sie sind einst im Auftrag der Herrscher aus der Vergangenheit gefertigt worden. Das bedeutendste Stück: Das „Schwert des Nader Schah". Es wird heute in der Vitrine Nr. 24 im Gewölbe der Staatsbank aufbewahrt. Das „Schwert des Nader Schah" ist im Jahre 1738 gefertigt worden und sollte jenen Schah daran erinnern, daß es ihm gelungen war,

Delhi zu erobern. Nader Schah hatte damals dem mit eintausendachthundertneunundsechzig geschliffenen Diamanten geschmückten Objekt den Namen gegeben: „Das Schwert, das alles erobert". Reza Schah trug während der Krönungszeremonie einen weiten Mantel, der mit unzähligen Perlen besetzt war. Seine Kopfbedeckung war deshalb auffällig, weil an ihr der Diamant Darya-e-Nur glänzte und funkelte. Er befindet sich derzeit in der Vitrine Nr. 34 im Gewölbe der Staatsbank. Schah Reza Pahlawi hätte ihn gerne bei seiner Flucht im Jahre 1979 ins Exil mitgenommen.

In derselben Vitrine Nr. 34 ruht die Krone, die unter Anleitung des Juweliers Hadsch Serajeddin für die Feierlichkeiten am 25. April 1926 gefertigt worden ist. Diese Krone wurde während der Zeremonie vor dem Pfauenthron getragen.

Vor dem Pfauenthron stand der Schah. Im Halbkreis umgaben ihn Minister und Würdenträger des neuen Regimes. Einen Schritt hinter Reza Pahlawi hatte sich Ayatollah Imam Juma bereitgestellt; er war damals die wichtigste Persönlichkeit in der Hierarchie der Schiitengeistlichkeit von Tehran. Der Ayatollah hielt eine kurze Ansprache, in der er Reza Khan Pahlawi daran erinnerte, daß er seine Würde und seine Autorität Allah zu verdanken habe: „Allah allein wählt die Könige aus und hält sie auf dem Thron!"

Niemand weiß, ob es wirklich die Absicht des Ayatollah Imam Juma war, dem neuen Schah die Krone aufzusetzen. Reza Khan Pahlawi wußte jegliche derartige Absicht zu verhindern. Entschlossen nahm der Schah dem Ayatollah die Krone ab und setzte sie sich selbst aufs Haupt.

Die Parallele zu Napoleon liegt nahe, der sich am 2. Dezember 1804 in der Kathedrale Notre Dame von Paris zur Verblüffung des anwesenden Papstes selbst gekrönt hatte.

Vor dem Golestanpalast standen am 25. April 1926 Tausende, die ihrer Begeisterung darüber Ausdruck gaben, daß Persien wieder zu Größe und Ruhm früherer Zeiten zurückkehren werde. Einpeitscher gaben die Parolen aus: „Der

Schahanschah, der König der Könige, ist das Zentrum der Welt."

Kaum war Reza Khan Pahlawi Herrscher über Persien geworden, verdrängte er die Ermahnungen des Ayatollah Imam Juma aus seinem Gedächtnis. Er dachte nicht daran, sich immer ins Bewußtsein zurückzurufen, daß er, der Schah, der Stellvertreter des entrückten Zwölften Imam sei. Er verdankte nicht dem Zwölften Imam die Krone. Er hatte sich selbst gekrönt – und er hatte dafür die volle Zustimmung des Volkes erhalten.

Daß ihm die schiitische Geistlichkeit geholfen hatte, Schah zu werden, vergaß Reza Khan bald. Sein Sohn Mohammed Reza Pahlawi erinnerte sich, sein Vater sei ein tiefreligiöser Mann gewesen. Die schiitische Geistlichkeit war schon bald nach der Krönung im Jahre 1926 davon nicht mehr überzeugt.

Der Kampf des Schahs Reza gegen die Führung der Schiiten

Von seinem Vorbild Mustafa Kamal hatte der Schah gelernt, daß in einem modernen Staat die Religion nicht die dominierende Rolle spielen dürfe. Der Glaube sei Angelegenheit des Gewissens eines jeden einzelnen. Jeder habe sein Verhältnis zu Gott selbst zu bestimmen – es sei folglich seine Privatsache. Die Konsequenz dieser Privatisierung des Glaubens ist, daß Religion in der Politik nichts zu suchen habe. Die Politik aber sei eine weltliche Angelegenheit, in die sich die Geistlichen nicht einzumischen hätten.

Mit der Übernahme dieser Überzeugung befand sich Schah Reza Pahlawi sofort in Konfrontation zum Standpunkt der Ayatollahs und Mullahs. Sie wehrten sich heftig gegen die Trennung von Moschee und Staat, die der Herrscher offenbar beabsichtigte. Sie waren der Meinung, daß in der Person des Propheten Mohammed Religion und Politik vereinigt gewesen seien – schließlich sei der Prophet nicht allein Verkünder von Allahs Willen gewesen, sondern er habe diesen Willen in die politische Tat umgesetzt. Mohammed sei die Exekutive in dem von ihm aufgebauten islamischen Staat gewesen. Genauso habe Ali, der Erste Imam, den Staat geführt – und Husain habe für die Idee der Kombination von geistlichem und weltlichem Führungsanspruch bei Kerbela sein Blut vergossen. Mohammed, Ali und Husain hätten gezeigt, daß Religion und Politik im islamischen Staat untrennbar miteinander verbunden seien.

Schah Reza Pahlawi sah nicht ein, warum die schiitische Geistlichkeit in einem modernen Staat Mitbestimmung und sogar Vorherrschaft verlangen konnte. Die Ayatollahs, die er kannte, waren nach seiner Meinung „Finsterlinge", die sich an den Zuständen einer überholten Zeit festklammerten – an Rechten und Privilegien. Den Ayatollahs, mit denen er zusammentraf, warf der Schah vor, sie betrachteten jeden Fortschritt mit Argwohn. Seine Überzeugung sei, so erklärte der Schah, daß der Fortschritt der Menschheit im Sinne Allahs sei. Allah wolle, daß sich die Menschheit Wissen aneigne, daß sie Meister der technischen Entwicklung sei, daß sie in eine lichte Zukunft blicke.

Es ist durchaus möglich, daß Reza Schah auf Entgegenkommen der Geistlichkeit positiv reagiert hätte. Mohammed Reza, der Sohn des ersten Pahlawischahs, hat häufig die Religiosität seines Vaters betont. Er hat darauf hingewiesen, daß der Vater den Namen des Achten Imam – Reza – getragen habe und diesen Namen auch ihm, dem Sohn, weitergegeben habe. Der Vater sei häufig nach Meshed gepilgert, zum Grabmal des Achten Imam, der Ali Reza geheißen hat. Der Schah sei überzeugt gewesen, ein Gebet am Grab des Achten Imam sei für das Heil eines Menschen wichtiger als die Pilgerfahrt nach Mekka.

Der Sohn verteidigte die Abkehr des Vaters von der Geistlichkeit mit dem Argument, die Geistlichkeit habe sich heuchlerisch benommen: Sie habe ihm vorgeworfen, er habe sich „unislamisch" verhalten, dabei habe sein Vater darunter gelitten, daß die Geistlichkeit das Heiligtum von Meshed habe verkommen und verfallen lassen. Sein Vater sei der erste gewesen, der sich um das Mausoleum des Achten Imam gekümmert habe; es habe ja nur noch aus Ruinen bestanden. Reza Schah habe für sich beansprucht, religiös zu sein, doch er habe sich in der Politik von der Geistlichkeit keine Vorschriften machen lassen dürfen.

„Säkularismus" nannte der Schah sein Prinzip, mit dem er Persien in die Zukunft führen wollte. Zunächst wandte er dieses Prinzip auf die Rechtspflege an.

Bis zu seinem Regierungsantritt wurde durch „islamische Gerichte" geurteilt. Richter waren Geistliche, die nach den Vorschriften des Koran urteilten und nach den Lehren der Korankenner aus frühen Zeiten. An eine verbindliche und einheitliche Rechtsprechung war dabei nicht zu denken. Individuelle Koraninterpretationen bestimmten die Urteile. Ein weltlich orientierter Kodex existierte nicht.

Die Ausländer, die in Persien lebten, brauchten sich dieser islamisch-persischen Rechtspraxis nicht zu unterwerfen. Für sie waren „Konsulargerichte" zuständig, die nach den Regeln und Gesetzen des jeweiligen Heimatlandes urteilten. Hatten Franzosen einen Rechtsstreit auszufechten, wandte das Gericht des französischen Konsulats französisches Recht an. Nach dem gleichen Prinzip verfuhren die diplomatischen Vertretungen der Engländer, der Deutschen und der Russen.

Dieser Zustand war eingetreten, weil die Qajarenschahs über Jahrzehnte hin vor den Forderungen ausländischer Mächte „kapituliert" hatten. Schah Reza Pahlawi schaffte die islamischen Gerichte und die Konsulargerichte ab. Er gab seinem Reich ein Gesetzbuch, das sich am französischen Rechtssystem orientierte. Die islamische Rechtstradition war damit in Persien ausgelöscht.

Dem französisch-europäischen Bewußtsein war das Gesetz zum Verbot unterschiedlicher Kleidung für unterschiedliche Schichten der Bevölkerung angepaßt. Abgeschafft wurde die persische Nationaltracht, deren Merkmal bauschige Hosen und der Turban waren. Erwünscht war das Tragen westlicher Kleidung.

Wurde diese Vorschrift noch hingenommen, so stieß die Abschaffung des verhüllenden schwarzen Schleiers für Frauen auf Widerstand. „Die schiitische Geistlichkeit verdammte dieses Gesetz als Einfall eines teuflischen Gehirns“, erlassen in der Absicht, den Islam zu zerstören. Dem Schah wurde vorgeworfen, er mißachte die im Koran vorgeschriebene Verhüllung der Frau. Seine Gläubigkeit wurde in Frage gestellt. Übelgenommen wurde die Begründung des Herrschers, die Enthüllung des Gesichts der Frau müsse „im Namen des gesunden Menschenverstands“ erfolgen.

Je intensiver der Konflikt mit der Geistlichkeit wurde, desto mehr zeigte der Schah Interesse an der vorislamischen Geschichte Persiens. Erhalten ist eine Fotografie, die den Herrscher auf den Stufen der großen Treppe von Persepolis zeigt. Reza Schah trägt einen schlichten Militärmantel. Mit Hilfe eines Stockes erklärt er seinem Sohn Einzelheiten der Reliefs an der Wand. Er wußte offenbar Bescheid über die dargestellten Zeremonien aus der Zeit der frühen Könige.

Die Pose auf der Treppe von Persepolis war nicht gespielt. Der erste Pahlawischah hob die großen Könige der persischen Frühzeit aus der Vergessenheit ins Bewußtsein nicht nur seines Sohnes, sondern vieler Perser. Reza Schah erinnerte an Cyros (559 bis 529 v. Chr.), der als Begründer der Königsherrschaft in Persien gilt. Der Schah pries Darios, der im Jahre 522 v. Chr. eine einheitliche Reichsordnung geschaffen hatte. Der Schah bewunderte Schapur II. (309 bis 379 n. Chr.), der sieben Jahrzehnte lang die römischen Legionen von seinem Land fernhalten und schließlich sogar einen Sieg erringen konnte.

Von Abbas dem Großen wollte Schah Reza Khan nichts wissen. Er war schließlich ein Herrscher der islamischen Zeit. Abbas gehörte in eine Epoche, in der Persien sich dem Einfluß der Araber hatte ausliefern müssen – auch wenn die Herrscher versucht hatten, sich von Arabien abzugrenzen.

Von seinem Vater hat der zweite Pahlawischah die Neigung zu den vorislamischen Königen geerbt und das Bewußtsein, in einer Reihe von Herrschern zu stehen, die schon vor 2500 Jahren Persien regiert haben. Der Vater hat in Persepolis den Gedanken entwickelt, gerade dort Cyros zu feiern und die Erinnerung an die persische Frühgeschichte zu zelebrieren.

Der erste Pahlawischah verlangte von seinem Volk die Rückbesinnung auf die frühe Zeit persischer Geschichte. Dazu gehörte auch die Beschäftigung mit dem Epos „Schahnameh", das der Poet Ferdusi 1000 Jahre zuvor geschaffen hatte. Zum Lehrplan aller Schulformen gehörte die Lektüre des „Schahnameh". Die Schüler mußten längere Passagen des Werks auswendig lernen. Reza Schah erhob „Schahnameh" zum persischen Nationalepos. Er hatte erkannt, daß der Leser dieses Werks auf leichte Art mit der monarchischen Idee vertraut gemacht wurde und daß ihm deutlich werde, daß Persien in seiner Geschichte immer von Königen auf den rechten Weg gebracht worden ist. Nicht erwähnt wurde im Schulunterricht die schiitische Tendenz des Autors Ferdusi und seine Verehrung der „Heiligen Familie".

Die landesweite Lektüre dieses Nationalepos konnte erst dann wirklich durchgesetzt werden, als ein Schulsystem entstand, das Stadt und Land gleichmäßig mit Lernmöglichkeiten bedachte – und das europäischen Normen entsprach. Bis dahin war die Unterrichtung Aufgabe der Geistlichkeit gewesen, die dafür von den betroffenen Familien auf privater Basis mit kleinen Geldbeträgen entlohnt worden war. Zu diesem Unterricht waren allerdings nur die männlichen Heranwachsenden zugelassen; die Mädchen kamen mit den Geistlichen nicht in Kontakt. Diesen Zustand wollte der Schah ändern: Beide Geschlechter sollten unterrichtet werden.

Die Mullahs waren allerdings nur befähigt, den Kindern elementarste Kenntnisse in Lesen und Schreiben beizubringen. Von ihnen konnte nicht erwartet werden, daß sie zum Thema „Nationalepos Schahnameh" unterrichteten. Die Mullahs sprachen zu den Kindern jedoch gern und ausführlich über die schiitischen Märtyrer Ali und Husain. Dies war nicht im Sinne des Schahs.

Der Pahlawiherrscher wollte rigoros Abhilfe schaffen: Er verbot den Geistlichen insgesamt, Unterricht zu erteilen. Sämtliche Schulen, die von Einzelpersonen oder Stiftungen getragen wurden, mußten geschlossen werden. Auch christliche Schulen, die von Missionaren oder von diplomatischen Vertretungen organisiert worden waren, durften nicht länger fortbestehen. Der Schah verordnete Schulpflicht für alle in staatlich kontrollierten Schulen. Der Unterrichtsplan richtete sich nach den Anordnungen des Schahs Reza Khan.

Die Finanzierung dieser Schulreform war für den Schah kein Problem: Er ließ das Eigentum der religiösen Stiftungen in den heiligen Städten der Schiiten beschlagnahmen. Diese Stiftungen hatten sich von reichen und überaus gläubigen Persern Land und Geld übereignen lassen. Ihnen stand ein beachtlicher Reichtum zur Verfügung. Sie hatten damit den Unterhalt der Moscheen zu finanzieren, die Geistlichen, die Moscheewärter und – mit kleinen Summen – das Reinigungspersonal zu bezahlen. Aus den Zinsen der Stiftungsgelder wurde auch der Unterhalt der Geistlichen mit dem schwarzen Turban bestritten; ein Anrecht auf regelmäßige Zuwendungen hatte, wer zur „Heiligen Familie" zählte.

Mit der Beschlagnahme des Stiftungsvermögens endete die Auszahlung an die Träger des schwarzen Turbans. Das Personal der Moscheen aber bekam fortan Geld vom Staat.

Diese Maßnahme war ein harter Schlag für die bisher so einflußreiche schiitische Geistlichkeit: Sie hatte Vermögen und damit Einfluß verloren. Der schlimmste Eingriff in die Privilegien der Mullahs aber geschah durch die Verordnung, niemand sei vom Militärdienst befreit – auch nicht die jungen Geistlichen. Auch sie hatten zwei Jahre lang die Uniform der Armee zu tragen. Sie wurden damit gleichbehandelt wie jeder andere männliche junge Perser, sie mußten sich in die Gemeinschaft einpassen.

Die Härte, mit der die Maßnahme durchgeführt wurde, schuf Verärgerung. In Qom und in Meshed wurden die Geistlichen in ihren Unterkünften abgeholt und in Kasernen gebracht, die sich in weit entfernten Landesgegenden befanden. Dort wurden ihnen die Bärte geschoren, die das Zeichen ihres Standes waren.

Vor Einberufung und Abtransport konnte nur Zuflucht in der Moschee schützen. Wer sich in Qom im engen, ummauerten Umkreis um das Mausoleum der Fatima al Ma'sumeh aufhielt, der durfte nicht ergriffen und eingezogen werden.

Chomeinis Dynastie gegen die Pahlawidynastie

Zu den jungen Geistlichen, die Schutz suchten am Mausoleum der Fatima al Ma'sumeh, der Schwester des Achten Imam, gehörte ein Mann, der Ruhollah hieß. Er hatte sich eine Wohnung ausgesucht, die ganz nahe am Heiligtum lag. Das Haus befand sich am Eingang des Basars der Süßwarenhändler. Trafen Soldaten in Qom ein, um die Zwangsrekrutierung zu vollziehen, hatte der junge Geistliche nur wenige Schritte zu rennen, und er war in Sicherheit.

Nur im Bereich der Moschee konnten die Religionsstudenten ungefährdet ihre Turbane tragen. Reza Schah hatte befohlen, die Turbane seien durch eine schwarze Schildmütze zu ersetzen. Der Schah wollte auch in diesem Fall

Vorbild sein. Fotografien zeigen ihn mit schlichter schwarzer Mütze, die Schild und hohen Rand besaß. Reza Schah sah damit aus wie ein französischer Polizist jener Zeit.

Ruhollah war sehr um seinen Turban besorgt, denn dieser bestand aus schwarzem Tuch – die schwarze Farbe kennzeichnete ihn als Mitglied der „Heiligen Familie". Ruhollah erinnerte sich während seines ganzen Lebens daran, daß er Angst davor hatte, Agenten des Schahs würden seinen schwarzen Turban verbrennen.

Das Recht auf das Tragen des schwarzen Turbans hatte Ruhollah von seinem Vater geerbt. Dieser war „Sayyed" gewesen und hatte mit diesem Titel bekundet, daß er zur „Heiligen Familie" zählte – zu „ahl al beit", zu den „Leuten des Hauses". Gemeint ist mit „ahl al beit" die Dynastie des Propheten Mohammed. Das Prädikat „Sayyed" wird vom Vater auf die Söhne vererbt.

Theoretisch besteht die Möglichkeit, daß sich jemand das Prädikat anmaßt, ohne ein Recht dazu zu haben, doch ist ein derartiger Fall nicht bekannt. Würde jemand in einem solchen Fall als Betrüger entdeckt werden, so gehörte er – so lautet die von schiitischen Geistlichen verwendete Formulierung – zu denen, „deren Blut vergossen werden muß". Die Gefahr, ertappt und getötet zu werden, schreckt davor zurück, sich ungerechtfertigt „Sayyed" zu nennen und den schwarzen Turban zu tragen. Erstaunlich lebendig ist im Kreis der Schiiten die Erinnerung daran, wer zur „Heiligen Familie" gehören kann.

Unterschiedliche Grade trennen die „Sayyeds": Die Husain-Sayyeds stammen von Husain ab, vom Dritten Imam, der bei Kerbela im Oktober 680 n. Chr. den Märtyrertod gestorben ist. Die Musawi-Sayyeds stammen vom Siebten Imam ab, der Musa al Qazim geheißen hat; er ist im Jahre 796, zur Zeit des Kalifen Harun al Rashid, vergiftet worden. Die Hasani-Sayyeds berufen sich darauf, Hasan, der Zweite Imam, sei ihr Stammvater. Die Hasani-Sayyeds genießen allerdings nicht die Wertschätzung der beiden anderen Sayyedgruppen, da diesem Bruder des Märtyrers Husain vorgeworfen wird, er habe mit den Frevlern, mit der Muawijasippe Frieden geschlossen.

Ruhollah gehörte zu den Musawi-Sayyeds, also zu den Nachfahren des Siebten Imam Musa al Qazim. Der Vater, Sayyed Mustafa, stammte aus einer armen Familie der angesehen Sippe. Sein einziger Vorzug bestand darin, daß er sich Sayyed nennen durfte. Er betrieb Landwirtschaft in einer kleinen Stadt, die Chomein heißt. Sie liegt eine Autostunde südwestlich der heiligen Stadt Qom.

Sayyed Mustafa hatte sich unter Anleitung seines Vaters mit Koranstudien befaßt. Er war bis zu einer Kenntnisstufe gelangt, die ihn berechtigte, sich Mullah zu nennen. Den Lebensunterhalt konnte er allerdings damit nicht verdienen. Er war auf winzige Einnahmen aus der Landwirtschaft und auf das kleine Vermögen seiner Frau angewiesen.

Im Jahre 1902 – angenommen wird, es sei am 9. November gewesen – wurde Ruhollah in Chomein geboren. Sein Vater starb sechs Monate später. Die Umstände seines Todes sind von Legenden umgeben, deren Wahrheitskern sich nicht mehr herausschälen läßt. Seit 1979, seit dem Sieg der Revolution Chomeinis, wird gelehrt, Sayyed Mustafa sei aktiver Kämpfer für die soziale Gerechtigkeit gewesen. Er sei von britischen Agenten umgebracht worden, deren Aufgabe es war, den Ausbruch einer Revolution zu verhindern. Möglich ist auch, daß Sayyed Mustafa im Streit mit Verwaltern der Großgrundbesitzer von Chomein erschlagen worden ist.

Ruhollahs Mutter, die zum Zeitpunkt des Todes ihres Mannes wieder schwanger war, gab das Kleinkind zu seiner Tante Roqiyah in Pflege. Sie war wohlhabend. Berichtet wird, die Mutter habe Ruhollah kaum mehr gesehen; gekümmert habe sie sich um ihn nicht.

Bedeutungsvoll war der Name des Jungen. Ruhollah läßt sich übersetzen mit „Geist Allahs". Dieser Name war Sayyed

Mustafa eingefallen. Eine Legende aus neuerer Zeit berichtet, der Prophet selbst habe dem Vater den Namen eingegeben.

Als Ruhollah vier Jahre alt war, wurde er in eine der örtlichen Koranschulen geschickt. Der Lehrer war ein Mullah, der männliche Kinder dazu anleitete, den Koran auswendig zu lernen. Er lehrte auch Lesen und Schreiben.

Diese Elementarschule in Chomein brachte den jungen Ruhollah dazu, daß er innerhalb von sechs Jahren den gesamten Koran auswendig konnte. Tante Roqiyah war von Ruhollahs Lerneifer derart begeistert, daß sie ihm einen Geldbetrag zur Verfügung stellte, der für die weitere Ausbildung zum Geistlichen verwendet wurde; diesen Betrag verwaltete ein Treuhänder für den heranwachsenden Studenten.

Als Ruhollah 17 Jahre alt war, meinte der bisherige Lehrer, in Chomein sei keine höhere Stufe der Ausbildung zu erreichen; Ruhollah möge sich bessere Unterweisung an einem anderen Ort suchen. Die nächste Stufe, die Ruhollah erreichen wollte, hieß „Talaba" – zu übersetzen mit „ein Suchender"; gemeint ist ein Mann, der bereit ist, sich Allah zu nähern.

Um Talaba zu werden, zogen seit Generationen junge schiitische Geistliche nach Nedschef in Mesopotamien. Nahe der Begräbnisstelle des Imam Ali, des ersten der heiligen Männer der Prophetenfamilie, suchten sie Belehrung und Weisheit. Doch nun – nach dem Ende des Ersten Weltkriegs - befand sich der Ort im britischen Einflußgebiet. England war dabei, die Ölgebiete Mesopotamiens unter seine Kontrolle zu bekommen, um sie ungestört ausbeuten zu können. Seine Administratoren waren darauf bedacht, unruhige Geister von ihrem Herrschaftsgebiet fernzuhalten. Zu diesem Zweck hatten sie für Mesopotamien eine Einreisesperre erlassen, die nur in seltenen Fällen aufgehoben wurde. Ruhollah versuchte gar nicht erst, die Genehmigung zur Reise nach Nedschef zu erhalten.

Doch auch die Wahl einer anderen Ausbildungsstätte war schwierig, denn im zerfallenden Reich der Qajaren gab es kaum noch einen Ort, der gefahrlos zu erreichen war. Nach Meshed zu wandern, verbot sich von selbst, denn auf dem Weg nach Chorasan lauerten Räuberbanden. Genauso schwierig war es, Shiraz zu erreichen. Die Stadt des Poeten Hafis hätte den jungen Geistlichen gereizt, denn er selbst spürte in sich den Drang, Gedichte zu schreiben. Er wandte dabei die Technik an, die Hafis meisterhaft beherrscht hatte: Seine Poesie mischte unterschiedliche Sinnebenen, die austauschbar waren. Den Begriff „Wein", den Hafis überaus geschätzt hatte, vermied der Mullah Ruhollah.

Das Jahr 1919 westlicher Zeitrechnung war angebrochen, als er sich entschied, nach Arak zu ziehen. Diese Stadt war zwar unter theologischen Gesichtspunkten unbedeutend, doch sie lag nahe. Die Entfernung von Chomein nach Arak beträgt nicht ganz 50 Kilometer.

In Arak fand Ruhollah einen Lehrer, der – nach Meinung des jungen Mullah – fortschrittlich gesinnt war. Der Lehrer, der nur wenig älter als Ruhollah war, stellte sich mit seinen Anschauungen an die Seite der „Constitutionalists", der Intellektuellen also, die für die Schaffung einer Verfassung eintraten. Er kritisierte, daß schiitische Geistliche zwar auch nach einer Verfassung verlangten, aber nur, um ihre eigennützigen Ziele verfolgen zu können; das Wohl des Volkes interessiere sie nicht. Ruhollah, „der Suchende", übernahm von seinem Lehrer den Standpunkt, die Auffassung vom Glauben und die Interpretation der Glaubensgrundsätze hätten sich den Veränderungen anzupassen.

Die Ansichten des Lehrers und seines Schülers wurden in Arak von anderen Studenten nicht akzeptiert. Die beiden fühlten sich zum Umzug veranlaßt. Sie suchten und fanden eine Unterkunft in Qom. Die Entfernung von Arak nach Qom beträgt 139 Kilometer.

Als Ruhollah dort eintraf, war Qom zwar durch das Mausoleum der Fatima al Ma'sumeh, der Schwester des Achten

Imam, ein heiliger Ort, der Pilger in großer Zahl anlockte, doch für seine theologischen Institute war Qom nicht berühmt. Gerade dieser Umstand, daß hier keine Schulen mit festen Lehrmeinungen existierten, erwies sich für Ruhollah als günstig.

Im Sommer 1920 begannen sich der Suchende und sein Lehrer in Qom bemerkbar zu machen. Sie vertraten ihren fortschrittlichen Standpunkt und wurden von der Schicht der Kaufleute freudig aufgenommen. Die wirtschaftlich wichtigen Männer der Stadt spürten sofort, daß sich ihnen die Chance bot, die Pilgerstadt in einen Studienort zu verwandeln, in einen Anziehungspunkt für Gelehrte und für Hunderte von „Suchenden“. Die Basaris hatten wohl eine Vorahnung, daß Qom in absehbarer Zeit Glaubenszentrum für Persien und für alle schiitischen Regionen der islamischen Welt werden könnte.

Qom bot allerdings dafür zunächst überhaupt keine Voraussetzung. Das Klima ist, ganz besonders im Sommer, unerträglich: Hitze und Feuchtigkeit plagen die Bewohner. Schlimm aber war und ist die Qualität des Wassers – es schmeckt salzig. Qom ist auf einem Gelände errichtet, das früher ein gewaltiger Salzsee gewesen ist. Im Grundwasser ist das Salz noch immer zu finden.

Unangenehm war, daß Qom zur Zeit, als sich Sayyed Ruhollah dort niederließ, keine überdeckte Kanalisation besaß. Die Abwässer und Fäkalien flossen träge in offenen Kanälen. In und um die Stadt herrschte unerträglicher Gestank.

Der „Suchende“ mit dem schwarzen Turban ließ sich von den üblen Düften nicht abhalten. Er nannte sich jetzt Sayyed Ruhollah Chomeini und war der Meinung, dieser Name werde schon bald bekannt sein. In der Nähe des Mausoleums der Fatima al Ma'sumeh bezog er ein bescheidenes Quartier. Im gleichen Gebäude wohnte sein Lehrer, der in seiner Bleibe auch seine „Schule" eröffnete. Sie war zuerst nichts als ein kleiner Kreis von „Suchenden". Da der Lehrer jedoch eine faszinierende Persönlichkeit mit profundem Wissen und mit neuartigen Aussagen war, vergrößerte sich der Zirkel rasch. Er umfaßte bald 100 „Suchende", doch Hunderte von Mullahs, die sich um das Mausoleum der Fatima drängten und die wenig beschäftigt waren, sahen das Entstehen der neuen „Schule" ungern. Da sie nur geringes Wissen besaßen, konnten sie mit den Neuankömmlingen nicht konkurrieren, doch sie schadeten ihnen durch üble Nachreden. Es soll Chomeini damals nachgesagt worden sein, er habe kommunistische Neigungen.

Die Masse der Geistlichen von Qom gehörte einer Schicht an, deren Mitglieder sich „Mullah" nannten. Um diesen Titel führen zu können, war ein Studium bei einem anerkannten geistlichen Lehrer Voraussetzung. Daran aber herrschte Mangel in Qom. Dies führte dazu, daß sie sich „Suchende" Mullahs nannten. Sie waren Geistliche mit niederer Qualifikation.

Das Wort „Mullah" ist arabischen Ursprungs. Das Grundwort „Maula" läßt sich mit „Vikar" übersetzen. Dem Mullah ist eine feste Aufgabe gestellt: Er ist verantwortlich dafür, daß die Gläubigen, die im Leben vielerlei Versuchungen ausgesetzt sind, auf dem rechten Weg bleiben, der von den Imamen vorgezeichnet ist. Um diese Aufgabe erfüllen zu können, muß der Mullah in der Lage sein, die Bedeutung der islamischen Regeln und Vorschriften zu erkennen.

Selbständigkeit des Denkens in Glaubensfragen wird von ihm nicht verlangt. Eigene Initiative kann sich nur der Geistliche erlauben, der die Stufe des „Mudjtahid" erreicht hat. Der Begriff ist zu übersetzen mit: „Einer, der führen darf".

Die Qualifikation wird von einem Geistlichen vergeben, der einem Zirkel von Suchenden vorsteht. Der Verleihung geht keine offizielle Prüfung voraus, und sie wird nicht durch ein Diplom bestätigt – sie beruht auf dem Vertrauen, das der Lehrer dem Suchenden entgegenbringt.

Diese Zurückhaltung der Schiiten gegenüber formaler Regulierung innerhalb der Schicht der Geistlichen hat mit dem Ausgangspunkt des Islam zu tun, der – nach dem Willen des Propheten Mohammed – ohne Vermittler zwischen Allah und den Menschen auskommen wollte. Jeder Gläubige sollte selbst verantwortlich sein für das Verhältnis zum Schöpfer und Herrn. Der Mudjtahid übernahm folgerichtig seine Führungsposition in eigener Verantwortung, ohne daß ihm ein Dokument dazu die Berechtigung gab.

So empfand auch Sayyed Ruhollah Chomeini seine ganz eigene Verantwortung, als er, erst 22jährig, die Auseinandersetzung mit Reza Khan begann. Der einstige Kosakenoffizier war auf dem Weg, Alleinherrscher über Persien zu werden. Er gab zwar noch vor, er respektiere die schiitische Geistlichkeit, doch er begann bereits die Idee zu entwickeln, iranischen Nationalstolz zu pflegen und das Reich nicht mehr Persien zu nennen, sondern Iran, „das Land der Arier“. Der Ausgangspunkt sollten die Taten der frühen Könige Cyros und Darios sein und die architektonischen Zeugnisse ihrer Existenz. Die Reliquie Persepolis mußte aufgewertet werden – Chomeini aber empfand die Säulen, Treppen und Mauerreste als Relikt aus heidnischer Zeit.

Für den Sayyed Ruhollah Chomeini begann die Geschichte Persiens erst mit der Schlacht von Qadisiyah im Juni 637 n. Chr. Für Reza Khan begann die Geschichte tausend Jahre zuvor mit den frühen Königen. Von Qadisiyah an schlug die Geschichte – nach Reza Khans Ansicht – den falschen Weg ein: Persepolis geriet in Vergessenheit; Persien verlor seine eigenständige Kultur.

Für den jungen schiitischen Geistlichen aber war jeder historische Vorgang, der vor Qadisiyah geschehen war, unwürdig und unwert, im Gedächtnis des Volkes bewahrt zu werden.

Der Sayyed empfand, daß das Volk richtig gehandelt hatte, als es in seiner Erinnerung den Relikten aus früher Zeit völlig andere Bedeutungen gegeben hat. Das Grab des Cyros in Pasargade sei in Wirklichkeit ein befestigter Rastplatz gewesen, auf dem die Mutter des Salomo einst übernachtet hatte – so sagt bis heute der Volksmund. Mit Salomo wurden auch die Relikte von Persepolis in Zusammenhang gebracht: Dort habe einst der Thron des Salomo gestanden.

Salomo wurde und wird im islamischen Volksglauben hoch geschätzt; vergessen ist, daß er König der Juden war.

Reza Khan empfand mit Bitterkeit, daß es dem Islam gelungen war, die Erinnerung an iranische Geschichte auszulöschen. Der neue starke Mann des Reichs sah in der Wiedererweckung dieser Erinnerung das Mittel, um den Nationalstolz neu erstehen zu lassen. In Vergessenheit geraten sollte das Ereignis von Qadisiyah und die schmähliche Niederlage Persiens durch die Araber.

Der 22jährige Sayyed Ruhollah Chomeini studierte die Reden des Reza Khan sehr genau. Da war immer mehr von der „Großen Iranischen Nation“ die Rede, in deren Namen Leistungen erbracht werden sollten.

Doch, wie viele gläubige Schiiten, ließ sich der Geistliche von seinem Argwohn abbringen, als er erfuhr, Reza Khan habe während der Krönungszeremonie vor dem Pfauenthron zuerst den Koran geküßt. Sayyed Ruhollah Chomeini hoffte in den Wochen danach, der Schah werde daran denken, daß er über ein schiitisches Land herrsche, und daß Qom zum Zentrum des Glaubens werde. Doch am nächsten Neujahrstag „Noruz“, der nach persischem Kalender am Tag der „Frühjahrstagundnachtgleiche“ (21. März) begangen wird, mußte er feststellen, daß der Schah mit einer Tradition brach. Bisher hatte der Herrscher am Tag „Noruz“ immer in Qom gebetet – Reza Khan aber betete in Meshed, im Mausoleum des Achten Imam. Gravierender als dieser Ortswechsel aber war die Anordnung, daß in Gegenwart des Schahs sämtliche Geistliche das Heiligtum zu verlassen hatten. Für Sayyed Ruhollah Chomeini war dies das erste Anzeichen der Mißachtung der schiitischen Geistlichkeit. Reza Khan hatte demonstriert, daß er die Turbanträger verachtete – auch wenn der Turban aus schwarzem Stoff bestand, und sein Träger damit seine Zugehörigkeit zur „Heiligen Familie“ bekundete.

Für Sayyed Ruhollah Chomeini stand von nun an fest, daß der Schah beabsichtigte, einen Feldzug gegen die schiitische Geistlichkeit insgesamt zu führen, um das Denken der Menschen schließlich umzuleiten auf die Glaubenswelt der iranischen Frühzeit. Der junge Geistliche hielt es nicht für ausgeschlossen, daß die Rituale des Glaubenskultes um Ahura Mazda wiederbelebt werden könnten. Er sah in der Erinnerung an die Religion aus der Zeit vor dem Sieg des Islam ein „Aufbäumen des Teufels“.

Daß Reza Khan in seinem Kampf für Cyros und Darios und damit gegen den Islam vom westlichen Ausland unterstützt wurde, war für Chomeini selbstverständlich. Sein Standpunkt war: Die christliche Welt war mit Reza Schah Pahlawi im Bunde, um ihre Ziele durchzusetzen. Die Christen hatten über Jahrhunderte versucht, den Islam auszulöschen. Als besonders widerstandsfähig hatte sich jedoch die schiitische Ausprägung des Glaubens erwiesen. Das Christentum und der Schah waren nun dabei, einen neuen Ansatzpunkt für die Aushöhlung der Position der Religion zu erproben. Beweis für seinen Verdacht war das Edikt, das Offiziere vom Generalsrang aufwärts den höchsten geistlichen Autoritäten, den Ayatollahs, an Ansehen gleichstellte. Ein Ayatollah verdiente fortan nicht mehr Respekt als ein General. Diese Aufwertung der Offizierskaste konnte nur ein Schritt sein zur Abwertung der islamischen Geistlichkeit. Die Offiziere sollten die Träger der Staatsidee sein, die der Pahlawischah realisieren wollte. Ihr Ziel war die Wiederbelebung der Gedankenbasis des frühen iranischen Reichs.

Damit diese Staatsidee nicht nur auf die Hauptstadt Tehran beschränkt bleibe, sondern im ganzen Land verbreitet werde, kam der Pahlawischah auf den Gedanken, militärische Garnisonen in allen Reichsgebieten aufzubauen. Durch die Offiziere, die dort dienten, sollten die Landbewohner von Cyros und Darios erfahren und vom Glanz des alten Reichs, das mächtiger war, als alle anderen Staaten jener Zeit. Nach der Vorstellung des Schahs sollten mehr als hundert Garnisonen entstehen. Das offizielle Argument des Herrschers war, die Anwesenheit der Truppen in Stadt und Land würde die Sicherheit erhöhen und den wirtschaftlichen Aufschwung fördern.

Chomeini rechnete damit, daß der Schah seine Offiziere und Soldaten auch nach Qom schicken werde, um dort den „Geist der neuen Zeit" durchzusetzen. Die Geistlichen befürchteten, ihre Turbane seien dann nicht mehr zu retten, und ihre Bärte würden abgeschnitten werden. Doch die Befürchtung blieb zunächst unbegründet.

Der junge Geistliche widmete sich in jener Zeit nicht allein seinen Studien und der Vorbereitung einer Konfrontation mit dem Schahregime – er sammelte auch Erfahrungen als Mann. Gelegenheit dazu gab ihm eine Tradition, die sich in Iran bis heute erhalten hat: Die „Ehe auf Zeit". Ein Mann wählt sich eine Frau aus und schließt mit ihr einen Vertrag. Die „Ehe auf Zeit" kann einen Tag dauern oder auf Jahrzehnte ausgedehnt werden. Die Frau lebt mit dem Mann zusammen und erhält zusätzlich zum Unterhalt einen bestimmten Geldbetrag. Die Frau ist an den Mann gebunden und gilt durchaus nicht als unzüchtiges Wesen. Sollten Kinder geboren werden, sind auch sie in die vertragliche Ordnung eingebunden. Nur eine Vorschrift beschränkt die Freiheit, die den Männern durch die „Ehe auf Zeit" geboten wird: Sie dürfen keine Jungfrauen zu sich nehmen. Es sollen in erster Linie Witwen geheiratet werden, die ohne Versorgung sind.

Der junge Chomeini hat im Lauf der Jahre nacheinander mehrmals Ehen auf Zeit geschlossen. Er hat deutlich gesagt, warum dies geschehen sei: „Wer ohne Frau lebt, der wird leicht eine Beute des Satans."

Die „Ehe auf Zeit“ wird im Iran für würdevoller für die Frau angesehen, als die „Wilden Ehen“, die weiterhin üblich sind – die „Ehe auf Zeit“ besteht auf gesetzlicher Grundlage.

Schah Reza Pahlawi billigte die Zeitehe zwar nicht ausdrücklich, doch er unternahm nichts dagegen. So geschah es weiterhin, daß auch in der Stadt Qom Frauen durch Verwandte zur Ehe auf Zeit angeboten wurden. Der Frau stand dabei nicht das Recht zu, ihren „Zeitmann“ vor Vertragsabschluß zu sehen. Auch dem Mann ist kein Blick auf die Frau gestattet.

Sayyed Ruhollah Chomeini konnte sich im Sommer 1929 frei fühlen, weil ein Zeitvertrag gerade abgelaufen war. Er nahm sich vor, nach Tehran, in die Hauptstadt, zu fahren. Er wollte im Machtzentrum des Pahlawistaates erfahren, wie „teuflisch“ das Regime wirklich war. Er hatte dann allerdings wenig Zeit, um sich um die „Untaten“ des Schahs zu kümmern.

Er wohnte in Rey, im Süden der Stadt. Dort fand er Anschluß im Haushalt des überaus angesehenen Ayatollah Saqafi. Der gelehrte Geistliche gehörte ebenfalls zur „Heiligen Familie“. Saqafi, ein Träger des schwarzen Turbans, besaß heiratsfähige Töchter, die Chomeini allerdings nur aus der Ferne zu sehen bekam. Frauen und Männer waren im Haushalt strikt getrennt.

27 Jahre alt war Chomeini, als er sich entschloß, eine Familie zu gründen. Er bat Ayatollah Saqafi um eine seiner Töchter. Der hohe Geistliche meinte, seine zehnjährige Tochter Batul sei geeignet. Das Mädchen hatte geträumt, Fatima, die Tochter des Propheten Mohammed, sei ihr erschienen und habe ihr befohlen, nur einen Mann zu heiraten, der am selben Tag wie sie, wie Fatima, Geburtstag habe. Es ergab sich, daß Chomeini tatsächlich dieser Forderung der Prophetentochter entsprach. Ayatollah Saqafi war daraufhin selbstverständlich mit der Heirat einverstanden.

Bald darauf ordnete Reza Schah an, daß jeder Iraner sich einen Personalausweis ausstellen lassen müsse. Aus diesem Personalausweis müsse der Familienname zu ersehen sein – Familiennamen aber waren bisher unüblich gewesen in Persien. Man identifizierte sich als „Sohn des…“ oder als „Vater des...“ Sayyed Ruhollah, der sich bereits den Namen Chomeini – als Hinweis auf seinen Geburtsort Chomein – zugelegt hatte, nahm diesen Namen jetzt offiziell an. Vor diesen Familiennamen setzte er noch das Wort „Musawi“; er zeigte damit an, daß er von Musa Qazim vom Siebten der Imame abstammte. Sein Name war jetzt vollständig. Er hieß Sayyed Ruhollah Musawi Chomeini.

Der Konflikt zwischen dem Schah und dem Sayyed schwelt

Fest steht, daß Chomeini unbeteiligt war, als im Jahre 1935 der offene Konflikt begann. Der Ort des Aufstands war die heilige Stadt Meshed. Dort hielten Mullahs und „Suchende“ die Grabmoschee des Achten Imam Ali Reza besetzt. Der Anführer der Besetzer agitierte polemisch gegen den Pahlawischah und erzielte damit einen beachtlichen Erfolg. Er warf dem Schah vor, korrupt und gewalttätig zu sein. Reza Khan sei schuld daran, daß Persien seelisch krank sei und verrottet. Es sei für den Menschen besser, daß er diese Welt verlasse und ins Paradies einziehe. Das Paradies sei der Ort, an dem der Gläubige Glück empfinde. Seine Beschreibung von der Schönheit des Paradieses löste den Jubel junger Geistlicher aus.

Die Polizei von Meshed wollte die Rebellen durch Verhandlungen zum Einlenken bewegen. Das Resultat der Gespräche war, daß sich viele der Polizisten den Rebellen anschlossen. Als Reza Khan von dieser Meuterei erfuhr, reagierte er zornentbrannt. Er befahl der Garnison von Meshed die Niederwerfung des Aufstands – ohne irgendwelche

Rücksicht zu nehmen. Bald darauf schlugen Granaten in die Mauern der Grabmoschee ein. Um die Zerstörung des Heiligtums zu verhindern, ergaben sich der Prediger und die „Suchenden". Der Anführer und hundert der „Suchenden", die besonders laut gejubelt hatten, wurden hingerichtet.

Die Ereignisse von Meshed im Jahre 1935 empörten die Geistlichen insgesamt. Chomeini aber, der daran unbeteiligt gewesen war, gehörte noch nicht zu denen, die sich aktiv an der Politik beteiligen wollten. Er dachte eher daran, in der Hierarchie der Theologen weiter aufzusteigen. Er hatte es bisher immerhin schon zum „Hodjat al Islam" gebracht und war damit nur noch eine Stufe vom Ayatollah entfernt. Er konnte sich nun berechtigt fühlen, sich selbst eine Schar von „Suchenden" ins Haus zu holen.

Als Hodjat al Islam enthielt sich Chomeini der politischen Äußerungen, auch wenn er den Pahlawischah für einen „Schüler der Hölle" hielt. Er konnte es ihm nicht verzeihen, daß Reza Khan es einmal gewagt hatte, in Qom zum Schrein der Fatima al Ma'sumeh vorzudringen. Der Schah habe dort einen Geistlichen gesucht, der gegen ihn gepredigt habe. Mit der Reitpeitsche habe Reza Khan diesem Geistlichen den schwarzen Turban vom Haupt geschlagen.

Die Geistlichen fühlten sich gedemütigt – aber sie nahmen es noch hin. Wer es wagte, sich gegen den Schah zu äußern, der lief Gefahr, für immer zu verschwinden. Es konnte auch geschehen, daß ein einflußreicher Schiit tot aufgefunden wurde, von Geschossen durchlöchert. Solche Ereignisse führten dazu, daß die Geistlichen die Kraft zum Protest und zum Widerstand verloren. Viele baten um Asyl bei den Schiiten des Irak; sie gaben an, zu den Heiligtümern in Kerbela und Nedjef pilgern zu wollen. Doch die Paßämter im eigenen Land verhinderten die Ausreise durch bürokratische Mittel. Da war niemand, der sich effektiv dagegen wehrte. Noch hatten die gläubigen Schiiten keine Persönlichkeit, die ihnen den Rücken stärken konnte.

Reza Pahlawi vermied es, die Geistlichkeit unnötig zu reizen. Er verbot jegliche Anspielung, seine Dynastie könne sich auf frühiranische Herrscher berufen. Reza Khan wagte sich jedoch so weit vor, daß er propagierte, die Pahlawisippe sei der Kern des neuen Staates; die eigene Sippe sei das unangreifbare Symbol des Staates. Es war für ihn kein Mangel, daß die Wurzeln seiner Familie nicht weit in die Vergangenheit reichten. Für ihn zählte der Erfolg, daß es ihm gelungen war, seine Krönung vor dem Pfauenthron zelebrieren zu können; er hatte damit den Pfauenthron für sich reklamiert.

Die Mehrheit der Bevölkerung stand zu jener Zeit auf seiner Seite. Erfolg war auch für die Iraner die wahre Legitimation des Herrschers. Reza Pahlawi besaß die Kraft zu führen. Er war der geborene Befehlshaber. Die schiitische Geistlichkeit fürchtete den Schah – doch sie war vorsichtig genug, nicht zu rebellieren.

Bemühungen, die Dynastie zu festigen

Zum Erbe war der Sohn Mohammed Reza bestimmt. Er ist geboren worden, als der Vater zwar ehrgeizig war, doch ohne Chancen auf Ruhm und Glorie in der Kosakenbrigade diente. In der Baracke einer ärmlichen Garnisonsstadt war der Erbe am 26. Oktober 1919 zur Welt gekommen. Das Ereignis der Geburt hatte er allerdings mit seiner Zwillingsschwester Ashraf teilen müssen. Der Vater hat sich später häufig beklagt, im Mutterleib seien die Charaktere vertauscht worden: Ashraf sei eigentlich das männliche Wesen und Mohammed Reza das weibliche.

Durch Erziehung sollte der Junge zum harten Monarchen herangebildet werden. Er wurde mit Härte behandelt. Mohammed Reza und seine Erzieher fürchteten den Schah, der aufbrausend und unberechenbar war. Der Vater brach in die

Unterrichtsstunden ein und verlangte sofortige Erfolgsmeldungen. Wurde er nicht zufriedengestellt, trat er den Lehrer mit seinen imposanten Kosakenstiefeln. Der Sohn blieb von den Tritten zwar verschont, doch er hatte Angst vor der Reitpeitsche des Vaters.

Im „grünen Palast" im Norden von Tehran erlebte Mohammed Reza den Vater als Familientyrann. Der Junge wohnte im Untergeschoß, in einer Art Verlies. Die Fenster waren vergittert. Karg waren die Räume ausgestattet. Der Junge durfte kein Bett benützen, schlief doch auch der Vater – nach Soldatenart – auf dem Fußboden, nur mit dem Kosakenmantel bedeckt.

Doch der Sohn besaß nur eine schwächliche körperliche Konstitution. Er war oft erkältet und litt häufig an Fieber. Der Vater nahm darauf keine Rücksicht.

Der Heranwachsende litt darunter, daß er kleiner und schmächtiger war als der Vater. Er sorgte selbst dafür, daß er, um die Differenz auszugleichen, Schuhe mit höheren Absätzen erhielt. Als der Kronprinz älter wurde, achtete er darauf, daß Fotografen nur Aufnahmen machten, die seine Erscheinung imposanter wirken ließen.

Um die Dynastie aufzuwerten, bemühte sich Schah Reza Pahlawi, dem Sohn eine Frau zu besorgen, die aus einer legitimierten Königsfamilie stammte. Wenn die eigene Familie auf keine königliche Tradition zurückblicken konnte, sollte doch die Frau einem anerkannten Geschlecht angehören. Reza Khan prüfte die Liste heiratsfähiger Frauen aus islamischen Herrscherfamilien, und er stieß auf das in Ägypten regierende Haus. König Faruk hatte eine Schwester, Prinzessin Fawzia. Sie paßte vom Alter her zu Mohammed Reza. Der Bräutigam wurde jedoch gar nicht gefragt, und er bekam die Braut vor der Hochzeit nicht zu sehen.

Reza Khan brachte diese Verbindung zustande mit dem Ziel, der müsse ein Sohn beschieden sein, damit auch für eine nächste Generation der Fortbestand der Pahlawidynastie gesichert werden konnte.

Doch es gab ein Problem: stammte ein Elternteil des künftigen Erben nicht aus Iran, so war er nicht zur Thronfolge berechtigt. Um diese Schwierigkeit aus dem Weg zu räumen, ließ Reza Khan die Verfassung ändern. Die Ehe konnte geschlossen werden. Die Hochzeit fand im Jahr 1939 statt. Der Bräutigam war zwanzig Jahre alt.

Der gewünschte Sohn wurde allerdings nicht geboren. Zur Enttäuschung des Schahs bekam das Paar eine Tochter. Da sich keine Hoffnung auf einen Sohn ergab, dachte Reza Khan bald an Auflösung der Ehe – und Prinzessin Fawzia war einverstanden. Sie sprach offen darüber, daß sie Tehran öde und unelegant fand, daß die Hofgesellschaft ungebildet und grobschlächtig war. Mohammed Reza und Fawzia hielten ihre Ehe über die Zeit des Zweiten Weltkriegs formal aufrecht. Fawzia verließ den Iran im Jahre 1947. Die offizielle Scheidung wurde 1948 ausgesprochen. Da war Reza Khan, der erste Pahlawischah, bereits gestorben – im Exil in Südafrika. Er hat bis zu seinem Ende im Jahre 1944 in Johannesburg leben müssen, fern vom Land, das er hatte neu gestalten wollen. Er war 1941 zum Gefangenen der Engländer geworden. Die britische Regierung hatte ihm verübelt, daß er Sympathien für das Deutsche Reich gezeigt hatte.

Sympathie für Deutschland führt zum Sturz des ersten Pahlawischahs

Reza Kahn war mit dieser deutschfreundlichen Haltung keineswegs allein gewesen in Iran. Selbst Sayyed Ruhollah Musawi Chomeini, der inzwischen im Alter von 40 Jahren eine gefestigte Position in der Hierarchie der schiitischen Geistlichkeit erreicht hatte, glaubte an die Zukunft des Dritten Reichs und an seine positiven Absichten gegenüber der islamischen Welt. Daß die in Deutschland herrschende Partei die Juden verfolgte, steigerte das Gefühl der Verbundenheit mit den Regierenden in Berlin. Diese Sympathie ließen in Tehran verwegene Vermutungen entstehen, die sich in feste Überzeugung wandelten. Allen Ernstes glaubten Geistliche in Iran, der Führer des Deutschen Reichs sei Moslem geworden; er sei ein Anhänger des Märtyrers Ali und trage stets ein Porträt des Ersten Imam bei sich.

Wirkungsvoll war die Propaganda deutscher Kurzwellensender, deren Antennen auf den Mittleren Osten ausgerichtet waren. Sie unterstützte die seltsamen Gerüchte nicht, doch sie gab zu erkennen, daß das Dritte Reich Verständnis hatte für die Moslems und daß es interessiert war an einer Zusammenarbeit mit islamischen Staaten – mit der Zielsetzung, England zu schaden. Darin trafen sich die Absichten der schiitischen Geistlichkeit, des Bürgertums in Tehran, Shiraz und Isfahan mit den Plänen der Deutschen Reichsregierung.

Seit dem Beginn des Zweiten Weltkriegs im Jahre 1939 hatte das Dritte Reich seine Aktivität im Nahen und Mittleren Osten verstärkt. Die britische Vertretung in Tehran registrierte die Zunahme der Zahl deutscher Agenten in der Region des Persischen Golfs. Die britische Regierung mußte unter allen Umständen verhindern, daß die Ölfelder in Iran und Irak unter deutschen Einfluß gerieten, daß das Öl schließlich den deutschen Kriegsanstrengungen zur Verfügung stand.

Als im Sommer 1941 deutsche Armeen in Rußland einfielen und rasch beachtliche Erfolge erzielten, war die britische Regierung zum Handeln gezwungen. Deutlich erkennbar war die Absicht der deutschen Heeresleitung, zu den Ölgebieten des Kaukasus vorzudringen.

Bedrohlich für England war die Entwicklung vor allem im Irak. In Baghdad putschte zur gleichen Zeit eine Clique von Armeeoffizieren – sie wollten den pro-englischen Kurs der bisherigen irakischen Regierung nicht länger fortsetzen. Sie glaubten, die Zeit sei gekommen, sich mit dem

Deutschen Reich zu verbünden. Der neue starke Mann in Baghdad, Rashid Ali al Gailani, nahm Kontakt auf zur Reichsregierung in Berlin und bot Zusammenarbeit an. Al Gailanis Absicht war, sein Land der britischen Kontrolle zu entziehen. Im Jahre 1941 sah er dafür eine Chance: Deutsche Truppen rückten in Rußland vor. Ihr Erfolg weckte in Baghdad die Hoffnung, die deutschen Panzer könnten die Region zwischen dem Schwarzen Meer und dem Kaspischen Meer erreichen und Druck ausüben in Richtung Irak und Iran. Die Offiziersclique in Baghdad war entschlossen, eine solche Chance zu nutzen. Die deutschen Strategen sahen ebenfalls ihren Vorteil: Vorsorglich verlegten sie eine Staffel der Kampfflugzeuge ihrer Luftwaffe auf eine Basis bei Baghdad. Sie stand bereit für den Tag, an dem die deutschen Landstreitkräfte den Kaukasus erreichen würden.

Die Regierung in London durfte die Gefahr nicht unterschätzen, daß es den Deutschen gelang, tatsächlich den Mittleren Osten in ihre Einflußzone zu verwandeln. Einkalkuliert werden mußte auch, daß vom Jahre 1941 an deutsche und italienische Panzerverbände durch Nordafrika nach Osten stießen in Richtung Ägypten; vom Nil aus konnten Palästina, Irak und Iran durchaus erreicht werden. Die Erinnerung an die Kriegszüge Alexanders des Großen regte die Phantasie der Vertreter beider Konfliktsparteien an: Ihnen wurden mögliche Zusammenhänge der Kriegsschauplätze deutlich. Die Engländer sahen die Notwendigkeit, vorsorglich die Gefahrenherde im Mittleren Osten zu beseitigen.

Darauf drängte auch die Sowjetunion. Ihre Armeen waren in Bedrängnis geraten. Den Sowjets fehlten Geschütze, Munition und Ausrüstung. In aller Eile mußte ein Hilfsprogramm organisiert werden. Die Engländer, und bald darauf auch die US-Amerikaner, waren bereit zu helfen. Die Frage war, auf welchem Weg diese militärischen Hilfsgüter in die Sowjetunion gelangen konnten, ohne in Gefahr zu geraten, von den Deutschen abgefangen zu werden.

Als zwar lange, aber sichere Nachschubroute bot sich der Weg durch iranisches Territorium an. Per Schiff konnten die kriegswichtigen Güter den Persischen Golf erreichen, um an seinem Nordende auf Transportmittel verladen zu werden, die auf dem Lande verkehrten. Reza Schah hatte gerade dafür die Voraussetzung geschaffen. Seine bedeutendste Leistung für den Fortschritt des Iran veranlaßte im Jahre 1941 die britische Regierung, iranische Hoheitsrechte zu verletzen und in interne Angelegenheiten des Iran einzugreifen.

In der Mitte der zwanziger Jahre hatte Reza Schah sein Reich für den wirtschaftlichen Fortschritt öffnen wollen. Der Straßenbau entwickelte sich ihm zu langsam; er glaubte, durch eine Eisenbahnlinie das Bergland und das Hochplateau schneller erschließen zu können. Das Projekt erhielt die Bezeichnung „Trans-Iranische Eisenbahn". Ihr Ausgangspunkt war der Seehafen am Persischen Golf, der auf heutigen Landkarten die Bezeichnung Bandar Imam Chomeini trägt. Die nächsten Stationen waren Ahwaz und Dezful. Von dort aus drang die Bahn ins Gebirge vor; dafür waren kunstvolle und gewagte Bauwerke nötig. Auf dem Weg nach Tehran berührte die Bahn die heilige Stadt Qom. Als Endpunkt war der Hafen Bandar Turkman am Kaspischen Meer vorgesehen; zunächst aber hatte Reza Schah die Strecke nach Meshed ausbauen lassen.

Die Bauarbeiten hatten zwölf Jahre lang gedauert. Im Jahre 1935 war der Verkehr auf Teilstrecken aufgenommen worden. Die Baukosten waren immens gewesen. Für einen Schienenkilometer mußten nahezu 3000 britische Pfund aufgewendet werden. Ein Straßenkilometer wäre mit 500 Pfund zu finanzieren gewesen.

Als die britischen Planer der Waffenhilfe für die Sowjetunion die Möglichkeiten überdachten für den Transport der schweren Waffen vom Persischen Golf zum Kaspischen Meer, stießen sie auf die Existenz des Schienenstrangs und verlangten vom Oberkommando in London, daß dieser Verbindungsweg gesichert werden müsse. Der britische Generalstab koordinierte diese Aufgabe mit den russischen Verbündeten. Gemeinsam waren sie der Meinung, Iran müsse besetzt werden.

Britische Truppen waren ohnehin gerade, von Indien kommend, auf der irakischen Seite des Schatt al Arab gelandet. Sie hatten den Auftrag, das deutsche Luftwaffengeschwader aus Irak zu vertreiben und dem Regime des Putschgenerals al Gailani ein Ende zu bereiten. Diese Aufgabe war im Mai 1941 erfüllt.

Die britische Planung sah als nächsten Schritt die Besetzung des Iran vor. Die Invasion sollte vom Schatt al Arab aus erfolgen.

Ein Vorwand für den Angriff wurde gebraucht. Der Wunsch, die „Trans-Iranische Eisenbahn" benutzen zu wollen, konnte als Anlaß für eine kriegerische Aktion nicht genügen. Als gewichtigen Kriegsgrund betrachtete die britische Regierung schließlich den Vorwurf, Schah Reza Khan unterhalte Beziehungen zum Deutschen Reich, die den britischen Interessen Schaden zufügen würden. Verlangt wurde die sofortige Ausweisung sämtlicher deutscher Staatsbürger.

Diese Forderung sah der Schah allerdings als Zumutung an, und er reagierte darauf nicht. Die Londoner Regierung hatte mit dem Schweigen des Schahs gerechnet – ihre Armee war für den Einmarsch vorbereitet. Er begann am 26. August 1941.

An zwei Fronten wurde Iran angegriffen: Die Engländer attackierten aus der Region des Schatt al Arab – die Sowjets nahmen Azerbeidschan zum Ausgangspunkt. Zwei Tage lang wehrten sich die iranischen Streitkräfte an beiden

Fronten, dann konnten sich Engländer und Sowjets ungehindert ausbreiten.

Gleichzeitig führte die British Broadcasting Corporation einen heftigen Propagandafeldzug gegen den Pahlawischah. Er gewähre den Nazis Unterstützung, obgleich er bei Kriegsbeginn die Neutralität seines Landes erklärt habe. Die Präsenz dieses Schahs in Tehran stelle eine Gefahr für Großbritannien dar. Wenn Iran im guten Einvernehmen mit London und Moskau leben wolle, müsse Reza Khan zur Abdankung veranlaßt werden.

Zu einem derartigen Schritt waren nur die Ayatollahs fähig. Allein sie waren in der Lage, dem Schah die Situation offen vor Augen zu führen: Wollte er den Staat retten, mußte er Iran verlassen. Die von Reza Khan hofierten Armeegeneräle hatten nach der raschen Niederlage gegen Engländer und Sowjets nicht die Kraft, ihren Standpunkt zu vertreten, daß die Monarchie gerettet werden müsse. Dieser Meinung waren überraschenderweise die Ayatollahs. Sie hätten allerdings gerne völlig auf die Sippe Pahlawi verzichtet, die ihnen verhaßt war, doch es bot sich ihnen keine Alternative. Es war unmöglich, an die Rückkehr der Qajarendynastie zu denken. Sie konnte niemand vorweisen, der fähig war zu regieren. Die Qajaren besaßen gerade noch einen intelligenten Prinzen; der aber lebte ausgerechnet in England, doch er beherrschte kein Wort der iranischen Sprache. Es wäre unmöglich gewesen, ihn dem iranischen Volk zu präsentieren.

Die Ausrufung der Republik aber erschien den Ayatollahs zu gefährlich; sie hätte zu antireligiösen Strömungen in der Bevölkerung führen können. Das Beispiel der Republik Türkei, die noch immer vom „Kamalismus“ beherrscht wurde, war abschreckend.

Nach diesen Überlegungen entschieden sich die Ayatollahs für die Beibehaltung der Monarchie und der Pahlawidynastie. Die Geistlichen hätten sich jedoch nicht durchsetzen können, wenn Josef Stalin der Meinung gewesen wäre, Iran müsse unbedingt eine Republik werden. Er vertrat jedoch offen den Standpunkt, daß für den Zeitraum des Krieges keine Veränderung an der Spitze des iranischen Staates stattfinden dürfe, die einem Umsturz des gesamten Staatssystems gleichzusetzen wäre. Eine Änderung des Systems würde Unruhe in Iran auslösen, und sie wollte der Sowjetdiktator im eigenen Interesse verhindern. Er war damit einverstanden, daß Mohammed Reza Pahlawi, der Sohn des Schahs Reza Khan, die Position an der Spitze des Iran übernahm.

Dem neuen Schah wurde die Aufgabe zugewiesen, die Voraussetzungen für den reibungslosen Nachschubverkehr durch iranisches Territorium zu schaffen. Stalin ließ bei dieser Regelung völlig offen, ob er nach dem Krieg die Regierungsverhältnisse in Iran neu ordnen wolle oder nicht.

Reza Khan fügte sich Stalins Willen. Er verabschiedete sich vom Land und von der Familie ohne große Worte. Seinem Sohn und Nachfolger gab er nur den einen Rat: „Sorge dafür, daß du einen Sohn bekommst!“ Beim Abschied vom Staat, den er geschaffen hatte, dachte der alte Mann an den Erhalt seiner Dynastie.

Reza Khan trug zum erstenmal seit Jahrzehnten einen Zivilanzug, als er am 16. September 1941 in Bandar Abbas ein britisches Kriegsschiff bestieg zur Fahrt ins Exil. Das Ziel war zunächst Mauritius und dann Johannesburg in Südafrika.

In Qom betete der Geistliche Sayyed Ruhollah Musawi Chomeini, Allah möge verhindern, daß der Pahlawischah Reza jemals wieder in den Iran zurückkehre. Um Segen für den Schah Mohammed Reza betete Chomeini nicht.

Die Besetzung des Iran und ihre Folgen

Das erste Problem, das sich dem neuen Schah stellte: Er mußte dafür sorgen, daß die Waffentransporte in Richtung Sowjetunion rollten. Die Schwierigkeit bestand darin, daß sich die Bahntrasse als ungeeignet erwies: Die Dampflokomotiven waren zu schwach, um Wagen zu ziehen, auf denen Panzer und schwere Geschütze standen. Außerdem war der Radius der Kurven zu eng für derartig breite Ladungen. Der Schienenweg konnte für die Lieferung von Hilfsgütern nur beschränkt verwendet werden. Die Fernstraßen des Iran mußten benutzt werden. Mit ihrem Ausbau hatte Reza Khan unmittelbar vor dem Ausbruch des Zweiten Weltkriegs begonnen, als der Eisenbahnbau abgeschlossen war.

Die Straßen standen zur Verfügung auf der Strecke zwischen dem Hafen am Persischen Golf und dem Kaspischen Meer. Jetzt fehlten Transportfahrzeuge. Iranischen Spediteuren bot sich eine Chance. Zu ihnen gehörte der Sayyed Ruhollah Musawi Chomeini.

Seine Tante Roqiyah hatte ihm ein bescheidenes Vermögen hinterlassen. Mit diesem Geld und der Barschaft seines Bruders hatte Chomeini zunächst einen gebrauchten Bus erwerben können. Dieses Fahrzeug verkehrte auf der Strecke zwischen Qom und Chomein. Bis zu diesem Zeitpunkt waren dort nur Pferdefuhrwerke unterwegs gewesen.

Als die Lieferungen von militärischer Ausrüstung über die iranischen Straßen zu rollen begannen, erkannte Chomeini seine Chance: Er veranlaßte seinen Bruder das Transportunternehmen zu erweitern und Lastwagen zu erwerben. Eine Spedition entstand, für deren Leitung der Bruder zuständig war. Solange der Zweite Weltkrieg andauerte, blühte das Geschäft. Das verdiente Geld investierte Chomeini in ein beachtliches Haus in einem der besseren Stadtteile von Qom. Er begann dort „Suchende“ um sich zu versammeln. Er fühlte sich berechtigt dazu, denn er war von prominenten schiitischen Geistlichen mit dem Prädikat Hodjat al Islam bedacht worden, das den Träger als eine Person auswies, die in der Lage war, selbständige geistige Entscheidungen zu treffen. Er ließ sich mit der Bezeichnung „Sayyed“ ansprechen, die deutlich machte, daß er zur „Heiligen Familie“ gehörte.

Chomeini mißtraute dem neuen Schah zunächst. Er war der Ansicht, Mohammed Reza gehöre zu dem Clan, der die frühen Könige Cyros und Darios den Märtyrern Ali und Husain vorzog; der den Islam ablehnte, um den Glauben des Zarathustra zu fördern. Chomeini mußte zugeben, daß er sich getäuscht hatte. Der Schah Mohammed Reza Pahlawi entwickelte sich zum gläubigen Menschen. War er zuvor nie in der Moschee gesehen worden, so versäumte er jetzt selten das Freitagsgebet.

Der Grund für den häufigen Moscheebesuch war die Angst des unerfahrenen Schahs vor der wachsenden Kraft des Kommunismus. Mohammed Reza brauchte die schiitischen Geistlichen als Verbündete.

Die Sowjets kontrollierten den Norden des Landes, und sie hatten begonnen, von Täbriz aus ein Agentennetz aufzuziehen, das bis Tehran reichte. Es hatte die Aufgabe, die linksorientierte Tudehpartei zu unterstützen. Der Parteiname ist mit „Partei der Masse“ zu übersetzen. In Moskau wurde die Tudehpartei als persische Kopie der „Bolschewiki“ gesehen.

Das Programm der Tudehpartei war auf die Schaffung eines atheistischen Staates Persien ausgerichtet. Der schiitische Glaube sollte höchstens noch in der privaten Sphäre der Familien von Bedeutung sein. Der künftige weltliche Staat Persien sollte auch keine Monarchie mehr sein. Die Pahlawidynastie hatte aus dem Land zu verschwinden.

Zu Beginn des Jahres 1944 glaubte die Führung der Tudehpartei, sie könne es wagen, ihre Stärke zu zeigen. Mit der Staatsgewalt wollte sie noch nicht in Konflikt geraten; die Tudehpartei hielt die schiitischen Geistlichen für die schwächeren Gegner. So geschah es, daß die Kommunisten ausgerechnet in Qom eine Massenveranstaltung abhalten wollten unter der Parole: „Schluß mit der Macht der schwarzen Turbane!"

Die Mullahs und die „Suchenden" improvisierten eine Gegendemonstration, doch die Tudehpartei verfügte bereits auch in Qom über militante Zellen, die den Kampf mit schiitischen Aktivisten wagten – und gewannen. Machtlos mußten Mullahs und „Suchende" zusehen, wie die Linken Fuß fassen konnten in Qom.

Als Mohammed Reza Schah im weiteren Verlauf des Jahres 1944 feststellen mußte, daß unter dem Schirm der Tudehpartei eine starke Gewerkschaft in seinem Land organisiert wurde, aktivierte er seine taktische Begabung.

Er erzählte einem Geistlichen, dem er vertraute, im Traum sei ihm Ali, der Erste Imam, erschienen – Ali habe ihn freundlich angeblickt, und er habe ihm sogar ermutigend zugenickt. Diese Erzählung beglückte den Geistlichen. Er meinte, die Erscheinung des Ali bedeute, daß Persien auf dem Weg sei, unter Führung des Schahs eine starke Bastion zu bilden gegen die Ambitionen der Russen und der Kommunisten. Das Fundament dieser Bastion bilde die Gemeinschaft der Schiiten. Um sie zusammenzubinden, brauche man einen hohen Geistlichen mit starker Persönlichkeit. Der Gesprächspartner des Schahs hatte diese Persönlichkeit bereits gefunden. Sein Name: Mohammed Husain Borudjerdi. Er war etwa 60 Jahre alt. Eine würdige Erscheinung, die in der Stadt Borudjerd lebte und dort eine Koranschule leitete, die jedoch nicht sonderlich bekanntgeworden war. Borudjerdi befand sich zu dieser Zeit in einem Tehraner Krankenhaus. Dort wurde er vom Schah besucht. Der Rekonvaleszent – er war wegen eines Leistenbruchs operiert worden – freute sich. Die Zeitungen in Tehran berichteten darüber und druckten Bilder ab, die zeigten, wie

Mohammed Reza Pahlawi den Geistlichen auf seinem Krankenlager stützte.

Sayyed Ruhollah Musawi Chomeini aber fürchtete die Koalition zwischen Borudjerdi und dem Schah. Sie hätte der Pahlawidynastie zu Festigkeit und Popularität verholfen. Chomeini wußte, wie sie verhindert werden konnte. Er mobilisierte sämtliche Fahrzeuge des familieneigenen Transportunternehmens und lud die Mullahs von Qom dazu ein, in die Hauptstadt zu fahren. Gemeinsam wollten sie dort Borudjerdi aufsuchen und zum Umzug nach Qom überreden.

Diese Aktion war erfolgreich, Borudjerdi traf im Konvoi der Autobusse in Qom ein – und wurde sofort als geistliche Autorität anerkannt. Die heilige Stadt Qom gewann im Kreis derer, die schiitische Gelehrte sein wollten, an Reputation. Das Mausoleum der Fatima al Ma'sumeh, der Schwester des Achten Imam, konnte zur Bastion werden gegen alle Einflüsse, die der Geistlichkeit nicht paßten: Hier konnte die Abwehrfront entstehen gegen den Kommunismus – aber auch gegen das Regime des Pahlawischahs.

Die Bemühungen des jungen Herrschers – er war gerade 25 Jahre alt –, bei hohen Geistlichen an Ansehen zu gewinnen, wurden deutlich durch Erzählungen, die er öffentlich preisgab, in denen er von Begegnungen mit Ali, dem Ersten Imam, berichtete.

Eine dieser Erzählungen läßt sich so zusammenfassen: Es muß um das Jahr 1926 gewesen sein – Mohammed Reza war damals 17 Jahre alt –, da litt der Kronprinz an Typhus. Wochenlang ließ das Fieber nicht nach. Da erschien ihm in einer Nacht der Märtyrer Ali und gab ihm aus einer Schale zu trinken. Am nächsten Morgen senkte sich das Fieber.

Im selben Jahr noch, so berichtete der Schah lange nach diesem Ereignis, sei ihm im Garten des Grünen Palastes in Tehran der entrückte Zwölfte Imam erschienen – am hellen

Tag. Der Imam sei an ihm vorübergegangen. Der Leibwächter, der ihn beim Gang durch den Garten zu bewachen hatte, habe allerdings nichts gesehen.

Daß der entrückte Zwölfte Imam sich wieder zeige, darauf warten die schiitischen Gläubigen voll Sehnsucht – Mohammed Reza Pahlawi gab sich fortan überzeugt, der Entrückte habe sich gerade ihm zeigen wollen.

Der Schah und Chomeini treffen sich

Ayatollah Borudjerdi besaß in der Zeit nach dem Zweiten Weltkrieg eine nahezu unantastbare Position in Iran. Er wurde vom Volk geachtet, von den Geistlichen bewundert und vom Schah respektiert. Borudjerdi war die ideale Persönlichkeit, um gegenüber dem Herrscher Bitten um Vergünstigungen für Ayatollahs und Mullahs vorzubringen. Da Borudjerdi selbst Qom ungern verließ, schickte er seine Vertrauten nach Tehran in den „Marmorpalast“, in dem der Schah residierte.

Eines Tages bat er den Hodjat al Islam Chomeini, er möge die Sache der Geistlichkeit vertreten.

Daß der Schah jedoch mit keinem Hodjat al Islam, sondern nur mit einem Ayatollah sprechen wollte, bekam Chomeini zu spüren. Der Hodjat al Islam mußte in einem kleinen, billigen Hotel im Süden der Stadt zehn Tage lang warten, ehe er empfangen wurde. Ihm war ausdrücklich gesagt worden, im Empfangssaal des Marmorpalastes dürfe er sich erst niedersetzen, wenn er dazu ausdrücklich aufgefordert worden sei. Doch Sayyed Ruhollah Musawi Chomeini befolgte diesen guten Rat nicht. Er setzte sich ganz einfach in den nächsten Sessel; und er stand auch nicht auf, als der Schah nach einer langen Zeit den Saal betrat. Der junge Herrscher war verblüfft. Nie hatte es bisher jemand unterlassen, bei der Begegnung mit seinem Monarchen eilends aufzustehen. Der Schah setzte sich, doch er verbarg nicht, daß er sich beleidigt fühlte. Trotzdem entsprach Mohammed Reza der Bitte, die Chomeini im Namen des Ayatollah Borudjerdi zu überbringen hatte. Doch von diesem Tag an haßte der Schah den „arroganten Geistlichen" – und Chomeini verachtete seinen Staatschef. Diese Begegnung vergaßen beide für die ganze Zeit ihres Lebens nicht.

Daß Chomeinis Bitte vom Schah erfüllt worden war, hat Borudjerdi mit dem Gefühl der Achtung vor dem jüngeren Geistlichen zur Kenntnis genommen. Der Ayatollah schickte den Hodjat al Islam wenige Wochen später wieder nach Tehran. Diesmal sollte Chomeini um eine beträchtliche finanzielle Zuwendung für Restaurationsarbeiten am Mausoleum der Fatima al Ma'sumeh in Qom bitten. Mohammed Reza erkannte den Bittsteller, doch er hatte diesmal keine Ursache, sich zu ärgern, denn der Sayyed hielt sich an die Protokollvorschriften des Hofes. Der Schah ließ sich den baulichen Zustand des Heiligtums erklären und zeigte Verständnis für die Geldnöte der Verwaltung des Mausoleums. Zu Chomeinis Verblüffung genehmigte der Schah, daß auf seine Kosten die Kuppel einen völlig neuen Goldüberzug bekam. Mit den Arbeiten konnte sofort begonnen werden.

Das Entgegenkommen des Schahs veränderte Chomeinis Einstellung zur Pahlawidynastie nicht. Er glaubte nicht, daß der Konflikt durch Freundlichkeit zu lösen war. Zwei grundsätzliche Meinungen standen einander gegenüber: Der Schah wollte zwar erreichen, daß er von der Geistlichkeit unterstützt wurde, doch er war insgeheim zur Überzeugung gelangt, er sei die Verkörperung der göttlichen Kraft, die von alters her den Iran lenkt. Diese Einschätzung seiner Person sprach er nur im engeren Kreis aus, doch sie war durch sein Verhalten spürbar: Er verlangte von seinen Höflingen eine devote Haltung, in einem Maße, das bei Reza Khan nicht üblich gewesen war.

Chomeini aber sah im Gehabe des Schahs bereits eine Gotteslästerung, denn nach seiner festen Überzeugung ging alle Gewalt von Allah aus. Allah war der alleinige Souverän. Souveränität eines Menschen und des Volkes waren reine Anmaßung. Der einzelne und das Volk hatten nur den göttlichen Anweisungen zu folgen, die im Koran festgelegt waren. Monarchie und Demokratie waren für den Sayyed keine möglichen Regierungsformen. Der Idealzustand der menschlichen Gesellschaft war erst dann zu erreichen, wenn der entrückte Zwölfte Imam die Herrschaft über alle Menschen vor aller Augen angetreten hat.

Mohammed Husain Borudjerdi änderte in Qom seinen Standpunkt gegenüber dem Schah: Unter dem Einfluß Chomeinis dachte er nicht mehr über eine Allianz mit der Pahlawidynastie nach. Borudjerdi wertete seinen eigenen geistlichen Stand auf. Er entwickelte die Lehre, den Ayatollahs sei für die Zeit des Übergangs bis zum Erscheinen des Zwölften Imam eine Sonderstellung bestimmt: Sie haben die Regierenden zu kontrollieren, die bis zum Kommen des Entrückten die Exekutivgewalt im persischen Reich ausüben. Die Aufgabe des Geistlichen ist es, dafür zu sorgen, daß die Regierung die schiitischen Regeln einhält.

Sayyed Chomeini begann darunter zu leiden, daß er viel zu lange im Schatten des populären Ayatollah Borudjerdi zu stehen hatte. Dem 45jährigen konnte es noch nicht gelingen, als eigenständige Autorität in Glaubensfragen und in der Politik hervorzutreten. An Agitation gegen den Schah war nicht zu denken, solange sich Borudjerdi mit Kritik gegen den Herrscher zurückhielt. Der Jüngere der beiden Geistlichen nahm sich, um die Jahre des erzwungenen Stillhaltens zu überbrücken, zwei Ziele vor: Seinen eigenen Kreis der „Suchenden“ zu vergrößern war das eine Ziel, doch darin war er nur mäßig erfolgreich. Das zweite Ziel aber erreichte der kluge Chomeini innerhalb weniger Monate: Er wurde wohlhabend.

Längst wurde die Nachschublinie vom Persischen Golf

zur Sowjetunion nicht mehr gebraucht. Als der Zweite Weltkrieg zu Ende war, hatte sich Chomeinis Speditionsfirma soweit eingeführt, daß sie auch ohne Kriegsaufträge weiter existieren konnte. Das Geld, das die Firma verdiente, investierte der Hodjat al Islam in den Kauf von Land. Er befand sich bald in der glücklichen Lage, daß er Land besaß, das für die industrielle Entwicklung der Region Qom gebraucht wurde. Erzählt wird, er habe in jener Zeit soviel Land besessen, daß er auf seinen Feldern 3000 Familien Arbeit und Brot bieten konnte. Der Sayyed steht im Ruf, ein sozial denkender Grundbesitzer gewesen zu sein.

Während Chomeini gezwungen war, Borudjerdi den Vortritt zu lassen, wenn öffentlich der Standpunkt der Geistlichkeit von Qom zu vertreten war, mußte er die Auseinandersetzung mit dem Schah anderen Kräften überlassen. Sie standen Moskau nahe. Am Nachmittag des 4. Februar 1949 waren sie fast erfolgreich.

An jenem Tag fand in jedem Jahr der Festakt zur Erinnerung an die Gründung der Universität Tehran statt. Mohammed Reza Pahlawi war eben dabei, das Universitätsgebäude zu betreten. Er trug Militäruniform und eine nach oben verlängerte Schildmütze, die seine Gestalt eindrucksvoller wirken ließ. Plötzlich fielen Schüsse. Der Schah erzählte später, er habe das pfeifende Geräusch der fliegenden Kugeln gehört. Drei Geschosse hatten seine hohe Mütze durchlöchert. Eine vierte Kugel aber traf ihn im Gesicht: Sie durchschlug den Kieferknochen.

Mohammed Reza erinnerte sich später: „Ich sah den Attentäter. Er stand nur sechs Schritte von mir entfernt. Er und ich standen uns genau gegenüber. Wir befanden uns etwas abseits von den Begleitern. Ich war das perfekte Ziel für ihn. Er drückte wieder ab und traf mich diesmal in die Schulter. Und noch einmal drückte er ab, doch kein Schuß war zu hören. Offenbar hatte seine Waffe versagt."

Inzwischen war die Wache des Schahs aus der Erstarrung des Schocks erwacht. Sie schossen auf den Attentäter und töteten ihn. Er hatte, als Fotograf getarnt, ganz offiziell Zutritt ins Universitätsgebäude erhalten.

Der Attentäter selbst konnte nicht mehr vernommen werden. Die Untersuchungen der Sicherheitsbehörden sollen damals ergeben haben, daß er in Verbindung stand mit schiitischen Kreisen, die Gegner der Monarchie waren, daß er jedoch auch zu Kommunisten Kontakt gehalten hatte. Mohammed Reza Pahlawi glaubte fortan genau zu wissen, daß seine Feinde bei der schiitischen Geistlichkeit zu finden waren und in Zirkeln der Tudehpartei.

Wichtig für die künftige Einschätzung der eigenen Persönlichkeit war, daß der Attentäter ihn nicht hatte töten können – daraus schloß der Schah, er befinde sich unter göttlichem Schutz, weil er selbst gottähnlich sei. Dieser Meinung waren auch die meisten der Untertanen. Mohammed Husain Borudjerdi schickte dem Schah ein Glückwunschtelegramm mit der Versicherung, er und das Volk seien im Gebet für das Wohlergehen des Herrschers vereint.

Chomeini war empört über dieses „unislamische Verhalten". Er hielt sich von nun an auf Distanz zu diesem „unterwürfigen" Ayatollah. Er wagte es, ihn nun als „Rotbart" zu verspotten. Borudjerdi besaß einen prächtigen Bart, den er mit Henna hatte rot färben lassen – um Eindruck auf seine junge Frau zu machen. Der 65jährige Borudjerdi hatte zu jenem Zeitpunkt eine 14jährige Frau geheiratet. Dieser Umstand bot Material zu wirkungsvollem Spott. Chomeinis Ziel war, das Ansehen des Ayatollah zu untergraben, um dessen Nachfolge antreten zu können.

Der Kommunismus als Herausforderung

Stalin setze große Hoffnung darauf, daß es bald möglich sein werde, das „Testament des Zaren" zu erfüllen, das Peter dem Großen zugeschrieben wird. Es verlangte von den Mächtigen Rußlands, daß sie das Ziel im Auge behalten, der russischen Flotte den Zugang zum Persischen Golf zu öffnen. Einen Ansatzpunkt glaubte Stalin im „Dreimächtevertrag“ zu besitzen, der im Januar 1942 die rechtliche Grundlage geschaffen hatte für die Benutzung des iranischen Territoriums zur Abwicklung des Nachschubs für die Sowjetunion. Signatarmächte waren die Sowjetunion, Großbritannien und Persien. Die Regierung des Schahs hatte zugesagt, nichts gegen sowjetische und britische Maßnahmen zu unternehmen, die Persiens Souveränität beeinträchtigten. Präzise gesagt, hatten die beiden Mächte Sowjetunion und England das Recht, auf persischem Territorium zu unternehmen, was sie nur wollten. Die Gültigkeit des Vertrags sollte sechs Monate nach dem Sieg der alliierten Mächte über das Deutsche Reich zu Ende sein.

Die Sowjetunion hatte unmittelbar nach Vertragsabschluß im Januar 1942 den Norden des Iran in eine sowjetische Besatzungszone verwandelt. Das iranische Militär wurde verdrängt; iranischen Beamten wurde das Recht verweigert, administrative Entscheidungen des Schahs auszuführen. Der sowjetische Gouverneur von Täbriz ernannte Beamte, die den Russen gefällig waren. Proteste aus Tehran nützten nichts, da sich die sowjetischen Repräsentanten darauf berufen konnten, sie erfüllten nur Aufgaben, die durch den „Dreimächtevertrag“ bestimmt waren.

Die drei Staaten hatten sich schließlich darauf geeinigt, daß der Vertrag im März 1946 definitiv auslaufe. Termingemäß zogen die britischen Verbände aus Iran ab – und ebenso die 30 000 amerikanischen Soldaten, die in Garnisonen um Tehran stationiert waren. Die Sowjets aber blieben.

Stalin hatte beschlossen, Iran in einen Satellitenstaat zu verwandeln. Er hatte seine Handlanger bereits gefunden. Sie gehörten zur Tudehpartei.

Die Parteimitglieder rekrutierten sich aus Männern der gehobenen Arbeiterschaft und der Intelligenzschicht. Auf sie waren die Parolen der Partei gemünzt: Verstaatlichung der Produktionsmittel und der Banken.

Die Machtübernahme im Nordiran hatte sich am 15. August 1945 vollzogen. Die Tudehpartei besetzte die Regierungsgebäude in Täbriz. Parteifunktionäre übernahmen die Exekutive in der Provinz Azerbeidschan. Am 12. Dezember 1945 erklärten sie, die Provinz sei autonomes Gebiet.

Daß es die Sowjets ernst meinten, wenn sie davon sprachen, Azerbeidschan gehöre jetzt ihnen, erwies sich im Januar 1946. Iranische Panzerverbände rollten von Tehran aus in Richtung Täbriz; ihr Auftrag war, Azerbeidschan in den iranischen Staat zurückzuholen. Die Verbände wurden 450 Kilometer vor Täbriz von starken sowjetischen Einheiten mit Waffengewalt zurückgedrängt.

Iranische Proteste beim Weltsicherheitsrat, der damals noch eine sehr junge Institution war, nützten nichts, weil sich der sowjetische Delegierte mit Erfolg dagegen wehrte, daß das Thema „Azerbeidschan“ überhaupt behandelt wurde.

Zu erkennen war, daß Stalin ein weiteres Ziel verfolgte: Er verlangte vom Schah die Unterzeichnung eines Dekrets, das den Sowjets die Möglichkeit geben sollte, die Ölvorkommen des Nordiran auszubeuten. Damit wäre die Besetzung Azerbeidschans durch die Sowjets legalisiert worden. Der Schah erließ daraufhin ein Gesetz, daß die Vergabe von Ölkonzessionen „in dieser schwierigen Zeit“ generell verboten sei. Auf diesen Schritt reagierte die Sowjetunion durch eine massive militärische Aktion: Am 3. März 1946 stießen sowjetische Panzerverbände von Täbriz aus in Richtung Tehran vor.

Die Verantwortlichen in der iranischen Hauptstadt mußten mit einer Invasion ihres Kernlandes rechnen. Der Ministerpräsident glaubte, er könne den Ausbruch des Krieges nur durch Nachgiebigkeit vermeiden. Dazu gehörte vor allem die Vergabe der Konzession für die von Stalin gewünschte Ölgesellschaft. Darüber hinaus war der Ministerpräsident entschlossen, die autonome Regierung von Azerbeidschan anzuerkennen. Die Tudehpartei sollte mit drei

Ministerämtern in der iranischen Regierung bedacht werden. Als logische Konsequenz dieser Politik wären dann auch die Proteste beim Weltsicherheitsrat hinfällig gewesen. Dagegen aber wehrte sich Mohammed Reza Pahlawi.

Das Iranproblem wurde schließlich im Weltsicherheitsrat diskutiert, wobei der sowjetische Delegierte erkennen mußte, daß die USA eine harte Haltung zugunsten des Schahs einnahmen: Der US-Delegierte beschuldigte die Sowjetunion, sie sei ein Aggressor. Stalin aber wollte zu diesem Zeitpunkt keinen Konflikt mit den USA – er stoppte den Panzervormarsch in Richtung Tehran. Stalin hoffte mit dem Verzicht auf die Besetzung des Landes den Schah zu veranlassen, einer Vergabe der Ölkonzession zuzustimmen.

Seinen Vasallenstaat Azerbeidschan aber wollte Stalin behalten. Er glaubte seiner Sache sicher zu sein, denn der Ministerpräsident, der in der ersten Hälfte des Jahres 1946 die iranische Exekutive leitete, stand auf der Seite der Sowjetunion. Auf Anraten von Stalin verlangte er vom Schah, er möge jegliche Einmischung in die aktive Politik des Staates unterlassen. Doch in diesem Fall ließ sich Mohammed Reza nicht in eine Repräsentationsrolle drängen. Er hatte Glück, denn in einigen Regionen des Reichs rebellierten die Stämme gegen den wachsenden Einfluß der Tudehpartei. Der Aufstand war von der schiitischen Geistlichkeit angestiftet worden.

Der Schah nützte die Unruhe im Land geschickt aus: Er erzwang vom Ministerpräsidenten die Umgruppierung seines Kabinetts. Minister, die auf Moskau hörten, wurden entlassen. Diesem energischen Schritt gegenüber war Stalin überraschend konziliant. Es erfolgte keine Reaktion. Stalin glaubte noch immer, er könne den Plan der Gründung einer sowjetischen Ölgesellschaft auf iranischem Boden retten. Er hatte begriffen, daß allein der Schah die bestimmende Kraft in Iran war. Die Beziehungen zu Mohammed Reza wollte er zu diesem Zeitpunkt nicht gefährden.

Der Schah schätzte die Situation richtig ein: Moskau fühlte sich zu weiteren Zugeständnissen gezwungen. Der Schah nützte die weiche Haltung der Sowjets aus. Anfang Dezember 1946 begannen iranische Panzerverbände mit der behutsamen Rückgewinnung der Provinz Azerbeidschan. Kaum wurde die Absicht der iranischen Heeresleitung deutlich, legte der sowjetische Botschafter in Tehran Protest ein mit dem Vorwurf, Iran gefährde den Weltfrieden. Der Schah entgegnete mit Festigkeit, daß eher die Freunde der Sowjetunion in Täbriz die Ordnung der Welt durcheinandergebracht hätten. Mohammed Reza ließ sich nicht beirren: Am 15. Dezember 1946 rückten die iranischen Panzer in Täbriz ein. Die sowjetischen Truppen feuerten keinen einzigen Schuß ab. Die Tudehfunktionäre – völlig im Stich gelassen – flohen in die Sowjetunion.

Der Schah konnte stolz darauf sein, daß er durch Entschlossenheit die Sowjets zum Rückzug gezwungen hatte. Nach seiner Meinung hatte er damals den amerikanischen Präsidenten zur Formulierung der Truman-Doktrin veranlaßt, die besagt, jedes freie Volk und jeder freie Staat könne mit amerikanischer Hilfe bei der Abwehr innerer oder äußerer Gefahr rechnen. Die Truman-Doktrin ist am 12. März 1947 verkündet worden. Nächste Nutznießer amerikanischer Hilfe waren dann die Türkei und Griechenland.

Stalins Hoffnung, sein Griff nach dem iranischen Öl werde erfolgreich sein, zerschlug sich. Am 27. Oktober 1947 lehnte das iranische Parlament die Vergabe einer Ölkonzession an die Sowjetunion ab.

Inzwischen hatten sich die USA für Iran zu interessieren begonnen. Noch im Jahre 1947 unterzeichneten Vertreter der US-Regierung ein Abkommen mit Iran, das Hilfe beim Aufbau einer schlagkräftigen Armee vorsah. Iran fügte sich damit ein in die von den USA beschirmte Staatengemeinschaft. Dreißig Jahre lang, bis zum Ende der siebziger Jahre, ist dieses Bündnis stabil geblieben. Es sorgte dafür, daß iranisches Öl den westlichen Industrienationen zur Verfügung stand.

Ölstaat Iran

Der Anfang war bescheiden. Als sich Reza Khan um die Macht im Staat bemühte, waren die Einnahmen aus dem Ölgeschäft kein bedeutender Faktor für die iranische Wirtschaft. Pro Jahr floß durch den Ölverkauf rund eine Million Dollar ins Land. Während der ersten Jahre des Pahlawiregimes änderte sich nur wenig. Im Jahre 1933 geschah es, daß die Verrechnungsbasis der Einnahmen zugunsten des Iran abgeändert wurde. Die Staatskasse erhielt fortan den Betrag von vier Schilling pro geförderte Tonne Öl. Der Herrscher war mit diesem Verhandlungsergebnis sehr zufrieden. Es war die Zeit, als Reza Khan den Namen seines Staates änderte: Aus Persien wurde Iran. Er nannte die staatliche Ölgesellschaft folgerichtig nicht mehr Anglo-Persian Oil Company, sondern Anglo-Iranian Oil Company.

Die Erwartung, die Öleinnahmen würden rasch steigen, erwies sich als falsch. Die Wirtschaftslage in Europa und in den USA verschlechterte sich seit Ende der zwanziger Jahre. Der Ölverbrauch sank rapide. Die jährliche Einnahme des Iran aus dem Ölgeschäft überstieg zwei Millionen Englische Pfund nicht. Dieser Level blieb unverändert bis zum Ende des Zweiten Weltkriegs.

Während der für Iran turbulenten Nachkriegsjahre wuchs zwar das Interesse der Konzerne und Regierungen am iranischen Öl, doch war dieses Interesse auf die Zukunft ausgerichtet. Zunächst steigerte sich der Absatz nicht. Erst im Jahre 1950 exportierte die Anglo-Iranian Oil Company 31 Millionen Tonnen Öl. Der iranische Staat erhielt dafür 16 Millionen Pfund.

Die Stimmen derer, die mit den Einnahmen unzufrieden

waren, mehrten sich. Iranische Politiker beklagten sich, die britischen Partner würden den Einblick in ihre Kassenbücher verweigern, sie rechneten nicht offen und ehrlich ab. Das Öl fließe aus der Erde und werde, unsichtbar in Rohrleitungen, über das iranische Land gepumpt. Niemand bekomme die schwarze Brühe zu sehen. Sie verschwinde auf ebenso geheimnisvolle Weise in den Bäuchen von Tankschiffen. Keinem Iraner werde gesagt, in welche Länder das Öl gebracht werde.

In der Tat betrieben die britischen Partner in der Anglo-Iranian Oil Company Geheimniskrämerei. So wuchsen die Zweifel, ob die Engländer korrekte Zahlen für die Fördermenge nannten oder ob sie die Angaben zu ihren Gunsten manipulierten. Die Zweifler verwiesen auf die alte Erfahrung, daß der Iran immer von den Großmächten betrogen worden sei.

Die britischen Ölspezialisten benahmen sich tatsächlich wie Kolonialherren: Sie wohnten abseits iranischer Siedlungen in Bungalowdörfern. An den Zufahrtswegen zu den Förderanlagen waren Schilder zu sehen: „Für Iraner Zutritt verboten!"

Iranisch-nationalistische Propagandisten verbreiteten die Meinung, ihr Land sei Opfer eines gewaltigen britischen Betrugsmanövers. Der Zweifel wurde so formuliert: „Es kann nicht sein, daß unser Land mehr durch das Teppichgeschäft verdient, als durch den Verkauf des Öls."

Mit den Nationalisten verbündeten sich schiitische Geistliche, die nach den Freitagsgebeten Empörung darüber ausdrückten, daß den Fremden wieder einmal – wie schon zwei Generationen zuvor – Rechte eingeräumt wurden, die sie weit über die Bewohner des Landes stellten. Die Fremden aber hätten nur das eine Ziel: dem Iran zu schaden, seine Menschen zu unterjochen. Sie seien mit zwei Absichten nach Iran gekommen: Sie wollten das Land ausbeuten, und sie wollten die Iraner vom Islam trennen.

Die schiitischen Geistlichen stellten die Frage: Wie kann der teuflische Plan der Engländer zum Scheitern gebracht werden? Sie gaben selbst die Antwort: „Den Engländern mußte der Zugriff zum iranischen Öl entzogen werden."

Das Schlagwort hieß „Nationalisierung". Das Wort war eine Zauberformel, die rasche Lösung des Problems versprach. Die Begeisterung darüber, daß Nationalisierung dem Iran zu seinem Recht verhelfen könne, war gewaltig; doch nur wenige machten sich Gedanken darüber, was diese Maßnahme wirklich bedeutete. Die meisten, die Nationalisierung forderten, waren der schlichten Meinung, die Einnahmen der Engländer würden sofort in die Kasse des Iran fließen – es handle sich nur um die Umleitung der Finanzen zugunsten des Iran. Daß „Nationalisierung" die Übernahme der Ölfelder, der Produktionsstätten bedeutete, wurde nicht besprochen. Kaum jemand bedachte, daß die Pipelines gewartet werden mußten, daß die Pumpen zu überwachen waren. Schwerwiegend war die Ahnungslosigkeit der Parlamentarier und der Regierungsmitglieder in der Frage des Ölmarketings. Jeder, der sich für „Nationalisierung" aussprach, war der Überzeugung, die Engländer würden auch weiterhin für die Vermarktung des iranischen Öls sorgen. Von den internationalen Verflechtungen des Ölmarkts war nur wenig bekannt in Tehran. Keiner der nationalistisch orientierten Parlamentarier war sich bewußt, daß sämtliche Personen, die an verantwortlicher Stelle bei der Ölförderung tätig waren, nicht aus Iran, sondern aus England oder den USA stammten. Sie mußten im Fall der Nationalisierung durch Iraner ersetzt werden.

Bedacht wurde allein der finanzielle Aspekt der Nationalisierung: Bisher hatte der britische Staat pro Jahr 142 Millionen Dollar an Steuern eingenommen; über diesen Betrag konnte künftig die iranische Regierung verfügen. Insgesamt war bisher eine Summe von 1,5 Milliarden Dollar von der Anglo-Iranian Oil Company als Steuer nach London abgeführt worden. Diese Erkenntnis löste die Parole aus: „Großbritannien lebt auf unsere Kosten! Iran finanziert das Leben der Engländer im Wohlstand!"

Zu beanstanden war tatsächlich, daß die Anglo-Iranian Oil Company dem Förderland Iran weniger pro Barrel Öl bezahlte als andere Gesellschaften ihren Partnern. Saudi Arabien erhielt im Jahre 1950 den höchsten Betrag – 56 Cents; Bahrain nahm 35 Cents pro Barrel ein; Iran jedoch nur 18 Cents. Von den wenigen iranischen Persönlichkeiten mit Sachverständnis in Sachen Ölförderung wurde kritisiert, daß die Anglo-Iranian Oil Company das auf den Ölfeldern anfallende Erdgas durch „Abfackelung" verbrenne; es werde sinnlos vertan. Mit dieser Praxis stand die Anglo-Iranian Oil Company keineswegs allein, sie war in sämtlichen ölproduzierenden Ländern am Persischen Golf üblich. Allein in Iran stieß sie auf schroffe Ablehnung. Das Argument: „Wenn das Gas nicht abgefackelt werden würde, könnte damit Iran seine eigenen Energieprobleme bequem lösen."

Zu denen, die sich für die Nationalisierung aussprachen, gehörte auch der Schah Mohammed Reza Pahlawi. Ohne die damit verbundenen Komplikationen zu kennen, trat er nachdrücklich dafür ein, die Anglo-Iranian Oil Company in iranischen Besitz zu nehmen. Er glaubte, durch die Nationalisierung könne ein wichtiger Schritt zur Erneuerung des iranischen Staates unternommen werden. Mit der Nationalisierung sei es möglich, Feinde zu entmachten; die „Kräfte der Vergangenheit, die schon zur Zeit der Qajarenschahs Einfluß gehabt hatten, sollten bedeutungslos werden". Dazu gehörten die Sheikhs der Stämme, die meisten Großgrundbesitzer und die Politiker, die sich aus opportunistischen und eigensüchtigen Gründen mit den Engländern verbündet hatten. Partner der Kräfte, die keinen modernen Staat Iran wollten, so meinte Mohammed Reza, sei die schiitische Geistlichkeit, die sich nur für die Nationalisierung einsetze, weil mit diesem Schritt die Engländer geschädigt werden konnten. Die Erkenntnis, daß durch den nationalistischen

Schwung, den die Nationalisierung auslöse, der Staat vorangebracht werden könne, bereite den Geistlichen Schwierigkeiten. Daß in einem modernen Staat der Einfluß der Ayatollahs reduziert werden würde, war durchaus die Absicht des Schahs.

Kräfte unterschiedlicher Art und mit unterschiedlichen Zielsetzungen wollten dasselbe erreichen: Das iranische Öl sollte künftig dem Iran gehören und nicht den Engländern. Die Folge waren Konfusion der Meinungen, Mißverständnisse und Konfrontationen, die sich zum Schaden des Iran auswirkten. Die Turbulenzen hätten beinahe der Pahlawiherrschaft ein Ende bereitet. Das Durcheinander ermöglichte die Karriere eines Politikers, der einen widersprüchlichen, auch für einen Iraner seltsamen und doch faszinierenden Charakter besaß. Es ist ihm gelungen – wenn auch nur für kurze Zeit –, Regierungschef des Iran zu sein, ohne vom Schah kontrolliert zu werden.

Mohammed Mosadegh gegen Mohammed Reza Pahlawi

Der Kontrahent des Schahs ist im Jahre 1881 geboren worden. Seine Familie gehörte zu den reichen Grundbesitzern. Sein Vater war ein hoher Beamter am Hof des letzten Qajarenschahs gewesen. Seine Mutter gehörte zu den Nachkommen des Schahs Fath Ali, der einst den Pfauenthron hatte fertigen lassen.

Mohammed Mosadegh hatte schon als ganz junger Mann außerordentliche Bevorzugung genossen: Mit fünfzehn Jahren war er für die Finanzverwaltung der reichen Provinz Chorasan verantwortlich gewesen. Als sein Heimatland während der letzten Jahre der Qajarenherrschaft in Unordnung geriet, verloren die Adelsfamilien an Einfluß. Mohammed Mosadegh sah für sich selbst keine Karrieremöglichkeit. Da er wohlhabend war, brauchte er keine Laufbahn anzustreben, von der er leben konnte. Er begab sich, wohlversehen mit Geld, nach Europa. Ihm gefielen Frankreich und die französische Schweiz. Er erlernte die französische Sprache bis zu einem Grad beachtlicher Perfektion; er schätzte die Kultur Frankreichs. Er kam nur mit dem Essen nicht zurecht. Sein Magen rebellierte – und war Zeitlebens nicht mehr zu kurieren.

Schon im Jahre 1910 – damals war er Jurastudent in Lausanne – sah Mosadegh hager aus, mit langem und dünnem Hals, mit ausgemergeltem Gesicht, mit tiefliegenden Augen.

Mohammed Mosadegh hatte sich in der Schweiz die Qualifikation für eine staatliche Laufbahn auf hohem Niveau erworben. Doch die exzellenten Studienergebnisse nützten ihm wenig. Dem einstigen Günstling der Qajaren blieb der Einstieg in eine Position im Justizministerium oder in der Diplomatie verwehrt. Doch im Jahre 1925 war er erfolgreich mit seiner Parlamentskandidatur.

Als Mohammed Mosadegh aufgefordert wurde, mit der Mehrheit für die Wiedereinführung der Monarchie und für die Ernennung des Kosakenoffiziers Reza Khan zu stimmen, weigerte er sich. Er war Nationalist, doch er wollte nicht die Anknüpfung an persische monarchistische Traditionen. Mosadegh sah voraus, was der Pahlawischah im Sinn hatte. Er wollte sich dafür einsetzen, daß Persien eine Republik wurde. Dies nahm ihm Reza Khan übel. Der erste Pahlawischah verfolgte den Abgeordneten mit Argwohn und mit Racheabsichten. Die heimtückische Behandlung durch das Regime zog sich über Jahre hin. Sie erreichte ihren Höhepunkt zur Zeit des Zweiten Weltkriegs – da saß Mosadegh im Gefängnis. Die Anklage lautete: Hochverrat.

Auf Fürsprache des Kronprinzen Mohammed Reza wurde der Beklagte entlassen. Er durfte sich auf sein Gut Ahmadabad bei Tehran zurückziehen. Dieses Gut, so meinte Reza Khan, habe sich Mosadegh in jungen Jahren erschwindelt, als er Finanzverwalter in Chorasan gewesen war.

Als Reza Khan von den Engländern ins Exil geschickt

wurde, behauptete Mosadegh, er sei ein Opfer des Schahs gewesen; der Herrscher habe ihn zu Unrecht verfolgt. Mit einer derartigen Aussage war es in den vierziger Jahren möglich, eine beachtliche Popularität zu erreichen.

Das „Opfer der Pahlawiherrschaft" begann eine eigenständige politische Organisation aufzubauen. Er gab ihr den Namen „Nationale Front". Ihre Mitglieder fühlten sich als Erben der „Constitutionalists" der frühen Jahre des 20. Jahrhunderts. Ihr Ziel war die Einführung einer Verfassung gewesen, die den Herrscher auf die Funktion einer Galionsfigur des Staates reduzierte, mit der Schaffung einer starken Position für das Parlament.

Dieses Ziel griff die „Nationale Front" wieder auf. Ein ebenso wichtiges Anliegen aber war die Befreiung des Iran aus der britischen Bevormundung. Führende Persönlichkeiten der „Nationalen Front" waren zwei Politiker, die fast dreißig Jahre später, am Ende der Pahlawiherrschaft, zu Bedeutung gelangen werden: Schapur Bakhtiar und Mehdi Bazargan.

Die „Nationale Front" wandte sich ihrer ersten Aufgabe zu: Sie führte Kampf gegen die Allmacht der Anglo-Iranian Oil Company. Ihr Ausgangspunkt war zunächst nicht sehr günstig, denn im Jahre 1949 war es den Vertrauten des Schahs gelungen, die Berücksichtigung iranischer Interessen durch die Gesellschaft vertraglich durchzusetzen. Der „Nationalen Front" genügte jedoch dieser Erfolg nicht – sie wollte keine Zugeständnisse der Engländer erreichen; ihr Ziel war die Auflösung aller Bindungen des iranischen Ölgeschäfts an England. Um zu diesem Ziel zu gelangen, mußte die Gesellschaft nationalisiert werden.

Der Schah war zwar für die Nationalisierung, doch er war gegen übereilte Schritte. In seinem Auftrag sollte General Ali Rasmara, der damalige Ministerpräsident, im Parlament die Fortsetzung der Verhandlungen mit der Anglo-Iranian Oil Company beantragen. Am 7. März 1951 wurde der Ministerpräsident während des Gebets in der Moschee erschossen.

Eine Woche später beschloß das Parlament auf Antrag von Mohammed Mosadegh, alle Anlagen und Werte der Anglo-Iranian Oil Company zu verstaatlichen. In iranischen Städten und Dörfern brandete Begeisterung auf. Alle Bevölkerungskreise waren darüber glücklich, daß dieser Schritt möglich geworden war – und daß Iran endlich einen Helden besaß, der es wagte, gegen die englische Kolonialmacht Position zu beziehen. Nach vielen Jahren der Demütigung war für fast alle in Iran der Augenblick gekommen, das Haupt voll Stolz zu erheben. Dieser neuerwachte Nationalstolz veranlaßte Mosadegh, wenige Wochen nach dem Verstaatlichungsbeschluß sämtliche Ausländer aus der neuen nationalen Iranian Oil Company zu entlassen.

Die Folgen waren sofort zu spüren: Die Arbeit kam in allen Bereichen der iranischen Ölförderung zum Erliegen. Die Anglo-Iranian Oil Company hatte alle Iraner von den Schaltstellen der Ölförderung und der Verarbeitung ferngehalten. Niemand hatte Erfahrungen sammeln können. Es gab keinen Ersatz für das entlassene Personal. Mosadeghs Aufruf an die Iraner, nun alle Kräfte zu mobilisieren, um diese Herausforderung zu meistern, wurde zwar mit Jubel aufgenommen, doch er verpuffte.

Der Schah, der überstürztes Handeln hatte vermeiden wollen, bemerkte sofort, welche Fehlkalkulationen den Chefs der „Nationalen Front" unterlaufen waren: Sie hatten ernsthaft geglaubt, die Welt werde in keinem Fall auf iranisches Öl verzichten können; der Iran sei unentbehrlich für die reibungslose Energieversorgung der Industrienationen. Mosadegh hatte übersehen, daß sein Land ohne Hilfe der international organisierten Ölkonzerne überhaupt nicht in der Lage war, Öl auf den Weltmarkt zu bringen. Der Schah stellte fest: „Wir besitzen kein einziges Tankschiff!"

Als Mosadegh seine Situation erkannte und als er spürte, daß sich bei den Männern seiner Umgebung Ernüchterung breitmachte, begann er eigentümliche Charakterzüge zu entwickeln. Sein Körper wurde von Zuckungen geschüttelt; er brach in hysterisches Gelächter aus; es geschah häufig, daß er in Ohnmacht fiel. Zu einer Pressekonferenz erschien Mosadegh im Schlafanzug. Bei dieser Gelegenheit verkündete er, schon in seiner Jugend habe er durch eine Vision erfahren, es sei seine Aufgabe, Iran von allen fremden Einflüssen zu befreien.

Mosadegh hatte durchaus mit seinen Einfällen und Ausbrüchen Erfolg: Iraner der unterschiedlichsten Bevölkerungsschichten waren überzeugt, er sei ein heiliger Mann und werde von Allah geleitet. Wenn Mosadegh weinend verkündete, er sei dabei, seine letzte Lebenskraft für das Überleben seines Volkes hinzugeben, so löste er Mitleid aus und zugleich auch begeisterte Zustimmung.

Doch nach und nach begriffen die Händler im Basar, daß der Iran durch Zuckungen, Geheul und Gelächter nicht zu regieren war. Menschen mit ökonomisch orientiertem Verstand dachten darüber nach, wie der Anschluß an die Weltwirtschaft wieder zu erreichen war. Ihre Gedanken durften allerdings in der Öffentlichkeit nicht ausgesprochen werden: Agenten der Tudehpartei sorgten mit Gewalt für Unterdrückung der freien Meinungsäußerung. Die moskauhörige Tudehpartei war zur wichtigsten Stütze Mosadeghs geworden, der sich inzwischen die Exekutive erobert hatte: Er war Ministerpräsident. Auf Mosadeghs Anordnung organisierte die Tudehpartei Demonstrationen, Überfälle auf Sympathisanten des Schahs und Attacken auf Zeitungsredaktionen.

Schah Mohammed Reza spürte, daß ihm die Macht aus den Händen glitt. Er hatte sich eigentlich vorgenommen, persönlich eine glückliche Zeit zu verbringen. Er hatte sich eine neue Frau in den Palast geholt. Ihr Name: Soraya Esfandiari. Er liebte ihre elegante und sportliche Erscheinung – und er hatte die Hoffnung, durch sie endlich den

Thronerben zu bekommen, dessen Zeugung ihm der Vater vor über zehn Jahren dringend ans Herz gelegt hatte.

Dem Ministerpräsidenten Mosadegh paßte es in den Plan, daß der Schah viel Zeit mit Soraya im Palast im Norden der Hauptstadt verbrachte. Mosadegh unterhöhlte indessen mehr und mehr seine Autorität als Monarch. Die wenigen Anweisungen, die Mohammed Reza erließ, fanden nur noch geringe Beachtung.

Gerade in dieser kritischen Zeit verlor der Schah das Vertrauen einer wichtigen Beraterin – seine Zwillingsschwester Prinzessin Ashraf war wütend darüber, daß Mohammed Reza Soraya Esfandiari geheiratet hatte. Seit der Scheidung des Schahs von der Ägypterin Fawzia war sie die First Lady im Palast gewesen; jetzt trat Soraya an ihre Stelle. Prinzessin Ashraf zeigte ihre Wut öffentlich. Unmittelbar nach der Hochzeitszeremonie hatte sie die Festlichkeiten verlassen. Ihrem Zwillingsbruder wollte sie keine Ratschläge mehr geben. Sie war immer ein stabilisierender Faktor für ihn gewesen. Sie hatte sein Gemüt beruhigen müssen, wenn er einst vom Vater als Schwächling abqualifiziert worden war. Jetzt hatte sie ihm gut zugesprochen, wenn er das Gefühl hatte, den Tricks des Ministerpräsidenten Mosadegh nicht gewachsen zu sein.

Mosadegh sorgte dafür, daß das Parlament beschlußunfähig wurde. Seine Methode: Er verbot den Abgeordneten, die zur „Nationalen Front“ gehörten, an Abstimmungen teilzunehmen; die Folge war, daß die Zahl der anwesenden Abgeordneten für den Wahlgang zu gering war. Wagte es jemand, den Ministerpräsidenten zu kritisieren, lief er Gefahr, auf der Straße vor dem Parlamentsgebäude zusammengeschlagen zu werden.

Aus eigener Machtbefugnis löste Mosadegh den Obersten Gerichtshof auf; er verhinderte, daß der Senat tagte; er setzte Volksabstimmungen an, die er durch Manipulation gewann. Prinzessin Ashraf bekam den Verdacht, daß Mosadegh dabei war, Diktator zu werden. Doch sie verschwieg ihren Verdacht. Im Februar 1953 kam Mosadegh diesem Ziel tatsächlich sehr nahe.

Demonstrationen, die von der Tudehpartei organisiert waren, entwickelten eindeutig antimonarchistische Tendenz. Die Unruhen in Teheran, Shiraz und Isfahan behinderten das Geschäftsleben. Ratlosigkeit herrschte in Kreisen der Basaris. Den Geschäftsleuten wurde deutlich, daß ihr Monarch keine Kraft und kein Interesse mehr hatte, Iran im Griff zu behalten. Gerüchte wurden in Tehran verbreitet, der Schah habe Mosadegh informiert, daß er Iran für einige Zeit verlassen wolle, um sich ärztlich betreuen zu lassen. Dann geschah es, daß Mohammed Reza tatsächlich seinen Ministerpräsidenten beauftragte, im Alleingang für Ordnung zu sorgen – er wollte sich ins Ausland begeben.

Das Ziel der Reise sollte zunächst Beirut im Libanon sein. Diese Stadt am Mittelmeer wäre am leichtesten mit dem Flugzeug zu erreichen gewesen, doch Mosadegh ordnete an, der Urlauber habe die iranische Grenze mit dem Auto zu erreichen. Als Grund der Entscheidung gab er an, er wolle verhindern, daß Schahanhänger den Tehraner Flughafen Mehrabad blockierten.

Die Vorbereitungen zur Abreise aus dem Palastviertel im Norden von Tehran blieben nicht geheim. Bekannt wurde vor allem, daß Soraya Esfandiari ihren gesamten beträchtlichen Schmuck hatte verpacken lassen. Die Tudehpartei rief die Massen auf, den Abtransport der Vermögenswerte zu verhindern. Als dann die Wagenkolonne das Palastviertel verlassen wollte, versperrten Hunderte von Männern und Frauen die schmale Allee. Der Schah und seine Frau kehrten in ihre Gemächer zurück. Unklar blieb dem entmachteten Monarchen, warum Mosadegh die Abreise verhindert hatte. Mohammed Reza Schah konnte nicht ernsthaft glauben, daß ihn treue Anhänger in der Hauptstadt zurückgehalten hatten. Er kam zur Überzeugung, in der Falle zu sitzen.

Bald darauf erfuhr Mohammed Reza, Mosadegh habe eine Untersuchung der Herkunft aller Vermögenswerte der Pahlawifamilie angeordnet. Besonders sollte die Methode aufgedeckt werden, mit der sich Reza Khan Landbesitz angeeignet hatte. Bekannt war, daß der erste Pahlawischah Grundeigentümer gezwungen hatte, ihm persönlich ihr Land zu übertragen. Das ausgedehnte Gelände um den Grünen und den Weißen Palast im Norden Tehrans – mit seinem prächtigen Baumbestand – war die „Zwangsschenkung" eines reichen Geschäftsmannes gewesen.

Dem Schah war die Drohung, derartige Vorkommnisse würden aufgedeckt werden, äußerst unangenehm. Er wußte, auf welche Weise sein Vater zu seinem Vermögen gekommen war. Ein einziger Mann, Reza Khan, hatte seine Sippe zum wohlhabendsten Clan des ganzen Landes gemacht. Mohammed Reza konnte nicht zulassen, daß das Volk erfuhr, wer und wie vom Vater erpreßt worden war.

In dieser Situation wurde Prinzessin Ashraf wieder aktiv. Über ihre Verbindungen in Tehran verbreitete sie den Gedanken, es sei an der Zeit zu prüfen, wie und wann die Familie Mosadegh ihren Reichtum erworben habe. Die Funktionäre der Tudehpartei griffen diese Frage sofort auf. Sie organisierten Demonstrationen gegen den Ministerpräsidenten. Die Parole hieß jetzt: „Nieder mit dem Ausbeuter Mosadegh!"

Dem Chef der iranischen Exekutive blieb nicht lange verborgen, wer hinter der Kampagne stand. Er ordnete an, Prinzessin Ashraf habe Iran zu verlassen. Der Schah hatte nicht mehr die Macht, zugunsten seiner Zwillingsschwester einzugreifen. Prinzessin Ashraf reiste in die Schweiz ab.

Mosadegh glaubte, seinen effektivsten und intelligentesten Feind ausgeschaltet zu haben. Er war überzeugt, daß er ab jetzt die Situation im Land beherrschen würde. Der Ministerpräsident wollte sich um das Problem der außenpolitischen Isolation kümmern, die seit der Verstaatlichung der Anglo-Iranian Oil Company andauerte. Mosadegh dachte daran, sich einen Verbündeten zu sichern. Die USA kamen dafür in Frage.

Mosadegh schrieb dem Präsidenten Dwight D. Eisenhower einen Brief, in dem er zunächst die wirtschaftlichen Schwierigkeiten schilderte, die durch die böswilligen Reaktionen der Briten auf die Umwandlung der Anglo-Iranian Oil Company in die National Iranian Oil Company entstanden seien. Nun sei Iran auf großzügige Hilfe angewiesen; es vertraue sich den USA an.

Der Brief endete mit einer Situationsbeschreibung, die den amerikanischen Präsidenten aufschreckte. Da stand zu lesen, daß ein Ausbleiben der amerikanischen Hilfe die Tudehpartei stärken würde; sie könnte übermächtig werden. Dann aber sei wohl nicht zu verhindern, daß sich Iran der Sowjetunion in die Arme werfe.

Der Hinweis darauf, daß sich Moskau für Iran interessiere, machte den Präsidenten der USA höchst aufmerksam. War Iran ein Vasall der Mächtigen im Kreml, dann stand für die Sowjets der Weg zu den Ölgebieten und den warmen Wassern des Persischen Golfs offen. Dies durfte nicht geschehen.

Doch Eisenhower war keineswegs so naiv, sich mit Mosadegh zu verbünden. Er hielt es für klüger, in diesem Fall den Schah zu mobilisieren.

Allen Dulles, der Chef des amerikanischen Geheimdienstes CIA, wußte, wie er das Interesse des Schahs wecken konnte: Er brauchte nur die Unterstützung der Prinzessin Ashraf zu aktivieren. Sie lebte seit der Ausweisung durch Mosadegh in der Schweiz.

Allen Dulles traf sich mit der Prinzessin in St. Moritz. Ein weiterer Gesprächspartner war der amerikanische Botschafter in Tehran. Er kannte die Mentalität der iranischen Massen; er wußte, wie diese Massen zu beeinflussen waren. Der Botschafter und die Prinzessin stimmten darin überein, daß der Schah von Tehran aus den Konflikt zuspitzen müsse. Die Idee war, Mosadegh zu reizen – in der Hoffnung, daß er dann einen Fehler mache.

Warum die Iraner die USA noch heute fürchten

Monatelang hatte Mohammed Reza Pahlawi gezögert, gegen den Ministerpräsidenten energisch vorzugehen. Doch als ihm seine Zwillingsschwester vom Exil aus mitteilen ließ, er habe für den entscheidenden Schritt die Unterstützung des amerikanischen Präsidenten, folgte er der Anregung aus St. Moritz: Er unterzeichnete am 13. August 1953 das Dekret zur Absetzung des Regierungschefs. Er wurde ersetzt durch General Fazl Allah Zahedi. Dem Obersten Nematollah Nassiri wurde aufgetragen, dem abgesetzten Ministerpräsidenten die Nachricht von der Entlassung zu überbringen.

Mosadegh war vorbereitet. Er nahm das Dekret nicht in Empfang; er ließ jedoch den Überbringer verhaften.

Es war Nacht in Tehran. Von Haus zu Haus gingen Gerüchte um, Mosadegh habe dem Schah die Stirn geboten. Die Gerüchte stellten sich als wahr heraus. Die Menschen jubelten, daß der Volksheld vor dem Monarchen nicht zurückwich. Hunderttausende versammelten sich auf den Straßen. Sie benahmen sich, als ob ein Alptraum zu Ende gegangen wäre. Die Masse wandte sich gegen Symbole der Schahzeit: Statuen, die Mohammed Reza darstellten, wurden gestürzt. Wer die Vorgänge in Tehran beobachtete, der konnte nicht mehr daran glauben, daß die Pahlawisippe in Iran jemals wieder zu bestimmen haben würde.

Doch im Untergrund wirkten Männer, die darin geschult waren, Umstürze einzuleiten oder zu verhindern. In der iranischen Hauptstadt nahm der amerikanische Brigadegeneral Norman Schwarzkopf Kontakte auf. Er ist der Vater des Generals, der 1990 im Golfkrieg zu kommandieren hatte. Norman Schwarzkopf sen. hatte von 1942 bis 1948 die spezielle Schutztruppe des Schahs aufgebaut und trainiert. Im Sommer 1953 verfügte er noch über ausgezeichnete Beziehungen. Schwarzkopf sen. wußte, wer in Tehran wichtig war und wer mit welchem Betrag zu bestechen war.

Norman Schwarzkopf arbeitete mit Kermit Roosevelt zusammen, dem Chef der Mittelostabteilung des US-Geheimdiensts. Er war der Enkel des früheren amerikanischen Präsidenten Theodore Roosevelt. Kermit Roosevelt entwickelte den Plan für „Operation Ajax". Das Ziel war die Entmachtung des Ministerpräsidenten Mosadegh und die Schwächung der moskauhörigen Tudehpartei. Dem Schah die Regierungsgewalt wieder zu geben, war erst in zweiter Linie die Absicht der „Operation Ajax".

Der Schah, der sich im Frühling und im Vorsommer wankelmütig und unentschlossen verhalten hatte, war sofort nach Unterzeichnung der Absetzungsurkunde für Mosadegh aus Tehran abgeflogen – in einer zweimotorigen Maschine vom Typ Beechcraft. Sein Ziel war ein kleiner Ort im Gebirge nördlich der Hauptstadt. Dort war er sicher vor der Gewalttätigkeit der vom Umsturz begeisterten Masse. Der Nachteil war, daß er in diesem Gebirgsort kaum erfahren konnte, wie sich die Situation in Tehran entwickelte. Der Schah hatte keine Entscheidungen zu treffen; er wurde nicht gefragt; er war kein Akteur beim Ablauf der „Operation Ajax".

Zwei Tage lang mußten Mohammed Reza und Soraya auf Nachricht warten. Dann erfuhren sie in der Nacht über das Funkgerät der „Beechcraft", die Situation in der Hauptstadt sei hoffnungslos für die Sache des Pahlawiclans. Der Schah entschloß sich, beim ersten Tageslicht sein Land in Richtung Irak zu verlassen.

Am Vormittag des 16. August 1953 steuerte Mohammed Reza Pahlawi den Flughafen Baghdad an. Daß der Schah und seine Frau kaum Gepäck mit sich führten, erstaunte die Flughafenbehörden. Im Koffer, den Soraya trug, befand sich ihr Schmuck.

Der Schah erinnerte sich später: „Die irakische Regierung war bestürzt, denn wir kamen völlig unangemeldet." Trotzdem sei der improvisierte Empfang freundlich gewesen.

Weniger angenehm war die Reaktion des diplomatischen Geschäftsträgers in der iranischen Botschaft in Rom. Diese Stadt war das nächste Ziel der beiden Flüchtenden. Der zuständige Diplomat weigerte sich, dem Monarchen den Schlüssel zum Dienstwagen der Botschaft auszuhändigen. Er fühlte sich nicht mehr als Vertreter des Pahlawiregimes. Das Botschaftsgebäude stand dem Schah nicht mehr zur Verfügung. Der Geschäftsträger weigerte sich auch, für die Kosten eines Hotelzimmers aufzukommen – und der Schah hatte kein Geld bei sich. Ein reicher Geschäftsmann aus Iran, der in Paris vom Mißgeschick des Schahs und seiner Frau hörte, bürgte schließlich für die Ausgaben. Doch befand sich Soraya auch für die nächsten Stunden in der mißlichen Lage, die Geschäfte der Via Veneto aus Geldmangel meiden zu müssen.

Der Schah benützte jede Gelegenheit, um zu betonen, er sei nicht geflohen; er befinde sich zur Erholung in Rom. Diese Ferienreise sei längst geplant gewesen.

Kermit Roosevelt, der CIA-Mann für den Mittleren Osten, hatte inzwischen Massen im Süden von Tehran mobilisiert. Dafür standen ihm hunderttausend Dollar zur Verfügung. Dieser Betrag wurde in kleinen Scheinen gebraucht, denn er wurde unter Tausenden von angeworbenen Demonstranten verteilt. Gegen Geld waren die Menschen der ärmlichen Regionen von Tehran bereit, in die Stadtmitte zu ziehen und „lang lebe der Schah!“ zu rufen.

Der Demonstrationszug schwoll an während des langen Wegs zum Regierungssitz. Dort wurden die Angeworbenen von Getreuen Mosadeghs aufgehalten – und von Mitgliedern der Tudehpartei. Die Verteidiger wußten, daß sie bei einem Sieg des Schahs ihr Leben verwirkt hatten, und deshalb verteidigten sie sich zäh. Mit Gnade der Sieger konnten sie nicht rechnen.

Inzwischen war es dem Brigadegeneral Norman Schwarzkopf sen. gelungen, Offiziere der Armee zu überzeugen, daß es klug sei, sich gegen Mosadegh zu entscheiden. Diese Aufgabe war nicht einfach, denn das Offizierskorps war während der zurückliegenden Monate mit Tudehanhängern durchsetzt worden. Die Kommunistenfreunde hielten viele Kommandostellen besetzt. Doch schließlich konnte Schwarzkopf sen. dem CIA-Chef melden, starke Panzerverbände seien bereit zum Kampf für den Schah.

Er wurde mit Härte geführt. Die Zahl der Toten ist nicht bekannt. Die Panzer entschieden schließlich das Gefecht für die Sache des Schahs. Sie nahmen zuletzt das Wohngebäude des Ministerpräsidenten unter Beschuß. Mosadegh entfloh bei Nacht über die Gartenmauer – mit einem Schlafanzug bekleidet. In einem nahegelegenen Gebäude fand er Zuflucht bei einem Funktionär der Tudehpartei.

Der Schah lebte während dieser Ereignisse im Hotel „Excelsior" in Rom. Er hatte keinen Kontakt mit den Organisatoren von „Operation Ajax". Sie suchten ihn gar nicht; sein Rat wurde in Tehran nicht gebraucht. Vom Erfolg der Operation erfuhr er in der Hotelhalle aus der Überschrift einer römischen Tageszeitung. Sie lautete: „Mosadegh gestürzt!"

Mohammed Reza Pahlawi und seine Frau blieben nur noch wenige Stunden in Rom. Sie ließen sich von einer Maschine der Iran Air abholen. Der Schah erinnerte sich: „In Tehran wurde mir ein herzlicher Empfang bereitet. Ich war gerührt über die Zeichen der Anhänglichkeit meines Volkes, dessen spontane Ovationen so ganz im Gegensatz zu den befohlenen Kundgebungen unter Mosadegh und der Tudehpartei standen."

Der Schah war künftig darauf bedacht, bei allen Rückblicken auf die Ereignisse des Sommers 1953 die enge Bindung zwischen sich und dem iranischen Volk zu betonen. Er wies fortan darauf hin, sein Volk habe ihn zurückgerufen und habe für ihn gekämpft. Daß ihm der amerikanische Geheimdienst den Pfauenthron gesichert hatte, das gab

Mohammed Reza erst 26 Jahre später zu. Er meinte, ehe er im Januar 1979 definitiv sein Land verließ: „Wir befinden uns eben nicht im Sommer 1953. Damals hat eine Handvoll Dollar die Sache zu unseren Gunsten entschieden."

Als der Schah wieder seine Paläste bezogen hatte, belohnte er diejenigen reich, die ihm zur Rückkehr verholfen hatten. Der Geschäftsmann Amir Hushang Davolon, der für ihn in Rom gebürgt hatte, wurde mit dem Monopol für Kaviarexport nach Europa bedacht. Der Offizier Nematollah Nassiri, der Mosadegh das Absetzungsdekret zu überbringen gehabt hatte, wurde Chef des Geheimdienstes SAVAK. Bestraft aber wurden die iranischen Diplomaten in Baghdad und Rom, die ihrem obersten Dienstherrn in schwieriger Lage die Reverenz verweigert hatten.

Die iranischen Sicherheitsdienste waren am Kampf gegen Mosadegh nicht beteiligt gewesen. Ihrem damaligen Leiter, dem General Timur Bakhtiar, verzieh der Schah diese Zurückhaltung nie. Mohammed Reza verdächtigte ihn, am Komplott beteiligt gewesen zu sein. Der General konnte sich für einige Zeit vor Rache retten, weil er zum selben Clan wie Soraya Esfandiari gehörte. Doch schließlich wurde Timur Bakhtiar aufgefordert, Iran zu verlassen. In Baghdad nahm er Kontakt zu Gegnern des Schahregimes auf. Er starb bald darauf.

Iran zwischen den USA und der UdSSR

Die Vereinigten Staaten von Amerika nutzten ihre Chance, Iran als Bastion gegen die Sowjetunion auszubauen. Zunächst einmal mußte dem Land, das durch Mosadeghs Ölpolitik in finanzielle Schwierigkeiten gekommen war, großzügig geholfen werden. Präsident Eisenhower gewährte im September 1953 der iranischen Regierung eine Finanzhilfe in Höhe von 45 Millionen Dollar zur Überbrückung aktueller Probleme. Vereinbart wurden weitere Zahlungen für den Zeitraum bis 1957. Die Summe belief sich auf 50 Millionen Dollar. Damals begann die Aufrüstung der iranischen Armee. Ein Viertel der Finanzhilfe war für Waffenkäufe bestimmt.

Mit Unterstützung durch die USA wurde SAVAK umorganisiert; seine Aufgabe war Überwachung des iranischen Volkes. SAVAK sollte verhindern, daß sich derartige Vorgänge, wie Mosadeghs Griff nach der Macht, noch einmal wiederholen könnten. Mit Hilfe von SAVAK festigte Mohammed Reza seine Position: Verhaftet wurden sämtliche Personen, die in der „Nationalen Front" an führender Stelle aktiv gewesen waren, ebenso die Spitzenkräfte der Tudehpartei. Die traditionellen Parteien wurden aufgelöst und durch Organisationen ersetzt, die sich „Partei des Volkes" oder „Nationalistische Partei" nannten. Die Parteiführung lag in den Händen von SAVAK-Funktionären.

SAVAK erhielt auch den Auftrag, das Offizierskorps von Tudehanhängern zu säubern. 600 linksorientierte Offiziere wurden aufgespürt und aus den Streitkräften entfernt. Einige sind sogar in der Garde des Schahs entdeckt worden.

Während der vorangegangenen Monate hatte sich die Welt verändert: Am 3. März 1953 war Stalin verstorben. Die Folge war, daß die Tudehpartei kaum noch finanzielle und propagandistische Unterstützung aus Moskau erhielt. Stalins Nachfolger Nikita Chruschtschow war auf Entspannung mit den bisherigen Gegnern bedacht.

Chruschtschow nahm Anstoß daran, daß der Schah dem Baghdadpakt beigetreten war, als Partner des Irak, der Türkei und Großbritanniens. Chruschtschow sah in diesem Pakt eine Allianz, die aggressiv gegen die Sowjetunion gerichtet war. Der Schah glaubte im Jahr 1956 während seines Staatsbesuchs in Moskau, den Kremlherrn von den friedlichen Absichten seines Landes überzeugen zu können, doch Chruschtschow blieb hartnäckig bei seinem Standpunkt, die USA hätten den Baghdadpakt erfunden, in der Absicht, eine mittelöstliche Front gegen die Sowjetunion aufzubauen.

Chruschtschows Verdacht war nicht ganz unberechtigt. Mohammed Reza Pahlawi hatte tatsächlich die Idee, die Vereinigten Staaten von Amerika als militärisch starke Macht in das Bündnissystem einzubauen. Doch dagegen wehrten sich die amerikanischen Außenpolitiker. Sie schlugen statt dessen vor, jeweils bilaterale Abkommen zwischen den Vertragspartnern des Baghdadpakts und den USA abzuschließen.

Sobald dieser Vorschlag bekanntwurde, wehrte sich Moskau vor allem dagegen, daß sich Iran mit den USA verbündete, Chruschtschow machte den Vorschlag, Iran und die UdSSR sollten einen Nichtangriffspakt mit langer Laufzeit abschließen. Chruschtschow ließ auch wissen, daß er bereit sei, für die Nutzung iranischer Verkehrswege während des Zweiten Weltkriegs zu bezahlen. Eine derartige Forderung war seit Jahren schon von Iran erhoben worden.

Dieses Angebot war derart verlockend, daß der Schah glaubte, es nicht ausschlagen zu können. Er ließ Chruschtschow mitteilen, daß Verhandlungen zur Fixierung des Vertragstexts möglichst bald aufzunehmen seien. Doch der Kreml machte den Fehler, den Schah warten zu lassen. Die USA hatten die Zeit, nun ebenfalls für Iran vorteilhafte Vorschläge unterbreiten zu können, die den Schah veranlaßten, nicht mehr an die vertragliche Bindung an Moskau zu denken. Die sowjetische Delegation, die in Tehran eintraf, machte es den Iranern leicht, die Verhandlungen auslaufen zu lassen: Die Sowjets verlangten, Iran möge aus dem Baghdadpakt austreten; nicht erlaubt sein sollten künftig alle Erörterungen mit US-Diplomaten über andersgeartete vertragliche Bindungen. Auf diese Bedingungen ließ sich Iran nicht ein.

Die Folge war, daß vom Beginn des Jahres 1959 an massive sowjetische Propaganda gegen Iran einsetzte. Rundfunksendungen in iranischer Sprache schmähten das Land, sein Volk und vor allem seinen Herrscher. Die Sowjetunion betrieb einen eigens für diese Propaganda aufgebauten Sender,

der sich „Nationale Stimme des Iran“ nannte. Trotz der starken Leistung des Senders blieben die Sendungen ungehört.

Dem Schah aber boten die sowjetischen Hetzsendungen den willkommenen Anlaß, sich ganz den USA zuzuwenden – und die amerikanische Regierung war jetzt bereit, im Schah einen wichtigen Partner zu sehen, in dessen Land zunächst investiert werden mußte, das aber auf Dauer für die USA Gewinn versprach.

Sobald die durch die übereilte Nationalisierung der iranischen Ölproduktionsstätten ausgelöste Absatzkrise überwunden war – sie hatte von 1951 bis 1954 gedauert –, begannen die Einnahmen aus dem Ölgeschäft wieder zu fließen. Die Voraussetzungen hatten sich geändert: Amerikanische Ölgesellschaften hatten Beteiligungen erlangt. Bisher war Iran eine Domäne der Briten gewesen. Jetzt aber waren Exxon, Socol und Texaco mit jeweils 8% der Gesellschaftsanteile Miteigentümer an der National Iranian Oil Company. Allerdings war die British Petroleum Company mit 40% noch immer Hauptbeteiligter – gefolgt von Shell mit 14%.

Die Anteilseigner waren in einem „Consortium“ zusammengeschlossen. Im Vertrag, der dieses „Consortium“ zusammenband, stand eine geheime Klausel, die den iranischen Partnern zunächst verborgen blieb. Sie besagte, daß die Partnergesellschaften verpflichtet waren, in gemeinsamen Beschlüssen die Höhe der iranischen Fördermenge festzulegen. Ohne Rücksprache mit den Verantwortlichen des Iran wurde bestimmt, wieviel Öl auf den Ölfeldern des Iran produziert wurde – das „Consortium“ bestimmte damit auch die Höhe der iranischen Staatseinnahmen.

Die USA konnten allerdings nicht verhindern, daß die italienische Gesellschaft ENI durch das Verhandlungsgeschick ihres Chefs Enrico Mattei unabhängig von den Abmachungen des „Consortium“ eine Absprache traf, die den Wünschen des Iran stärker entgegenkam.

Iran verfügte nach und nach über steigende Öleinkommen. Dies gab dem Schah die Möglichkeit, immer modernere Waffen zu erwerben. Als Lieferant kamen für ihn allein die USA in Frage. Den Chefs des Pentagon gefiel diese Entwicklung. Sie machten die Erfahrung, daß der Iran ein pünktlicher und verläßlicher Zahler war. Durch die regelmäßigen iranischen Waffenkäufe und durch Vorauszahlungen waren sie häufig in der Lage, Entwicklungsphasen neuer Waffensysteme finanzieren zu können, die eigene Kassen schwer belastet hätten.

Der höchste Stand der militärischen Zusammenarbeit zwischen den USA und Iran wurde am Ende der Amtszeit von Dwight D. Eisenhower erreicht: Der Präsident und der Schah schlossen ein gegenseitiges Verteidigungsbündnis ab. Es garantierte, daß die USA iranisches Territorium durch einen „nuklearen Schutzschild" gegen jede Form der Aggression schützen würden.

Diese weitgehende Protektion durch die USA weckte Bedenken in Washington. Sie artikulierten sich ganz offiziell nach der Wahl von John F. Kennedy zum amerikanischen Präsidenten im November 1960. Sorge machte sich breit, Iran werde die USA in einen Konflikt hineinziehen, der nicht mehr zu beherrschen sein könnte. Ungute Gefühle entstanden beim Gedanken, Iran müsse auf jeden Fall bei Gefahr von den USA verteidigt werden.

Im Winter 1960/61 griff die sowjetische Propaganda die enge Bindung des Schahregimes zu den Vereinigten Staaten auf. Antiamerikanische Parolen waren über Nacht in Teheran zu hören – und sie trafen auf offene Ohren. Die „Nationale Front", die im Jahre 1953 den Kampf gegen die Pahlawidynastie verloren hatte, reagierte positiv auf die Parolen aus Moskau: Sie begann sich neu zu orientieren und zu organisieren.

Mohammed Reza war über diese Entwicklung im eigenen Land nicht sonderlich beunruhigt. Er lebte in der Überzeugung, seine Sicherheitsorgane, die von den USA aufgebaut und gestützt wurden, würden sein Regime schützen. Zu seiner Bestürzung erreichten ihn im Sommer 1962 Nachrichten aus Washington, die ihm Zweifel einflößten an der Bündnistreue der Regierung Kennedy.

Der eigene Geheimdienst des Schahs war zur Überzeugung gelangt, Robert Kennedy, der Bruder des Präsidenten und zugleich dessen wichtigster Berater, gebe der Pahlawidynastie keine Zukunft. Robert Kennedy habe durch Mittelsmänner bereits Kontakt zur „Nationalen Front" aufgenommen, um zu sondieren, ob diese politische Sammlungsbewegung geeignet sei, Verantwortung in Iran zu übernehmen. Das Resultat dieser Sondierungen sei gewesen, daß die „Nationale Front" durchaus in der Lage sei, Iran – nach einer Ablösung des Schahs – zu regieren. Die iranischen Politiker, mit denen die Mittelsmänner des Präsidentenbruders gesprochen hatten, waren der Meinung, es werde dann gelingen, die Tudehpartei von der Macht fernzuhalten. Sie hatten ihrem Gesprächspartner versichert, es sei ihre Absicht, den Einfluß Moskaus auf Tehran zu mindern.

Robert Kennedy hatte offenbar bereits seinen Bruder überzeugt, der Fortbestand des Pahlawiregimes mache das iranische Volk letztlich zu Sympathisanten der Sowjetunion. Allein eine Regierung, die aus Anhängern der „Nationalen Front" bestehe, sei in der Lage, Iran auch weiterhin an den Westen zu binden.

Der Kennedyclan überschätzte die Einflußmöglichkeit, die Moskau in Wirklichkeit auf die iranische Politik besaß. Die sowjetische Botschaft in Tehran war weitgehend isoliert. Selbst Mitglieder der Tudehpartei mieden den Kontakt zu den Diplomaten aus Sorge, von SAVAK wegen Moskaufreundlichkeit belangt zu werden.

Der Schah fürchtete die Tudehpartei nicht, doch er hatte Sorge, er werde von Kennedy im Stich gelassen, zugunsten einer Regierung der „Nationalen Front". Er konnte dieser

Gefahr nur entgehen, wenn es ihm gelang, den amerikanischen Präsidenten zu überzeugen, daß die Pahlawidynastie Iran fest im Griff und auf amerikafreundlichem Kurs hielt.

Diese Überzeugungsarbeit leistete Mohammed Reza beim eilends vereinbarten Staatsbesuch in Washington. Kennedy ließ sich Zeit für lange Gespräche und war schließlich überzeugt, der Schah sei doch der richtige Partner für die Zukunft.

Allerdings war auch John F. Kennedy erfolgreich: Er hatte seinen Besucher mit der Bitte überrascht, er möge einen Ministerpräsidenten einsetzen, der offensichtliche Mißstände bekämpfen könnte. Kennedy hatte offen seine Besorgnis ausgesprochen, Korruption bestimme in hohem Maße die Arbeit der iranischen Verwaltung; die Regierung sei durchsetzt mit korrupten Politikern. Der schlimmste Vorwurf aber traf Mohammed Reza persönlich: Auch Mitglieder der Pahlawifamilie seien korrupt – sie seien bestechlich.

In Washington erfuhr der Schah, daß das State Department nichts von seiner Aufrichtigkeit hielt in der Bemühung, Demokratie einzuführen. Daß die Ergebnisse der letzten Parlamentswahlen unverfälscht waren, glaubte niemand. Die Fachleute in Washington waren der Meinung, der Schah habe sich mit der Verkündung dieser, zu seinen Gunsten übertriebenen Wahlergebnisse lächerlich gemacht.

Am Ende des Washingtonaufenthalts versprach Kennedy dem Schah weitere Unterstützung, bat ihn jedoch ernsthaft, an Reformen zu denken.

Zum Abschied wurde dem Schah noch der Name des Politikers genannt, den er zum Ministerpräsidenten ernennen sollte. Mohammed Reza konnte diese Aufforderung nicht abschlagen, auch wenn er den Kandidaten überhaupt nicht mochte: Er mußte Ali Amini ernennen, der im Kabinett des Mohammed Mosadegh Minister gewesen war. Amini war in Washington deshalb bekannt, weil er dort Botschafter gewesen war.

Der ehemalige Mosadeghvertraute galt von nun an als Vertreter amerikanischer Interessen – war er doch von den Kennedys empfohlen worden. Als Ali Amini im Auftrag des Schahs tatsächlich Reformen durchzuführen begann, galten sie sofort als „von Amerika gesteuert".

Die „Weiße Revolution"

Während alle diese Ereignisse stattgefunden hatten, war der enge Lebenskreis des Monarchen verändert worden. Schon beim Staatsbesuch in Washington im Jahre 1960 war er nicht mehr von Soraya Esfandiari begleitet worden. Von ihr hatte sich Mohammed Reza schon am 14. März 1958 scheiden lassen. Der 39jährige Schah hatte sich aus Sorge getrennt, keinen Sohn zu bekommen. In sieben Jahren war es Soraya Esfandiari nicht gelungen, ein Kind zu gebären. Mohammed Reza war ein Herrscher ohne Sohn und Erben. Er hatte oft an die Mahnung des Vaters gedacht, für einen Sohn zu sorgen. Dem Schah war auch bewußt geworden, daß er noch nicht gekrönt worden war. Seit 1941, seit der Abdankung des Vaters, war diese Zeremonie immer aufgeschoben worden. Zur Festigung seiner Herrschaft mußten zwei Ereignisse eintreten: Die Geburt eines Sohnes und die Krönung – und zwar in dieser Reihenfolge.

Die Suche nach einer jungen Frau, die in der Lage war, unbedingt einen Sohn zur Welt zu bringen, war eine heikle Angelegenheit. Diese Aufgabe wurde von Prinzessin Ashraf übernommen. Sie hatte die Wahl der Soraya Esfandiari für falsch gehalten; sie war überzeugt, die richtige Frau zu finden. Sie präsentierte dem Schah die Kandidatin. Sie hieß Farah Diba.

Sie stammte aus einer respektierten iranischen Familie. Ihre Eltern besaßen keinen politischen Ehrgeiz. Sie hatten die Tochter zum Architekturstudium nach Paris geschickt. Die junge Frau war gerade 21 Jahre alt geworden.

Mohammed Reza Pahlawi folgte dem Rat seiner Zwillingsschwester. Die Heirat mit Farah Diba fand am 21. Dezember 1959 statt. Sie war bereits sichtbar schwanger, als sie ihren Mann zum schwierigen Staatsbesuch nach Washington begleitete. Sie wurde Kennedy präsentiert als lebendiger Beweis der Stabilität des Pahlawiregimes.

Der langersehnte Erbe wurde am 31. Oktober 1960 geboren: Prinz Reza Cyros. Er sicherte den Fortbestand der Sippe. Für den Vater bedeutete diese Tatsache die Erfüllung seiner Wünsche: Das eigene Geschlecht würde fortdauern und zur Bedeutung aufsteigen, wie einst die Sippe von Cyros und Darios.

Die Persönlichkeit des Schahs veränderte sich. Von nun an regierte er als absoluter Herrscher, der keine Kritik und keinen Widerspruch duldete. Nur sein Wille galt fortan in Iran.

Doch sein autoritäres Regime weckte Widerstand bei jungen Leuten. Da war eine Generation gescheiter Männer herangewachsen, denen die Möglichkeit offenstand, in den USA und in Europa zu studieren. Sie lernten westliche Demokratien kennen, in denen das Volk die Möglichkeit zur Mitbestimmung hatte. In ihrer Heimat aber mußten sie erleben, daß ein Parlament gewählt worden war, an dessen Legalität niemand glaubte. Es waren Studenten, die den Zustand ihres Landes unerträglich fanden. Die studentische Opposition gegen den Schah formierte sich an der Tehraner Universität. Gefordert wurde ein Wahlgesetz, das allen gesellschaftlichen Gruppierungen eine Chance bot und nicht nur den Organisationen, die dem Schah genehm waren.

Als keine Reaktion auf die Forderungen erfolgte, rebellierte die Jugend im Juli 1962. Studentenstreik lähmte die Universität. Zum erstenmal trat die „Nationale Front“ wieder wirkungsvoll in Erscheinung. Einer der Anführer war Schapur Bakhtiar, der sechzehn Jahre später der letzte Ministerpräsident des Pahlawiregimes werden sollte.

Um die Unruhestifter zu besänftigen und abzulenken, verkündete Schah Mohammed Reza Pahlawi im Januar 1963 die „Weiße Revolution“. Seine Absicht definierte der Schah so: „Unsere Weiße Revolution will nicht den Triumph einer bestimmten Klasse erreichen, auch nicht den Sieg einer bestimmten Ideologie. Unsere Weiße Revolution prägt keine Schlagworte, und sie drischt keine Phrasen. Mein Ziel ist es, den Iran in zwanzig Jahren auf das Niveau der Zivilisation zu heben, den dann die Fortschrittlichsten aller Länder erreicht haben. Wir haben während der letzten Jahre schon die Hälfte des Rückstands aufgeholt. Doch der schwierigste Teil der Strecke liegt vor uns.“

Am Beginn der Weißen Revolution stand die Landreform. Das Verfahren beschrieb der Schah selbst so: „Die Landreform wurde in Etappen durchgeführt. Zuerst wurde den Großgrundbesitzern verboten, mehr als ein Dorf ihr Eigentum zu nennen. Das übrige Land wurde zur Nutzung an Bauern vergeben. Sie konnten für den Aufbau ihrer Betriebe Darlehen bekommen, die sie erst in 15 Jahren zurückzahlen mußten. Die Grundbesitzer, die Land hatten abgeben müssen, wurden durch Aktien staatlicher Hüttenwerke und Fabriken abgefunden.“

Der Ansatzpunkt der Landreform war richtig: Das Ackerland hatte sich in der Hand der Großgrundbesitzer befunden, die ihr Kapital in fruchtbarem Boden angelegt hatten. Drei Prozent der iranischen Bevölkerung hatten 90% des nutzbaren Ackerlandes besessen. Eine gerechte Verteilung war angebracht.

Zum Problem entwickelte sich die Landreform dadurch, daß viele der Grundbesitzer höhere Geistliche waren. Zu ihnen zählte auch Sayyed Ruhollah Musawi Chomeini. Er war inzwischen Ayatollah geworden und gehörte zur hohen Stufe der Geistlichkeit. Auch von ihm wurde nun verlangt, sein Eigentum an Boden zu reduzieren. Er hatte mehr als zwanzig Jahre lang sein Einkommen zum Erwerb von Ackerland verwendet. Jetzt aber sollte er abgefunden werden mit Schuldverschreibungen einer unbestimmten Laufzeit zum üblichen Zinssatz. Chomeini betrachtete seinen Landbesitz als Grundlage seiner Altersversorgung.

Doch der Ayatollah machte klugerweise die Landreform nicht zum zentralen Thema seiner Attacken gegen das Regime. Er wandte sich gegen Pläne des Schahs, Frauen mehr Rechte zu geben. Die Frauen sollten nach Ansicht des Herrschers, Wahlrecht zugesprochen bekommen.

Mohammed Reza wollte den Artikel 10 des bestehenden Wahlrechts abschaffen, weil er ihn im höchsten Maße diskriminierend für die Frauen des Iran fand. Der Text lautete so: „Ausgeschlossen vom Recht zu wählen sind Frauen, Minderjährige, Unmündige, Bankrotteure, Geisteskranke, Bettler und alle anderen, die ihren Lebensunterhalt auf unehrliche Weise verdienen."

Die Abschaffung dieses Paragraphen griff die Geistlichkeit auf. Sie verteidigte keineswegs die diskriminierende Zusammenstellung der Ausgeschlossenen, sie war nur der Meinung, daß der Sachverhalt richtig war: Die Gleichstellung der Frauen mit den Männern im Wahlrecht war nicht zulässig.

Gemäß den Vorschriften des Korans war die Frau der Aufsicht des Mannes untergeordnet. Wer diese Feststellung des Heiligen Buches mißachtete, der stellte sich gegen die Gesetze des Islam.

Doch für die Geistlichkeit war ein anderer Programmpunkt

der Reform des Schahs genauso angreifbar: Künftig sollten Nichtmoslems an Parlamentswahlen aktiv und passiv teilnehmen dürfen. Davon hätten vor allem Angehörige des Bahaiglaubens profitiert. Darin sahen die Geistlichen den Ansatz zu Zerstörung des schiitisch-islamischen Staates. Sayyed Ruhollah Musawi Chomeini fühlte sich gedrängt, gegen die „Weiße Revolution“ zu protestieren. In einem höflich abgefaßten Telegramm teilte er dem Schah mit, daß die Geistlichkeit den geplanten Veränderungen der iranischen Gesellschaftsstruktur nicht zustimmen könne. Mohammed Reza Pahlawi wurde gebeten, die Landreform, die Gleichberechtigung der Frauen und das Wahlrecht der Nichtmoslems wieder aufzuheben.

Der Schah antwortete nicht selbst. Ein Regierungsbeamter erhielt den Auftrag, ein Antworttelegramm zu verfassen. Das Telegramm brachte die Hoffnung zum Ausdruck, der „Hodjat al Islam“ werde noch zur Einsicht gelangen, daß die Entscheidungen des Schahanschah dem iranischen Volk nützen würden.

Die Absicht des Absenders war, den Ayatollah zu beleidigen. Chomeini war zu jenem Zeitpunkt bereits anerkannter Ayatollah. Ihn mit dem Titel „Hodjat al Islam“ – „Autorität in Fragen des Islam“ – anzureden und nicht mit dem richtigen Titel Ayatollah – „Zeichen Allahs“ –, war eine beabsichtigte Herabwürdigung. Für den Schah aber wurde die Bezeichnung Schahanschah beansprucht – „König der Könige“.

Damals war Chomeini darauf aus, den höchsten Grad der schiitischen Geistlichkeit zu erreichen. Die Bezeichnung dafür ist „Ayatollah al Uzma“ – Großes Zeichen Allahs. Nach der noch immer gültigen Verfassung des Jahres 1906 durfte nie ein Ayatollah al Uzma verhaftet werden – um diesen Schutz zu erreichen, war Chomeini daran interessiert, in der Hierarchie der Geistlichkeit rasch zur obersten Stufe aufzusteigen. Der Schah und seine Höflinge aber wollten verhindern, daß sich gerade dieser Geistliche dem staatlichen Zugriff entziehen konnte. Das Telegramm Chomeinis mit der Stellungnahme zur „Weißen Revolution“ hatte die Gefährlichkeit des Ayatollah für das Regime zum erstenmal deutlich gemacht.

Der Text des Telegramms war das Ergebnis langer Beratungen im Kreis der Geistlichen von Qom gewesen. Chomeini hatte eine Schar von Mullahs und „Suchenden“ um sich gebildet. Eine solche Schar wurde „hauza“ genannt. Das Wort „hauza“ läßt sich mit „Kreis“ übersetzen. Wer zu Chomeinis „hauza“ gehörte, der traf sich in dessen Wohnung, Chomeini war der Lehrende.

Sein Thema war nicht allein die Religion und die Beziehung der Menschen zu Allah. Chomeini sprach vor allen Dingen über Politik. Seine Abneigung gegen den Schah verbarg er nicht. Er legte seine Meinung dar, daß an der Spitze des iranischen Staates nicht ein Monarch stehen solle, sondern ein Geistlicher, der zur „Heiligen Familie“ zu zählen sei – also ein Nachfahre des Propheten und des Märtyrers Ali in direkter Linie.

Chomeinis Meinung in jener Zeit wird so überliefert: „Was nützt es uns, die wir den schwarzen Turban tragen, daß wir wissen, was Allahs Willen ist. Wir verkünden Allahs Willen, doch das darf nicht alles sein. Wir müssen die Macht in die Hand bekommen, um Allahs Willen durchzusetzen.“

Zu Chomeinis „hauza“ gehörten junge Geistliche, die später in den Jahren der Revolution Bedeutung erlangen sollten: Motahari und Beheshti waren zwei brillante Diskussionsredner. Die „hauza“ besuchte jedoch auch Mehdi Bazargan, der kein Geistlicher war. Ihn zog die Person Chomeinis an.

Die Agenten von SAVAK beobachteten Chomeinis „hauza“. Eine aktuelle Gefahr für die Sicherheit des Staates hatten sie nicht erkannt. Die „hauza“ wurde als Zirkel von Theoretikern eingestuft, die sich weitab von der politischen Praxis bewegten.

Aus den Vereinigten Staaten aber kam der Rat, die Vorgänge in Qom nicht zu unterschätzen. Nach der Revolution von 1979 wurde im Tehraner Marmorpalast, der Amtssitz des Schahs war, ein Dokument gefunden, das Empfehlungen enthielt, die vom örtlichen Residenten des CIA ausgearbeitet worden waren. Im Text des Dokuments wurde dem Schah dringend ans Herz gelegt, er möge sich ernsthaft um religiöse Angelegenheiten kümmern. Es dürfe nicht geschehen, daß die Meinung der Iraner in politischen Angelegenheiten von Qom aus beeinflußt werde. Die Absichten der Ayatollahs müßten schon im Ansatz wirkungslos gemacht werden.

Das Duell zwischen dem Schahanschah und dem Ayatollah

Die offene Konfrontation begann am 20. März 1963. Es war der Tag vor dem iranischen Fest „Noruz", an dem das Neue Jahr beginnt. Zur Tag- und Nachtgleiche im Frühjahr feiern die Iraner den „Neubeginn des Lebens".

Noruz geht zurück auf die vorislamische Zeit und paßte deshalb in die programmatische Richtung des Schahs, die eine Betonung der weit zurückliegenden historischen Traditionen bevorzugte. Chomeini verurteilte den alten Brauch, das Jahr im Frühling zu beginnen. Er forderte die Einsetzung des islamischen Kalenders, der sich nach dem Zyklus des Mondes richtet; er enthält keine feststehenden Feiertage – sie wandern im Lauf der Zeit durch alle Jahreszeiten. Die Feier des Fests Noruz war für Chomeini ein Rückfall in die Zeit, als Ahura Mazda angebetet wurde und der „Feuerzauber" des Zarathustra die Menschen betörte.

Chomeini glaubte, als Ayatollah dazu verpflichtet zu sein, ein religiöses Edikt, eine „Fatwa“ zu erlassen, die dem gläubigen Moslem verbot, das Fest Noruz zu begehen. Die Sprache des Ayatollah war deutlich: „Es ist der Schah, der die Rückkehr zu alten Bräuchen verlangt. Er ist der Anführer des Komplotts gegen den Islam. Seine Pläne sind unvereinbar mit dem Islam.“

Mohammed Reza Pahlawi wird in dieser „Fatwa“ als „Todgeweihter“ bezeichnet, der dennoch eine Gefahr darstelle für den Islam. Das Dekret schließt mit diesen Worten: „Allah, ich habe damit meine erste Pflicht erfüllt. Wenn du mich noch länger leben läßt, werde ich mir um deinetwillen noch weitere derartige Pflichten auferlegen.“

Zur Enttäuschung Chomeinis wurde der Aufruf, das Fest Noruz nicht zu beachten, außerhalb der Stadt Qom nicht zur Kenntnis genommen. Der 21. März 1963 wurde in ganz Iran als Feiertag begangen.

Hätte sich die Regierung zurückhaltend benommen, wäre die Attacke des Ayatollah ohne Wirkung geblieben. Doch die Sicherheitsbehörde reagierte. Als SAVAK am 21. März den Aufruf Chomeinis zur Bearbeitung zugeleitet bekam, ordnete seine Führung eine Demonstration gegen Chomeini an – sie sollte in Qom stattfinden. Aufgeboten wurden 2000 Vertrauensmänner der SAVAK; sie wurden mit schwarzen Umhängen und weißen Turbanen versehen. Die Demonstranten sollten den Eindruck erwecken, sie seien schiitische Mullahs. Sie drangen in den Hof der Grabmoschee der Schwester des Achten Imam ein und riefen dort: „Lang lebe der Schah!“

Die echten Geistlichen verließen rasch das Moscheegelände. Sie wollten jeden Streit vermeiden. Chomeini selbst hielt sich in seiner „hauza“ auf.

Plötzlich aber veränderte sich die Situation: Die falschen Geistlichen hatten Hunger, und sie fielen über die Läden her, die sich an der Mauer der Moschee befinden. Dort werden hauptsächlich Süßwaren verkauft. Die von SAVAK angeheuerten Männer griffen sich die Honigerzeugnisse – doch sie bezahlten nicht. Gegen diesen Diebstahl wehrten sich die Ladenbesitzer. Ihnen kamen „Suchende“ zu Hilfe, die erkannt hatten, daß die Pro-Schah-Demonstranten keine echten Geistlichen waren. Es entwickelte sich eine Prügelei vor den Toren des Heiligtums. Jetzt griff eine Truppe des in Qom stationierten Sicherheitsdienstes ein. Durch Schüsse wurden zwei „Suchende“ getötet. Eine unbekannte Anzahl von Studenten wurde verletzt.

Die Geistlichkeit in Qom war unsicher, wie sie sich verhalten sollte. Viele der Mullahs hatten Angst, der Schah werde die Stadt dafür bestrafen, daß ein Ayatollah es gewagt hatte, eine Fatwa gegen ihn zu erlassen. Doch da gab es auch Geistliche, die dafür eintraten, sofort den „Heiligen Krieg“ gegen das Pahlawiregime zu beginnen. Chomeini äußerte sich zunächst nicht. Erst am nächsten Tag sprach er in seiner „hauza“: „Die Tyrannenherrschaft hat mit den gestrigen Vorgängen ihren eigenen Untergang besiegelt! Sie wird vergehen. Wir aber werden mit Allahs Hilfe siegen! Unsere Gebete werden erhört!“

Chomeinis Worte wurden auf Handzettel gedruckt, die in den Städten und Dörfern um Qom verteilt wurden. Die Wirkung blieb bescheiden.

Die Mehrheit der Iraner war an den Vorstellungen und Visionen der schiitischen Geistlichkeit gerade damals nicht interessiert. Die „Weiße Revolution“, die der Schah in Gang gebracht hatte, war populär – ganz besonders bei Frauen. Sie hatten zum erstenmal an einer Wahl teilnehmen dürfen; sie hatten nun das gute Gefühl, gefragt und gehört zu werden. Sie verstanden Chomeinis Schlagwort von der „Tyrannenherrschaft“ überhaupt nicht. So blieben die Handzettel unbeachtet.

Mit Erfolg hatte der Schah den Vorschlag des CIA-Residenten in Tehran, der angeregt hatte, den Frauen das Wahlrecht zu geben, in die Tat umgesetzt: „Die Frauen sollen wählen dürfen. Auf diese Weise wird der Schah in jedem iranischen Heim eine Basis bekommen. Die Männer mögen konservativ sein und an alten Traditionen hängen. Die Frauen aber sind aufgeschlossen für neue Ideen."

Chomeini hatte gehofft, in anderen iranischen Städten würden Sympathiekundgebungen für „die Kämpfer von Qom" stattfinden und für „die Stadt der heroischen Schlacht gegen die Tyrannenherrschaft". Doch nichts Derartiges geschah.

Der Tag der Auseinandersetzung mit dem „Pahlawiteufel" hatte bereits Bedeutung in der schiitischen Geschichte: Es war der Todestag des Sechsten Imam Djafar as Sadiq (700 bis 756 n. Chr.); dieser Imam wird von den Schiiten besonders geschätzt. Chomeinis Kalkulation war, daß gerade an diesem Tag die Emotionen der Gläubigen leichter anzusprechen sind als sonst. Diesmal aber hatte die Taktik, aktuelle Ereignisse mit der Erinnerung an den Tod des Sechsten Imam zu verbinden, keinen Erfolg.

Chomeini mußte Parolen aufgreifen, die von allen verstanden und geglaubt wurden. Ein Schlagwort war immer erfolgreich gewesen in Iran: „Die Fremden sind an der Misere des Landes schuld! Die Fremden beuten insgeheim den Iran aus. Sie plündern unsere Bodenschätze und profitieren damit für ihren eigenen Reichtum!"

„Faranji" ist die iranische Bezeichnung für die Fremden, sie ist abgeleitet aus der Wortwurzel von „Franken". Der Begriff „Faranji" kennzeichnet alle Menschen, die nicht in Iran geboren und aufgewachsen sind. Ablehnung der „Faranji" war jahrhundertelang ein traditionelles Lebensgefühl im persischen Hochland gewesen. Es wurde auch von den Regierenden aktiviert, wenn sie Sündenböcke brauchten für Fehlentwicklungen des Landes: Die Schuldigen sind immer die „Faranji".

Chomeini beschränkte sich nicht auf allgemeine Verurteilung der Fremden: Er nannte Namen. Feinde des islamischen Landes Iran waren die Amerikaner und die Juden. Das Bindeglied zwischen Iran und diesen beiden Feinden ist der Schah persönlich. Der Vorwurf gegen Mohammed Reza lautete: „Er hat Iran an die Amerikaner verkauft, und er hilft dem Staat Israel."

Wenige Tage nach dem Zusammenstoß von Qom begann Chomeini seinen verbalen Angriff auf Israel. Zunächst war nur seine „hauza" die Plattform dafür. Sein Gedankengang verlief so: der jüdische Staat habe nur das eine Ziel, den Islam zu vernichten. Zu diesem Zweck habe die israelische Regierung Millionen von Koranexemplaren drucken lassen, die einen gefälschten, entstellten Text enthielten. Die Gläubigen in der gesamten islamischen Welt sollten in die Irre geleitet werden. Die Textentstellungen seien so raffiniert verfaßt, daß sie nur von Kennern des Heiligen Buches wahrgenommen werden könnten.

Die Absicht des Ayatollah ist, die Gläubigen eng an die Geistlichkeit zu binden, da nur sie in der Lage ist, vor Irrtümern zu bewahren. Chomeinis Aufruf lautete: „Wir müssen die Gläubigen warnen vor den Agenten Israels. Die Gläubigen sollen wissen, welchen Schaden die Israelis und ihre Handlanger bisher schon dem Islam zugefügt haben." Chomeini bezeichnete die „Weiße Revolution" als Erfindung der Israelis.

Die iranischen Sicherheitsbehörden waren informiert über der Thematik, die jetzt in Chomeinis „hauza" behandelt wurde. Den Ayatollah deshalb zu attackieren, wäre unklug gewesen. Da schien sich eine Möglichkeit zu bieten, den Gegner loszuwerden. Aus dem Irak erreichte Qom eine Nachricht, die der dort zuständige schiitische Geistliche abgeschickt hatte. Er lud die offenbar gefährdeten Glaubensbrüder, die in der Stadt lebten, in der das Mausoleum der Schwester des Achten Imam stand, ein, nach Kerbela oder Nedjef zu kommen. An den Orten, wo die Wurzeln des Glaubens an die Märtyrer zu finden seien, werde ihnen Sicherheit geboten.

Sobald diese Einladung in die Hand der SAVAK-Führung gelangt war, erhielt Chomeini die Mitteilung, der Staat werde niemandem ein Hindernis in den Weg legen, der die Absicht habe, sich an Orte außerhalb des Landes zu begeben, um sich mit Leben und Tod der Märtyrer zu befassen.

Chomeini wies diese Aufforderung, Iran zu verlassen, ab. Er antwortete, er wolle in Qom für die Sache des Islam kämpfen und er werde – wenn es Allahs Wille sei – auch dafür sterben. Doch er sei überzeugt, daß die Sache Allahs siegen werde.

Die Gelegenheit zur Eskalation der Konfrontation mit dem Pahlawiregime bot sich am 5. Juni 1963. Vierzig Tage waren vergangen, seitdem zwei „Suchende" während der Auseinandersetzung in Qom erschossen worden waren. Sie galten nun als Märtyrer. Es war der Brauch, daß Tote vierzig Tage nach der Bestattung noch einmal betrauert wurden. Am vierzigsten Tag brachen wieder die Emotionen auf. Tränen wurden vergossen und Schmerzensschreie ausgestoßen; die Männer schlugen sich auf die Brust.

Den Brauch der Trauerwiederholung vermochte Chomeini von nun an mit Erfolg einzusetzen. Waren Gläubige bei Auseinandersetzungen mit den Sicherheitskräften getötet worden, gab es nicht nur am Tag des Geschehens die Möglichkeit, Massen zu mobilisieren, sondern vierzig Tage später noch einmal. Starben dabei wieder gläubige Menschen, wurden auch sie vierzig Tage später beweint. Der 40-Tagerhythmus der Trauer bestimmte von nun an den Kampf zwischen dem Ayatollah und Mohammed Reza Pahlawi.

Die Regierung hatte versucht, Versammlungen zu verhindern, die für den 3. Juni 1963 zur Trauer um die zwei „Suchenden" angesetzt waren. Polizeieinheiten und Spezialtruppen von SAVAK waren in Qom zusammengezogen worden. Es bestand die Chance, daß die Ordnungskräfte die Massen in Schach halten konnten, ohne daß Gewalt ausbrach.

Doch da wurde bekannt, daß der Schah in Gegenwart von Geistlichen eine Rede gehalten hatte, die als Abrechnung mit Ayatollahs und Mullahs gedacht war. Sie wurde von vielen Zuhörern als Beleidigung aufgefaßt. Der Schah hatte die Geistlichen insgesamt als „Reaktionäre" bezeichnet, die den Fortschritt verhindern wollten: „Wenn es nach den Geistlichen ginge, würden sich die Iraner noch immer auf Eseln fortbewegen – doch wir befinden uns jetzt eben im Düsenzeitalter."

Er meinte, es sei nun mal auch in Iran nicht mehr möglich, Frauen als Geschöpfe zu betrachten, die den Männern unterworfen sind. Die Frauen würden sich diese Behandlung nicht mehr gefallen lassen.

Die Beschimpfung gipfelte in der Behauptung, die Geistlichen seien durchweg Homosexuelle.

Von nun an war eine Verständigung zwischen Chomeini und dem Pahlawischah nicht mehr möglich. Selbst Ayatollahs, die bisher vor einer Konfrontation gewarnt hatten, waren jetzt der Meinung, dieser Schah sei genauso unberechenbar und gewalttätig wie sein Vater. Der Unterschied zwischen Vater und Sohn bestehe nur darin, daß Mohammed Reza ordinärer sei als der verstorbene Reza Khan.

Bei diesem Grad der Auseinandersetzung konnte es nicht ausbleiben, daß am 5. Juni 1963 Tausende von Gläubigen zum Fatima-Heiligtum nach Qom strömten. Chomeini hatte eine begeisterte Zuhörerschaft, als er zu reden begann. Von Anfang an ging er aggressiv gegen den Schah vor. Er verglich ihn mit jenem Omayyadenkalifen Jezid, der einst für den Tod des Imam Husain bei Kerbela verantwortlich war.

Jezid sei der Teufel jener Zeit gewesen. Der Schah aber sei der Teufel der Gegenwart.

Chomeini warnte den Schah: „Hören Sie auf, uns an die USA und an Israel zu verraten. Ich werde sonst den Tag erleben müssen, an dem Amerikaner und Israelis zusehen, wie Sie mit Fußtritten vom Pfauenthron gejagt werden." Chomeini bezeichnete den Schah als einen „kranken Mann, der moralisch verfault" sei. Wörtlich sagte der Ayatollah: „Sie bezeichnen uns als Reaktionäre. In Wahrheit sind Sie der Reaktionär. Sie haben uns betrogen mit dem, was Sie die ‚Weiße Revolution' nennen. Bedenken Sie, wie Reza Khan endete! Dasselbe Schicksal werden Sie erfahren!"

Der Text der Rede wurde noch in jener Nacht nach Tehran gebracht. Er hing am Morgen an Pinnwänden im Hof der Universität aus. Von dort gelangte ein Exemplar ins Büro des SAVAK-Chefs General Nematollah Nassiri, der wiederum den Schah informierte.

Als dieser die beleidigenden Formulierungen las, war er außer sich vor Wut. Er forderte, es müßten auf der Stelle Maßnahmen gegen „die Clique von Qom" ergriffen werden. Der Hofminister Husain Ala versuchte den Herrscher zu beruhigen. Es müsse dringend vermieden werden, daß es weitere Tote gebe, die Chomeini zu Märtyrern erklären könnte. Die Geistlichen sind ohnehin den ganzen Tag damit beschäftigt, an Märtyrer zu denken. Die schiitische Weltvorstellung ist vom Märtyrertum geprägt. Man muß die Geistlichen in ihrer ganz eigenen Welt lassen, dann wird sich die Situation beruhigen.

Der Schah ließ sich nicht überzeugen. Er gab den Befehl zur Verhaftung des Ayatollah. In der Morgenfrühe umzingelten Bewaffnete das Haus Chomeinis im Stadtviertel Gosan Ghazi in Qom. Der Geistliche befand sich jedoch nicht im Haus, er hielt sich in der Wohnung seines Sohnes Mustafa auf, die in der Nähe lag. Dort ließ er sich verhaften. Er wurde nach Tehran gebracht.

Noch war Chomeini nicht Ayatollah al Uzma, „das Große Zeichen Allahs“. Noch schützte ihn die Verfassung nicht vor der Festnahme.

In Qom begann Chomeinis Sohn Massen zu mobilisieren. Sie sollten gegen die Verhaftung des Ayatollah demonstrieren. Als zehntausend Frauen und Männer beim Fatima-Heiligtum zusammengekommen waren, griff Militär ein, um die brodelnde Masse auseinanderzutreiben. Doch die Anzahl der Soldaten war zunächst zu gering. Sie wurden attackiert und in Einzelgruppen aufgesplittert. Manche der Soldaten verloren die Nerven; sie schossen. Demonstranten wurden getötet. Die Militärführung gab an, zwei Männer seien gestorben. Die Geistlichen klagten, Hunderte seien umgebracht worden.

Am 4. April 1964 erhielt Chomeini die Erlaubnis, nach Qom zurückzukehren. Er war im Verlauf der Auseinandersetzung mit dem Pahlawiregime zur absoluten Führungspersönlichkeit unter den höchsten Geistlichen aufgestiegen. Er konnte sich Ayatollah al Uzma nennen.

In Qom angekommen, war die Frage drängend, mit welcher Taktik der Ayatollah al Uzma den Kampf gegen den Schah fortsetzen konnte. Im Sommer 1964 hatte sich ein erstaunlicher Wandel der Stimmung im Lande vollzogen. Es ging den Menschen wirtschaftlich besser. Ihr steigender Wohlstand bewirkte, daß sie nicht leicht emotional aufzuheizen waren. Sie interessierten sich weniger für die Kampfparolen des Ayatollah al Uzma.

Chomeini blieb bei der Thematik, die er für erfolgreich hielt. Er griff die Amerikaner und die Israelis an. Er gab dem iranischen Militär den Rat, die amerikanischen Ausbilder zu verjagen. Ihre Gegenwart sei für jeden Soldaten und Offizier eine Demütigung.

General Nematollah Nassiri, der Chef der SAVAK, sah in Chomeinis Parolen eine Gefahr für die guten Beziehungen zwischen Iran und den USA. Nassiri wollte nicht dulden, daß Chomeini den amerikanischen Präsidenten beschimpfte und behauptete, jeder Iraner hasse ihn. Nassiri setzte durch, daß der Ayatollah al Uzma außer Landes gebracht werde. Dies geschah am 4. November 1964. Ein Militärflugzeug brachte ihn nach Ankara. Sein Sohn Mustafa begleitete ihn ins Zwangsexil. Die türkische Regierung hatte zugestimmt, die beiden aufzunehmen.

In Ankara fühlte sich der Ayatollah al Uzma nicht wohl. Das lag nicht allein am rauhen Klima, sondern auch daran, daß die Türkei seit Kamal Atatürk ein weltlich orientierter Staat ist. Die Religion ist zur Privatsache erklärt worden. Geistliche fanden – als Chomeini dorthin verbracht wurde – kaum Resonanz. Außerdem sind die Gläubigen in der Türkei nicht Schiiten.

Nach einigen Wochen kam Chomeini auf die richtige Idee, nach Nedjef zu ziehen, zur Ruhestätte des Ali, des Ersten Imam. Nedjef liegt im Irak, in einem Land, das hauptsächlich von Schiiten bewohnt wird.

Die türkische Regierung hatte nichts dagegen, daß der Ayatollah al Uzma wieder abreiste – und der Irak war bereit, ihn aufzunehmen. In Tehran wurde der Ortswechsel mit geringschätzigem Kommentar bedacht: „In Nedjef laufen so viele Geistliche herum, da wird dieser eine doch gar nicht auffallen!“

Schon im Januar 1965 befand sich Chomeini in Nedjef. Dort versammelte sich seine ganze Familie.

Der Schah war zufrieden mit dieser Entwicklung. Nach seiner Meinung war der gefährliche Gegner unschädlich gemacht. Mohammed Reza glaubte, das Duell mit Sayyed Ruhollah Musawi Chomeini gewonnen zu haben.

Die verspätete Krönung

26 Jahre lang hatte Mohammed Reza regiert, ohne gekrönt worden zu sein. Für eine richtig feierliche Zeremonie waren

die Zeitumstände nie günstig gewesen. Zuletzt hatte noch der Sohn und Erbe gefehlt. Jetzt aber, im Jahre 1967, schienen die Voraussetzungen für eine glückliche Zukunft der Dynastie und des Landes gesichert zu sein. Der Schah konnte sich als absoluter Herrscher fühlen. Die Zeit für die Krönung war gekommen. Der 49. Geburtstag des Schahs wurde zum Krönungstermin bestimmt. Es war der 26. Oktober 1967.

Im Golestanpalast fand die Zeremonie statt, im glitzernden und flimmernden Spiegelsaal. Die Wandverzierungen bestanden aus Tausenden von Glassplittern, die das Licht reflektierten. Leuchter aus leicht bräunlichem Kristallglas hingen von der Decke oder standen auf Podesten. Die Minister und Hofbeamten betraten den Saal in goldbestickten Uniformen. Sie sahen aus wie die Günstlinge am Hof des Kaisers Napoleon.

Der Schah trug eine Uniform, die bescheidener wirkte; sie war in schwarz gehalten. Neben ihm, nur einen Schritt zurückversetzt, stand Farah Diba. Der Pfauenthron war im Blickfeld des Schahs, als er diese Worte sprach: „Ich habe mir selbst vor langer Zeit geschworen, daß ich niemals Herrscher sein wollte über ein Volk, das unterdrückt wird und das nicht in Freiheit leben kann. Ich wollte nie ein Land regieren, dessen Bewohner Bettler sind. Nun aber kröne ich mich selbst, weil die Menschen in Iran im Wohlstand leben und in Sicherheit. Jeder Bewohner ist glücklich. Dies ist für mich der Anlaß, daß diese Krönungsfeierlichkeit stattfinden kann." Unter dem Beifall der Höflinge nahm Mohammed Reza die Krone in die Hand und setzte sie sich selbst aufs Haupt. Dann schmückte er auch den Kopf von Farah Diba und des Kronprinzen Reza Cyros.

Farah Diba durfte sich fortan „Schahbanu" nennen; das bedeutet „Kaiserin". Der Schah selbst legte Wert auf die Titel „Aryamehr" – „Licht der Arier" und „Schahanschah" – „der Herrscher aller Herrscher".

Mit der definitiven Annahme des Titels „Schahanschah"

wollte Mohammed Reza Pahlawi dokumentieren, daß er entschlossen war, an historische Traditionen der frühen persischen Geschichte anzuknüpfen. Die Monarchen der vorislamischen Epoche waren Souveräne gewesen über die vier bedeutenden Königreiche Afghanistan, Georgia, Kurdestan und Chusestan.

Die Krönung am 26. Oktober 1967 markierte den zeitlichen Punkt, den die Pahlawisippe abgewartet hatte, ehe sie beginnen konnte, für sich selbst Profit zu ernten. Mohammed Reza ließ es geschehen, daß die Familienmitglieder künftig Iran als ihr Eigentum betrachteten. Sie brauchten nur zuzugreifen. Der Bruder des Schahs, Prinz Mahmud Reza, baute sich in kurzer Zeit ein Wirtschaftsimperium auf, das aus Bergwerksbetrieben bestand. Der Abbau von Bauxit und Kobalt interessierte ihn besonders. Er ließ sich Aktien der First Mining Company übertragen und der Shahanand Industrial Company. Prinzessin Ashraf, die Zwillingsschwester des Schahs, konzentrierte sich auf die Kontrolle von Banken und Versicherungen. Ohne eigene finanzielle Anstrengung fielen ihr Beteiligungen an derartigen Instituten zu. Die Mutter des Schahs, eine energische Dame, beschäftigte sich damit, den Landbesitz der Familie abzurunden. Sie unterhielt zu diesem Zweck ein imposantes Büro in der Stadtmitte von Tehran.

Zum wichtigsten Instrument für die Beherrschung der iranischen Wirtschaft wurde die „Pahlawi Foundation". Bei ihrer Gründung im Jahre 1958 war die Stiftung gedacht als Organisation, die keinen Profit erwirtschaften sollte. Ihr Zweck war zunächst die Koordination sozialer Dienste, die durch Landverkauf zu finanzieren war. Sie beschäftigte sich jedoch bald mit Grundstücksgeschäften, die durch die Landreform bedingt waren. Die Pahlawi Foundation wickelte die Transaktionen ab, die beim Verkauf und bei der Schenkung von „Kronland" anfielen. „Kronland" waren die Ländereien, die sich der erste Pahlawischah angeeignet hatte.

Noch vor der Krönung im Jahre 1967 war das Thema des Eigentums der Schahfamilie brisant geworden. Berater des Herrschers hatten es für klug gehalten, den Schah zu veranlassen, wenigstens einen Teil des Besitzes an eine „wohltätige Stiftung“ zu überschreiben. Diese Maßnahme sollte Kritiker zum Schweigen bringen, die publizistisch wirkungsvoll – vor allem im Ausland – behaupteten, die Familie Pahlawi habe sich auf unrechtmäßige Weise Besitz angeeignet.

Die Überschreibung an die Pahlawi Foundation änderte wenig: Die Verfügungsgewalt über das Eigentum der Stiftung blieb weiterhin beim Monarchen, der den Vorsitz im Aufsichtsrat für sich reserviert hatte. Diesem Gremium gehörten der Ministerpräsident, der Hofminister, der Präsident des Parlaments und der Oberste Richter an. Sie alle waren durch Dekret des Schahs in ihre Ämter eingesetzt worden.

Solange die Pahlawi Foundation existierte, wurde niemals eine Liste der Ländereien, Firmen und Gebäude veröffentlicht, die ihr gehörten. Bekanntgeworden ist der Besitz von Fabriken für Zement und Zucker. Die Stiftung verfügte über Hotels und Banken, über Versicherungen und Verkehrsbetriebe. Eigentum der Pahlawi Foundation war auch die Iranian National Tanker Company.

Gewinnbringend und einflußreich war der Betrieb der Shahrivar Publishing Company. Ihre Aufgabe war es, alle 50 Millionen Schulbücher zu drucken, die Jahr für Jahr in Iran gebraucht wurden. Die Shahrivar Publishing Company kontrollierte durch ihre Monopolstellung den Inhalt sämtlicher Lehrmittel.

In den Jahren unmittelbar nach der Krönung sah sich kaum jemand veranlaßt, die Zustände lautstark zu kritisieren. Es herrschte eine Stimmung der Zufriedenheit in Iran. Die Einnahmen aus dem Ölgeschäft stiegen. Staatsminister Amir Abbas Hoveyda hatte für die Beschreibung der Gesamtsituation die richtige Formulierung gefunden: „Wir können uns Lösungen für soziale und wirtschaftliche Probleme ganz einfach erkaufen.“

Kinobrand in Qom

Daß der Ayatollah al Uzma Ruhollah Chomeini nicht mehr in Qom das Sagen hatte, wurde jedem überzeugten schiitischen Gläubigen bewußt, als gerade in dieser heiligen Stadt, nahe beim Heiligtum der „Fatima al Ma'sumeh“ – von Fatima der Keuschen, ein Lichtspieltheater gebaut wurde. Die Eröffnung wurde von der Geistlichkeit als Beleidigung angesehen. Sie konnte zunächst nichts dagegen unternehmen, denn der Bau war mit staatlicher Unterstützung hochgezogen worden. Das Argument der Regierung: „In dieser Stadt muß das kulturelle Leben aufgewertet werden.“

Der Betreiber des Kinos glaubte im Jahre 1972, er brauche keine Rücksicht mehr zu nehmen auf die religiösen Gefühle der Bewohner von Qom. Das Kino war meist gut besucht – hauptsächlich von jungen Leuten. In jener Zeit gab es einen Erfolgsfilm, den Millionen von Menschen in aller Welt gesehen hatten. Der Kinobetreiber glaubte, dieser Film werde auch in Qom erfolgreich sein – und er behielt recht.

Der Film hieß „Das Gewand“ und war eine amerikanische Produktion. Die Kinobesucher in Qom protestierten von sich aus nicht gegen die Spielhandlung, in der die Kreuzigung Christi zentrales Thema war. Mit dem „Gewand“ war die Kleidung Christi gemeint, um die Häscher auf dem Hügel Golgatha gewürfelt hatten.

Die Geistlichkeit, die das Kino prinzipiell nicht besuchte, protestierte erst, als sie auf Umwegen vom Inhalt des Films erfuhr. Bei nächster Gelegenheit wurde den Gläubigen in der Fatimamoschee verkündet, mit der Vorführung dieses Films werde ein entscheidender Schritt getan, um die Verehrung des Kreuzes in der islamischen Welt einzuführen. Die Gläubigen wurden aufgefordert, der „Kreuzesanbetung“ in Qom ein Ende zu bereiten. Die „Kreuzesanbetung“ sei eine Gotteslästerung, die Allah mißfalle. In der nächsten Nacht brannte das Lichtspieltheater aus – nach der Vorstellung. Das Gebäude war leer. Es war nicht die Absicht gewesen, Kinobesuchern zu schaden.

Nach dem Gebet des folgenden Freitags priesen Prediger den Brand als „Zeichen der Gnade Allahs. Er habe mit dem Feuer seinen Willen deutlich gemacht."

Verantwortlich für die Brandstiftung war eine Gruppe von „Suchenden" und jungen Mullahs, die sich zur „Verteidigung des Glaubens" aufgefordert fühlten. Zahlreiche solcher Gruppierungen waren an den heiligen Orten Qom und Meshed entstanden. Sie bereiteten sich zur Auseinandersetzung mit „Religionsfeinden" vor. Dazu hatten sie schon Kontakt mit Kampforganisationen der Palästinensischen Befreiungsbewegung im Libanon aufgenommen. Sie wollten von den Erfahrungen der Palästinenser aus deren Krieg mit den libanesischen Christen lernen.

Die Iraner wurden von Al Fatah und von der Volksfront zur Befreiung Palästinas gerne als „Waffenbrüder" aufgenommen. Die Palästinenser erklärten sich bereit, Waffen und Sprengstoff an die schiitischen Gruppen in Tehran zu liefern.

Dort war Ayatollah Mortaza Motahari der Organisator der Aufbauarbeit. Er hatte in Qom zum engsten Kreis um Chomeini gehört und hatte den damaligen Hodjat al Islam zur Audienz beim Schah begleitet. Motahari bewirkte, daß in Qom die Erinnerung an den Ayatollah al Uzma erhalten blieb. In seinen Predigten bezeichnete er Chomeini „als Seele aller Seelen, den Helden aller Helden, das Licht unserer Augen". Er pries ihn als „Geschenk Allahs in unserer Zeit", als „lebendige Verkörperung der Verheißung des Heiligen Koran".

Mortaza Motahari war nicht der einzige „Statthalter" in Qom, der die Interessen des Ayatollah al Uzma vertrat. Chomeinis Söhne Ahmed und Mustafa hielten sich zeitweilig in der Heiligen Stadt auf. Sie wurden von dort aus nach Beirut geschickt, um Verbindung zur PLO zu halten und zur libanesisch-schiitischen Kampforganisation „Amal" – Hoffnung. Ahmed wurde während eines Beirutaufenthalts ganz offiziell Mitglied der Palästinenserorganisation Al Fatah des Jassir Arafat. Ahmed soll an Kämpfen im Libanon teilgenommen haben.

Zweimal fanden in Nedjef Gespräch zwischen Arafat und dem Ayatollah statt. Die beiden schlossen ein Abkommen, das Iranern in großer Zahl die Ausbildung in Camps der PLO im Libanon ermöglichen sollte. Die Iraner begannen mit dem Training im Jahre 1972 – als der Brand des Kinos von Qom das erste Flammenzeichen war, das erkennen ließ, daß der „militante Islam" sich darauf vorbereitete, den aktiven Kampf gegen das Pahlawiregime aufzunehmen.

Zum ersten Kontingent, das die Ausbildungslager im Libanon verließ, gehörte Mohammed Motahari, der Sohn des Ayatollah Mortaza Motahari. Die Zahl der Ausgebildeten lag zunächst bei 20.

SAVAK sah diese Entwicklung mit Besorgnis. Es war dem Geheimdienst gelungen, in eine der revolutionären Zellen, die von Motahari aufgebaut worden waren, einzudringen. Zu befürchten war, daß sich besonders in Tehran einsatzbereite Gruppen von „Stadtguerillas" bildeten, die sich mit Aktivisten der verbotenen Tudehpartei verbündeten.

Ayatollah Motahari war allerdings gegen Bündnisse mit Marxisten, weil er befürchtete, die Tudehleute seien zu gewalttätig. Motahari wollte keinen Kampf führen, bei dem Unbeteiligte starben. So geschah es, daß die kommunistisch orientierten Kämpfer zunächst allein den Konflikt mit den Sicherheitskräften des Pahlawiregimes austrugen. Die „Stadtguerillas" überfielen Polizeistationen in Tehran und bedrohten exponierte Persönlichkeiten, die dem Schah nahestanden. Daß hin und wieder Kämpfe in der Hauptstadt ausbrachen, daß in der Südstadt geschossen wurde, blieb nicht verborgen.

SAVAK verfeinerte die Kampfmethoden. Die Organisation holte sich Fachleute aus Israel, die Erfahrung besaßen in der Auseinandersetzung mit Palästinenserorganisationen. Die Tudehaktivisten erlitten bald herbe Verluste.

Das Pahlawiregime war darauf bedacht, die Auseinandersetzungen verborgen zu halten. Der Eindruck sollte gewahrt bleiben, Iran sei ein Land der zufriedenen Bürger, die sich am wachsenden Wohlstand erfreuten. Verschwiegen wurden die gewaltsamen Auseinandersetzungen, bei denen Menschen starben. Nur durch Gerüchte war zu hören, daß bis 1972 mehr als 50 Guerillas, aber auch 15 SAVAK-Agenten getötet worden seien. Die Gerüchte sorgten dafür, daß in Iran selbst, vor allem aber im Ausland, der Eindruck entstand, im Reich des Schahs sei nicht alles so in Ordnung, wie es offiziell dargestellt wurde.

Presseberichte, die meist nur Gerüchte zur Basis hatten, meldeten, SAVAK reagiere auf die Herausforderung durch die Stadtguerillas mit harten, brutalen Maßnahmen. Daß in Iran gefoltert wurde, wurde schon im Jahre 1972 überall in der Welt als Tatsache angesehen.

Mit einigem Recht gab Mohammed Reza Pahlawi der Tudehpartei und damit den Kommunisten die Schuld, daß in seinem Land Unruheherde entstanden waren. Deren Bedeutung hielt er jedoch für gering. Daß Chomeini für sein Regime eine Gefahr bedeute, stritt er ab. Es konnte während der ersten Hälfte der siebziger Jahre geschehen, daß er eine Frage nach Chomeini mit der Gegenfrage beantwortete: „Chomeini? Wo ist der überhaupt? Ich weiß nicht, was er macht!“

In der Tat hatte sich Chomeini eine Zeit des Schweigens auferlegt. Der Grund dafür war nicht darin zu suchen, daß er die tatsächlichen wirtschaftlichen Erfolge des Regimes anzuerkennen begann, sondern in der Verschlechterung der Beziehungen zwischen Iran und Irak. Die Mächtigen im Staat, dessen Gastfreundschaft er beanspruchte, hatten sich über ein Ereignis derart erregt, daß sie die diplomatischen Beziehungen zu Tehran abbrachen. Chomeini hatte Anlaß, sich still zu verhalten.

Der Schah hatte es gewagt, ein Fest zu feiern, das seine

Stärke demonstrieren sollte. Er hatte den Herren der irakischen Staatspartei Angst vor einer neuen Großmacht am Persischen Golf eingejagt. Die Großen der Welt waren in den Iran gekommen, um dem Schah und dem Land Reverenz zu erweisen.

„Die Party von Persepolis"

Gefeiert wurden zweieinhalb Jahrtausende iranischer Monarchie ohne Unterbrechung. Wer dem Schah nicht günstig gesinnt war, der spöttelte über die „Picknickparty".

Imponierend war die Liste der Gäste: 68 Könige, Prinzen und andere Staatsoberhäupter hatten sich im Oktober 1971 vor der Terrasse der Tempelanlage versammelt, deren Bau vor 2500 Jahren von König Darios dem Großen begonnen worden war.

Die Kulisse der Party wirkte gewaltig. Die Terrasse ist von Ost nach West 300 Meter und von Nord nach Süd 400 Meter lang. Überragt wird sie vom Felsmassiv Kuh e Rabat. Der Name bedeutet „Berg des Erbarmers". 111 flache Stufen führen zur Terrasse hinauf und zum „Tor aller Länder", das einst Zugang war zu einer monumentalen Residenz. König Darios hatte den grandiosen Schauplatz schaffen lassen für die Zeremonien, die alljährlich zum Neujahrsfest stattgefunden haben. Reliefs am „Tor der Könige" zeigen den „siegreichen Löwen" und den unterlegenen Stier. Der Löwe ist das Symbol für den überlegenen Iran.

Zur Zeit der Könige der iranischen Frühzeit durchzogen Delegierte der besiegten Reiche das Tor, um dem Machtsymbol des Iran zu huldigen und dem Herrscher des dominierenden Staates die Reverenz zu erweisen. Die Vertreter von 23 Regionen brachten Tribut und Geschenke; sie warfen sich vor dem iranischen Monarchen nieder. Die Verneigung galt jedoch auch dem Gott Ahura Mazda, von dem angenommen wurde, daß er den Sieg über starke Gegner ermöglicht hatte.

Reliefs an Mauerresten der Tempelanlage lassen erkennen, daß sich einst Delegierte aus unterschiedlichen Kulturkreisen am Tag „Noruz“ in Persepolis einfanden. Sie brachten Goldschalen und wertvolle Gefäße, gezähmte Löwen und Kamele. An den Trachten ist die Herkunft deutlich zu erkennen: Meder, Babylonier, Syrer, Ägypter und Bewohner der arabischen Halbinsel sind zu unterscheiden.

Zu Schah Mohammed Reza Pahlawi sind im Jahre 1971 die Großen der neuzeitlichen Welt gekommen, um sich zu verbeugen. Erschienen sind die Könige von Schweden und Norwegen, von Belgien und Griechenland, von Dänemark und Thailand. Großbritannien wurde durch Prinzessin Anne und Prinz Philipp vertreten. Aus Afrika reisten Kaiser Haile Selassi und der senegalesische Präsident Senghor an. Präsident Podgorny repräsentierte die Sowjetunion. Doch aus den USA erschien nur der recht unbedeutende Vizepräsident Agnew – zum Ärger des Schahs.

Schickte ein Staatspräsident nur einen nachgeordneten Würdenträger, nahm dies Mohammed Reza für lange Zeit übel. Präsident Pompidou hatte es gewagt, seinen Premierminister Jacques Chaban-Delmas zu entsenden. Sein Land bekam dies für lange Zeit zu spüren: Der Schah lies wichtige Verträge stornieren, auf deren Erfüllung sich die französische Industrie eingerichtet hatte. Alle Bemühungen, den Verträgen doch noch Gültigkeit zu verschaffen, scheiterten. Erst dem Nachfolger von Pompidou wurde signalisiert, daß der Schah geneigt sei, zu verzeihen. Doch dieser Nachfolger mußte eigens nach St. Moritz reisen, um in der Schahvilla Suvretta noch einmal um Vergebung für das Fehlverhalten seines Vorgängers zu bitten.

Die arabischen Staatschefs waren gerne bereit, nach Persepolis zu reisen. König Hussein von Jordanien machte dem Schah seine Aufwartung, und mit ihm alle Herrscher der

Golf-Emirate und der arabischen Halbinsel. Der Präsident von Irak aber fehlte. Er war wütend, daß sich der Schah derart feiern ließ.

Wer der Einladung des Schahs nach Persepolis gefolgt war, der wurde mit Luxus umgeben. Einige der geräumigen Zelte, die damals für die Gäste aufgestellt worden sind, stehen heute noch abseits der Anfahrtsstraße zur Tempelanlage. In ihnen befanden sich Salons, Schlafräume und abgesonderte Küchen. Wer auf eigene Küchenspezialitäten Wert legte, der brachte sein eigenes Personal mit – auf Kosten des iranischen Staates. Wer sich durch französische Speisen verwöhnen lassen wollte, der vertraute den Köchen von Maxims in Paris; ihnen stand eine Tonne Kaviar zur Verfügung. Um die Klimaanlagen zur Kühlung der Speisen betreiben zu können, um Zeltstadt und Tempel brillant zu illuminieren, standen Generatoren zur Stromerzeugung bereit.

Drei Tage lang dauerten die Festlichkeiten von Persepolis. Sie waren verbunden mit einem Abstecher nach Pasargade, zum Grabmal des Königs Cyros, der zweieinhalb Jahrtausende zuvor die Monarchie in Iran begründet hatte. Als dessen Reinkarnation fühlte sich der Schah inzwischen. Vor dem Grabmonument sprach er diese Worte:

„25 Jahrhunderte sind vergangen, und wie einst weht die iranische Flagge triumphierend – so wie sie zu Deiner ruhmreichen Zeit, o Cyros, geweht hat. Der Name ‚Iran' löst heute so viel Respekt in der Welt aus wie damals, als Du regiert hast. Heute wie damals trägt Iran die Botschaft von Freiheit und gegenseitiger Liebe der Menschen hinaus in alle Erdteile, die von Sorgen und von Elend bedrückt sind. Iran ist der Garant für die Erfüllung der höchsten Sehnsüchte der Menschheit. Die Fackel, die Du, o Cyros, angezündet hast, ist nie erloschen während der vergangenen 2500 Jahre, trotz aller Stürme der Geschichte. Diese Fackel scheint hell in unserem Land – und wie damals, zu Deiner Zeit, breitet sich ihr Glanz aus über Länder, die jenseits unserer Grenzen liegen."

Mohammed Reza Pahlawi wollte sich an die Seite der großen Könige von einst stellen. Mit einiger Verzögerung vollzog das iranische Parlament den symbolischen Akt der Verklammerung von einst und jetzt: Im Herbst 1976 verabschiedeten die Abgeordneten das Gesetz zur Kalenderreform. Von nun an galt der „monarchische Kalender". Die neue Zeitrechnung begann mit der Krönung des Königs Cyros vor genau 2535 Jahren. Damit war der islamische Kalender für Iran abgeschafft.

Irans Reichtum ermöglicht stolze Träume

Die Feiern von Persepolis und Pasargade waren im eigenen Land weitgehend unbeachtet geblieben. Sie spielten sich in abgelegenen Gegenden ab – mehr als eine Autostunde von Shiraz entfernt. Das iranische Volk hatte nicht teilgenommen an den Zeremonien.

Erstaunlich gering war die Reaktion auf die hohen Kosten, die 120 Millionen Dollar betragen haben. Einige marxistisch orientierte Politiker versuchten die Verschwendung von Staatsgeldern durch den Schah anzuprangern – mit geringem Erfolg. Es zeichnete sich ab, daß die Staatsschulden aus den zurückliegenden Jahren rasch abbezahlt werden konnten; sie betrugen zu diesem Zeitpunkt noch drei Milliarden Dollar. Der Ölpreis stieg rapide, und Iran profitierte davon. Am Ende des Jahres 1973 war Iran kein Schuldnerland mehr. Iran gehörte nun zu den Staaten, die in der Lage waren, Geld zu verleihen.

Die politischen Umstände waren günstig gewesen: Spannungen im Nahen Osten hatten eine Ölverknappung ausgelöst, die für Preisauftrieb sorgte. Als im Herbst 1973 tatsächlich Krieg ausbrach am Suezkanal und auf den Golanhöhen, kamen die arabischen Staaten auf die Idee, die

Ölförderung zu reduzieren, um eine Verknappung zu erzeugen. Damit sollte Druck auf die westlichen Industriestaaten ausgeübt werden – sie sollten die Unterstützung von Israel einstellen, wenn sie daran interessiert waren, weiterhin mit arabischem Öl beliefert zu werden. Die Parole lautete: „Mit dem Verdienst aus billigem arabischem Öl schmieren die USA und die Europäer die Kriegsmaschinerie der Israelis. Dieser Zustand muß ein Ende haben. Schluß mit den billigen Öllieferungen!"

König Faisal von Saudi-Arabien war entschlossen, den „Ölhahn" für den Westen zuzudrehen. Sein Ölminister Al Jamani erzeugte durch seine Drohungen in Europa Angst vor einer Energiekrise. Sorge vor dem Verlust des Arbeitsplatzes machte sich breit. In der Bundesrepublik Deutschland nahmen es die Bürger hin, daß sie an Sonntagen nicht mehr mit dem Auto fahren durften. Zum erstenmal in der neueren Geschichte wurde die arabische Welt ernst genommen: Ihre konventionellen Waffen waren nicht gefürchtet, doch allein die pure Drohung mit der „Waffe Öl" erzeugte Panik.

Iran nahm nicht teil an der Propaganda-Kampagne der arabischen Ölminister, mit der dem Staat Israel geschadet werden sollte. Die Beziehungen des Schahs zur israelischen Regierung waren zu gut. Er verstärkte sie sogar noch. Er genehmigte die Zusammenarbeit seiner Militärs und Sicherheitsspezialisten mit israelischen Kollegen. Israelische Piloten sorgten für die Ausbildung aller Luftwaffenoffiziere auf israelischen Militärflugplätzen. Der israelische Geheimdienst führte die systematische Überwachung der marxistischen und schiitischen Organisationen ein.

Bei diesem umfangreichen Programm der Hilfe konnte in Tehran der Gedanke nicht aufkommen, das „Öl als Waffe" einzusetzen, um durch Druck auf die Industrienationen Israel zum Nachgeben im Nahostkonflikt zu veranlassen. Im Gegenteil: Iran verpflichtete sich, Israel auf jeden Fall der Sorge zu entheben, es könne irgendwann und irgendwie von der Ölversorgung abgeschnitten werden. Der Schah garantierte die ungestörte Energieversorgung Israels.

Mohammed Reza Pahlawi bewies Aktivität auf anderem Gebiet: Er sorgte dafür, daß der Ölpreis anstieg. Er blieb dabei Verbündeter der Industrienationen, doch er forderte eine Preispolitik, die den Verbrauchern in Europa, den USA und Japan Opfer abverlangte. Mit Hilfe der Organisation Ölexportierender Länder (OPEC) gelang es dem Schah, eine Ölstrategie durchzusetzen, die den Ölproduzenten wirklich Gewinn brachte.

Vorbereitet wurde diese Strategie auf der OPEC-Konferenz in Tehran am 14. Februar 1971 – also noch vor der Zeit, die unter dem Schlagwort „Öl als Waffe" stand. In der Eröffnungsrede wies der Schah auf den Wert des Öls hin; es sei zu schade, in Heizungen und Automotoren verbrannt zu werden. Er machte deutlich, daß im Öl Elemente verborgen sind, die für die Medizin der Zukunft von großem Wert sein können – er vermutete im Öl die Grundstoffe für völlig neuartige Medikamente. Sein Fazit: Da die Forschung von heute die Substanzen des Öls in ihrer vollen Bedeutung noch nicht erkannt hat, ist es richtig, diesen Rohstoff so lange im Boden zu lassen, bis die Wissenschaft einen höheren Standard erreicht hat, der die Auswertung aller Ölbestandteile ermöglicht. Die Konsequenz dieser Position war die Aufforderung an alle ölproduzierenden Länder, ihre Förderung zu drosseln.

Als der Schah ein Umdenken der Produzenten verlangte, war der Energieverbrauch in Europa, in den USA und in Japan angestiegen. Der Grund: Die Wirtschaft florierte. Die Verbraucherländer waren daran interessiert, daß Öl zur Verfügung stand – sie waren bereit, dafür zu bezahlen. Innerhalb weniger Wochen stieg der Ölpreis auf das Vierfache: Von drei Dollar pro Barrel auf zwölf Dollar. Der Schah hatte diese Steigerung anvisiert – und er hat sein Ziel bis Ende 1973 erreicht.

Kenner der Situation im Ölgeschäft vermuteten damals,

der Schah habe exzellente Berater gehabt. Und sie waren sich darin einig, daß diese Berater in den Chefetagen der Konzerne saßen. Nur dort war der Weitblick zu finden, der nötig war, um abzuschätzen, bis zu welcher Höhe die Preissteigerung erfolgen durfte, ohne die Stabilität der Wirtschaft in Europa in ernsthafte Gefahr zu bringen.

Die Analytiker der amerikanisch geführten Ölgesellschaften, die den Markt kontrollierten, hatten die Interessen der USA im Blick. Dort wurde die Steigerung des Ölpreises auf das Vierfache nicht als schwerwiegend angesehen, doch die europäischen Wirtschaftssysteme erwiesen sich als anfälliger.

Von den Ölpreissteigerungen profitierten nicht nur die Förderlänger,, sondern auch die Konzerne. Sie konnten die Preiserhöhungen für ihre Produkte hinter der Preispolitik der Ölproduzenten verstecken. Die Schuld daran, daß der Verbraucher mehr für Benzin bezahlen mußte, konnte auf die arabischen Förderländer und auf Iran abgewälzt werden.

Der Schah machte damals den Eindruck, ihm sei es gleichgültig, was die Menschen der Industrieländer von ihm dachten. Er spürte nicht, daß er eine Kluft entstehen ließ, die ihn von den Europäern und US-Amerikanern trennte. Sie hatten zuvor Sympathie für den Monarchen empfunden; sie hatten seine Hofhaltung und sein Gehabe bewundert, das orientalische und westliche Kulturen zu mischen verstand. Nun aber wurde Mohammed Reza Pahlawi als die Ursache der Preistreiberei auf dem Energiesektor angesehen. Die Sympathien reduzierten sich.

Sie schwanden völlig, als der Schah am 23.Dezember 1973 hochmütig den Europäern Vorschriften zu machen begann. Von diesem Tag an warteten viele der Verantwortlichen in der westlichen Welt darauf, daß diese überhebliche Person aus der Politik verschwinde.

Der Westen, so meinte der Schah damals in einer Pressekonferenz, habe über seine Mittel gelebt. Er müsse endlich begreifen, daß er nicht mehr mit dem Entgegenkommen der Ölproduzenten rechnen könne. Die Ölproduzenten würden die Industrienationen zwingen, sich andere Energiequellen als das Öl zu suchen.

Bis zu diesem Punkt seiner Ausführungen konnte der Schah noch mit Verständnis der Zuhörer rechnen. Dann aber wollte er die westliche Gesellschaft belehren. Er warf den Europäern vor, sie seien dekadent und degeneriert. Ihre jungen Menschen seien empfänglich für linke Ideen, für marxistische Ideen; sie verbrächten ihre Zeit in Discos. Dieses Verhalten sei bisher möglich gewesen, weil die ölproduzierenden Länder ihre Bodenschätze zu einem Spottpreis abgegeben hätten – um dann mit Industrieprodukten zu hohen Preisen beliefert zu werden. Die ölproduzierenden Länder seien damit doppelt ausgebeutet worden.

Wenn die Jugend des Westens ein dekadentes Leben führen wolle – so ereiferte sich Mohammed Reza Pahlawi –, müsse sie dafür künftig selbst bezahlen. Iran sei nicht mehr bereit, die Neigung zu marxistischen Weltverbesserungstheorien zu finanzieren.

Der Schah empörte sich darüber, daß ihm vom Westen mitgeteilt werde, er habe auf Einhaltung demokratischer Regeln in seinem Land zu achten. Er verbat sich die Art der Einmischung. Die westliche Prägung der Demokratie könne für Iran kein Vorbild sein. Eher sei seine Methode, den Staat zu führen, von anderen Regimen nachzuahmen. In seinem Land herrschten Ordnung und Gerechtigkeit. Daß auch in anderen Ländern Ordnung und Gerechtigkeit herrschten, dafür wolle er gern beitragen.

Er sprach nicht aus, welche Länder er meinte, doch offenbar bezog sich diese Bemerkung auf die Staaten des Persischen Golfs.

Der Schah war entschlossen, die Welt am Persischen Golf nach seiner Vorstellung zu ordnen. Durch seine Ölpreispolitik war er in den Besitz der Finanzmittel gekommen, die es ihm möglich machten, Streitkräfte aufzustellen, die schlagkräftiger waren als alle anderen Armeen des Nahen und Mittleren Ostens. Ein Vergleich der Stärken gab ihm recht. An Reichtum könnten sich Saudi-Arabien und Iran messen, doch im saudischen Königreich lebten nur vier Millionen Menschen – ein Zehntel der Einwohner des Iran. Saudi-Arabien rüstete zwar mit amerikanischer Hilfe auf, doch war das Königreich nicht in der Lage, anderen Golfstaaten im Fall von Gefahren beizustehen; es konnte nicht ordnend eingreifen, wenn regionale Unruhen ausbrachen, die von „marxistischen Unruhestiftern" ausgelöst wurden. Saudi-Arabien war selbst gefährdet: Radikale islamische Kräfte waren durchaus in der Lage, die königliche Familie as Saud in Bedrängnis zu bringen.

Bedrohung des royalen Regimes in Saudi-Arabien konnte vom Irak ausgehen. Dieses Ölland nannte sich sozialistisch und befand sich in engem Kontakt mit den Herrschenden in Moskau. Iraks militärische Schlagkraft wuchs beständig. Irak litt allerdings unter einem Problem: Seine zwölf Millionen Bewohner gehörten nicht einheitlich derselben islamischen Glaubensrichtung an: Schiiten bilden die Mehrheit von 60%; 40% sind Sunniten. Die sunnitische Minderheit besaß allerdings die Macht. Dies war als Faktor der Instabilität zu betrachten. Aus diesem Grunde sah der Schah den Irak nicht als Konkurrenten um die Macht am Persischen Golf an.

Die arabischen Emirate an der Westküste des Golfs stufte Mohammed Reza Pahlawi als Kleinstaaten ein, die von seiner Gnade abhängig waren. Sie zeigten ihre Unterwürfigkeit. Die Emire von Kuwait, Abu Dhabi, Dubai, Sharjah, Fujeira und Ras al Khaimah reisten regelmäßig zu Höflichkeitsbesuchen nach Tehran. Sie ließen sich dort über Veränderungen und Trends der iranischen Politik informieren. Demonstrativ waren die Kleinherrscher zur „Picknickparty" nach Persepolis gekommen; auch der Emir von Bahrain, der allerdings schon seine Erfahrungen mit iranischen Expansionsgelüsten gemacht hatte.

Der Persische Golf im Visier des Pahlawiregimes

Die Insel Bahrain zu annektieren, war der Wunsch des Schahs zu Beginn der siebziger Jahre. Bahrain – im Winkel zwischen dem saudiarabischen Festland und dem Emirat Qatar gelegen, hatte mehr als eineinhalb Jahrhunderte (1602 bis 1783) zu Persien gehört. Es war Schah Abbas (1587 bis 1629) gewesen, der den Griff nach dem Westufer des Golfs gewagt hatte. Seine Absicht war, den Persischen Golf nach und nach in ein persisches Binnengewässer zu verwandeln. Doch die weitere Ausdehnung der persischen Macht mißlang, weil sich die nachfolgenden Schahs auf Festigung ihrer Herrschaft im persischen Hochland und im Osten ihres Staates konzentrieren mußten.

Außerdem machten sich europäische Staaten im Golfgebiet breit. Um das Jahr 1840 schrieb der ägyptische Offizier Khorchid Pascha, der die Machtverhältnisse am Persischen Golf zu erkunden hatte, diese Einschätzung der Situation nieder: „Seit 50 Jahren wollen sich die Engländer hier einnisten. Sie suchen eine feste Basis gegen Rußland. Sie sind an Bahrain, Oman und Kuwait interessiert. Von dort aus wollen sie den Russen entgegentreten. Wenn ihnen dies gelingt, dann bleibt der Arabischen Halbinsel keine Selbständigkeit. Der Schlüssel zum Golf ist Bahrain. Haben die Engländer Bahrain in der Hand, werden sie die Insel befestigen und militärisch ausbauen, wie das auf Malta geschehen ist."

Die Engländer waren nicht von Bahrain fernzuhalten. Als sie nach der Insel griffen, war Persien nicht ihr Gegner. Der persische Gouverneur war im Jahre 1783 vertrieben worden samt seiner Streitmacht – durch den arabischen Stamm Utub, der vom arabischen Festland auf Schiffen herübergekommen war. Eine Familie dieses Stammes übernahm schließlich die Herrschaft. Ihr Name: Al Khalifa. Sie ist noch heute der regierende Clan.

Unter dem Einfluß Irans sind die Bahrainis Schiiten geworden. Diese Glaubensverwandtschaft nahmen die Regierenden in Tehran zum Anlaß, immer wieder Anspruch auf Bahrain zu erheben.

Der Einfluß Großbritanniens am Persischen Golf verhinderte iranische Expansionsgelüste. Erst als zur Zeit des zweiten Pahlawischahs Englands Vorherrschaft in diesem Gebiet reduziert wurde, konnte die Idee wieder erstehen, Bahrain dem iranischen Staat einzugliedern. Es war Mohammed Reza Pahlawi, der verkündete, Bahrain müsse iranisch werden.

Doch die Bevölkerung hatte nur geringe Neigung, sich in das Reich des Schahs eingliedern zu lassen. Auf Einladung des Sheikhs Isa al Khalifa besuchte im April 1970 eine UN-Kommission die Insel. Sie hatte festzustellen, ob die Bewohner tatsächlich die Unabhängigkeit ihres Inselstaats wollten. Das Resultat der Befragungen und Nachforschungen: Die Bahrainis zogen es vor, von der Sippe Al Khalifa regiert zu werden und nicht vom Schah. Am 15. August 1971 proklamierte Isa al Khalifa die Unabhängigkeit der Insel Bahrain. Er gab sich selbst dabei den Titel „Emir“.

Bahrain verfügt über Ölvorkommen. Das Produktionsfeld Awali ist zwar eines der ersten, das im Bereich der Golfstaaten entdeckt worden ist (1932), doch es war schon zu Beginn der siebziger Jahre deutlich geworden, daß es in absehbarer Zeit erschöpft sein würde. Der Emir hat sich deshalb bemüht, auf andere Weise den Lebensunterhalt seiner damals knapp 10 000 Einwohner abzusichern. Er ließ eine Großraffinerie bauen, die im Jahr 10 Millionen Tonnen Rohöl verarbeiten konnte – das war mehr, als Bahrain selbst an Öl produzierte. 70 % des Öls, das verarbeitet wurde, lieferte Saudi-Arabien.

1971, als Bahrain unabhängig wurde, baute das Emirat eine Aluminiumhütte. Für ihren Betrieb wird das Gas genutzt, das auf der Förderstelle Awali als Nebenprodukt anfällt. Das Grundmaterial für die Aluminiumherstellung kam von Anfang an aus Australien.

Der Tüchtigkeit des Emirs Al Khalifa verdankten es die Menschen von Bahrain, daß der Schah keinen Druck ausüben konnte, der den Anschluß der Insel herbeigeführt hätte.

Der Schah fand Ersatz zur Erfüllung seiner Wünsche: Am 1. November 1971 zog sich England aus seinen Verpflichtungen gegenüber den Emiraten Abu Dhabi, Dubai, Sharjah und Ras al Khaimah zurück. Die britische Regierung war nicht länger bereit, Sicherheitsgarantien für die Kleinstaaten zu übernehmen. Der Schah nützte das so entstandene Machtvakuum aus: Noch am selben Tag gab er den Befehl, zur Besetzung von drei kleinen Inseln im Westen der Straße von Hormuz. Sie liegen im Gewässer des Persischen Golfs. Ihre Namen: Abu Musa, Tunb-e-Bozorg und Tunb-e-Kuchak. Die Inseln gehörten bisher den Emiraten Sharjah und Ras al Khaimah.

Von wirtschaftlicher und militärischer Bedeutung waren die drei Inseln nicht, doch die Besetzung durch iranische Streitkräfte machte den Anspruch des Schahs auf Hoheitsrechte über die Wasserfläche des Persischen Golfs deutlich. Die Proteste der betroffenen Emirate waren kraftlos. Niemand machte dem Schah seine Eroberung wirklich streitig.

Als Präsident Richard Nixon und Henry Kissinger im Mai 1972 Tehran besuchten, bestätigten sie dem Schah, er dürfe alle Maßnahmen ergreifen, die er für nötig halte, um seine Funktion als Ordnungshüter in der Region erfüllen zu können. Daß er widerrechtlich drei Inseln erobert hatte, wurde von Nixon und Kissinger hingenommen.

Der Präsident und sein Außenpolitiker hatten die Nixon-Doktrin entwickelt, die vorsah, daß für jede Weltregion, an der die USA interessiert waren, eine Macht zuständig sein sollte für die Bewahrung der Ordnung. Diese Aufgabe sollte mit Hilfe amerikanischer Waffen erfüllt werden, jedoch ohne direktes Eingreifen der USA. Nixon und Kissinger waren nach Tehran gekommen, um den Schah als Mann ihres Vertrauens zu gewinnen. Er brauchte nicht lange überredet zu werden.

Mohammed Reza Pahlawi erläuterte die aktuelle Situation am Persischen Golf so: Die Sowjetunion war weiterhin darauf aus, sich den Zugang zu den „warmen Wassern" zu öffnen. Das „Testament des Zaren" sei noch immer gültig. Derzeit hätte Irak die Funktion des Gehilfen der Kremlherren übernommen. Baghdad gebe sich alle Mühe, in Iran Unruhe zu stiften. Der Schah war der Meinung, er könne das Problem noch immer meistern. Sein Land betrachte er als eine starke Festung im Kampf gegen die Expansionslust der Sowjetunion.

Eine Bitte hatte der Schah allerdings: Nixon und Kissinger sollten veranlassen, daß die CIA-Beamten und Agenten aus Iran abgezogen werden. Es sei mit der Souveränität seines Landes nicht länger zu vereinbaren, daß der amerikanische Geheimdienst iranische Menschen überwache. Er schlug die Einrichtung einer direkten Funkverbindung zwischen seinem persönlichen Sicherheitsamt im Tehraner Marmorpalast und dem National Security Council in Washington vor. Der Schah war an einer unmittelbaren Verbindung zu Henry Kissinger interessiert.

Das Entgegenkommen des amerikanischen Präsidenten wurde nur wenig später großzügig honoriert: Der Schah spendete Geld zur Finanzierung der Kampagne für Nixons Wiederwahl. Mit Nixon und Kissinger ist eine militärische Aktion abgesprochen worden, die dem Schah aus Prestigegründen besonders wichtig erschien: Wenn er schon der Ordnungshüter am Golf war, konnte er nicht zulassen, daß das Regime des Sultans von Oman in Gefahr geriet, von einer marxistischen Kampforganisation weggefegt zu werden.

Die kleine Armee des Sultans Qabus Ibn Said konnte die Angriffe der Popular Front for the Liberation of the Arab Gulf (PFLOAG) nicht eindämmen. Die Angreifer wurden unterstützt von der Volksrepublik Südjemen, zu deren Herrschaftsgebiet die faszinierende Landschaft des Hadramaut gehörte. Genau von dort aus wurden die Aktionen der PFLOAG gesteuert.

Der Name der Kampforganisation machte deren Programm deutlich: Der gesamte Bereich des Persischen Golfs sollte „befreit“ und damit marxistisch werden. Das Programm der PFLOAG war ehrgeizig und mußte ernst genommen werden. Der Sultan von Oman war in Gefahr. Sie wurde abgewendet durch die Militärhilfe, die der Schah ins Sultanat schickte. Sie bestand aus einer Panzerbrigade und einer starken Fallschirmjägereinheit. Die Panzer und die Fallschirmjäger wehrten erfolgreich die Angriffe der PFLOAG ab.

Streit um den Schatt al Arab

Der Schah beklagte sich, Iran sei noch immer das Opfer früher kolonialer Machenschaften. Seine Klage war berechtigt.

Seit dem Abschluß eines von England erzwungenen Seewegabkommens im Jahre 1937 gehörte die gesamte Wasserfläche des Schatt al Arab, des Zusammenflusses von Euphrat und Tigris, zu Irak. Das Abkommen regelte die Besitzverhältnisse auf einer Strecke von 75 Kilometern der Wasserstraße. Sie reichte von einem Punkt 20 Kilometer nördlich des iranischen Hafens Abadan bis zum Ausfluß des Schatt al Arab in den Persischen Golf bei der Insel Fao. Die

Grenze zwischen Iran und Irak im Bereich der Wasserstraße verlief seit 1937 nicht – wie völkerrechtlich üblich – in der Mitte des Gewässers, sondern direkt am iranischen Ufer. Iran besaß keine Hoheitsrechte über den Schatt al Arab.

Zum Zeitpunkt des Vertragsabschlusses waren die Engländer daran interessiert, daß der mit ihnen fest verbundene Irak Herr über die Wasserstraße war. Damit war gesichert, daß die britische Flotte, gestützt auf eine international anerkannte Rechtslage, den Schatt al Arab kontrollieren konnte.

Darüber ärgerte sich der Schah. Sein Standpunkt: „Über den Kopf des Iran hinweg hat die Kolonialmacht England die Grenze festgelegt – zu unseren Ungunsten. Frachtschiffe und Öltanker, die den iranischen Hafen Abadan anlaufen, müssen bei der Insel Fao irakische Lotsen an Bord nehmen. Iranische Kriegsschiffe haben den Anordnungen des irakischen Marinebegleitkommandos zu folgen. Diese Vorschriften entsprechen der internationalen Rechtslage, doch sie mißachten unsere Rechte."

Der Schah hatte ein Druckmittel in der Hand, um Irak zu einer Grenzkorrektur zu bewegen. Er ließ den Kurden mitteilen, er sei bereit, ihren gegen die irakische Staatsführung gerichteten Aufstand großzügig zu unterstützen.

Seit den sechziger Jahren versuchten die Kurden im Nordosten des Irak Souveränität über ihr Gebiet zu erkämpfen. Geführt von Mullah Mustafa Barzani waren die Kämpfer der Organisation „Pesh Merga" – „die zum Tod Bereiten" – wenig erfolgreich gewesen in Gefechten mit der irakischen Armee. Immer wieder gab es Kampfpausen, in denen nutzlose Verhandlungen stattfanden. Verträge wurden geschlossen, die keine Seite einhielt.

Im August 1974 entflammte der Krieg in Kurdestan heftiger als je zuvor. Die irakische Armee war gezwungen, Panzerverbände und Luftwaffe einzusetzen, doch das Bergland von Kurdestan war denkbar ungeeignet für konventionelle Kriegsführung mit schweren Waffen. Die Regierenden in

Baghdad begriffen, daß sie keine militärische Entscheidung erzwingen konnten. Da erreichte sie gerade im rechten Augenblick ein Angebot aus Tehran.

Der Schah wandte sich an Saddam Hussein, der damals schon der starke Mann in Baghdad war, mit einem Vorschlag zur Einigung: Wenn der Irak bereit war, die Wasserstraße Schatt al Arab in der Mitte zu teilen, war Iran bereit, die Unterstützung der Kurden einzustellen.

Am 6. März 1975 wurde der entsprechende Vertrag während eines Treffens der OPEC-Länder in Algier geschlossen. Eine Vertragsklausel besagte, daß weder Irak noch Iran es zulassen würden, daß „subversive Elemente" im jeweils anderen Land die Sicherheit untergruben.

Die Kurden wurden im Vertrag von Algier zu „subversiven Elementen" degradiert. Sie erhielten von Iran keine Unterstützung mehr. Mullah Mustafa Barzani erkannte, daß sein Kampf ohne iranische Hilfe aussichtslos war – er floh in die Sowjetunion.

Die Revolution kündigt sich an

Der Schah hatte Erfolge vorzuweisen, doch sie wurden in seinem Lande kaum anerkannt. Selbst wenn Zeitungen den Herrscher priesen, er habe dem Iran die Rechte auf dem Schatt al Arab gesichert, bewegten solche Meldungen die Menschen nicht. Mohammed Reza Pahlawi hatte die Untertanen von den Festen in Persepolis ausgeschlossen – sie rächten sich durch Interesselosigkeit an seinem Wirken.

Im März 1973 glaubte er ein Rezept gefunden zu haben, um die Massen auf seine Seite zu ziehen: Er ließ eine Partei gründen. Ihr Name: „Partei des Nationalen Wiedererstehens". Sie sollte straff organisiert sein und in der Lage, pompöse Aufmärsche zu inszenieren. Ihr Generalsekretär wurde Ministerpräsident Amir Abbas Hoveida.

Die Partei sollte die Plattform bilden für politische Diskussionen; es war auch daran gedacht, Meinungen einer Opposition zu Wort kommen zu lassen. Doch das Vorhaben scheiterte, weil der Generalsekretär und sämtliche Funktionäre vom Schah ernannt wurden. Sie hüteten sich, offene Diskussionen zu erlauben; Äußerungen von Kritik ließen sie gar nicht zu. Sie wählten den bequemen Weg: Sie gaben dem Schah in allem recht.

Am Neujahrstag versammelten sie sich im Marmorpalast in der Innenstadt von Tehran, um Belohnungen entgegenzunehmen. Die Wände des Empfangssaals sind mit Platten aus Marmor und Onyx bedeckt. In einer Reihe aufgestellt warteten die Parteifunktionäre. Ihre Uniformen waren aus schwarzem Tuch gefertigt mit reichen goldenen Verzierungen. Sie richteten sich steif auf, wenn der Schah den Saal betrat. In der linken Hand hielt er ein Tablett, auf dem sich Goldmünzen befanden. Der Herrscher blickte die Reihe seiner Ergebenen an, dann schritt er auf den ersten zu. Mit der rechten Hand griff er nach Münzen und legte sie auf die Handfläche des Untertanen. Vor manchen zögerte er, um zu bedenken, wie viele Münzen dieser Funktionär verdient haben könnte. Neben ihm ging, mit ausdruckslosem Gesicht, die Schahbanu Farah Diba. Sie war die einzige Frau im Saal. Sie trug ein langes Kleid; der Stoff war hellgrün und weiß getönt. Auf ihrem schwarzen Haar bildete ein blitzendes Diadem einen scharfen Kontrast.

Der Schah hatte Schuhe an mit dicken Sohlen, die seine Gestalt größer erscheinen ließen. War der vom Herrscher mit Münzen ausgezeichnete Höfling großgewachsen, so duckte er sich etwas, um nicht den Eindruck zu erwecken, er sei tatsächlich größer als der Monarch.

Die Zeremonie des Münzenverteilens am Neujahrstag war keineswegs eine Erfindung des Pahlawischahs – sie stammte aus der Zeit der frühen Könige Cyros und Darios. Sie hatten einst an ihre Getreuen an jenem Festtag eigens geprägte Goldstücke verteilt. Damals, vor 2500 Jahren, hatten sich die Untertanen tief zu verbeugen – bei Mohammed Reza Pahlawi wurde derselbe Brauch gepflegt.

Im Verlauf der Jahre wurde bei solchen Noruz-Anlässen die Zahl der Offiziere immer beachtlicher. Das Militär nahm an Bedeutung zu am Hofe. Das entsprach der Entwicklung des Landes. Das Waffenarsenal schwoll an und mit ihm der Personalbestand aller Waffengattungen. Im Jahre 1973 wurde auf Anordnung des Monarchen Kriegsgerät im Wert von drei Milliarden Dollar gekauft. Angeschafft wurden die neuesten Erzeugnisse der amerikanischen Rüstungsindustrie. Dazu gehörten Kampfflugzeuge vom Typ „Phantom“ und Bomben, die durch Laserstrahlen ins Ziel gelenkt wurden.

Im Süden des Iran entstanden Flugplätze, deren Anlagen eine Flotte von Kampfflugzeugen aufnehmen konnten. Dazu gehörte die Luftwaffenbasis Chabahar; sie liegt unweit der Grenze zu Pakistan. Die dort stationierten Kampfmaschinen beherrschten das Arabische Meer und den Eingang zum Persischen Golf.

Im Jahre 1975 erreichten die Ausgaben für Waffenkäufe fünf Milliarden Dollar. Zu diesem Zeitpunkt behauptete der Schah, Iran habe nun denselben Rüstungsstandard wie die Bundesrepublik Deutschland erreicht. Die Industriekapazität schätzte er ebenfalls hoch ein: Mohammed Reza sah voraus, daß Iran bald schon die Industrienation Japan überflügeln werde. Der Schah sah die Zeit kommen, in der sich Iran zur Großmacht entwickelt hatte und damit wirtschaftlich stark und militärisch unangreifbar war.

Möglich wurde diese Entwicklung durch amerikanische Berater, die seit den siebziger Jahren vom Pentagon nach Iran delegiert wurden; 1976 befanden sich mehr als 50 000 Waffenexperten aus den USA in Iran. Für sie galt besonderes Recht auf zivilrechtlichem und auf strafrechtlichem Sektor. Dieses Recht war festgelegt im Dokument „Status of Forces Agreement“ (SOFA). Die Vereinbarung war bereits im Jahre 1964 zwischen Iran und den USA abgeschlossen worden.

Das Agreement erwies sich als verhängnisvoll, denn es erinnerte an die „Kapitulationen", die den ausländischen Mächten zur Zeit der Qajarenschahs unbeschränkte Souveränitätsrechte in Iran gegeben hatten. Damals wie jetzt durfte kein US-Amerikaner auf iranischem Boden nach iranischem Recht strafrechtlich belangt werden. Für amerikanische Staatsbürger durften nur amerikanische Gesetze gelten – verhandelt wurde jeweils in den USA.

Das Abkommen SOFA bot über Monate und Jahre hin den schiitischen Geistlichen Munition für den Kampf gegen den Schah. Ihr Argument: Der Schah habe mit seiner Unterschrift unter das Abkommen sein Land auf den Status einer Kolonie der USA degradiert. Chomeini, noch immer im Exil in Nedjef, spitzte die Konsequenz des Abkommens so zu: „Selbst wenn der Koch eines amerikanischen Beraters einen hohen Geistlichen verprügelt, darf sich die iranische Polizei nicht einmischen!" Das Abkommen SOFA bereitete den Boden für die kommende Revolution. Die Empfindlichkeit der Iraner steigerte sich rasch: Harmlose Vorfälle erschienen den Gläubigen plötzlich als Teil einer Verschwörung der USA gegen den Islam. Im Oktober 1975 fuhren amerikanische Jugendliche im Auto vor einer Moschee in Esfahan auf und ab, ohne Rücksicht auf die Gläubigen zu nehmen, die zum Gebet eilten. Dann warfen amerikanische Frauen in einem Restaurant Tische um, weil sie mit dem Service nicht zufrieden waren. Einige Tage später wurde vor dem Moschee-Tor eine Amerikanerin gesehen, die mit einer knappen Hose bekleidet war. Daß die iranische Polizei diese Vorfälle gar nicht zur Kenntnis nehmen durfte, empörte die Bewohner von Esfahan. Ihre Gefühle wurden von vielen in Tehran geteilt. Die innerliche Abwehr gegen westliche Lebensgewohnheiten wuchs.

Auf einmal verschärfte sich die Situation: Im Herbst 1975 wurden zwei amerikanische Luftfahrttechniker in Tehran auf offener Straße erschossen. Es war kein Raubmord. Die Täter hatten aus Überzeugung gehandelt: Sie hatten die Vereinigten Staaten von Amerika treffen wollen. Die Untertanen des Schahs merkten auf: Ein Zeichen war gesetzt worden.

Mohammed Reza Pahlawi aber glaubte, die Täter seien Sowjets gewesen. Er sah sich auf dem rechten Weg, das Land vor der kommunistischen Gefahr zu retten: „Dies ist möglich, weil Gott auf meiner Seite ist. Ich bin auserwählt worden, um meine Aufgabe zu erfüllen." Diese Äußerung bekam die italienische Journalistin Oriana Fallaci im Jahre 1976 aus dem Mund des Schahs zu hören. In jener Zeit erzählte der Schah von Visionen. In jungen Jahren hatte er geglaubt, dem entrückten Zwölften Imam begegnet zu sein. Jetzt berichtete er wieder von einem ähnlichen Erlebnis: Diesmal glaubte er, den Zwölften Imam auf einer Tehraner Straße gesehen zu haben.

Vernahm Mohammed Reza, daß ein Ausländer die Meinung geäußert habe, am Hof in Tehran werde das monarchische Gehabe überzogen, empörte er sich: „Kein Ausländer kann beurteilen, was die Monarchie für Iran bedeutet. Allein die Monarchie ermöglicht unsere Existenz. Wir wären keine Nation ohne die Monarchie."

Das Erwachen kam plötzlich: Am 26. Oktober 1976 – es war der Geburtstag des Schahs – erfuhren die erstaunten Leser der Tageszeitung „Kayhan", daß ihr Land über seine Verhältnisse gelebt habe. Die Iraner hätten sich ein Paradies vorgegaukelt, das nicht der Wirklichkeit entsprochen habe. Doch mit dem Geld aus dem Ölgeschäft lasse sich eben nicht alles kaufen. Der Schah verlangte von seinem Volk, es müsse härter arbeiten, mehr produzieren und höhere Steuern bezahlen. Wörtlich sagte der Schah: „Die Dinge ändern sich. Jeder in unserem Land muß bereit sein, Opfer zu bringen." Drei Jahre zuvor hatte Mohammed Reza – ebenfalls an seinem Geburtstag – verkündet: „Wir werden nie verlangen müssen, daß die Iraner ihre Gürtel enger schnallen. Wir bieten allen unseren Menschen Wohlstand."

Dieses Versprechen aus dem Jahre 1973 hatte Familien aus bäuerlichen Gegenden nach Tehran gelockt. Sie lebten im Süden der Stadt, in primitiven Unterkünften. Den Zuzüglern waren richtige Wohnungen versprochen worden, doch die Wohnblocks standen nicht zur Verfügung. Der Wohnungsbau hatte die Ziele nicht erreicht, die in der staatlichen Planung vorgesehen waren. Der Grund für das Versagen lag im Mangel an Baumaterial. Was vorhanden war, wurde für militärische Prestigebauten gebraucht.

Im Wirtschaftsplan war auf dem Gebiet der Zementerzeugung im Jahre 1976 eine Steigerung von 3,6 Millionen Tonnen auf 20 Millionen Tonnen vorgesehen. Dieses Ziel war nicht zu erfüllen. Das Resultat war, daß Zement nur zu Schwarzmarktpreisen zu erhalten war.

Auf vielen Sektoren konnte der Bedarf nicht gedeckt werden. Der Mangel trieb die Preise in die Höhe. Die Inflation traf jeden, doch erträglich war sie nur für die ganz Reichen, die mittelbar oder unmittelbar vom Ölgeschäft profitierten. Sie wohnten meist im Norden von Tehran, dort, wo die ersten Hänge des Elburzgebirges ansteigen. Im Süden aber hausten die Unterprivilegierten. Sie bildeten ein revolutionäres Potential.

Der Schah hatte begriffen, daß er zuviel versprochen hatte und daß er die Probleme seines Landes nicht mehr im Griff hatte. Er mußte mit den Folgen der Inflation fertig werden. Da er die Preise nicht dämpfen konnte, wollte er die Arbeitgeber veranlassen, die Löhne und Gehälter zu erhöhen. Sein Arbeitsministerium entschied durch Dekret, daß Industriearbeiter im Jahr zusätzlich 60 Arbeitstage vergütet bekommen sollten. Nicht alle Betriebe waren in der Lage, diesen Zusatzlohn zu bezahlen. Erfolgte die Lohnerhöhung nicht, wurden die Arbeiter durch Beauftragte des Arbeitsministeriums veranlaßt zu streiken. Die Streikwelle der Jahre von 1975 bis 1977 wurde ausgelöst durch Streit um zusätzliche Zahlungen. Firmeninhaber, die sich nicht mehr zu helfen wußten und die sich an die Polizei wandten, erlebten zu ihrer Überraschung, daß die Sicherheitskräfte zwar in der Fabrik erschienen, daß sie jedoch die Arbeiter nicht zur Vernunft bringen wollten. Die Polizisten hatten die Anweisung erhalten, die Arbeiter gewähren zu lassen. Die Ordnung zerfiel.

Chomeinis Umzug nach Paris hat Folgen

In Nedjef registrierte der Ayatollah al Uzma, was die Menschen in Iran bedrückte. Er stellte fest, daß sich die Klagen immer stärker gegen das Regime des Schahs richteten. Chomeini hatte ein System entwickelt, um aktiv die Stimmung in Iran zu beeinflussen. Jeden Freitag ließ er seine Ansprache auf Tonband aufzeichnen. Das Mutterband wurde auf Tonkassetten kopiert. Sie konnten im Gepäck, in Kleidern verborgen, von Chomeini-Anhängern nach Qom geschmuggelt werden. Dort, in der Moschee der Schwester des Achten Imam, wurden die Botschaften aus Nedjef mit Spannung erwartet.

Waren diese Botschaften zuerst religiöser Art, mischten sich nach und nach politische Aspekte in die Texte – vor allem auch aktuelle Bezüge: Chomeini griff mit Zitaten aus dem Koran an. Den Schah attackierte er mit Worten, die im Koran für Tyrannen gebraucht werden. Chomeini paßte seine Sprache ganz bewußt dem Duktus der Heiligen Schrift des Islam an. Er sprach von „Höflingen des Satans" – und gebrauchte damit einen vertrauten Ausdruck.

In Nedjef fanden sich Helfer ein, die später – nach dem Sieg der schiitischen Revolution – wichtige Positionen im Staat einnehmen werden: Ibrahim Jazdi und Sadeq Qotbzadeh. Sie hatten sich bisher in den Vereinigten Staaten aufgehalten.

Während der ersten Zeit, die Chomeini in Nedjef verbrachte, entbrannte ein verbaler Krieg zwischen Irak und Iran. Die Regierenden in Baghdad fragten bei Chomeini an, ob er bereit sei, im irakischen Rundfunk durch Reden und Erklärungen am Kampf gegen den Schah teilzunehmen. Doch der Ayatollah al Uzma wollte sich nicht einspannen lassen in die Kampagne der irakischen Regierung. Diese Ablehnung wurde ihm allerdings am Tigris übelgenommen. Chomeini wurde in Baghdad öffentlich als feige bezeichnet.

Als sich dann aber im Sommer 1975 Verständigung zwischen den beiden Regierungen abzeichnete – nach der Einigung über den Schatt al Arab –, veränderte sich die Situation völlig. Saddam Hussein, der jetzt der starke Mann in Baghdad war, wollte den Schah nicht reizen. Er hatte versprochen, daß Irak nicht länger ein Stützpunkt sein sollte für Propaganda gegen das Pahlawiregime. Mohammed Reza Pahlawi berief sich auf diese Absprache, als er Saddam Hussein darum bat, Chomeini zum Schweigen zu bringen. Chomeini wurde vor die Alternative gestellt, entweder die Propaganda gegen den Schah einzustellen, oder den Irak zu verlassen. Chomeini erbat sich Bedenkzeit.

Er nutzte sie nicht zum Nachdenken, sondern zur Intensivierung des Propagandakampfes gegen den iranischen Herrscher. In seinen Freitagspredigten klagte er Mohammed Reza an, er sei ein Freund der Zionisten und der Kreuzesverehrer – wahrscheinlich sei er bereits Mitglied der Bahaigemeinde geworden. Er forderte die Gläubigen in Tehran auf, den „Satan Pahlawi" zu töten. „Solange der Schah lebt, kann der Islam nicht neue Kraft gewinnen!" Die Stimmung in Tehran wurde zunehmend schahfeindlich. Obgleich die Texte aus Nedjef bisher nur wenigen zugänglich waren, wurde ihr Inhalt in Gerüchten weiter verbreitet. Die Basaris waren dankbare Zuhörer, wenn jemand zu berichten wußte, der Schah plündere Iran aus und überlasse das Land zuletzt den Israelis.

Geglaubt wurde, er sei Christ geworden. Gegenüber diesem Gerücht gab es deshalb keine Skepsis, weil tatsächlich genau zu jener Zeit Prinzessin Chams, die älteste Schwester des Schahs, katholisch geworden war. Diese Tatsache gab der Behauptung Auftrieb, die gesamte Pahlawiclique sei dem Islam feindlich gesinnt. Ayatollah Beheshti zog dieses Fazit: „Wenn die älteste Schwester des Schahs eine Kreuzesanbeterin ist, so liegt die Vermutung nahe, daß der Schah selbst Jude ist."

Diese Intensivierung der Propaganda hatte zur Folge, daß Saddam Hussein erneut bedrängt wurde, Chomeini zum Schweigen zu bringen. Hierauf ließ der irakische Präsident dem Ayatollah al Uzma mitteilen, er könne nicht länger Recht auf Asyl beanspruchen. Chomeini antwortete mit der Mitteilung, er werde Nedjef und den Irak verlassen.

Dieser Entschluß mißfiel nun den Chefs der SAVAK in Tehran. Sie informierten Baghdad, daß es nur darum gehe, den Ayatollah al Uzma zum Schweigen zu bringen. Saddam Hussein erwiderte, dies sei nur möglich, wenn er Chomeini einsperre; eine derartige Maßnahme aber würde die Schiiten des Irak verärgern.

Um die Diskussion, ob Chomeini in Nedjef verbleiben könne, abzukürzen, entschloß sich SAVAK, eigenständig zu handeln. Anfang September 1977 starb Chomeinis Sohn Mustafa. Sein Herz hatte versagt. Was wie ein natürlicher Tod aussah, war durch ein Gift bewirkt worden, das SAVAK-Agenten dem Chomeinisohn zu injizieren verstanden hatten.

Gerüchte um die wahre Todesursache steigerten in Tehran und Qom die Wut auf den Schah. In beiden Städten versammelten sich Tausende vor den Moscheen. Sie riefen „Tod dem Schah!"

Als die Trauerfrist von vierzig Tagen vorüber war, verließ der Ayatollah al Uzma Nedjef. Vom Flughafen Baghdad aus flog er nach Paris. Die französische Regierung hatte ihm eine Aufenthaltsgenehmigung erteilt.

Im Vorort Neauple le Château, dreißig Kilometer westlich des Stadtzentrums stand ein kleines Haus mit Vorgarten für ihn bereit. Am 6. Oktober 1977 traf Chomeini dort ein. Bereits versammelt war eine Reihe iranischer Studenten, die ihre Dienste anboten. Die wichtigste Persönlichkeit war Abolhassan Bani Sadr. Er war der Meinung, die Zeit sei günstig für revolutionäre Taten in der Heimat. Bani Sadr hatte den Eindruck gewonnen, Jimmy Carter, der seit Anfang des Jahres 1977 amerikanischer Präsident war, wolle den Schah nicht unterstützen.

Dieser Eindruck war verstärkt worden durch ein Ereignis, über das im November 1977 die Nachrichtensendungen der Welt berichtet hatten: In Washington hatten Demonstrationen gegen den Schah stattgefunden.

Mohammed Reza Pahlawi hielt sich mit Farah Diba zum Staatsbesuch in der amerikanischen Hauptstadt auf. Die beiden waren direkt beim Weißen Haus mit Demonstranten konfrontiert worden, die Transparente trugen, auf denen der Schah als Mörder bezeichnet wurde. Anhänger des Schahs hatten diese Demonstration verhindern wollen. Schahgegner und Schahanhänger hatten aufeinander eingeprügelt. Von der Polizei war Tränengas eingesetzt worden, um die Gewalttätigen zu trennen. Dieses Gas wehte gerade während der Begrüßungszeremonie über den Rasen vor dem Weißen Haus – es brachte den Schah und Farah Diba zum Weinen. Vor den Fernsehkameras wischte sich Farah Diba die Tränen weg. Peinlich für den Herrscher war, daß das iranische Fernsehen Bilder von den Vorfällen vor dem Weißen Haus live übertrug.

Mohammed Reza war sofort überzeugt, Jimmy Carter stecke hinter den Demonstrationen und hinter dem Polizeieinsatz. Der Präsident habe ihm ein Zeichen geben wollen, daß seine Art zu regieren auf Kritik stoße. Er konnte dem Präsidenten fortan nicht mehr trauen. Er bemerkte zu seinen Begleitern, er hasse Carters „eiskalte Augen“, dahinter seien schlimme Absichten verborgen. Der Schah sah Gefahren für sich und für sein Regime. Er hatte eine Vorahnung, er werde von Carter fallengelassen und verraten werden.

Chomeini glaubte nicht an einen ernsthaften Zwist zwischen dem Schah und dem amerikanischen Präsidenten. Seine Analyse lautete, der Schah werde mit der Zusage weiterer Waffenlieferungen nach Tehran zurückkehren. Darüber würden sich die Kommandeure der Armee freuen. Eine Stärkung des Bündnisses zwischen Schah und Armee sei die Folge.

Chomeini entwickelte aus dieser Erkenntnis eine Strategie, die zum Erfolg führen sollte: „Die Armee des Schahs umfaßt 700 000 Soldaten, die über effektive Waffen verfügen. Eine offene Auseinandersetzung bringt uns gar nichts, da wir keine Waffen besitzen. Wir müssen den Soldaten die Waffen in Demut und mit Freundlichkeit aus der Hand nehmen."

Chomeini begann damit, sich in seinen Freitagspredigten, die illegal über Funk nach Qom übermittelt wurden, unmittelbar an die Offiziere und Soldaten zu wenden. Er bezeichnete sie als „Kämpfer Allahs". Den Schah nannte er „Teufel". Er stellte fest: „Kämpfer Allahs setzen sich nicht für den Teufel ein." Chomeini warnte: „Die Offiziere und Soldaten müssen wissen, daß jedes Geschoß, das sie abfeuern, den Heiligen Koran trifft." Der Ayatollah al Uzma forderte die Soldaten auf: „Geht in eure Dörfer zurück – zu euren Moscheen und zu Allah!"

Das Resultat war, daß bald darauf Soldaten aus den Kasernen verschwanden. Sie folgten Chomeinis Anweisung: „Verlaßt die Truppe einzeln und ohne aufzufallen. Nehmt euere Waffen mit, denn es sind Allahs Waffen!"

Am 1. Januar 1978 desertierte – gegen Chomeinis Rat – die erste geschlossene Einheit. Es handelte sich um ein Luftabwehrbataillon mit insgesamt 500 Soldaten – sie waren in Meshed stationiert.

Gerade an diesem Tag besuchte Präsident Carter Tehran. Es war ein Staatsbesuch, der nur 24 Stunden dauerte. Am Neujahrstag – der nicht dem iranischen Neujahrsfest entsprach – hielt der amerikanische Präsident im Niavaranpalast eine Ansprache, deren Inhalt dem Schah ungemein gefiel. Carter sagte: „Iran ist eine Oase der Stabilität in einem stürmischen und aufgewühlten Meer. Ich bin sicher, daß die Ursache dafür in der gerechten, großen und inspirierten Führungspersönlichkeit des Schahs zu finden ist."

Bald nach der Abreise des amerikanischen Präsidenten erhielt der Chefredakteur der angesehenen Tehraner Tageszeitung „Etelaat" die Anweisung des Informationsministers, er habe einen Artikel zu drucken, dessen Verfasser am Hof des Schahs zu finden sei. Der Chefredakteur konnte sich gegen die Veröffentlichung nicht wehren. Obgleich er die Folgen fürchtete. In diesem Artikel wurde Chomeini beschuldigt, er sei homosexuell und würde sich durch schlimme Praktiken befriedigen. Der Leser sollte den Eindruck haben, Chomeini sei eine moralisch verkommene Existenz.

Ganz offensichtlich hatte der Schah persönlich den Text in Auftrag gegeben. Die Wut der Anhänger des Ayatollah aber traf die Zeitung „Etelaat". Am Tag der Veröffentlichung des Artikels wurden sämtliche Fensterscheiben an der Vorderfront des Verlagsgebäudes zertrümmert.

Mohammed Reza Pahlawi spürte, daß ihm die Kontrolle von Volk und Land entglitt. Die US-Botschaft in Tehran versuchte Resignation in den Schahpalästen gar nicht erst aufkommen zu lassen. Der Botschafter arbeitete selbst eine Analyse aus, die das Fazit zog, das Pahlawiregime sei, trotz aller Turbulenzen, nicht gefährdet, da die iranische Armee unerschütterlich zu ihrem Monarchen halte. Die Armeeführung werde die Privilegien, die sie vom Schah erhalte, nicht aufs Spiel setzen.

Die Analyse des Botschafters gab dem Schah kaum Sicherheit. Ihn befiel immer stärker das Gefühl, seine Umgebung vertusche die Wahrheit. Dasselbe Empfinden hatte

Farah Diba, die über ihre eigenen Informanten verfügte, die zu ihrer weit verzweigten Familie zählten. Sie hörte, daß dem Schah von seinen Höflingen gesagt wurde, es befänden sich nur wenige Demonstranten auf den Straßen – und diese wenigen seien durchweg Kommunisten. Farah Diba hatte sich über Chomeini und dessen Wirkung auf die Iraner informieren lassen. Doch sie unterließ es, dieses Thema gegenüber dem Schah zu erwähnen.

Chomeini verfügte bald über ein effektives Propagandainstrument, das seinen Verlautbarungen einen nahezu offiziellen Charakter verlieh: Die British Broadcasting Corporation übernahm die wöchentlichen Ansprachen in ihren „Persischen Dienst". So entstand bei den Anhängern des Ayatollah in Iran der Eindruck, zumindest Großbritannien – wenn nicht sogar die USA – stünde auf der Seite der iranischen Revolution. Über BBC waren solche Sätze zu hören: „Greift den Schah noch heftiger an als bisher – provoziert die Sicherheitskräfte. Unsere Bewegung braucht das Blut von Märtyrern. Sie wächst durch das Blut."

Der Brand des Kinos Rex als Fanal

Am Abend des 18. August 1978 fand im Kino „Rex" in Abadan eine Spätvorstellung statt. Gezeigt wurde zunächst ein Propagandafilm, der die Leistungen des Pahlawiregimes verherrlichte, dann lief ein Spielfilm mit populären iranischen Schauspielern. Die Hälfte des Hauptfilms war vorüber, da brach im Zuschauerraum Feuer aus, das sich rasch ausbreitete. Flammen und Qualm hüllten die Kinobesucher ein. Sie versuchten durch die Türen zu entfliehen, doch die Ausgänge waren verschlossen. Es gelang nicht, die Türen aufzubrechen. Die Feuerwehr von Abadan traf nach einer Viertelstunde ein. Die Türen wurden eingeschlagen; etwa die Hälfte der tausend Menschen konnte der Hölle entfliehen.

Als die Feuerwehr die Löscharbeiten beginnen wollte, war kein Wasser vorhanden – die Hydranten in den Straßen rings um das Kino waren außer Betrieb. Die Feuerwehrmänner waren völlig hilflos.

430 Menschen verbrannten im Kino „Rex“ in Abadan. Ihr Tod löste Entsetzen aus in den Gemütern der Iraner, denn ganz offensichtlich war der Brand absichtlich gelegt worden, und mit Vorbedacht waren die Türen verriegelt und blockiert worden. Der Polizeichef von Abadan war mit der Untersuchung des schrecklichen Vorfalls rasch fertig. Sein Urteil: „Es waren islamische Marxisten!“

Glaubwürdiger erschien der von Chomeini geäußerte Vorwurf, SAVAK habe das Feuer entzündet – auf Befehl des Schahs: „Dieses abscheuliche Verbrechen ist dem kranken Gehirn des Teufels Schah entsprungen!“

Da war bald niemand, der daran zweifelte, das Pahlawiregime wolle mit Brand und Tod die Iraner terrorisieren; das Land solle durch Verbreitung von Schrecken gelähmt werden.

Doch die Lähmung trat nicht ein. In Abadan brach die Wut los gegen Polizeistationen und andere Einrichtungen des Staates. Noch nie war der Schrei „Tod dem Schah!“ so deutlich zu hören gewesen. Die Wut sprang über auf Tehran, Täbriz und Esfahan.

Der Brand des Kinos „Rex“ gab der Rebellion gegen den Schah eine neue Wendung: Das Bürgertum der Städte, das sich bisher nur wenig hatte anstecken lassen von revolutionären Parolen, glaubte nun nicht mehr an den Schah. Auch die Händler in den Basaren waren überzeugt, für das Feuer von Abadan sei SAVAK verantwortlich – und damit letztlich der Schah selbst.

Von nun an änderte sich das Erscheinungsbild der Demonstrationen: Jüngere Jahrgänge der Geschäftsleute mischten sich unter Männer und Frauen, die aus dem Süden von Tehran stammten. Die Geschäftsleute waren daran zu erkennen, daß sie rasiert waren. Gutgekleidete Frauen rafften sich dazu auf, „Tod dem Schah" zu schreien – ihre Haare verhüllten sie dennoch nicht.

Im Weißen Palast im Norden der Stadt schwirrten Gerüchte. Farah Diba bedrängte ihren Mann, er möge sich doch dazu entschließen, selbst einen Blick auf die Straßen der Hauptstadt zu werfen. Mohammed Reza zögerte lange. Dann aber flog er doch mit dem Hubschrauberpiloten seines Vertrauens über das Zentrum der Stadt. Als er sah, daß Hunderttausende über die Plätze und durch die Straßen zogen, war er erschüttert. Verstört fragte er den Piloten: „Ist das möglich, daß diese Leute alle gegen mich demonstrieren?" Der Pilot soll darauf nichts geantwortet haben.

Nach der Rückkehr in den Weißen Palast hat sich der Schah eingeschlossen. Er wollte für den Rest des Tage niemand mehr sehen – nicht einmal die Schahbanu.

Nach einer durchwachten Nacht fragte sich Mohammed Reza, ob er zugunsten des Kronprinzen Reza abdanken solle. Farah Diba war dafür. Sie sprach jetzt offen aus, daß ihre Informanten nicht mehr an eine Zukunft des Schahs glaubten. Der Thron sei nur noch dann für die Pahlawidynastie zu retten, wenn Kronprinz Reza dem Volk präsentiert werde.

Farah Diba sprach über diese Lösung auch mit dem amerikanischen Botschafter William H. Sullivan, der per Funk mit dem State Department in Washington konferierte. Von dort war zu hören, daß die amerikanische Regierung dem Kronprinzen nur eine geringe Chance gab, das Land für die Familie zu retten. Der Botschafter machte gegenüber der Frau des Schahs den Vorschlag, Farah Diba möge als Regentin tätig sein – für eine gewisse Zeit der Abwesenheit des Schahs. Dem Herrscher werde doch sicher das Recht auf einen langen Urlaub zugestanden; er könne sich ein halbes Jahr lang im Haus Suvretta in St. Moritz aufhalten. Inzwischen werde sich die Lage in Iran beruhigen. Der Zorn der Demonstranten richte sich gegen den Schah direkt – wenn er aus dem Lande sei, fehle der Anlaß zum Aufruhr.

Dem Schah sagte Botschafter Sullivan nichts von seinem Vorschlag einer möglichen Regentschaft der Schahbanu. Er sprach dem Niedergeschlagenen Mut zu: Die Armee sei doch ganz auf seiner Seite. Vom State Department hatte Sullivan den Auftrag bekommen, dem Schah stärkere Beachtung der Regeln der Demokratie zu empfehlen. Ein Liberalisierungsprozeß könne die Bürgerschicht wieder aus den Reihen der Rebellen herauslösen. Der Schah war bereit, dieser Anregung aus Washington zu folgen. Er wechselte dazu den Ministerpräsidenten aus. Der neue Regierungschef war zwar durch eine Führungsposition in der Pahlawi Foundation mit dem Regime verbunden, er war aber nie mit SAVAK in Zusammenhang gebracht worden. In der Situation, in der sich die Regierung befand, konnte es von Vorteil sein, daß er einst Mitglied in Mosadeghs Nationaler Front war. Sein Name: Jaafar Sherif Emami.

Innerhalb weniger Tage legte der neue Ministerpräsident ein Sechs-Punkte-Programm vor. Emami betonte, es sei seine Absicht, mit der Durchführung dieses Programms alle Schichten des iranischen Volkes miteinander zu versöhnen. Die sechs Punkte waren: Entlassung aller politischen Gefangenen; Erhöhung der Gehälter für alle, die in staatlichen Ämtern und Betrieben arbeiten; Parteien sollen zugelassen werden, soweit sie die bestehende Ordnung respektieren. Neuwahlen sollen bald stattfinden. Kampf gegen Korruption wird aufgenommen. Abschaffung des Ministeriums für Frauenfragen.

Der letzte Programmpunkt griff entscheidend in einen Bereich ein, der dem Schah wichtig gewesen war. Das Ministerium für Frauenfragen war von ihm geschaffen worden, um den Frauen zu zeigen, wie sehr ihm ihre Belange am Herzen liegen. Daß es dieses Ministerium gab, war ein Ärgernis für die Geistlichkeit gewesen, die darin eine Verbeugung vor dem „Geist des Westens“ gesehen hatte. Daß das Ministerium abgeschafft wurde, war nun eine Verbeugung vor den Ayatollahs.

Ebenfalls aus Rücksicht auf die Geistlichkeit erließ Jaafar Sherif Emami ein Dekret, das den „monarchischen Kalender“ abschaffte, dessen Nullpunkt der Beginn der Regierungszeit des Königs Cyros gewesen war. Die Iraner hatten sich ab sofort wieder nach dem islamischen Kalender zu richten, dessen Ausgangspunkt der Tag ist, an dem der Prophet Mohammed von Mekka nach Medina übergesiedelt ist (622 n. Chr.).

Das Sechs-Punkte-Programm war noch nicht der Öffentlichkeit bekanntgemacht worden, da protestierte die Armeeführung. Drei Generäle forderten den Schah auf, den Liberalisierungsprozeß sofort abzubrechen. Das Nachgeben des Regimes in dieser Frage werde als Schwäche empfunden. Die Folge sei, daß der Druck der Straße anwachse. Die Agitatoren würden sofort mit neuen Forderungen hervortreten. Am Ende des Liberalisierungsprozesses stehe der Zusammenbruch des Regimes. Die drei Generäle verlangten vom Herrscher, er möge veranlassen, daß dieser „Unfug“ abgestellt werde.

Doch der Schah konnte nicht mehr zurück. Am 7. September 1978 übernahm Jaafar Sherif Emami das Amt des iranischen Ministerpräsidenten. Er versprach öffentlich, das Sechs-Punkte-Programm zu verwirklichen. Sofort trat ein, was die Generäle vorausgesagt hatten: Mehr Frauen und Männer als jemals zuvor versammelten sich auf den Straßen von Tehran. Ihre Forderungen wurden radikaler und direkter. Sie verlangten: Absetzung des Schahs; Rückkehr des Ayatollah al Uzma aus dem Exil; Ablösung der Monarchie durch eine Islamische Republik.

Die Demonstranten folgten Chomeinis Anweisung, die Sicherheitskräfte zu provozieren – ohne Rücksicht auf das eigene Leben. Die Polizisten sahen in ihrer Bedrängnis keinen anderen Ausweg mehr, als scharf zu schießen. Nach Angaben der Regierung starben am 7. September 1978 durch die Schüsse mehr als 100 Demonstranten. Die Geistlichkeit ließ verkünden, 1000 seien umgebracht worden durch die Schergen des Teufelsregimes. Die Toten seien Märtyrer im Kampf Allahs gegen den „Teufel Schah".

Da die Demonstrationen nicht abflauten, glaubte Ministerpräsident Emami, das Kriegsrecht müsse über Tehran verhängt werden. Demonstrationen wurden grundsätzlich verboten. Jeder, der an einer Demonstration teilnahm, wurde mit Haft bestraft.

Mit der Verhängung des Kriegsrechts hatte Emamis Politik der Liberalisierung keine Basis mehr.

Der Schah ist für Carter ein zweitrangiges Problem

Im November 1977 hatte der ägyptische Präsident Anwar as Sadat durch seinen überraschenden Besuch in Jerusalem das Tor aufgestoßen zu einer Verständigung zwischen seinem Land und Israel. Sein Partner auf israelischer Seite war Menachem Begin. Präsident Carter erkannte die Chance, die sich ihm bot, Friedensstifter für den Nahen Osten zu werden. Jimmy Carter lud Begin und Sadat im Sommer 1978 nach Camp David ein. In der Abgeschiedenheit sollten ernsthafte Verhandlungen geführt werden. Carter kümmerte sich persönlich darum. In der Waldeinsamkeit von Camp David vergaß die amerikanische Diplomatie das Problem Iran völlig. Carter selbst hatte nur noch den Nahen Osten im Kopf.

Drei Tage nach den blutigen Ereignissen des 7. September 1978 wurde dem amerikanischen Präsidenten von seinen Beratern bedeutet, der Schah sei in Schwierigkeiten geraten, da er der Rebellion in Tehran nicht mehr Herr werden könne. Carter unterbrach die Verhandlungen mit Sadat und Begin, um mit dem Schah zu telefonieren.

Carter begann das Gespräch mit der Zusicherung, die USA stünden voll und ganz hinter Iran und seinem Herrscher. Selbstverständlich halte er als amerikanischer Präsident am Grundsatz fest, daß die USA als Bündnispartner dem Schah in jeder Gefahr beistehen werden. Am Ende des recht kurzen Telefongesprächs betonte Carter, eine stärkere Liberalisierung auf vielen Gebieten und Beachtung der Menschenrechte werde bestimmt aus der schwierigen Situation heraushelfen.

Eine Bemerkung des Präsidenten hatte Mohammed Reza irritiert. Carter hatte gemeint, den Sicherheitskräften müsse es doch mit starker Hand gelingen, den Umtrieben auf der Straße ein Ende zu bereiten. Mohammed Reza fragte sich nach dem Telefonat, wie er Demonstrationen mit mehr als 100 000 Teilnehmern auflösen lassen könne – „mit starker Hand", aber unter Beachtung der Menschenrechte.

Nach dem Telefonat vom 10. September 1978 zog sich Carter wieder zurück, um Sadat und Begin auszusöhnen. Ein Vierteljahr lang bekam der Schah keine Signale von Carter. Mohammed Reza hatte einige Male Kontakt mit dem amerikanischen Botschafter, der jedoch immer nur den einen Satz zu sagen hatte: „Die USA stehen hinter Ihnen, Majestät!"

Am 7. Dezember 1978 fand der Schah eine offizielle Erklärung der amerikanischen Regierung auf seinem Schreibtisch. Der Text lautete: „Die USA werden sich in keiner Weise und unter keinen Umständen in die inneren Angelegenheit des Iran einmischen." Diesen Worten mußte der Schah entnehmen, daß die amerikanische Regierung nichts unternehmen werde, um ihn im Ernstfall an der Macht zu halten. Mit Unterstützung durch Carter konnte Reza Schah Pahlawi also nicht mehr rechnen.

Während der Dezembertage wurde dem Bedrohten deutlich, daß die Verkündung des Liberalisierungsprogramms tatsächlich den Rebellen Auftrieb gegeben hatte. Ihre Forderung hörte sich jetzt so an: „Die Pahlawibande hat aus Iran zu verschwinden, und zwar alle Mitglieder der Sippe." Die Formulierung stammte von Chomeini; sie ist in Neauple le Château entstanden. Sie wurde hauptsächlich von Farah Diba als Enttäuschung empfunden, hatte sie doch bis zu dieser Äußerung gedacht, Chomeini werde ihren Sohn Reza akzeptieren.

Ende Dezember 1978 wurde dem Schah hinterbracht, der Erste Sekretär der US-Botschaft in Tehran sage ganz unverblümt, der Iran werde bald schon eine andere Staatsform haben. Als der Schah vom Botschafter selbst Auskunft verlangte über derartiges Gerede, meinte dieser, es handle sich um die private Meinung des Ersten Sekretärs und habe nichts mit dem Standpunkt der amerikanischen Regierung zu tun. Im übrigen, so sagte der Botschafter, werde die „Liberalisierung" alles zum Guten für den Schah wenden – es sei deshalb von höchster Wichtigkeit, auf alle „repressiven Maßnahmen" zu verzichten, „um ein Klima der Freiheit im Lande entstehen zu lassen".

Der Schah erfuhr nicht, daß auf Anraten des amerikanischen Botschaftspersonals viele Familien, die mit dem Pahlawiregime verbunden waren, Iran verließen. Die Maschinen aller Fluglinien, die von Mehrabad in die USA, nach Paris, Rom oder London flogen, waren meist ausgebucht. Prinzen und Prinzessinnen reisten ab, ehemalige Minister und Gouverneure, pensionierte Generäle und wohlhabende Geschäftsleute. Nach Schätzungen der Luftlinien flogen im Zeitraum zwischen dem 1. Oktober 1978 und dem 15. Januar 1979 mehr als 100 000 Passagiere ohne Rückflugticket von Mehrabad ab.

Verbunden mit dieser Ausreisewelle war eine beachtliche Kapitalflucht. Da keine Beschränkung des Geldtransfers ins Ausland bestand, geschahen die Überweisungen durchaus legal. Über die Geldmenge, die von Privatleuten transferiert wurde, liegt nur eine grobe Schätzung vor; sie nennt den Betrag von fünf Milliarden Dollar.

Um die Jahreswende 1978/79 war Jimmy Carter noch immer mit der Formulierung des Friedensvertrags zwischen Ägypten und Israel beschäftigt. Der Vertrag wurde schließlich am 26. März 1979 in Washington unterschrieben. Zu diesem Zeitpunkt war Iran bereits ein schiitischer Staat. Carter hatte – vielleicht mit Absicht – die Chance verpaßt, den Schuh zu retten.

Während der letzten Wochen des Schahregimes erreichten den Schah widersprüchliche Signale aus Washington. War Jimmy Carter mit seinem Sicherheitsberater Zbigniew Brzezinski zusammen, forderte er den Schah auf, endlich hart durchzugreifen. Hatte Carter gerade mit Außenminister Cyrus B. Vance gesprochen, bekam der Schah zu hören, er möge doch die Sympathie der Iraner durch Milde und Zugeständnisse wiedergewinnen.

Mohammed Reza Pahlawi schloß sich im Niavaranpalast ein. Da er niemand sprechen wollte, suchte ihn auch bald niemand mehr auf. Die Höflinge waren damit beschäftigt, ihre Zukunft zu sichern. Vom Schah erwarteten sie nichts mehr.

„Allahu Akbar – Chomeini Rabbar“

„Allah ist über allem – Chomeini ist unser Führer“ – dieser Kampfruf der Massen war zum erstenmal im Dezember 1978 zu hören. Er dröhnte, von 100 000 Frauen und Männern im gleichen Rhythmus geschrien, über den Platz, in dessen Mitte der elegante Turm steht, der im Jahre 1971 zu Ehren des Schahanschah an der Tehraner Flughafenstraße erbaut worden war.

In diesem Bauwerk vereinen sich die Stile vorislamischer Architektur. Es stellt zugleich die Verbindung dar zwischen der Pahlawidynastie und den Königen Cyros und Darios.

Der eindrucksvolle Turm war „Schahyad" genannt worden – „Gedenke des Schahs!"

Auf dem riesigen Platz zu Füßen des „Schahyad" drängten sich jetzt schwarzgekleidete Menschen, die Frauen verhüllt, um dem neuen Führer zu huldigen – der sich jedoch noch in Neauple le Château befand.

Daß Chomeini der wahre Führer des Iran war, hatte er zu diesem Zeitpunkt schon bewiesen. Auf seine Weisung hin war die Ölproduktion völlig versiegt. Dies war der Text eines Handzettels, der in Tausenden von Exemplaren im Oktober 1978 an Ölarbeiter verteilt worden ist:

„Im Namen Allahs, der die Unterdrücker niederschlagen wird. Mein Gruß an die Arbeiter und Angestellten der iranischen Erdölgesellschaft. Die Gnade Allahs sei Euch beschieden, die ihr mit Eurem Streik das ganze Volk glücklich macht. Jeder Tag und jede Stunde Eures Streiks ist entscheidend für den Kampf. Ihr habt die Vergeudung des schwarzen Goldes beendet, das der Verräter jahrelang zur Plünderung durch Ausländer freigegeben hat. Ihr habt den Verräter geschlagen, der seine Satansherrschaft aufrechtzuerhalten versucht. Jede Stunde Eures Streiks ist ein Dienst für Allah, den Erhabenen. Die schmutzigen und verräterischen Mitstreiter des Teufels versuchen das Volk noch immer zu verängstigen. Bald schon werden diese Verbrecher verurteilt. Und: Amerika muß wissen, daß alle in Iran den Rücktritt des Schahs ersehnen. Amerika kann uns nicht mit Drohungen unter Druck setzen. Wir werden darauf achten, daß unsere wertvollen Ölquellen dem Volk erhalten bleiben. Sie werden nicht den USA gehören. Amerika muß seine Unterstützung des Schahs einstellen, der grausam ist und der gegen jede Menschenwürde handelt. Unser Sieg ist nahe und damit die Rache an den Verrätern. Der Schah ist schwach – die Rache aber wird furchtbar sein."

Verantwortlich für diesen Aufruf zum Streik zeichnete „Ruhollah al Musawi al Chomeini".

Kaum war dieses Flugblatt in die Hände der Ölspezialisten und Arbeiter gelangt, sank die Produktion auf den Ölfeldern. Im Herbst 1978 war die tägliche Förderung auf 5,8 Millionen Barrel festgelegt; am 25. Dezember betrug sie nur noch 1,7 Millionen Barrel. Während der ersten Januartage 1979 wurde überhaupt kein Öl mehr gefördert auf iranischen Produktionsstätten.

Am 10. Oktober 1978 hatte der islamische Trauermonat Muharram begonnen. Er erinnert die schiitischen Gläubigen daran, daß Husain, der Enkel des Propheten Mohammed, am 10. Tag jenes Monats sein Leben bei Kerbela verloren hat (680 n. Chr.), daß Husain zum Märtyrer für Allah wurde. Schuld am Tod des Husain war damals der Kalif Jezid gewesen. Bisher war jener Jezid der schlimmste Teufel gewesen. Jetzt aber, im Winter 1978/79, war Mohammed Reza Pahlawi zum schlimmsten Teufel geworden.

Der Schah ließ sich in seiner Verzweiflung, Chomeini nicht neutralisieren zu können, zu irrsinnigen Handlungen hinreißen: Amir Abbas Hoveyda wurde verhaftet. Er war Ministerpräsident und Hofminister gewesen. Der Vorwurf gegen Hoveyda lautete nur, er sei der Korruption beschuldigt. Mit seiner Verhaftung sollte dem Volk gezeigt werden, daß von nun an aufgeräumt wurde mit jeder Art von Vetternwirtschaft. Der Schah ließ sogar verkünden, eine Kommission werde eingesetzt zur Untersuchung der Herkunft des Vermögens der Schahfamilie. Nichts sollte verborgen bleiben vor dem iranischen Volk.

Hohe Genugtuung bereitete Chomeini die Verhaftung von General Nematollah Nassiri. Mit der Begründung, er habe Staatsgelder in die eigene Tasche gesteckt. Nassiri war bis zum Juni 1978 der Chef der SAVAK gewesen; der Schah hatte ihn auf wenig ehrenvolle Weise absetzen lassen. Ein Vierteljahr lang war Nassiri Botschafter in Pakistan gewesen, um dann – zu seiner Verhaftung – wieder nach Tehran zurückgeholt zu werden. Chomeini ließ in Neauple le Château verkünden, Nassiri, die Stütze des teuflischen Regimes, sei beseitigt; nun komme die Zeit, da der Teufel selbst verschwinden müsse.

Die unverständlichen Handlungen des Schahs beunruhigten nun Zbigniew Brzezinski, den Sicherheitsberater des amerikanischen Präsidenten. Er empfahl seinem Chef, Ardeshir Zahedi, den iranischen Botschafter in Washington – er war der Schwiegersohn des Schahs –, nach Tehran zu schicken. Zahedi sollte an Ort und Stelle erforschen, was den Schah veranlaßt habe, Nassiri und Hoveyda verhaften zu lassen. Offenbar traute Carter seinem eigenen diplomatischen Vertreter, dem Botschafter Sullivan, nicht mehr.

Ardeshir Zahedi wurde ausdrücklich beauftragt, seinem Schwiegervater den Rücken zu stärken. Als sich Zahedi sträubte, seine Botschaft in dieser kritischen Zeit zu verlassen, sagte der amerikanische Präsident zu ihm: „Während Sie in Tehran sind, werde ich hier der iranische Botschafter sein."

Verwirrung herrschte in Washington: Der Außenminister und der Sicherheitsberater warfen sich gegenseitig vor, schuld zu sein am „Fehlverhalten des Schahs". Carter beschimpfte den Geheimdienst der USA, er habe im August 1978 noch behauptet, in Iran bestehe „weder eine revolutionäre noch eine vorrevolutionäre Situation". Es stellte sich heraus, daß in Washington keine Planung existierte, wie einer Krise im Bereich des Persischen Golfs zu begegnen sei.

„Wie eine tote Ratte aus dem Land geworfen"

Am 2. Januar 1979 erhielt der Stellvertretende Befehlshaber der US-Streitkräfte in Europa, General Robert Huyser, in seiner Stuttgarter Dienstwohnung einen dringenden Anruf aus Washington. Von General Huyser wurde verlangt, er habe sich sofort nach Tehran zu begeben. Sein Auftrag lautete: Die hohen Offiziere der iranischen Armee sind zu veranlassen, ihre Loyalität gegenüber dem Schah aufzugeben und sie auf eine Zivilregierung zu übertragen. Dies bedeutete, daß Jimmy Carter nun definitiv den Monarchen aufgegeben hatte.

Als Chef der Zivilregierung, die Huyser unterstützen sollte, war Schapur Bakhtiar vorgesehen. Er war ein Vertrauter des Schahs. Nach dem Willen des amerikanischen Präsidenten aber sollte dieser Ministerpräsident die Monarchie Iran in eine Republik verwandeln – mit Hilfe der Armeegeneräle.

Am 3. Januar 1979 traf General Huyser bereits in Tehran ein. Er bezog das Büro des iranischen Generalstabschefs Abbas Garabaghi und begann mit der Spitze der Armee zu konferieren.

Huyser war nicht auf dem Flughafen Mehrabad gelandet, sondern auf einem amerikanischen Stützpunkt. Keine iranische Behörde hatte seine Ankunft bemerken können – so geschah es, daß der Schah nichts von der Anwesenheit des hohen amerikanischen Offiziers erfuhr. Bei früheren Besuchen des Generals in Tehran war es üblich gewesen, daß er dem Schah seine Aufwartung machte. Diesmal aber hütete er sich, den Weißen Palast aufzusuchen. Huyser wollte ein Gespräch mit dem Monarchen vermeiden, für dessen Abgang er zu sorgen hatte.

Die Befürchtung des amerikanischen Generals war, daß die iranischen Streitkräfte innerhalb weniger Tage auseinanderbrachen. Nach Gesprächen mit dem Generalstabschef Abbas Garabaghi verflog diese Befürchtung allerdings. Doch Botschafter Sullivan war fest davon überzeugt, der Zusammenhalt der Truppe werde am selben Tag zu Ende gehen, an dem der Schah das Land verlasse.

Immer wieder kamen Ratgeber auf die Idee, eine Gegenbewegung zur Rebellion in Gang zu bringen. Allerdings war es schwierig, Frauen und Männer dazu zu bringen, für den

Schah zu demonstrieren. Die Aktionen der Propaganda für die Monarchie fielen kläglich aus. Da bewegten sich Beamte, Händler, Angehörige der SAVAK und Damen, die feine Mäntel trugen, durch die Straßen. Sie verteilten Handzettel mit dem Bild des Schahs an mürrische Zuschauer, die sich nicht wehren konnten, weil ihnen die Zettel unter Polizeiaufsicht aufgedrängt wurden. Die Pro-Schah-Demonstrationen beschränkten sich auf Stadtviertel um den Golestanpalast. Die Teilnehmer beeilten sich, ihre Autos zu besteigen, die bei der Schah-Moschee abgestellt waren.

Ardeshir Zahedi, der iranische Botschafter in Washington, der von Carter nach Tehran geschickt worden war, um dem Schah Mut zu machen, hatte die Idee, an Arme aus dem Süden der Stadt Geld zu verteilen, im Glauben, sie könnten auf diese Weise wieder für den Schah gewonnen werden. Doch der Schah lehnte diese Idee schroff ab mit der richtigen Bemerkung: „Wir befinden uns nicht mehr im Jahr 1953: Damals war es möglich, die Leute mit kleiner Münze auf unsere Seite zu holen. Diese Zeiten sind vorüber!“

Bemerkenswert sind diese Worte deshalb, weil sie beweisen, daß Mohammed Reza Pahlawi durchaus wußte, wie seine Macht einst gegen Mosadegh verteidigt worden war. Er hatte bis zu diesem Tag immer betont, allein seine Popularität habe den Thron gerettet.

Mohammed Reza Pahlawi war jetzt durchaus bereit, seine eigene Macht zu reduzieren. Er dachte darüber nach, künftig eine Rolle zu spielen, vergleichbar der Funktion der englischen Königin. Er selbst werde Staatsoberhaupt bleiben; die Exekutive werde dann in der Hand eines wirklich starken Ministerpräsidenten liegen. Das Schlagwort hieß jetzt „Konstitutionelle Monarchie“. Der Schah überlegte bereits, wer Ministerpräsident sein könnte. Er dachte an Mehdi Bazargan, über den gesagt wurde, er besitze das Vertrauen des Ayatollah al Uzma. Als sich Bazargan vor fast 20 Jahren im Jahre 1961 vor Gericht wegen der Gründung einer islamisch-orientierten Partei zu verteidigen hatte, da war er so mutig gewesen, den Schah wegen seiner Bindung an die USA anzugreifen. Diese Haltung hatte dem Ayatollah imponiert. Bazargan hatte danach zu den Verfolgten gehört. Als mit Carters Amtsübernahme das State Department die Gründung einer Menschenrechtsorganisation in Tehran anregte, griff Bazargan diesen Anstoß auf. Er gründete das Iranische Menschenrechskomitee. Bei Ausbruch der Unruhen hatte der Schah dieses Komitee verbieten lassen; Mahdi Bazargan wurde als Unruhestifter eingesperrt.

Als der Schah auf den Gedanken gekommen war, eine Konstitutionelle Monarchie sei jetzt die richtige Regierungsform für Iran, da ließ er Kontakt aufnehmen zum inhaftierten Bazargan. Der Nachfolger des Generals Nassiri in der Funktion des SAVAK-Chefs besuchte ihn in seiner Zelle. Dem Gefangenen wurde mitgeteilt, der Schah habe alle seine großen Pläne und Visionen aufgegeben. Das iranische Volk solle selbst bestimmen, wie es regiert werden wolle. Eine Konstitutionelle Monarchie biete dafür wohl den richtigen Rahmen. Der Schah meine, daß Mahdi Bazargan geeignet sei, die Exekutive zu führen.

Bazargan antwortete dem SAVAK-Chef, er könne nicht über einen derartigen Vorschlag nachdenken, solange er im Gefängnis festgehalten werde. Seine Freilassung wurde sofort angeordnet.

Bazargan dachte wirklich über rasche politische Veränderungen nach. Ihm fiel ein Fünf-Punkte-Programm ein. Es hatte diesen Inhalt: Der Schah hat Iran für immer zu verlassen; ein Regentschaftsrat sichert den staatsrechtlichen Bestand des Landes; eine Regierung ist einzusetzen, die aus national gesinnten Persönlichkeiten besteht; das Parlament ist aufzulösen; baldige Neuwahlen sind vorgesehen.

Bazargan wußte, daß alle Pläne wirkungslos sind, wenn sie nicht die Zustimmung des Ayatollah al Uzma finden. Er entschloß sich, Chomeini in Neauple le Château aufzusuchen. Im Haus des Geistlichen angekommen, wurde

Bazargan herzlich begrüßt, doch es gelang ihm nicht, sein Fünf-Punkte-Programm vorzutragen. Chomeini war daran überhaupt nicht interessiert. Derartige Programme, so meinte Chomeini, seien faule Kompromisse. Jedes Programm werde vom Teufelsregime des Schahs dazu benutzt, Zeit zu gewinnen.

Bazargan entgegnete, so sicher sei der Sieg der Revolution nicht. Zu bedenken sei die starke Allianz der Armee mit den USA. Der Ayatollah al Uzma antwortete, er habe Vertrauen in Allah.

Immerhin konnte Bazargan erreichen, daß ihn Chomeini zu seinem politischen Repräsentanten in Tehran ernannte. Er konnte annehmen, jetzt der wichtigste Mann in Iran zu sein.

Doch der Schah hatte seine Meinung geändert: Er setzte keine Hoffnung mehr auf Bazargan. Schapur Bakhtiar wurde jetzt mit Vertrauen bedacht. Er sollte der Mann sein, die Ruhe in Iran wieder herzustellen.

Dieser Meinung war auch Jimmy Carter, der inzwischen erfahren hatte, daß auch Giscard D'Estaing, der französische Staatspräsident, ein hohes Maß an Achtung für Bakhtiar offen ausgesprochen hatte. Der Schah, Jimmy Carter und Giscard D'Estaing glaubten, den Standpunkt von Chomeini mißachten zu können. Der Ayatollah al Uzma hatte bereits verkündet, er werde Bakhtiar nicht akzeptieren.

An Ort und Stelle unternahm General Huyser, was er nur konnte, um für Schapur Bakhtiar eine tragfähige Basis zu schaffen, die Freiheit des politischen Handelns bedeuten konnte. Dabei war seine wichtigste Aufgabe, die Armeegeneräle von einem Staatsstreich abzuhalten, der noch zugunsten der Pahlawidynastie hätte durchgeführt werden können. Die Macht in Iran durfte nicht länger von den Pahlawis beansprucht werden. Sie war, unbehindert von einer Staatskrise, auf Schapur Bakhtiar zu übertragen.

Ministerpräsident Bakhtiar war dabei, die Forderungen

Chomeinis zu erfüllen. Sein Gedankengang war: War die politische Situation in Iran Chomeinis Wünschen gemäß verändert, dann war die Aufgabe des Ayatollah al Uzma erfüllt – seine Revolution war abgeschlossen; er konnte sich wieder rein geistlichen Aufgaben zuwenden. Es gab dann auch keinen Grund mehr für Protestdemonstrationen in Tehran.

Für Bakhtiar gab es nur ein Hindernis zur Lösung des Problems: Der Schah befand sich noch immer im Weißen Palast.

Anfang Januar 1979 hatte es endlich eine Begegnung zwischen General Huyser und dem Schah gegeben. Der Amerikaner war nicht in den Weißen Palast gekommen, um die Situation des Staates zu bereden. Er wollte nur Antwort bekommen auf die Frage: „Majestät, an welchem Tag und zu welcher Stunde verlassen Sie Iran?" Der Schah antwortete nicht.

Die Schahfamilie brauchte Zeit, um Vermögenswerte aus dem Land zu bringen. Sie war damit spät dran; die Reichen, die nicht zur Dynastie gehörten, hatten ihre Gelder schon in die Schweiz transferiert. Die Familienmitglieder aber hatten Solidarität mit dem Schah beweisen wollen; und sie hatten Rücksicht genommen auf die Bank Omran in der Tehraner Istanbul Avenue. Diese Bank gehörte der Pahlawi Foundation. Vom 3. Januar 1979 an räumten die Verwandten des Schahs ihre Konten und ließen sich 700 Millionen Dollar ausbezahlen. Waren die Konten leer, beantragten die Familienmitglieder Kredite, die ihnen selbstverständlich gewährt wurden. Die Bank Omran war gezwungen, sich zur Deckung der Kredite den Betrag von 800 Millionen Dollar bei anderen Geldinstituten auszuleihen. Am Tag der Abreise des Schahs war die Bank Omran bankrott.

Mit Bargeld in Millionenhöhe im Gepäck, aber ohne die Kronjuwelen, die im Tresor der Staatsbank verblieben, fuhr der

Schah mit Farah Diba am frühen Morgen des 16. Januar 1979 vom Weißen Palast aus zum Flughafen Mehrabad. Der Weg führte vorbei am Monument Schahyad – „Gedenke des Schahs". Es war ein kalter Morgen. Der Schah litt deshalb besonders unter der Kälte, weil er sich unwohl fühlte. Er wußte, daß er krebskrank war, doch er hatte zu niemandem darüber gesprochen – nicht einmal zu Farah Diba. Sie hatte jedoch vermutet, daß seine Gesundheit nicht in Ordnung war. Sie hatte ihn dabei ertappt, daß er gedankenverloren und kraftlos am Fenster des Weißen Palastes stand, offenbar nicht nur verzweifelt über die Situation des Landes und der Dynastie.

Eigentlich war am frühen Morgen des 16. Januar 1979 eine Pressekonferenz geplant, bei der Mohammed Reza erklären wollte, daß er einen Urlaub antrete. Doch er hatte die verbliebenen Höflinge, den Generalstab und Schapur Bakhtiar informieren lassen, daß er keine Erklärung abgeben wolle. Die Journalisten und damit die Öffentlichkeit warteten vergeblich auf den Auftritt des Schahs.

Auf dem Flughafen Mehrabad, vor der Treppe zur Boeing-Maschine, standen Ministerpräsident Bakhtiar und Generalstabschef Garabaghi. Mohammed Reza erinnerte sich später an die bitteren Gefühle bei der Abreise: „Die Zeichen der Treue zerrissen mir das Herz. Alles spielte sich in beklemmendem Schweigen ab, das nur von Schluchzen unterbrochen wurde. Die Menschen, über die ich 37 Jahre lange geherrscht hatte, empfanden entsetzlichen Schmerz. Die Gesichter jener, die gekommen waren, um mir Lebewohl zu sagen, waren von Tränen überströmt."

Nicht auf dem Flughafen Mehrabad erschienen waren der amerikanische Botschafter und General Huyser – ihre Aufgabe war erfüllt.

Der Oberbefehlshaber der iranischen Luftwaffe, General Golam Reza Rabii, zog das Fazit der Tätigkeit des hohen US-Offiziers in Tehran: „General Huyser hat den Schah wie eine tote Ratte aus dem Land geworfen."

Der Schah im Exil

Als erstes Ziel der Reise war die jordanische Hauptstadt vorgesehen gewesen; doch König Hussein, der ohnehin schon von Chomeini als „unislamischer Herrscher" und als „Lakai der Amerikaner" beschimpft worden war, wollte sich nicht durch Empfang des entmachteten Schahs weiteren Ärger zuziehen. Er hatte die Ehre abgelehnt, von Mohammed Reza Pahlawi besucht zu werden.

Anwar as Sadat, der Präsident von Ägypten, aber war bereit, den Reisenden als Schah mit allen Ehren zu empfangen. Die Ehrengarden standen auf dem Flughafen Aswan bereit; der rote Teppich wurde ausgerollt. Sadat übersah geflissentlich, daß sein Gast nicht mehr in Iran regierte.

Es gelang Sadat, den früheren amerikanischen Präsidenten Gerald Ford nach Aswan zu holen. Der Schah, Sadat und Ford setzten sich zusammen und spielten Gipfelkonferenz mit dem Thema „Die Krisen der Welt".

Doch der Schah hielt sich nicht an die Spielregeln: Er beklagte sich bitter über die USA. Er beschuldigte Jimmy Carter, er habe sein Versprechen nicht gehalten – er habe keine amerikanischen Truppen nach Tehran geschickt. Gerald Ford fühlte sich veranlaßt, den Schah dezent darauf hinzuweisen, daß es an Truppen in Iran durchaus nicht gefehlt habe – er sehe den Sinn von zusätzlichen Armeeverbänden überhaupt nicht ein.

Als es, außer der Klage des Mohammed Reza Pahlawi, kein Thema mehr gab, war das Spiel „Gipfelkonferenz" zu Ende.

Der Flüchtling und seine Frau bemühten sich, den Eindruck zu erwecken, sie erholten sich im milden Winterklima von Aswan. Sie saßen bei Sonnenschein auf den bizarren Steinblöcken der Insel Elephantine unterhalb des ersten Nil-Katarakts. Seine Umgebung aber spürte seine Unruhe. Auf dem Flugfeld von Aswan stand die Maschine der Iran Air bereit zum Rückflug nach Tehran. Er wartete auf eine Botschaft von dort. Er glaubte, General Garabaghi werde ihm die Heimkehr mit Hilfe der „Treuesten der Treuen", der Schahgarde, ermöglichen. Er wußte, daß die Gardisten noch immer an jedem Morgen dem Schah erneut Treue schworen. General Garabaghi verfügte auch jetzt noch über zwei Panzerdivisionen in Tehran, die genügen würden, die Machtzentren in die Hand zu bekommen. Der Exschah konnte nicht glauben, daß es dem amerikanischen General wirklich gelungen war, die Offiziere der iranischen Armee zu überzeugen, daß die Zeit der Pahlawidynastie vorüber war.

Während sich der Flüchtling in Aswan aufhielt, meldete sich General Garabaghi nicht. Nach sechs Tagen Aufenthalt am oberen Nil bekam Mohammed Reza von Sadat zu hören, daß er sich nach einem Ort umsehen müsse, der für einen längeren Aufenthalt geeignet sei; Ägypten könne einen solchen Ort kaum bieten. Auf die Bemerkung des Flüchtlings, er gedenke in die USA zu reisen, sagte Sadat: „Gehen Sie auf keinen Fall in die USA." Eine Erklärung für diese Warnung gab Sadat nicht. Mohammed Reza Pahlawi wunderte sich.

Die Absicht hatte wirklich bestanden, in die USA weiterzureisen. Doch Ardeshir Zahedi, der Schwiegersohn des Schahs, und jetzt wieder in seinem Amt als iranischer Botschafter in Washington, teilte in einem Telefongespräch mit, das State Department werde nur den Kindern des Schahs die Einreise gestatten. Ardeshir Zahedi erfüllte den Auftrag des State Department, seinem Schwiegervater mitzuteilen, daß er nicht willkommen sei in den USA.

Da der Flüchtling auf keinen Fall in Ägypten bleiben konnte, wandte er sich an König Hassan II. von Marokko in der Erwartung, eingeladen zu werden. Hassan II., der nichts vom Einreiseverbot der USA wußte, glaubte, Mohammed Reza wolle nur auf der Durchreise Station machen in Marokko. Dagegen hatte der König nichts einzuwenden. Er begrüßte seinen Gast sehr herzlich. Dieser erinnerte sich: „Hassan II. stellte mir einen Palast mit Palmenhain zur Verfügung." Dieser Palast stand in Marrakesch.

Mohammed Reza erzählte seinem Gastgeber, er fliege deshalb jetzt nicht gleich weiter nach Washington, weil er zu jeder Stunde damit rechne, daß ihn General Garabaghi bitte, nach Tehran zurückzukehren. Er sei völlig überzeugt, die „Treuesten der Treuen" würden die Ordnung in seiner Hauptstadt wieder herstellen. Wenn er in Washington die Nachricht erhalte, er werde zu Hause gebraucht, könne der Eindruck entstehen, der US-Geheimdienst habe ihm den Weg bereitet; dies wolle er auf jeden Fall vermeiden. Deshalb müsse er in Marrakesch bleiben, denn hier befinde sich sein Flugzeug, über dessen Funkanlage die Möglichkeit zur Verbindung zu General Garabaghi bestehe.

Drei Wochen lang ließ sich diese Fiktion aufrechterhalten – dann war das Flugzeug der Iran Air über Nacht verschwunden. Die Besatzung hatte aus Tehran Order bekommen, nach Mehrabad zurückzukehren. Sie war gestartet, ohne den Schah zu informieren.

Als Hassan II. erfuhr, daß sein Gast nicht mehr über Funk mit dem General in Tehran sprechen konnte, handelte er energisch: Der Exschah mußte fort. Marokko war ein islamisches Land; die Bewohner waren fasziniert vom Geschehen in Iran: Dort hatten demonstrierende Massen den Monarchen vertrieben und der Monarchie ein Ende gesetzt. Hassan II. mußte befürchten, daß sein Volk ebenfalls zu rebellieren begann, wenn ihm bewußt würde, daß der Vertriebene in Marokko lebte. Hassan II. konnte sich auf die Massen nur beschränkt verlassen. In dieser Erkenntnis schickte der König seinen persönlichen Adjutanten zu Mohammed Reza mit der Botschaft, die Situation im Königreich gestatte keinen weiteren Aufenthalt des Gastes.

Doch die Abreise verzögerte sich. Der Grund: Schapur Bakhtiar, jetzt Regierungschef in Tehran, hatte die Pässe von Mohammed Reza Pahlawi und Farah Diba für ungültig erklärt. Beide besaßen keinen Paß mehr. Kein Land würde die beiden einreisen lassen. Es war Prinzessin Ashraf, die Zwillingsschwester des Schahs , die einen Ausweg fand.

Sie befand sich in New York, als sie von Bakhtiars Entscheidung zur Ausbürgerung des Exschahs erfuhr. Sie rief Kurt Waldheim, den Generalsekretär der Vereinten Nationen, an und bat ihn um Hilfe. Waldheim sah keine Möglichkeit, dem Paar UN-Diplomatenpässe ausstellen zu lassen. Doch er wandte sich an Prinz Sadruddin Aga Khan, der damals Hochkommissar der Vereinten Nationen für Flüchtlingsfragen war. Mohammed Reza Pahlawi und Farah Diba erhielten schließlich Flüchtlingspässe – in denen nichts von Schah und Schahbanu vermerkt war.

Jetzt war noch die Transportfrage zu klären. Hassan II. stellte großzügig eines seiner Flugzeuge zur Verfügung. Reiseziel waren die Bahamas. Doch dort fühlte sich der Flüchtling nicht gut beschützt. Er nahm die Einladung an, sich in Mexiko niederzulassen. Am 10. Juni 1979 erreichte der Exschah den Ort Cyernavaca. Er hatte sich dafür entschieden, dort zurückgezogen zu leben.

Einige Wochen lang war er der Meinung, seine Erkrankung sei eingedämmt, der Lymphdrüsenkrebs entwickle sich nicht weiter. Der behandelnde Arzt stellte jedoch im Frühherbst fest, daß die Behandlung dringend eine Operation erfordere; sie könne nur in den USA durchgeführt werden. Als Klinik wurde das New York Hospital empfohlen.

Die Schwierigkeit bestand darin, daß das Einreiseverbot noch immer galt. Die amerikanische Regierung gab jetzt offen zu, daß sie in Sorge war, die Anwesenheit des Schahs in den USA würde iranische Terrorakte gegen amerikanische Einrichtungen irgendwo in der Welt – vielleicht sogar in Iran – auslösen.

Präsident Carter wurde gebeten, er möge für den Schah eine Sondergenehmigung zur Einreise ausstellen lassen. Der

Zeitraum dürfte beschränkt sein: Er sollte nur Voruntersuchung, Operation und Nachbehandlung umfassen. Jimmy Carter hatte Bedenken und weigerte sich, die Sondergenehmigung zu unterzeichnen. Es waren schließlich Henry Kissinger und David Rockefeller, die den Präsidenten an seine humanitäre Verpflichtung erinnerten. Carter gab schließlich nach. Am 24. Oktober 1979 wurde Mohammed Reza Pahlawi in New York operiert.

Nach dem Eingriff redete er zum erstenmal über seine Erkrankung, die er sechs Jahre lang verborgen gehalten hatte. Selbst Farah Diba war nicht informiert gewesen – sie hatte nur geahnt, daß ihr Mann krank ist. Nur wenige Personen am Hof hatten gewußt, daß alle zwei Monate ein Arzt von hohem Ansehen ohne Aufsehen zu erregen von Paris nach Tehran kam, um den Monarchen zu behandeln. Offenbar war auch der amerikanische Geheimdienst nicht informiert. Der Operierte sagte jetzt, er habe im Interesse seines Landes über seine Erkrankung geschwiegen.

Zu erfahren war, daß er neuerdings auch an Gelbsucht litt; sie sei auf Gallensteine zurückzuführen. Sie wurden, samt der Gallenblase, entfernt.

Die Komplikation der Operation veranlaßte die Ärzte, um Verlängerung des Aufenthalts im New York Hospital zu bitten. Jimmy Carter weigerte sich zunächst, doch er gab nach, als die Ärzte mitteilten, der Kranke sei in Lebensgefahr, wenn er transportiert werde.

Carter hatte Grund für seine Haltung: Vor dem New Yorker Krankenhaus standen Tag und Nacht Gruppen iranischer Studenten, die ihren einstigen Herrscher verfluchten und ihm den Tod wünschten. In Tehran waren Drohungen gegen die US-Botschaft zu hören gewesen. Islamisch-revolutionäre Kräfte vermuteten, der Exschah sei keineswegs krank und er sei auch nicht operiert worden – er halte sich in den USA auf, um von dort mit Hilfe des CIA nach Tehran gebracht und erneut als Herrscher eingesetzt zu werden. Selbst vernünftige Köpfe in der iranischen Hauptstadt glaubten daran, daß der Plan für die Rückholung des Schahs in der amerikanischen Botschaft ausgeheckt werde.

Zwei Wochen nach Ankunft des Kranken in New York, am 4. November 1979, wurde die US-Botschaft in Tehran besetzt. Die Besetzer waren entschlossen, ihren Iran, den schiitischen Staat, zu verteidigen.

Ayatollah al Uzma Chomeini war vor neun Monaten aus Paris zurückgekommen. Er hat dafür gesorgt, daß kaum jemand mehr Mohammed Reza Pahlawi als Schah zurückhaben wollte.

Chomeini in Iran

Nach dem Abflug des Schahs hatten die Bewohner von Tehran nur die eine Frage im Sinn: Wann wird Chomeini auf dem Flughafen Mehrabad eintreffen. Gerüchte zirkulierten, er habe in Neauple le Château die Vorbereitung für die Heimreise abgeschlossen.

Die Gedanken konzentrierten sich auf diese eine Person, von der erwartet wurde, sie bringe das Heil Allahs nach Iran. Die Emotionen heizten sich auf. Eine ältere Frau, die in Qom lebte, ahnte voraus, daß das Gesicht Chomeinis zu einer ganz bestimmten Stunde im Vollmond zu sehen sein werde. Bald wußte das ganze Land von diesem bevorstehenden Ereignis. Bekannt wurde, daß nur aufrichtige und wirklich gläubige Moslems Chomeinis Gesicht im Vollmond erkennen könnten. Als dann der Vollmond am Himmel stand, befanden sich viele Millionen Iraner auf Plätzen, Straßen oder auf Hausdächern. „Allahu Akbar“ war ihr Schrei. „Allah ist über allem“. Am Morgen danach waren fast alle überzeugt, den Ayatollah al Uzma tatsächlich im Vollmond gesehen zu haben. Chomeini habe mit dieser Erscheinung sein Kommen angesagt.

Der noch vom Schah ernannte Ministerpräsident Schapur Bakhtiar gab sich inzwischen alle Mühe, die Hysterie in den Städten zu beenden. Er dachte sich ein Programm aus, um die Versorgungskrise auf dem Lebensmittelsektor zu beenden. Seine Hoffnung war, daß sich die Gemüter beruhigten, wenn die Familien erst genügend zu essen hätten. Mit großzügiger Lebensmittelverteilung wollte er seine Popularität steigern. Die Armeeführung war bereit, dem Ministerpräsidenten dabei zu helfen; General Huyser befand sich noch immer in Tehran, um dafür zu sorgen, daß die iranischen Generäle Bakhtiar unterstützten und nicht die Rückkehr des Schahs planten.

Mit jedem Tag wuchs die Spannung, was Chomeini wohl unternehmen werde. Millionen von Frauen und Männern warteten darauf, daß der Ayatollah al Uzma mitten in Tehran vom Himmel herabsteige, daß er in Begleitung des Zwölften Imam erscheine. Viele waren durchaus der Meinung, Chomeini sei selbst der Zwölfte Imam.

Die iranische Luftwaffenführung rechnete eher damit, daß Chomeini versuchen werde, auf dem Flughafen Mehrabad zu landen. Sie bereitete sich darauf vor, sein Flugzeug beim Landeanflug abzuschießen. Dazu war General Golam Reza Rabii, der Luftwaffenchef, fest entschlossen. Er war sich nur nicht sicher, ob der Schah, mit dem er sich noch immer durch Treueid verbunden fühlte, mit einem Attentat auf Chomeini einverstanden war. Rabii hatte den Schah in Marokko zu erreichen versucht – ohne Erfolg.

General Huyser schlug vor, die Landebahn des Flughafens Mehrabad durch Panzer und Lastwagen zu blockieren. Doch er bekam zu hören, daß dann der Schah behindert werde, wenn er sich doch noch zur Rückkehr in sein Land entschließen könne. Die Antwort des amerikanischen Generals: „Käme der Schah zurück, wäre die Katastrophe nicht kleiner, als wenn Chomeini in Tehran auftauchte!"

Daß die Eliteeinheit des Schahs, die der einstige Herrscher selbst als die „Garde der Unsterblichen" bezeichnet hatte, noch immer bereitstand, um dem Monarchen bei der Rückkehr eine Basis zu bieten, war an ihren Paraden zu erkennen, die vor ihrer Kaserne in Tehran stattfanden. Donnernd klang der Ruf „Javid Schah!" über den Platz – „Es lebe der Schah!"

Die Zeitung „Tehran Journal" berichtete über diese Paraden und bemerkte dazu: „Wenn Ayatollah Chomeini meint, er brauche nur nach Tehran zu spazieren und die Zügel der Macht in die Hand zu nehmen, dann hat er nicht mit der ‚Garde der Unsterblichen' gerechnet. Die Garde ist der Meinung, der Schah habe nur eine verdiente Urlaubsreise angetreten. Chomeini muß sich auf Überraschungen gefaßt machen."

Am 26. Januar 1979 – es war ein Freitag, und damit der Tag des wöchentlichen Moscheebesuchs – zogen wieder Demonstranten zu Tausenden durch die Straßen der Hauptstadt. Ihre Parolen richteten sich jetzt nicht mehr gegen die Pahlawidynastie, sondern gegen Schapur Bakhtiar, den Ministerpräsidenten. Gefordert wurde die Rückkehr Chomeinis. Die Massen waren überzeugt, er sei bereits unterwegs nach Tehran.

Daran glaubten auch die Piloten der Luftwaffenbasis auf dem Gelände des Flughafens Mehrabad. Sie wollten nicht mit ihren Kampfmaschinen aufsteigen müssen, um das Flugzeug abzuschießen, in dem sich Chomeini befand. Eine Einheit der „Garde der Unsterblichen" rückte an; doch es gelang nicht, die Piloten zum Dienst zu zwingen.

Am nächsten Tag besetzten Bewaffnete, die zu schiitischen Kampfgruppen gehörten, die Flughafengebäude. Sie wollten die Landung des Ayatollah al Uzma sichern. Der Ministerpräsident hatte die Besetzung verboten, doch seine Befehle beachtete niemand. Er hatte sich alle Mühe gegeben, die Lage in Tehran zu entspannen. Es war ihm gelungen, sogar die Knappheit von Heizöl und Benzin zu überwinden. Seit der Abreise des Schahs waren die Streiks auf den Ölfeldern abgeflaut. In den Läden des Basars wurden wieder Lebensmittel angeboten. Bakhtiar hatte im Irak Speiseöl und Zucker aufgekauft, um in Tehran die Ladenregale füllen zu können.

Doch Bakhtiars Bemühungen waren zum Scheitern verurteilt, weil Chomeini in Neauple le Château verkündete, dieser Ministerpräsident müsse verschwinden, da er ein Werkzeug des „teuflischen und verbrecherischen Schahs" sei.

General Huyser mußte erkennen, daß er sich ganz persönlich in einer schwierigen Lage befand. Wenn er die US-Botschaft verließ – er fuhr in einem gepanzerten Fahrzeug –, dann kam er an einer Plakatwand vorüber, auf der in Riesenbuchstaben auf Iranisch und Englisch zu lesen war: „Huyser muß sterben!" Die Wut der Massen wurde durch die Geistlichen auf den General gelenkt. Ihm wurde vorgeworfen, er organisiere den Abtransport der modernen amerikanischen Waffensysteme, die an der Grenze zur Sowjetunion stationiert waren. Der Vorwurf war korrekt: Die Abschußbasen für Raketen und die Radargeräte sollten nicht in die Hand der Mullahs und schließlich in den Besitz der Sowjets gelangen. Die Geistlichkeit aber argumentierte: „Iran hat die Waffen bezahlt! Sie gehören Iran! Amerika stiehlt uns die Waffen!"

An diesem Tag erfuhr Bakhtiar, daß iranische Beamte an der türkischen Grenze Lebensmitteltransporte aufhielten, die für Tehran bestimmt waren. Lastwagen, die mit Waffen beladen waren, durften passieren. Die Maschinenpistolen, Granatwerfer und Handgranaten waren nicht für die iranische Armee bestimmt, sondern für schiitische Kampfgruppen, die in Tehraner Moscheen Waffenlager anlegten. Absender war die Palästinensische Befreiungsorganisation im Libanon. Die PLO begründete ihre Waffenlieferungen so: „Wir unterstützen diejenigen, die eine Rückkehr des Schahs verhindern wollen!"

Bakhtiar, der überzeugt war, der revolutionäre Schwung der

Massen würde bald nachlassen, wollte unbedingt Zeit gewinnen. Er ließ am 27. Januar 1979 dem Ayatollah al Uzma in Neauple le Château einen Brief übergeben, der allein schon wegen seiner Anrede bemerkenswert ist:

„An Seine Ehrwürdige Exzellenz, Ayatollah al Uzma Sayyed Ruhollah Chomeini.

Ich erweise dem heiligen und erlauchten Führer, dem Allah das Wissen verliehen hat zum Kampf für die Wahrheit, meinen Gruß und meine Achtung."

Im eigentlichen Brieftext bat Ministerpräsident Bakhtiar, der Ayatollah al Uzma möge doch zur Kenntnis nehmen, daß das Programm der jetzigen iranischen Regierung exakt dem Programm entspreche, das von Chomeini vorgelegt worden sei. Er werde dieses verwirklichen, und er bitte dafür um Beistand. Die Rückkehr nach Iran aber möge Chomeini aufschieben, bis Ordnung in der Hauptstadt eingekehrt sei.

Bakhtiar beendete sein Schreiben mit der Versicherung, daß er sich mit dem Ayatollah al Uzma im Ziel einig sei, „den Jahrzehnten des Eigennutzes, der schrankenlosen Brutalität und der allgemeinen Korruption" ein Ende zu bereiten.

Bakhtiar gab sich noch immer der Illusion hin, Chomeini könne dazu gebracht werden, in Tehran die Politik den Politikern überlassen zu wollen. Seine Vorstellung war, das Wirken der Geistlichkeit auf die Moscheen zu beschränken. Iran sollte keine Theokratie werden – darin war sich Bakhtiar mit den hohen Armeeoffizieren einig. Sie unterschätzten die Entschlossenheit des Ayatollah al Uzma, genau dieses Ziel zu verwirklichen.

In den bedeutenden Moscheen der Hauptstadt wurde am Abend des 31. Januar 1979 ein Tonband abgespielt, auf dem die jüngste Ansprache Chomeinis aufgezeichnet war. Der Text ist an das Volk und an die iranischen Soldaten gerichtet:

„Es ist gelungen, den schlimmsten Verräter in die Flucht

zu schlagen. Der Schah war eine nichtswürdige Kreatur, ein Produkt der Hölle. Ich bitte die Soldaten, die insgesamt zu einer edlen Schicht der Menschen gehören, nicht das Blut der Brüder und Schwestern zu vergießen. Gehorcht nicht Offizieren, die Verräter sind, weil sie zu den Amerikanern halten. Begeht keinen Brudermord im Dienst der Amerikaner. Soldaten, dies ist eure Nation, und ihr seid zugleich Teil dieser Nation."

Zum Zeitpunkt, als dieser Aufruf in Tehran zu hören war, befand sich Chomeini an Bord eines Jumbo-Jets der Air France auf dem Flug nach Tehran. Die Kosten für die Charterung der Maschine, einschließlich der extrem teuren Versicherung, hatte ein iranischer Geschäftmann bezahlt.

Der Ayatollah al Uzma hatte sich kurz nach dem Start in die obere Ebene des Jumbos begeben. Dort betete er.

77 Jahre alt war der schiitische Geistliche, als er den Heimflug antrat. Seit dem 4. November 1964 hatte er nicht mehr in Iran gelebt. 15 Jahre Exil lagen hinter ihm. Ob er den Flughafen Mehrabad wirklich erreichen würde, wußte Chomeini nicht. An Bord der Air-France-Maschine wurde die Frage gestellt: „Werden wir abgeschossen?"

In der Frühe des 1. Februar 1979 landete das Großflugzeug auf der Piste von Mehrabad. Dort war 16 Tage zuvor der Schah abgeflogen, verabschiedet von nur wenigen. Jetzt aber waren unzählig viele erschienen – etwa eine Million Menschen standen am Rande des Flugfelds, auf Dächern der Hallen und draußen auf Straßen und in Parkanlagen. Wilde Schreie der Begeisterung waren zu hören: „Die Seele des Märtyrers Husain kehrt zurück" – „Die Tore des Paradieses haben sich geöffnet!"

Als Chomeini das Flugzeug verließ, herrschte auf der Piste noch einigermaßen Ordnung. Die Armeeführung hatte den Einheiten, die den Empfangsort zu schützen hatten, befohlen, den Ayatollah rasch mit einem gepanzerten Fahrzeug in die Stadt zu bringen; er sollte sofort von den Massen getrennt werden.

Der Plan erwies sich als undurchführbar. Die Soldaten wurden überrannt. Chomeini war in Gefahr, erdrückt zu werden. Da griffen Bewaffnete der schiitischen Kampfgruppen ein. Sie umringten den gebrechlichen alten Mann und trugen ihn schließlich zu einem ihrer Fahrzeuge. Weit fuhr der Wagen nicht, es war kein Durchkommen mehr.

General Rabii, der Chef der Luftwaffe, hatte sich die Fernsehübertragung der Ankunft angeschaut. Als er sah, daß sich Chomeini in einer mißlichen Situation befand, befahl er einer Hubschrauberbesatzung, die auf dem Flugfeld stationiert war, zu dem steckengebliebenen Fahrzeug zu fliegen, die Menschen durch Tiefflug zu vertreiben und Chomeini aufzunehmen. Ziel des Flugs über die Stadt war die „Husainiyeh Koranschule" im Norden von Tehran.

Der Ayatollah hatte nach der Landung Erklärungen abgeben wollen, doch er war nicht verstanden worden. Zu hören war die Aufforderung an Schapur Bakhtiar gewesen, aus seinem Amt zu verschwinden. Das gleiche gelte für den amerikanischen General, „der nicht hierher gehört". Gemeint war General Huyser, der sich beim Generalstabschef Garabaghi aufhielt. In dessen Büro sprach Huyser wenige Minuten nach Chomeinis Ankunft über Funk mit Zbigniew Brzezinski, dem er mitteilte, nun sei bestimmt kein Militärputsch zugunsten des Schahs mehr zu erwarten. Zu Huysers maßloser Überraschung sagte ihm der Sicherheitsberater des Präsidenten, gerade jetzt sei der Zeitpunkt geeignet für die Machtergreifung durch das Militär, denn jetzt brauche keine Rücksicht mehr genommen zu werden auf die Position von Schapur Bakhtiar. Huyser hatte Mühe, sich zu beherrschen. Er floh aus dem Büro von Garabaghi, fuhr zum amerikanischen Luftstützpunkt und verließ Iran in Richtung Stuttgart.

Es war der Tag der Fehlkalkulationen: Bakhtiar wollte sich Respekt verschaffen und ordnete Ausgangssperre an. Doch niemand beachtete sein Dekret. Chomeinis Reaktion: „Ich schlage diesem Schapur Bakhtiar aufs Maul."

Der Ayatollah al Uzma hatte bereits einen neuen Regierungschef ernannt: Mahdi Bazargan. Seine Aufgabe bestand allein darin, die Anweisungen des höchsten Geistlichen zu befolgen. Bei Mehdi Bazargan erschien Generalstabschef Garabaghi, um ihm mitzuteilen, er fühle sich nicht mehr verantwortlich für die Streitkräfte, denn sie seien gerade dabei, sich aufzulösen.

Die Verantwortlichen in Washington begriffen erst jetzt, daß der wichtige Ölstaat Iran dem Westen verlorenging. Das Erwachen war schlimm. Carter ordnete an, es müsse ein letzter Versuch gemacht werden zu verhindern, daß Iran eine schiitische Theokratie werde.

General Huyser befand sich seit einer Woche in seiner Stuttgarter Wohnung, da erhielt er – wieder zur Nachtzeit – einen Anruf aus Washington. Der Vorsitzende des Gremiums der Vereinten US-Stabschefs teilte mit, es sei der Wunsch des Präsidenten, daß Huyser noch einmal nach Tehran fliege, um dort einen Militärputsch zu organisieren und zu kommandieren. Nach einer Pause der Verblüffung sagte Huyser: „Dazu benötige ich zwölf amerikanische Generäle und 10 000 Mann der US-Elitetruppen. Und: Unbeschränkte Geldmittel müssen zur Verfügung stehen." Der höchste Generalstäbler der USA brach daraufhin das Gespräch ab.

Nicht gesprochen wurde bei diesem Telefonat von der Gefahr eines russischen Eingreifens, wenn deutlich wird, daß die USA strategische Plätze in Iran besetzten. Die Möglichkeit eines Konflikts zwischen den Großmächten wäre dann nicht auszuschließen gewesen.

Die Islamische Republik Iran

Die Auflösung der iranischen Armee war für Schapur Bakhtiar das Zeichen, daß seine Zeit vorbei war. Jetzt trieb ihn Sorge um, Chomeini habe ihn bereits zum Tode verurteilt. Er verließ sein Büro bei Nacht.

Ein sicheres Versteck wartete auf ihn in einem Haus, das einem guten Freund gehörte: Es war Eigentum des Mannes, den Chomeini zum neuen Regierungschef ernannt hatte: Mehdi Bazargan. Daß ausgerechnet Bazargan Bakhtiar verstecken würde, damit rechnete niemand. Bazargan sorgte auch dafür, daß Bakhtiar schließlich mit dem Paß eines französischen Geschäftsmannes Tehran im Flugzeug nach Paris verlassen konnte.

Mehdi Bazargan machte sich Hoffnung, er könne sich im Staat, der nun eindeutig von Chomeini geprägt wurde, eine gewisse politische Handlungsfreiheit bewahren. Er verehrte den Ayatollah al Uzma, und er war ein religiöser Mann, der sich viele Jahre als der führende Kopf einer schiitischen Oppositionsbewegung bewährt hatte. Er war deshalb von Chomeini auserwählt worden, weil von ihm angenommen werden konnte, daß sein Denken viele Parallelen aufweise zu den Vorstellungen der Geistlichkeit. Bazargan war bereit, Wegbegleiter zu sein des „erlauchten Geistes", der die „Herrschaft der Gerechtigkeit" durchsetzen wollte.

Der Ministerpräsident erkannte die wahren Gründe nicht, warum er in sein Amt eingeführt worden war. Er glaubte, er habe die Beförderung an die Staatsspitze verdient, weil er als gläubiger Schiit dem Schah die Stirn geboten hatte. In Wahrheit hatte ihn Chomeini ausgewählt, weil Bazargan bei den einflußreichen Basarhändlern den Eindruck machte, der neue Staat werde nicht ausschließlich nach den Grundsätzen der Geistlichkeit ausgerichtet. Er wurde auch gebraucht, um die Aktivität der linken Revolutionsgruppen einzudämmen, die unmittelbar nach der Flucht des Schahs die Hauptstadt zu terrorisieren begannen.

An der Spitze dieser Gruppen, die der Tudehpartei nahestanden, gaben junge Intellektuelle die Richtung an. Sie forderten „soziale Gerechtigkeit", und sie hatten zur Durchsetzung dieses Ziels „Sofortprogramme" vorbereitet: Dazu gehörte die Verstaatlichung sämtlicher Banken und Großbetriebe. Geplant war auch die Verteilung von Landbesitz an Kleinbauern.

Chomeini dachte nicht daran, den Linken die Erfüllung ihrer Sozialvision zu gestatten. Mit großem politischem Geschick übernahm er Schlagworte der Intellektuellen in seine Reden; er „besetzte“ damit die entsprechenden Themen, die damit für die linken Gruppen wertlos wurden. Mehdi Bazargan, der Ministerpräsident der Provisorischen Revolutionären Regierung, sollte dafür sorgen, daß die Forderungen nach Verstaatlichung und nach Verteilung von Landbesitz nicht in die Tat umgesetzt wurden.

Diesem Auftrag lag ein weitergehendes Ziel zugrunde: Verhindert werden mußte, daß Iran ein sozialistisches Land im Sinne des Marxismus werde. Den Marxismus von Iran fernzuhalten, war Chomeinis Absicht.

Von Bazargan wurde erwartet, daß er vertraut war mit den intellektuellen Kreisen der Universität Tehran, die sich am Kampf gegen das Schahregime in der Hoffnung beteiligt hatten, der neue Staat Iran werde marxistisch-leninistisch orientiert sein. Sie verfügten über ein Weltbild, das Rezepte zur Problemlösung für alle Aspekte des menschlichen Lebens enthielt. Die marxistisch-leninistische Lehre bot Analysen für wirtschaftliche, soziale und politische Probleme an, und sie wies Wege auf, um die Schwierigkeiten zu beseitigen – auch wenn diese Wege zu nichts führten.

Bazargan hatte sich noch zur Schahzeit mit der Parallele zwischen Islam und Marxismus befaßt. Er hatte selbst die Überlegenheit des Marxismus in der Beeinflussung des Denkens junger Menschen seit den sechziger Jahren feststellen müssen. Den jungen Männern und Frauen hatte das logisch erscheinende komplexe Denksystem imponiert, das versprach, Gerechtigkeit in der Welt durchzusetzen. Bazargan war zur Überzeugung gelangt, daß der Islam dennoch dem Marxismus überlegen sein mußte, denn im Zentrum des

Islam stand Gott und nicht eine „ungeistige Idee“, die der dialektische Materialismus letztlich darstellte.

Chomeini hatte richtig erkannt, daß in der ersten Phase des Aufbaus einer islamischen Republik die Neutralisierung der bisherigen Partner im revolutionären Geschehen von Bedeutung war. Mahdi Bazargan war der richtige Mann, um die Intellektuellen zu isolieren und schließlich zu Bedeutungslosigkeit zu degradieren. Bazargans Methode war, in Reden revolutionäre Versprechungen zu machen – dazu gehörte das Versprechen, niemand brauche im islamischen Staat Miete zu bezahlen, und niemand werde Rechnungen für Strom und Wasser bekommen. Der Ministerpräsident wußte, daß derartige Zusagen nicht erfüllbar waren – und der Ayatollah al Uzma wußte dies auch. Doch er gestattete, daß sie ausgesprochen wurden, waren sie doch damit wertlos geworden für Agitatoren linker Organisationen.

Es gab einen weiteren Grund, warum zunächst ein Mann Ministerpräsident wurde, der nicht Geistlicher war: Er sollte die Verantwortung tragen für die Hinrichtungen, die nach Chomeinis Meinung notwendig waren, um „Gerechtigkeit“ durchzusetzen. Die Helfer des Schahs sollten „zur Hölle geschickt werden“.

Noch in Neauple le Château hatte Chomeini davon geredet, daß einige führende Personen des Pahlawiregimes hingerichtet werden mußten. Er hatte allerdings nicht daran gedacht, eine „Schreckensherrschaft“ zu etablieren. Die Entwicklung nach seiner Rückkehr überraschte ihn jedoch. Linke Guerillagruppen stellten sich die Aufgabe, die Persönlichkeiten der Schahzeit, die sie aufspüren konnten, zu „liquidieren“. Sie jagten Armeegeneräle, ehemalige Minister, SAVAK-Funktionäre und Reiche, die im Verdacht standen, vom Schahregime profitiert zu haben. Häufig wurden die Entdeckten übel zugerichtet und dann getötet.

Der Eindruck entstand, die Abrechnung mit den Großen der Pahlawizeit sei Angelegenheit der linken Organisationen. Chomeini durfte diese Abrechnung nicht den Linken überlassen, die durch derartige Aktionen bei den Massen an Popularität gewannen. Bazargan erhielt Anweisung, für die Verhaftung der dem Hof nahestehenden Personen zu sorgen.

Dem Ministerpräsidenten standen dafür keine Polizeikräfte zur Verfügung; er mobilisierte islamische Kampfgruppen, die bisher den militanten Kern der schiitischen Widerstandsbewegung gebildet hatten. Sie nannten sich nun „Wächter der Revolution". Sie holten Offiziere und Minister zusammen und brachten sie zur Koranschule, in der Chomeini lebte und predigte.

Die meisten der auf diese Weise Verhafteten waren der Ansicht, Glück gehabt zu haben. Sie hatten gefürchtet, von Angehörigen der Linksorganisationen auf bestialische Weise umgebracht zu werden, doch nun befanden sie sich in der Hand der Geistlichkeit.

Bazargan war zunächst der Meinung, es sei nicht geplant, Hinrichtungen durchzuführen. Zu seinem Programm gehörte die Abschaffung der Todesstrafe. Doch er mußte feststellen, daß Chomeini eigene Vorstellungen hatte. Dem Ayatollah al Uzma war der Gedanke gekommen, daß es doch klug sei, den bisher Mächtigen zu zeigen, wer Herr im Lande ist.

Die Frage war nun, wer berechtigt war, die Todesurteile auszusprechen. Chomeini befand sich in einer schwierigen Lage. Er hatte eigentlich die schiitische Geistlichkeit nicht mit der Verantwortung für Hinrichtungen belasten wollen. Doch im islamischen Staat konnte über Leben und Tod nur ein hoher Geistlicher entscheiden. Bazargan aber war kein Geistlicher. So entwickelte sich der Prozeß der Verlagerung aller Verantwortung auf die Geistlichkeit.

Es war Chomeini selbst, der den Hodjat al Islam Sadeq Chalchali mit der Aufgabe betraute, den Vorsitz bei den

Verhandlungen zu führen. Chalchali hatte in Qom zu den ersten Anhängern des Sayyed Ruhollah Musawi Chomeini gehört; er war einer der militantesten Verfechter des Umsturzes in Iran gewesen.

Seinem Vertrauten Chalchali hatte Chomeini am 14. Februar 1979 den Auftrag erteilt, fünf verhaftete Generäle zum Tode zu verurteilen. Es fand zwar eine Verhandlung statt, doch sie diente nicht der Wahrheitsfindung. Die Offiziere, die mißhandelt worden waren, bestritten die Legalität des Gerichts; sie lehnten Sadeq Chalchali als Richter ab. Die „Verhandlung" endete im Geschrei.

Bei diesem ersten „Prozeß" war Sayyed Ahmed anwesend, Chomeinis Sohn. Der schrie General Nader Djahaubani an: „Sie sind Ausländer? Blond und blauäugig! Was machen Sie hier?" Berichtet wird, der General habe beherrscht diese Antwort gegeben: „Der einzige Ausländer, den ich hier sehe, sind Sie! Sie stammen doch von Mohammed ab – Mohammed aber war Araber!"

Die Hinrichtungen fanden auf dem Dach der Koranschule statt, die Chomeinis Tehraner Heimat geworden war. Daß dort auch der tote Körper des einstigen SAVAK-Chefs General Nematollah Nassiri lag, gab der hohen Geistlichkeit zum erstenmal die Sicherheit, gegen den Schah und gegen die USA gewonnen zu haben. Bis dahin war noch immer befürchtet worden, der mächtige amerikanische Geheimdienst werde überraschend Mittel finden, um seinen bisherigen Freunden zu helfen.

Bis Ende März 1979 waren mehr als 70 Generäle, Beamte, Höflinge, SAVAK-Funktionäre und Geschäftsleute durch Erschießungskommandos getötet worden.

Am 7. April wurde Amir Abbas Hoveyda erschossen, der schon auf Anordnung des Schahs verhaftet worden war. Dem einstigen Ministerpräsidenten und Hofminister war vom Schah zugesichert worden, seine Verhaftung sei nur erfolgt, um die aufgebrachten Massen zu beruhigen, und er werde, bei kritischer Entwicklung der Lage, in Sicherheit gebracht. Der Schah war geflohen, ohne sein Versprechen einzuhalten.

Seltsamerweise wurde General Garabaghi, der Generalstabschef des Schahs – und der letzte der Offiziere, auf den der Schah noch Tage nach der Flucht Hoffnung gesetzt hatte –, nicht vor Gericht gestellt. Anzunehmen ist, daß Garabaghi zuvor schon Chomeinis Vertrauen genossen hatte.

Ministerpräsident Bazargan mußte bereits während der ersten Wochen seiner Amtszeit zur Kenntnis nehmen, daß er nichts zu entscheiden hatte. Chomeini gab die Richtung an. Sein Vollzugsinstrument war der Islamische Revolutionsrat, der durch „Komitehs" in die Exekutive eingriff. Dem Revolutionsrat gehörten vertraute des Ayatollah al Uzma an. Ihre Absicht war, „die Seele des Landes zu verändern". Ihr Ziel war eine „Kulturrevolution". Sie sollte dem Volk deutlich machen, daß es nach dem Verschwinden des Schahs nicht Souverän in Iran war. Grundsatz sollte sein: „Die Macht geht nicht vom Volk aus, sondern von Allah."

Daß dieser Grundsatz galt, sollte allerdings vom Volk bestätigt werden. Dazu diente das Referendum vom 30. März 1979. Das Volk hatte darüber abzustimmen, ob Iran künftig eine Islamische Republik sein sollte oder nicht – wobei von vornherein feststand, daß Chomeini keine Entscheidung akzeptieren würde, die negativ für die Islamische Republik ausfallen würde.

Die Linksgruppierungen der Intellektuellen und die Anhänger der Tudehpartei waren schon derart eingeschüchtert, daß sie es kaum wagten, sich zu einem weltlichen Staat zu bekennen.

90% der Wahlberechtigten gaben ihre Stimme zugunsten einer Islamischen Republik ab. Chomeini konnte sagen, die Menschen von Iran hätten sich dafür entschieden „fortan von Allah regiert zu werden".

Die wichtigsten Grundsätze der islamischen Staatsordnung waren von Chomeini schon im Jahre 1970 formuliert worden:

„Monarchen handeln grundsätzlich im Widerspruch zur islamischen Methode des Regierens. Der Islam hat von Anfang an gegen das monarchische System gekämpft. Der hochedle Prophet hat in seinen heiligen Briefen an die damaligen Herrscher von Persien appelliert, die Macht niederzulegen und die Menschen nicht zu zwingen, die Mächtigen anzubeten und ihnen absoluten Gehorsam abzuverlangen. Der hochedle Prophet ermahnte die Monarchen, den Menschen die Freiheit zu lassen, Allah als einzigen Herrscher anzubeten. Die Monarchie ist eine falsche, eine verhängnisvolle Regierungsform. Seine Heiligkeit Husain hat die Gläubigen aufgefordert, sich gegen die Monarchie zu erheben. Monarchen haben mit dem Islam nichts zu tun: Im Islam gibt es keine Könige und keine Kronprinzen."

Chomeini hatte im Jahre 1970 notiert, wer die Garanten für das Allah gefällige Zusammenleben der Menschen sind: „Imame sind die Persönlichkeiten, denen sich der Gläubige anzuvertrauen hat. Sie sind die Lenker des Staates." Chomeini berief sich dabei auf die Prophetentochter Fatima, die gesagt habe: „Die Führung durch die Imame wird die islamische Ordnung absichern." Die Imame, so interpretierte Chomeini, schafften die Grundlage des Islamischen Staates. Gedacht sei vor allem an den „entrückten" Zwölften Imam, der sich seit elfhundert Jahren (873 n. Chr.) den Gläubigen nicht mehr gezeigt habe, und der – den Schiiten – als der „wahre Herrscher der Welt" und als „Beherrscher der Zeiten" gilt. Wenn Chomeini den Begriff „Imam" verwendete, war aber auch an die Nachkommen des Propheten Mohammed in direkter Linie gedacht, die anstelle des Zwölften Imam den Gläubigen Anweisung geben dürfen. Einer dieser Nachkommen war der Ayatollah al Uzma selbst, der sich Sayyed nennen durfte.

Ali, der Schwiegersohn des Propheten, habe die Aufgabe der Imame so definiert: „Ihr habt Feinde der Unterdrücker zu sein! Helft den Unterdrückten. Den Imamen aber muß gehorcht werden. Die Imame haben Befehlsgewalt über euch!"

Der Achte Imam, Ali Reza, der in Meshed begraben wurde (gestorben 818 n. Chr.), habe die Berechtigung der Imame, Gehorsam einzufordern, so umschrieben: „Wenn jemand fragt, warum Allah, der Allwissende, die Imame, die Befehlsgewalt über Euch haben, eingesetzt hat, und warum den Menschen auferlegt ist, ihnen zu gehorchen, dann antwortet Ihr: Die Menschen sind im Zusammenleben an Regeln des Verhaltens gebunden. Werden diese Regeln nicht beachtet, führt der Weg ins Verderben. Die Menschen aber fühlen sich von den Regeln beengt. Sie wollen nicht den geraden Weg gehen, und sie halten sich deshalb oft nicht an die Gesetze Allahs. Deshalb muß eine zuverlässige höhere Instanz eingesetzt werden, die darauf achtet, daß niemand den von Allah gesetzten Rahmen überschreitet oder Rechte anderer Menschen verletzt. Wenn es diese Instanz nicht gebe, würde niemand auf sein Vergnügen, seine Lust und auf die Durchsetzung seiner ganz eigenen Interessen und Bedürfnisse verzichten. Daraus aber würde anderen Menschen ganz von selbst Unglück entstehen."

Der „Imam" ist im Weltbild des Ayatollah al Uzma die Leitgestalt der Menschen, die im Islamischen Staat leben. Diesen Staat beschreibt Chomeini so: „Der Islamische Staat ist mit keiner anderen Staatsform zu vergleichen. Der Islamische Staat ist nicht despotisch. Das Oberhaupt des Islamischen Staates ist kein Gewaltherrscher, der eigenmächtig handelt, der mit Eigentum und Leben der Menschen spielt, der nach seinem Belieben tötet, der bevorzugt, wen er bevorzugt sehen will, der Boden und Besitz des Volkes nach eigenem Gutdünken verschenkt. Der hochedle Prophet verfügte nicht über eine derartige Gewalt."

Diese Charakterisierung der Verantwortlichen im Islamischen Staat beruht auf der schroffen Ablehnung der Persönlichkeiten des Reza Khan und des Mohammed Reza. Wenn Chomeini den idealen Staatslenker schildert, hat er das Negativbeispiel der beiden Pahlawischahs vor Augen.

Chomeini verwendet gängige Begriffe der Politik, doch er will sie nicht im gängigen Sinn verstanden wissen: „Der Islamische Staat ist konstitutionell. Selbstverständlich ist ‚konstitutionell' nicht im Sinn der westlichen Demokratien gemeint. Im Islamischen Staat gibt es keine Gesetze, die mit Stimmenmehrheit von Personen verabschiedet werden."

Als Grundlage der Gesellschaftsordnung im Islamischen Staat sind diese Feststellungen anzusehen: „Die Mehrheit ist nicht entscheidend im Islamischen Staat. Er ist konstitutionell in dem Sinne, daß die Regierenden in ihrer exekutiven und administrativen Tätigkeit an Vorschriften und Anweisungen gebunden sind, die im Heiligen Koran und in der Überlieferung der Worte des hochedlen Propheten festgelegt sind. Daher sind die Gesetze Allahs die Grundlage der islamischen Regierung. Darin liegt der wesentliche Unterschied zwischen dem Islamischen Staat und den konstitutionellen Monarchien und Demokratien. In letzteren werden die Gesetze von Vertretern des Volkes oder von den Königen selbst festgelegt. Im Islamischen Staat liegt die Legislative allein bei Allah, dem Allmächtigen. Niemand, außer Allah, hat das Recht, Gesetze auszuarbeiten und für verbindlich zu erklären. Keine anderen Gesetze, als die Gesetze Allahs sind anzuwenden."

Den Regierenden im Islamischen Staat sind gemäß der Ordnung, die Chomeini aufstellt, keine Privilegien erlaubt. Auch der Imam hebt sich in seiner Lebensweise nicht über die Gläubigen hinaus. Er hat Vorbild zu sein an Bescheidenheit; Luxus, wie ihn sich der Schah erlaubt hat, ist ihm verboten: „Im Islamischen Staat gibt es keine Spur von großartigen Palästen. Dem Regierenden stehen keine Diener und kein Gefolge zu. Er soll nicht einmal einen Privatsekretär einstellen dürfen. Bekannt ist das einfache Leben, das der hochedle Prophet in Medina geführt hat. Nach ihm hat vor allem Ali, der Fürst der Gläubigen, das schlichte Leben beibehalten. Sein Land, das er – wenn auch nur kurze Zeit – beherrschte, war wohlhabend, und dennoch lebte der Beherrscher der Zeiten bescheiden wie ein Suchender, der sich mit den Gesetzen Allahs befaßt. Besaß Ali einmal zwei Hemden, so veranlaßte ihn seine übergroße Güte, eines der Hemden an einen Armen wegzugeben. Wenn die Regierenden diesem Beispiel des Ali gefolgt wären, dann hätte nie Gewalt die Herrschaft über Leben und Eigentum der Menschen antreten können. Nie hätten Grausamkeiten, Plünderung des Staatseigentums und Veruntreuung stattfinden können."

Das leuchtende Beispiel des Ali vor Augen zu halten, ihm nachzueifern sei Aufgabe der Geistlichkeit – und vor allem der Geistlichen, die zur Familie des Propheten gehören. Chomeini instruierte die Gläubigen: „Die Geistlichen, die zur Familie des Propheten gehören, sind die Erben des hochedlen Mohammed. Da der Prophet einst den Islamischen Staat regiert hat, steht allein seinen Erben das Recht zu, die Gläubigen zu lenken. Die Moslems in unserer Zeit können nur dann in Sicherheit und Ruhe leben, und ihren Glauben sowie ihre menschliche Würde bewahren, wenn sie im Schutz einer gerechten Regierung leben, die das Gesetz Allahs befolgt. Der Islam ist die Basis für den Islamischen Staat. Wir aus der Familie des Propheten haben heute die Aufgabe, die Staatsidee des Islam zu verwirklichen. Begreift die Menschheit erst die Prinzipien der islamischen Regierungsweise, dann wird ein gewaltiger Sog entstehen, der überall zur Gründung Islamischer Staaten führen wird."

Die Betonung der Heiligen Familie als Träger der Regierungsgewalt machte den Ministerpräsidenten Mehdi Bazargan machtlos. Gab er Anweisungen, dann mußte er sich gefallen lassen, daß er gefragt wurde, ob Chomeini ihn dazu autorisiert hätte. Die „Wächter der Revolution" – junge Männer, die Aufsichtsfunktionen in Städten und Dörfern an sich gerissen hatten – nahmen die Dekrete des Ministerpräsidenten einfach nicht zu Kenntnis. Mißfiel ihnen das Verhalten einer sich „unislamisch" benehmenden Person, so nahmen sie diesen Mann oder diese Frau fest. Verhaftete wurden häufig mißhandelt oder getötet. Die Kommandeure der „Wächter der Revolution" wiesen den Vorwurf, sie seien nun selbst Unterdrücker, weit von sich. Ihr Argument: „Wir treten für die gerechte Sache des Islam ein. Wir handeln im Einklang mit dem islamischen Gesetz, das von Allah der Welt gegeben worden ist. Unsere Handlungsweise ist deshalb gerechtfertigt."

Chomeini gab meist die Richtung der Aktionen der „Wächter der Revolution" an. Eine Bemerkung des Ayatollah al Uzma, Musik in jeder Form sei Verrat am Islam, löste eine hektische Suche nach Musikinstrumenten aus – meist in den bürgerlichen Wohnungen im Norden von Tehran. Chomeinis Argument: „Musik läßt den Geist der Jugend entarten. Musik ist überhaupt eine Erfindung der Ausländer." Violinen, Gitarren und Klaviere wurden eingesammelt und zerstört. Die Folge war, daß die Verantwortlichen der zwei Rundfunkgesellschaften des Islamischen Staates nach Möglichkeiten suchten, Rundfunkprogramme völlig ohne Musik zu gestalten. Das Interesse der Hörer sank sofort ab; sie schalteten ihre Geräte um auf die Wellenlängen von „Radio Baghdad" und „Abu Dhabi Radio".

Mehdi Bazargan hatte auch auf diese Entwicklung keinen Einfluß. Er beugte sich den „Wächtern der Revolution", die sich auf Allahs Gesetz beriefen. Die Polizei hütete sich, Bürger gegen Übergriffe der „Wächter der Revolution" zu schützen. Richter fühlten sich nicht zuständig; die Staatsbeamten hatten einst dem Schah gedient, sie paßten sich jetzt dem neuen Regime an.

Das Referendum, dessen Ergebnis im März 1979 den Geistlichen die Möglichkeit gab, die Islamische Republik auszurufen, hatte die Konsequenz, daß eine Verfassung ausgearbeitet werden mußte, die sich an den Richtlinien der Staatstheorie des Ayatollah al Uzma orientierte. Der Text eines Verfassungsentwurfs wurde am 18. Juni 1979 veröffentlicht.

Der wichtigste Artikel besagt, daß ein Religiöser Führer – Wali Faqih – die „Last der Verantwortung“ in der Islamischen Republik zu tragen hat in Vertretung des „entrückten“ Zwölften Imam. Dieser Imam ist der eigentliche Souverän in der Islamischen Republik.

Das Parlament hat das Recht, Beschlüsse zu fassen und Gesetze zu erlassen, doch sie müssen gemäß Artikel 94 einem „Wächterrat“ vorgelegt werden, der im wesentlichen aus schiitischen Rechtskundigen besteht, die vom „Wali Faqih“ ernannt werden; sie sind also nicht gegenüber dem Volk verantwortlich.

Der „Wali Faqih“ wiederum wird vom „Rat der Experten“ bestimmt; er besteht aus Geistlichen, die öffentlich gewählt werden.

Obgleich Chomeini die Formulierung der Verfassung ganz wesentlich beeinflußte, konnte er sich nicht in allen Punkten durchsetzen. Als darüber diskutiert wurde, welche Macht der Wali Faqih als höchste Autorität ausüben sollte, warnten einflußreiche Ayatollahs davor, den Machtbereich zu sehr auszudehnen, weil es in Chomeinis Nachfolge Persönlichkeiten geben könnte, die der Aufgabe nicht voll gewachsen sind.

Solange Chomeini lebte, war er die höchste Autorität. Sein Leitsatz lautete: „Allah hat den Menschen nicht dazu geschaffen, daß er sich auf Erden vergnügt. Das Ziel der Schöpfung war es, die Menschen durch Härte und Gebet auf die Probe zu stellen. Die islamische Herrschaft muß in jeder Hinsicht streng sein.“

Heiterkeit war nicht vorgesehen in der Entstehungsphase der Islamischen Republik. Einfache Vergnügung, wie Baden im Meer, war verpönt.

Im Sommer 1979, während der Auseinandersetzung um

die gültige Form der Verfassung, begriff der Ayatollah al Uzma, daß die Lenkung eines Staates mit seinen vielfältigen politischen, wirtschaftlichen und sozialen Einrichtungen eine komplizierte Angelegenheit ist. Er verfügte nur über wenige Mitarbeiter, die eine Ahnung besaßen von administrativer Arbeit. Einer der wenigen mit Erfahrung und Talent – der Ministerpräsident Mehdi Bazargan – suchte zu jener Zeit nach einem Anlaß, um sein Amt aufgeben zu können. Dieser Anlaß ergab sich im November 1979.

Die Besetzung der US-Botschaft in Tehran

Seit der Abreise des Schahs am 16. Januar 1979 war Mohammed Reza Pahlawi nur vom Ägypter Anwar as Sadat mit Freundlichkeit und in allen Ehren aufgenommen worden. Schon in Marokko, der zweiten Station der Flucht, war König Hassan II. froh, daß sein Gast bald wieder abflog. Von nun an war der Exschah nirgends mehr gern gesehen – aus Angst vor iranischen Kommandos, die tatsächlich drohten, jedes Land zu bestrafen, das dem Flüchtling Asyl bieten wollte. Es nützte dem bisher Mächtigen nichts, daß er eine geräumige Villa in den Schweizer Alpen besaß und ähnliche Immobilien in den USA. Keine Regierung gab ihm eine dauerhafte Aufenthaltserlaubnis. Es genügte das Wort von Chomeini „Wir werden den Schah jagen", und schon ging jeder Staat auf Distanz zu Mohammed Reza Pahlawi. Dabei verschlechterte sich sein Krebsleiden, das ihn schon in Tehran belastet hatte, von Woche zu Woche. Chomeini verfolgte die Flucht. Sein Kommentar: „Heimatlos irrt der Satan durch die Welt, getrieben von der eigenen Schuld!"

Anfang November 1979 wurde in Tehran bekannt, daß der Schah in New York eingetroffen ist. Der Ayatollah al Uzma glaubte nicht, daß dort tatsächlich ein medizinischer Eingriff vorgesehen war. Chomeini war überzeugt, in New York werde eine Verschwörung vorbereitet mit dem Ziel, den Monarchen wieder an die Macht in Tehran zu bringen. Aus der Luft gegriffen war die Angst vor der Verschwörung nicht.

Als General Nematollah Nassiri nach Chomeinis Sieg verhaftet worden war, hatte er – beim vergeblichen Versuch, sein Leben zu retten – alles preisgegeben, was er wußte. So erfuhren die Revolutionäre auch, daß sich in der US-Botschaft ein SAVAK-Agent eingenistet hatte, der den Codenamen „Hafis" verwendete. Hafis war aufgrund seiner Position in der Botschaft in der Lage gewesen, SAVAK über die Korrespondenz zwischen Botschafter Sullivan und Außenminister Cyrus Vance zu informieren.

Die Aussage von General Nassiri wurde Innenminister Ayatollah Hashim Rafsanjani vorgelegt, der anordnete, der Agent Hafis solle weiterhin eingesetzt bleiben. Hafis wurde veranlaßt, alle Dokumente, die er in die Hand bekam, dem Innenminister zu übergeben.

Hafis brachte Rafsanjani ein Dokument, das am 1. August 1979 ausgefertigt worden war. Es trug die Unterschrift des Direktors der Iranabteilung im State Department, Henry Precht. Das Dokument befaßte sich mit der Zukunft des Schahs und mit seiner Beziehung zu den Vereinigten Staaten von Amerika. Es enthielt die Vermutung, Iran werde bis Ende 1979 ein neues Parlament und eine neue Regierung haben; mit beiden könne dann das Verhältnis des Iran zu seinem früheren Herrscher neu diskutiert werden.

Dieses Dokument hatte Rafsanjani argwöhnisch gemacht. Er glaubte, insgeheim werde vom Geheimdienst CIA eine ähnliche Aktion vorbereitet, wie sie im Jahre 1953 stattgefunden hatte. Das damalige Ereignis war ins Bewußtsein eingeprägt – obgleich es 26 Jahre zurücklag. Selbst Menschen, die zu jung waren, um damals die Rückkehr des Schahs erlebt zu haben, wußten davon.

Am 2. November 1979 sprach Chomeini öffentlich über das Dokument, das sich nun in seiner Hand befand. Er wandte sich besonders an die Studenten der Tehraner Universität und ermahnte sie, auf der Hut zu sein vor den

Machenschaften der „teuflischen USA“; der US-Geheimdienst besitze noch immer in der Botschaft der USA eine „Verschwörerzentrale“. Dem Wali Faqih bot sich durch propagandistische Auswertung des Dokuments eine Gelegenheit, um von innenpolitischen Problemen abzulenken: Wenn der neugeformten Islamischen Republik durch die USA Gefahr drohte, fragten die Armen im Süden der Hauptstadt nicht, warum sich ihr Dasein überhaupt nicht verändert hatte.

Das „Revolutionäre Komiteh“ begann sofort mit der Organisation des Widerstands. Seit langem schon war die Besetzung der US-Botschaft geplant, in der Absicht, dort weitere Dokumente sicherzustellen, die beweisen sollten, daß der Schah mit Hilfe der USA dem Iran Schaden zugefügt hatte.

Auf diese Planung konnte zurückgegriffen werden, als sich das „Revolutionäre Komiteh“ mit der Absicht eines Angriffs auf die Botschaftsgebäude ernsthaft befaßte. Hafis hatte seinen Befragern genau erklärt, wie die Gebäude beschaffen, wo die Wachen stationiert und welche Sicherheitsmaßnahmen vorbereitet waren. Eine Gruppe, deren Mitglieder sich „murabitun“ nannten, sollte den Kern der Angreifer bilden. „Murabitun“ hatten sich einst die islamischen Kämpfer genannt, die als Verteidiger des Moslemstaates gegen Byzanz eingesetzt waren.

Die „murabitun“, die am 4. November 1979 die Mauern und Absperrungen der US-Botschaft an der Roosevelt Avenue überwanden, waren nicht bewaffnet. Sie wollten kein Blutvergießen provozieren. Der hohe schiitische Geistliche, der sie in Chomeinis Auftrag zu betreuen hatte – es war Hodjat al Islam Musawi Choeiny –, hatte ihnen den Rat gegeben, die Botschaftswachen nicht zu veranlassen, ihre Maschinenpistolen zu gebrauchen. Nicht durch Waffen, sondern durch einen Überraschungseffekt sollte die Aktion erfolgreich sein.

Als die Unbewaffneten die Gitter an einer Stelle überwunden hatten, hielt der dort postierte Marine-Infanterist zwar seine Waffe im Anschlag, doch er schoß nicht.

Der an diesem Tag für die Botschaft verantwortliche US-Diplomat Bruce Laingen hatte sich zu Beginn der ersten Demonstrationen vor dem Botschaftskomplex ins Außenministerium begeben, um dort Schutz für Gebäude und Personal anzufordern. Laingen allein hätte das Recht gehabt, dem Posten einen Schießbefehl zu geben. So ließ sich der Marine-Infanterist entwaffnen.

Der Geschäftsträger blieb im Außenministerium – das State Department gab ihm die Anweisung, sich nicht auch noch von den Botschaftsbesetzern gefangennehmen zu lassen. Er hätte nicht verhindern können, daß die Studenten das Personal zusammentrieben und die Räume durchsuchten. Der Vorgang der Besetzung verlief derart rasch, daß es dem Personal nicht gelang, Geheimdokumente und Chiffriergeräte zu vernichten.

Der Anfangserfolg wurde von Frauen und Männern, die auf der Straße zusammenströmten, mit Begeisterung beobachtet. Der Schrei „Allahu Akbar“ war zu hören – „Allah ist über allem“. Hunderte drängten durch das eingedrückte Tor auf das Gelände. Jeder hatte das Gefühl, beteiligt zu sein am Sieg über den „Teufel Amerika“. Den jungen Leuten war das Gebäude in die Hand gefallen, in dem 1953 die Rückkehr des bereits vertriebenen Schahs geplant und organisiert worden war. Den Studenten war von Hodjat al Islam Husain Choeny eingehämmert worden, der Tag der Rückkehr des Schahs sei ein Tag der Schande für Iran gewesen. Diese Schande müsse ausgelöscht werden.

Ayatollah al Uzma Chomeini hielt sich am 4. November 1979 in Qom auf. Es war für ihn ein besonderer Tag, denn genau 15 Jahre zuvor war er ins Exil geschickt worden. Chomeini war der Ansicht, auch dabei habe der „Teufel Amerika“ seine Finger im Spiel gehabt.

Chomeini hatte zwar vom Plan der Studenten gewußt, doch der Zeitpunkt der Besetzung hatte ihn überrascht. Um

Näheres über die Absichten der Besetzer zu erfahren, schickte er seinen Sohn Ahmed nach Tehran zur besetzten Botschaft. Noch am selben Tag kam Ahmed nach Qom zurück mit der Nachricht, die Besetzer seien beseelt von der Idee, im Dienste Allahs einen Sieg über den Teufel errungen zu haben; sie würden den Kampf fortsetzen. Sie seien entschlossen, die Geiseln erst freizulassen, wenn Mohammed Reza Pahlawi an die Islamische Republik zur Verurteilung ausgeliefert werde.

Chomeini hätte noch an diesem Tag der Botschaftsbesetzung ein Ende bereiten können. Dies war wahrscheinlich auch seine Absicht – die Studenten hätten seine Anordnungen befolgt. Doch nach Ahmeds Rückkehr hielt er es für klüger, die Aktion nicht abzubrechen. In der Hand der Besetzer befanden sich 53 amerikanische Frauen und Männer. Sie waren zu Geiseln erklärt worden – sie sollten Geiseln bleiben. Doch sie sollten Chomeinis ganz persönliche Geiseln werden.

War im Bewußtsein der Iraner erst verankert, daß er allein der Verantwortliche der Aktion war, dann stieg sein Ansehen über das Prestige aller anderen hohen Geistlichen – dann war er der populärste Iraner überhaupt.

Chomeini hatte an jenem 4. November 1979 die Chance, der immer noch aktiven Propaganda der Tudehpartei jegliche Effektivität zu nehmen – und er nutzte sie. Die von ihm geführte islamische Bewegung hatte sich jetzt als die revolutionärste Kraft in Iran erwiesen.

Die Botschaftsbesetzung fand allgemein Zustimmung der Bevölkerung, denn endlich war Iran in der Lage, die USA zu demütigen. Washington konnte zunächst nichts unternehmen, um die Geiseln zu befreien. Chomeini begriff, daß er mit den 53 Frauen und Männern Regierung und Bevölkerung der USA als Geiseln festhielt, denn bei nahezu allen Menschen in amerikanischen Städten und Dörfern beherrschte das Geiselproblem das Denken. Vom Präsidenten wurde erwartet, daß er seine gesamte Arbeit darauf konzentrierte, die Gefangenen freizubekommen.

Die Studentischen „Komitehs“ in der Botschaft sorgten Tag für Tag dafür, daß der gesamten Welt die Blamage der Großmacht USA bewußt blieb, daß sie nicht in Vergessenheit geriet. Kommuniqués wurden herausgegeben; Interviews vereinbart; Fototermine fanden statt, um Kameramännern und Journalisten die Geiseln vorzuführen, deren Augen verbunden waren. Die Tageszeitungen, Illustrierten und Fernseh-Nachrichtensendungen aller Kontinente verbreiteten die Parolen der „Komitehs“, die Beschimpfungen gegen die USA enthielten.

Der Ministerpräsident war mit dieser Art der Auseinandersetzung mit einer Großmacht nicht einverstanden. Mehdi Bazargan hatte die Absicht gehabt, die Beziehungen zwischen Tehran und Washington wieder zu normalisieren. Daß diese Politik bereits erfolgreich gewesen war, konnte aus einer Entscheidung der Botschaftsverwaltung abgelesen werden: Das Geheimarchiv, das während der Revolution ins State Department nach Washington gebracht worden war, befand sich wieder in der Botschaft. Nun aber, nach der Besetzung, war an eine Fortsetzung des Normalisierungsprozesses nicht zu denken. Mehdi Bazargan sah keine Chance mehr, seine Absichten verwirklichen zu können – er trat zurück.

Ibrahim Jazdi, der Minister für Revolutionäre Angelegenheiten, war der nächste Politiker, der mit seiner Position unzufrieden war. Er besaß keinen Einfluß auf die Geschehnisse in der US-Botschaft – doch gerade dort fanden die wahren „Revolutionären Angelegenheiten“ statt.

Am 25. Januar 1980 fanden Präsidentschaftswahlen in Iran statt. 75% der Stimmen erhielt der Mann, den Chomeini auf dem Präsidentenposten sehen wollte: Abolhasan Bani Sadr. Er war der Organisator des Chomeini-Hauptquartiers in Neauple le Château gewesen und hatte dort das „Komiteh“ gegründet, das als Vorstufe der Revolutionsregierung gelten konnte.

Abolhasan Bani Sadr glaubte, als Präsident eine Politik der Öffnung nach Westen verfolgen zu können. Er war schließlich im Westen ausgebildet worden. Er wußte, daß die USA eine Macht waren, deren Sympathie wichtig sein konnte. Abolhasan Bani Sadr hatte die Position des Präsidenten angenommen, weil er sich daran erinnerte, daß ihm Chomeini in Paris gesagt hatte, er selbst habe nicht die geringste Absicht, irgendeine Regierungsfunktion auszuüben. Wörtlich hatte Chomeini gesagt: „Weder mein Alter noch meine Neigung, noch meine Position in der religiösen Hierarchie erlauben mir in der Regierung tätig zu sein." In der Realität bestimmte Chomeini die Politik ganz allein: In der Angelegenheit der Geiseln hatte Abolhasan Bani Sadr nichts zu sagen. Als Präsident besaß er keine Machtmittel, um seinen Standpunkt durchzusetzen. Er war ein Intellektueller, der auf sich selbst gestellt war. Gelang es ihm nicht, Chomeini von der Notwendigkeit einer bestimmten Politik zu überzeugen, waren seine Bemühungen sinnlos. Bani Sadr war praktisch nicht das Staatsoberhaupt – zur Überraschung der amerikanischen Regierung, die der Meinung gewesen war, mit ihm könnte die Freilassung der Geiseln ausgehandelt werden.

Die Enttäuschung führte dazu, daß sich Präsident Carter dazu entschloß, das Geiselproblem mit Gewalt zu lösen. Die Aktion fand am 24. April 1980 statt. Acht Kampfhubschrauber vom Typ Sea Stallion RH-533 flogen vom Flugzeugträger „Nimitz" ab, der sich im Arabischen Meer unweit der iranischen Küste befand. Zuvor schon waren von einem Militärflughafen im Süden Ägyptens sechs Transportmaschinen Hercules C 130 gestartet. Die Maschinen flogen, von keiner Radarstation entdeckt, über die Arabische Halbinsel in Richtung Oman. An Bord der viermotorigen Maschinen befanden sich Wasserkanister, technisches Gerät und Treibstoff für die Hubschrauber.

Die Kampfhubschrauber und die Transportflugzeuge hatten ein gemeinsames Ziel: Einen Punkt in der Salzwüste rund 300 Kilometer südlich von Tehran; er lag in einer völlig verlassenen Gegend. Als Zeitpunkt des Zusammentreffens war 23.15 Uhr Ortszeit festgelegt worden.

Da im Pentagon und bei CIA keine Informationen vorlagen, ob die militärische und zivile iranische Luftüberwachung funktionierte, befand sich eine Maschine vom Typ AWACS über dem Persischen Golf. Sie enthielt technische Geräte zur Störung aller noch wirksamen Radargeräte.

Das Gesamtunternehmen trug die Bezeichnung „Blue Light". Sein Ablauf wurde von Präsident Carter mit Besorgnis verfolgt. „Blue Light" war überaus kühn konzipiert; doch während der ersten Stunden des Ablaufs hatte Carter Grund zur Annahme, das Unternehmen sei vom Glück begünstigt.

Um 19 Uhr Ortszeit gelang das Eindringen in den iranischen Luftraum. Doch ab 20.30 Uhr begannen unvorhergesehene Schwierigkeiten. Einer der Hubschrauber meldete über Funk, der Motor des Rotors sei ausgefallen. Die Maschine mußte notlanden. Die Sea Stallion blieb in der Wüste zurück; die Besatzung und die Elitesoldaten wurden von anderen Hubschraubern aufgenommen.

Ein zweiter Hubschrauber fiel aus, weil der Pilot glaubte, sich nicht mehr auf die Kompaßanlage verlassen zu können. Er teilte mit, er sei nicht in der Lage, den vereinbarten Treffpunkt in der Salzwüste zu finden. Er schaffte es jedoch, zum Flugzeugträger „Nimitz" zurückzufliegen.

Während der Planungsphase für „Blue Light" war kalkuliert worden, daß der Ausfall von zwei „Sea Stallion" noch zu verkraften sei. Ein weiterer Ausfall durfte nicht geschehen.

Am vereinbarten Treffpunkt war inzwischen eine der Hercules C 130 gelandet. Während die Besatzung auf weitere Ankünfte wartete, tauchten Lichter in der Finsternis auf, die näherkamen – es war ein Bus, der in Richtung Tehran fuhr. Luftaufnahmen der Wüstenstraße, die am Treffpunkt vorüberführte, hatten erkennen lassen, daß die Route völlig unbenutzt war. Allerdings waren diese Luftaufnahmen bei

Tag gemacht worden – es stellte sich heraus, daß die Straße wegen der Tageshitze nur bei Nacht befahren wurde.

Die Passagiere des Busses wurden in die Transportmaschine gesperrt. Der Zwischenfall war bereits vergessen, da wurde ein Tanklastwagen gesichtet. Die amerikanischen Soldaten schossen ihn in Brand; der Tank war zum Glück leer gewesen. Der Fahrer flüchtete.

Mit nur geringer Verspätung landeten die sechs verbliebenen Hubschrauber. Sie wurden mit Treibstoff aus Fässern versorgt, die aus den Herculesmaschinen herausgerollt wurden – sie waren alle am Treffpunkt angelangt.

Da geschah es, daß am Armaturenbrett eines Kampfhubschraubers ein Warnlämpchen aufleuchtete. Die Maschine war offenbar nicht mehr startklar.

Jetzt waren nur noch fünf „Sea Stallions" einsatzbereit. Die Planung hatte vorgesehen, daß die Hubschrauber die Geiseln aus Tehran abholen sollten. Diese Mission war nicht mehr zu erfüllen. Die fünf Hubschrauber besaßen nicht genügend Transportkapazität für die Aufnahme von 50 Personen. Die Aktion mußte abgebrochen werden.

Noch immer wäre es möglich gewesen, sich einigermaßen unbemerkt aus Iran davonzuschleichen. Der Startvorgang wurde eingeleitet. Da passierte das Unglück, daß eines der Rotorblätter den Rumpf einer Transportmaschine traf. Die Hercules und die Sea Stallion brannten sofort. Fünf Besatzungsmitglieder der Hercules und drei Männer, die sich im Hubschrauber befanden, verbrannten.

In den zwei brennenden Flugzeugen detonierte die Munition. Geschosse flogen durch die Luft. In dieser Situation entschloß sich Oberst Charles Beckwith, der Kommandeur der Operation „Blue Light", die Überlebenden zu retten. Die gefangenen Iraner, die im Bus gewesen waren, ließ Oberst Beckwith frei. In aller Eile fanden die US-Soldaten Platz in den Herculesmaschinen. Der Abflug geschah ohne weitere Zwischenfälle. Doch bei ihrer Flucht hatten es die amerikanischen Soldaten versäumt, Geheimpapiere mitzunehmen.

Als die „Wächter der Revolution“ lange nach Tagesanbruch am Unglücksort eintrafen, fanden sie Codes für die Nachrichtenübermittlung und detaillierte Ablaufpläne vor. Größer konnte die Blamage für Präsident Carter, der im Herbst wiedergewählt werden wollte, nicht sein.

Am Freitag, den 25. April 1980, lautete das Thema der Predigten in den Iraner Moscheen: „Chomeini, der Vertraute Allahs, hat über die Teufel gesiegt.“

Zweifelhaft ist, ob der weitere Ablauf der Operation „Blue Light“ Chancen auf Erfolg gehabt hätte. Das nächste Ziel der Kampfhubschrauber wäre eine abgelegene Landefläche gewesen, die von den Amerikanern einst für den Schah angelegt worden war. Nach diesem Zwischenstopp war das Fußballstadion der iranischen Hauptstadt als nächstes Ziel vorgesehen gewesen. In der Nähe des Stadions befand sich die US-Botschaft. Sie hätte an der Rückseite des Gebäudekomplexes erreicht werden sollen. Als Hindernis für die Marine-Infanteristen hätte es noch eine 2,20 Meter hohe Mauer gegeben. Nach der Befreiung der Geiseln sollte der Rückflug vom Fußballstadion zum Treffpunkt in der Wüste erfolgen. Dort hätten dann die Hercules-Transporter bereitgestanden, um die Befreiten nach Ägypten zu bringen.

Chomeini konnte triumphieren: „An diesem glücklichen Tag siegte das Gute über den Teufel, siegte die Sache Allahs über den Satan. Ich habe es schon oft gesagt, und ich sage es noch einmal: Iran muß seinen entschlossenen Kampf gegen Amerika fortsetzen. Amerika ist ein erbarmungsloser Verbrecher. Wir kämpfen um Unabhängigkeit von den Supermächten. Erhebt Euch, islamische Völker, und jagt Amerika von der Bühne der Geschichte und des aktuellen Geschehens.“

Mit den letzten Worten hatte Chomeini die Richtung angezeigt, die er seiner Politik geben wollte: Iran sollte den Interessen aller Moslems der Welt dienen, sollte für ihre Befreiung kämpfen. Dies konnte nur bedeuten, daß die schiitisch-iranische Revolution ihren Wirkungskreis ausdehnte. Das Schlagwort wurde geprägt vom „Export der islamischen Revolution“.

„Wir werden unsere Revolution in die ganze Welt hinaustragen“

Im Königreich Saudi-Arabien bemerkten die Verantwortlichen der regierenden Familie mit Unbehagen, daß Chomeini davon sprach, er wolle sein revolutionäres Konzept auch in anderen Staaten erproben. Zu befürchten war, daß der Ayatollah al Uzma bei derartigen Gedanken die Länder im Westen des Persischen Golfs im Auge hatte. Besonderes Erschrecken löste Chomeinis Parole aus, Monarchien entsprächen nicht dem Geist des Islam; die Existenz von Königen widerspräche dem Sinn der islamischen Offenbarung. Die Familie as Saud fühlte sich ganz direkt im Visier der iranischen Propagandisten. Mit Sorge blickten König Chaled und die Prinzen auf die eigene Provinz Hasa an der Küste des Persischen Golfs. Die Mehrheit der Bewohner dort besteht aus Schiiten, die eine starke familiäre Bindung zu den Sippen an der iranischen Golfküste besitzen. Die Schiiten der Hasaprovinz hatten sich nie wohlgefühlt im Reich der sunnitischen Herrscherfamilie as Saud – und sie waren vom Königsclan immer mit Argwohn beobachtet worden.

Jahr für Jahr erhielten die Schiiten von Hasa Besuch von Verwandten und Freunden. Pilger aus Iran trafen auf dem Seeweg ein; sie waren unterwegs zu den Heiligen Stätten von Mekka.

Diesmal, im Herbst 1979, hatten die Pilger aus Iran vor der Abreise eine religiös-psychologische Behandlung erfahren: Geistliche hatten ihnen eingeschärft, es sei ihre Pflicht, andere Pilger zu überzeugen, daß allein in der Islamischen Republik Iran der Wille Allahs wirklich erfüllt werde. Die iranischen Pilger sollten im Königreich Saudi-Arabien durchaus nicht davor zurückschrecken, ihren Standpunkt zu betonen, daß Könige als unislamisch zu gelten hätten – auch wenn sie an Allah und an den Propheten glaubten.

Zu Zeiten des Schahs waren die Pilger aus Iran eher ruhige Besucher der Pilgerstätten gewesen. Diesmal aber demonstrierten sie. Schon während der Busfahrt in Richtung Mekka verteilten sie in den Kleinstädten Qatif, Safwa und Seihat gedruckte Texte der Predigten des „Wali Faqih". In Mekka angekommen, zogen sie mit breiten Schriftbändern durch die Stadt; die Aufschriften priesen Chomeini als den Führer aller aufrechten Moslems – also auch der in Mekka zuständigen Sunniten. Die Demonstration war allein schon durch die Zahl der Teilnehmer eindrucksvoll: Zwei Millionen Schiiten waren im Herbst 1979 zur Pilgerfahrt gekommen. Mit Absicht hatte die Islamische Republik Iran eine starke Delegation geschickt.

Die Polizei des saudiarabischen Königreichs war gerüstet. Sie griff hart durch, wenn Aussicht bestand, die demonstrierenden Schiiten einzuschüchtern. Sie zeigte sich nachgiebig, wenn Eskalation drohte, die zu Blutvergießen führen konnte. So gelang es den Behörden in Mekka, die schwierigen Tage zu meistern, ohne Märtyrer zu schaffen. Der Tod von iranischen Schiiten hätte Rachegelüste ausgelöst. Als die letzten Schiiten die Heiligen Stätten und das Königreich verlassen hatten, war der Druck von der Königsfamilie genommen: Alle Zwischenfälle waren harmlos verlaufen.

Die Geistlichen in Mekka aber ahnten, daß sich noch Entscheidendes ereignen werde. Der Beginn eines neuen Jahrhunderts islamischer Zeitrechnung stand bevor. Der 21. November 1979 war für Moslems der erste Tag des Jahres 1400.

Eine Woche zuvor schon liefen Gerüchte um in Mekka, die daran erinnerten, daß der Prophet Mohammed verkündet habe, zu jedem Jahrhundertanfang werde sich ein Mann bemerkbar machen, der sich „Mahdi“ nennt – der Geleitete. Er sei von Allah auserwählt und handle auf dessen Weisung. Seine Aufgabe sei es, den Gläubigen den Weg zu weisen in das anbrechende neue Jahrhundert.

Am Morgen des 21. November 1979 um 5.20 Uhr – die Dämmerung war noch kaum zu ahnen – trat der Imam der Großen Moschee von Mekka, Mohammed Ibn Subayal, vor das Mikrofon, das vor dem Heiligtum der Ka'aba bereitstand. Der Innenhof der Großen Moschee war überfüllt. Der Imam sprach die Worte der Ersten Koransure:

„Im Namen Allahs, des Allerbarmers, Lob und Preis sei Allah, dem Herrn aller Erdenbewohner, dem gnädigen Allbarmherzigen, der am Tag des Gerichts herrschen wird. Dir allein wollen wir dienen, und zu Dir flehen wir um Beistand. Führe uns den rechten Weg derer, welche sich Deiner Gnade erfreuen – und nicht den Pfad jener, über die Du zürnst oder die in die Irre gehen.“

Kaum war dieses Bekenntnis zu Allah gesprochen, da waren Schüsse zu hören und gleich darauf Schreie von offenbar Getroffenen. Erstarrt blieb die Menschenmasse im Moscheehof stehen. Dann war über die Lautsprecheranlage eine Stimme zu hören, die sprach: „Ich bin der erwartete Mahdi, dessen Kommen durch die Offenbarung verkündet ist. Geschrieben steht: Der Mahdi und seine Getreuen werden Schutz suchen in der heiligen Moschee. Die heilige Moschee ist der Platz, wo gesagt wird, was gesagt werden muß.“

Tausende von Gläubigen hatten gesehen, wie ein junger, weißgekleideter Mann den ehrwürdigen Imam vom Mikrofon verdrängt hatte. Unzählige Weißgekleidete, angetan mit langen Hemden, standen seitlich und hinter dem Mann, der sich als „Mahdi“ bezeichnet hatte.

Der Mahdi sprach weiter: Er klagte die Familie as Saud an, sie bringe fremde, westliche Gedanken ins Land. Sie sei schuld an der „Westkrankheit“, die jetzt sogar Mekka und

Medina heimsuche. Die „Westkrankheit“ zerstöre den Islam. Es sei deshalb an der Zeit, die Macht der königlichen Familie zu brechen: „Das Haus as Saud hat eine Fremdherrschaft bei uns errichtet, die uns knebelt. Wir müssen handeln, wie die islamischen Brüder des Iran. Sie haben den Lakaien des Westens verjagt. Sie sind unser Vorbild.“

Der Mahdi hatte geglaubt, die Masse der Gläubigen werde diese Worte mit begeisterter Zustimmung aufnehmen. Er täuschte sich. Die Gläubigen waren entsetzt, daß im Hof der heiligen Moschee Schüsse gefallen waren. Die meisten hatten Angst vor der Konsequenz dessen, was dieser „Mahdi“ gesagt hatte. Dies klang ihnen zu schiitisch – sie waren schließlich Sunniten. Sie wollten sich nicht hineinziehen lassen in eine Auseinandersetzung, die Chomeini offenbar mit dem Haus as Saud vom Zaun brechen wollte. Die Gläubigen verließen so rasch als möglich den Innenhof der Moschee von Mekka.

Der Name des jungen Mannes, der sich „Mahdi“ genannt hatte, war Mohammed Ibn Abdallah al Qahtani. Er war nicht selbst auf den Gedanken gekommen zu sagen, er sei der „Mahdi“, der Geleitete. Diese Idee hatte ein Freund gehabt, der sich überaus intensiv mit den Traditionen des Glaubens befaßt hatte. Dieser Freund hieß Juhainan Ibn Mohammed al Utaiba. Der letzte Bestandteil des Namens weist darauf hin, daß der Namensträger einer alten und bedeutenden Sippe der Arabischen Halbinsel angehörte. Die Sippe Utaiba gehörte zu den Stämmen, die im Verlauf der Eroberung der Halbinsel durch das Haus as Saud unterworfen worden waren.

Im Bewußtsein der Männer, die zum Stamm Utaiba gehören, war der Zorn auf die Gewalttat des Saudiclans keineswegs erloschen. Juhainan Ibn Mohammed al Utaiba war in der Tradition der Feindschaft mit der regierenden Familie erzogen worden. Die Geschehnisse in Iran aber hatten den Anstoß zum Handeln gegeben.

Im eigenen Stamm hatte er zum erstenmal den „Mahdi" eingeführt. Er hatte Erfolg damit gehabt. Die Ältesten der Sippe, die Bescheid wußten, was in Iran geschehen war, hatten nichts dagegen einzuwenden, daß 400 junge Männer mit dem „Mahdi" zum islamischen Jahrhundertbeginn nach Mekka zogen.

Die 400 hatten an Ort und Stelle gute Vorarbeit geleistet. Sie hatten Gleichgesinnte angeworben unter den Moscheewächtern. Mit deren Hilfe hatten sie Vorräte an Lebensmitteln und Wasser in den Katakomben unter der Ka'aba stapeln können. Dort lagerten schließlich auch Waffen.

Der „Mahdi" hatte zwar mit einem raschen Erfolg seiner Aktion gerechnet, doch waren er und seine Getreuen auf langes Ausharren eingerichtet. Sie verbarrikadierten sich im Komplex der Großen Moschee. Über die Lautsprecheranlage verkündete der „Mahdi" mehrmals am Tag seine Ziele: „Vertreibt die Familie as Saud, so wie der Schah vertrieben worden ist! Löst das islamische Land vom Westen!"

König Chaled und die Prinzen, die Verantwortung trugen in Saudi-Arabien, verhängten eine Nachrichtensperre über alle Geschehnisse in Mekka. Niemand sollte erfahren, daß sich König Chaled entschlossen hatte, fremde Hilfe nach Mekka zu holen. Damit verstieß er gegen die Tradition: Die heilige Stadt des Propheten Mohammed war allein den Moslems vorbehalten; kein Ungläubiger sollte sie betreten dürfen.

Theoretisch hätte die Möglichkeit bestanden, ägyptische Sicherheitskräfte um Unterstützung zu bitten, doch wollte König Chaled nicht gegenüber der Regierung eines islamischen Staates zugeben müssen, daß er gerade in Mekka in Schwierigkeiten geraten war. Da bat er schon eher – unter dem Deckmantel der Verschwiegenheit – die „ungläubigen" Franzosen um Hilfe. Giscard d'Estaing stellte tatsächlich seine Antiterrortruppe zur Verfügung. Ihr gelang es nach zwei Wochen, den Widerstand des „Mahdi" und seiner Anhänger zu brechen.

Der Sturz des königlichen Regimes von Saudi-Arabien war mißlungen. Pilger aus Iran hatten zwar Vorarbeit für die Rebellion geleistet; sie hatten auf die „Unrechtmäßigkeit der monarchischen Regierungsform“ hingewiesen – doch hatten sich die sunnitischen Gläubigen des Königreichs nicht für schiitische Ideen gewinnen lassen.

Die Überlegung Chomeinis war nun, daß sich die iranische Revolution leichter nach Irak exportieren lassen würde, bestand doch mehr als die Hälfte der Menschen an Euphrat und Tigris aus Schiiten.

Es war kein halbes Jahr seit den Ereignissen von Mekka vergangen, da entstand Unruhe im Irak. Die Behörden von Baghdad machten dafür eine Organisation verantwortlich, die sich „Dawaat al Islam“ nannte – „der Ruf des Islam“. Diese Organisation wurde von Qom aus geleitet.

Der Iran-Irak-Konflikt

Am 1. April 1980 hatten sich auf dem Gelände der Al-Mustansiriyah-Universität in Baghdad etwa tausend Studenten versammelt, um eine Rede zu hören, die der Stellvertretende Ministerpräsident Tareq Aziz halten sollte. Tareq Aziz war damals vor allem Mitglied des überaus wichtigen „Commandorats der Irakischen Revolution“. Ihn hatte Präsident Saddam Hussein beauftragt, den Internationalen Kongreß des Komitees Asiatischer Studenten zu eröffnen.

Als Tareq Aziz die Große Aula der Universität betrat, wurde er mit gewaltigem Beifall begrüßt. Die Studenten kannten die Bedeutung dieses Mannes. Hinter Tareq Aziz ging Mohammed Dabdab, der Präsident der irakischen Studentenvereinigung. Dabdab sah plötzlich einen Gegenstand durch die Luft fliegen. Dabdab schrie „Achtung Bombe!“ und warf Tareq Aziz zu Boden. Der Gegenstand explodierte mit einiger Verzögerung: Es war eine Handgranate.

Tareq Aziz war nur leicht verletzt. Daß er am Boden lag,

hatte ihn gerettet. Splitter der Handgranate hatten zwei Kongreßteilnehmer getötet und über 20 verletzt. Als die Toten und Verletzten abtransportiert waren, wurde im Saal ein weiterer Sprengkörper entdeckt. Wäre er detoniert, hätte sich die Zahl der Toten erhöht.

Die Untersuchung ergab, daß der Werfer der Handgranate aus Iran stammte. Ihm konnte die Zugehörigkeit zur Organisation „Dawaat al Islam" nachgewiesen werden.

Dawaat al Islam war zur Zeit des Schahs gegründet worden; damals schon mit der Zielsetzung, Unruhe zu stiften in Irak. Die Organisation wurde finanziert aus der Staatskasse des Iran.

Als sich Chomeini im irakischen Nedjef aufhielt, hatte er keine Verbindung zu Mitgliedern der Gruppe. Er hatte kein Interesse daran, im Land, das ihm Gastfreundschaft gewährte, den Frieden zu stören. Deshalb war es ihm gleichgültig, daß Zellen von „Dawaat al Islam" von den irakischen Behörden entdeckt und zerschlagen wurden.

Nach dem Sieg der schiitischen Geistlichkeit in Iran wurde die Gruppe als rein irakische Organisation erneut mobilisiert; diesmal mit intensiver Unterstützung aus Qom.

Der Erfolg der Schiiten in Iran hatte die Schiiten des Irak fasziniert. Ihr religiös-politisches Bewußtsein war erwacht. Sie bemerkten, daß ihre Art, Moslem zu sein, auf einmal ernst genommen wurde, daß sie keine Sekte des Islam waren, sondern eine starke Glaubensbewegung. Bis zum Winter 1978/79 hatten die iranischen Schiiten die irakischen Schiiten nicht als Glaubensbrüder anerkannt. Schuld daran war die Arroganz des Schahregimes gewesen. Wer an Mohammed Reza Pahlawi geglaubt hatte, der war auch überzeugt gewesen, die „Arier" des Iran seien die überlegene Rasse im Gebiet des Persischen Golfs.

Nun aber brachen Gefühle der Verwandtschaft auf. Aus Qom wurden die Annäherungsversuche unterstützt. Die Parole lautete jetzt: „Der Unterschied zwischen Iranern und Irakern, zwischen Ariern und Semiten besteht nicht; die Iraner sind Schiiten, und die meisten Iraker sind es auch!“

Die Schiiten an Euphrat und Tigris wurden durch Propaganda aus Qom daran erinnert, daß sie von einer sunnitischen Minderheit regiert wurden. Schuld an diesem Zustand waren die Briten, die bei der Staatsgründung im Jahre 1921 Sunniten in verantwortliche Positionen eingesetzt hatten – zur Aufsicht über die Schiiten. Das hatte sich auch nicht geändert, als Irak im Juli 1958 Republik geworden war: Die Sunniten behielten ihre Macht. Sie waren auch zum Zeitpunkt des Attentats in der Al-Mustansiriyah-Universität die Mächtigen im Land. Doch Tareq Aziz, der beinahe zum Opfer geworden wäre, war der einzige in Saddam Husseins Kreis, der nicht Sunnit ist – er ist orthodoxer Christ.

Am 5. April 1980, vier Tage nach dem Anschlag, sollten die zwei Toten bestattet werden. Als der Trauerzug an einer iranischen Schule in Baghdad vorüberkam, flog aus dem Fenster eine Handgranate, die jedoch nicht explodierte. Derartige „iranische Schulen“ existierten, seit sich der Schah und Saddam Hussein sechs Jahre zuvor im Streit um den Schatt al Arab verständigt hatten. Diese Schulen wurden von iranischen Kindern besucht, die mit ihren Eltern im Irak lebten.

Die Vorfälle im April 1980 veranlaßten den sunnitischen irakischen Staatschef, den Wali Faqih Chomeini zu warnen: „Wir werden durch Härte verhindern, daß jemand unsere Souveränität angreift und glaubt, er könne bei uns mitreden. Seit 1400 Jahren haben wir Iraker die Aufgabe, Arabien gegen Übergriffe der Iraner zu schützen. Unser Volk ist bereit zum Kampf. Wir werden unseren Weg weitergehen im Dienst des gesamten Arabischen Volkes!“

Saddam Hussein bezog sich in seiner Rede auf eine Ansprache, die Chomeini am 31. März 1980 durch seinen Sohn Ahmed hatte verlesen lassen. Der Text ließ keinen Zweifel an iranischen Zielen: „Wir werden alles daransetzen, um unsere Absicht zu verwirklichen, die iranische Revolution in die Nachbarländer auszudehnen."

Am 19. April 1980 veröffentlichte die iranische Zeitung „Jumhuri Islami" – „Islamische Republik –, einen Aufruf, den Chomeini unterzeichnet hatte: „Das irakische Volk muß sich befreien aus den Fängen der Baathpartei. Diese Partei ist nicht islamisch. Die Mächtigen in Irak bestehen aus einem Haufen Militärs, die handeln, wie es ihnen paßt. Wenn Saddam Hussein sagt: ‚Wir sind Araber!', dann meint er in Wirklichkeit: ‚Wir wollen den Islam nicht!'"

Am 25. April 1980 versprach Radio Tehran dem irakischen Volk jede Hilfe, wenn es beginne, das „unislamische Regime" abzuschütteln, das sogar als „verbrecherisch" bezeichnet werden müsse. Die iranischen Streitkräfte seien bereit, in den Irak einzumarschieren. Ohne Zweifel würden „die Truppen des heiligen Ayatollah al Uzma" an Tigris und Euphrat mit offenen Armen empfangen werden. Dieser Rundfunkaufruf zum Umsturz im Irak ist mehrfach in arabischer Sprache wiederholt worden. Folgende Ratschläge wurden gegeben: „Bildet militante Gruppen und bewaffnet euch! Bemüht euch um Kampfausbildung! Schreibt Parolen gegen die sunnitische Baathpartei an die Wände eurer Häuser. Kämpft, bis die Banditen der Baathpartei aus dem Irak verschwunden sind."

Am 17. September 1980 nimmt Saddam Hussein die iranische Propaganda zum Anlaß, den Vertrag von Algier aufzukündigen; er hatte die Besitzverhältnisse auf der Wasserstraße Schatt al Arab geregelt. Ab sofort beanspruchte der Irak wieder die gesamte Wasserfläche von der Mündung bis zur Gegend von Basra als irakisches Hoheitsgebiet. Die Grenze zwischen Iran und Irak verlief damit wieder direkt am iranischen Ufer. Wie vor dem Abschluß des Vertrags von Algier brauchten iranische Schiffe, die zum iranischen Hafen Abadan fahren wollten, die Genehmigung des Irak.

Die Auflösung des Vertrags von Algier gab Saddam Hussein an jenem 17. September 1980 vor den Abgeordneten des Parlaments in Baghdad bekannt. Seine Begründung: „Der iranische Vertragspartner hat davon profitiert, daß wir uns strikt an die Abmachungen gehalten haben. Doch Iran hat sich geweigert, seine Verpflichtung zu erfüllen." Gemeint war die Übergabe eines Landstreifens an der iranisch-irakischen Grenze nördlich des Schatt al Arab. Die umstrittene Region heißt Zain al Qos und hat keinerlei erkennbare politische oder wirtschaftliche Bedeutung. In der Tat wäre schon der Schah verpflichtet gewesen, den Landstreifen zu übereignen, doch die Unruhen im eigenen Land hatten ihn davon abgehalten, sich um die Angelegenheit zu kümmern. Nach dem Sieg der schiitischen Revolution wies Chomeini den Gedanken, Land an das sunnitische Regime von Baghdad abzugeben, weit von sich. An seiner Stelle erklärte Staatspräsident Abolhasan Bani Sadr, der Schah sei für das Versprechen der Landübergabe zuständig gewesen; die Regierung der Islamischen Republik fühle sich daran nicht gebunden. Daraufhin verkündete der irakische Außenminister Saadun Hammadi, Iran habe den Vertrag von Algier durch Nichterfüllung einer Abmachung einseitig gebrochen.

Als erkennbar wurde, daß der iranisch-irakische Konflikt auf einen offenen Krieg zutrieb, zeigten sich die beiden Großmächte USA und Sowjetunion aus unterschiedlichen Gründen an dieser Entwicklung interessiert.

Zbigniew Brzezinski, der Sicherheitsberater des amerikanischen Präsidenten Carter, sah eine einmalige Chance: Wenn Irak Krieg führte gegen Iran, bestand die Wahrscheinlichkeit, daß Chomeinis Streitkräfte eine Niederlage erlitten, die zum Sturz des Schiitenregimes führen mußte. Der Wechsel des Regimes in Tehran zugunsten liberaler Kräfte bedeutete eine politische Kursänderung gegenüber den USA. Von einer neuen Regierung war zu erwarten, daß sie der „Geiselaffäre" ein rasches Ende bereitete. War Chomeini erst entmachtet, stand das Tor der US-Botschaft für die Gefangenen offen.

Die Angelegenheit eilte, da die Zukunft von Jimmy Carter auf dem Spiel stand. Carter konnte bei den Präsidentschaftswahlen im November nur gewinnen, wenn es ihm zuvor möglich gewesen war, die 50 Amerikaner aus Tehran nach Hause zu holen. Sein Sicherheitsberater war zum Handeln gezwungen. Er versprach der irakischen Regierung, die USA würden im kommenden Konflikt „positive Neutralität" gegenüber Irak bewahren – dies bedeutete im Klartext, daß Saddam Hussein mit amerikanischer Unterstützung rechnen konnte.

Der Kontakt mit der Sowjetunion hatte ein ähnliches Ergebnis. Die Verantwortlichen im Kreml hatten mit Bestürzung erkennen müssen, daß die marxistische Tudehpartei, die am Sturz des Schahs mitgewirkt hatte, nach dem Sieg der Ayatollahs rigoros zur Seite geschoben wurde. Die Tudehpolitiker waren die Verlierer im Kampf um Macht und Einfluß in Tehran. Gelang es Saddam Hussein, die iranische Armee zu schlagen, konnte sich Chomeini nicht länger halten: die Tudehpolitiker würden wieder hervortreten und ihre Beteiligung an der Regierung einfordern. Diese Argumentation veranlaßte die Mächtigen im Kreml, Saddam Hussein ebenfalls zu ermutigen, den Krieg zu beginnen. Breschnew hütete sich jedoch, irgendeine Unterstützung zu versprechen.

Welche Seite wirklich den offenen Krieg begonnen hat, ist unklar. Die irakische Regierung legt Wert auf die Feststellung, die iranische Artillerie habe bereits am 17. September 1980, am Tag der Aufkündigung des Vertrags von Algier, mit dem Beschuß militärischer Anlagen auf der irakischen Seite des Schatt al Arab begonnen. Die iranische Geschichtsschreibung aber betont, der Krieg habe mit dem irakischen Angriff vom 21. September 1980 begonnen. Panzerverbände seien über den Schatt al Arab nach Osten vorgestoßen, um die Städte Abadan und Khorramshar zu bedrohen.

Der irakische Angriff brachte tatsächlich die iranische Verteidigung in Schwierigkeiten. Es fehlte an Kommandeuren aller Ebenen. Die höheren Offiziere waren einst alle vom Schah persönlich ausgesucht und ernannt worden – sie wurden nach dem Sieg der Islamischen Revolution alle hingerichtet, ohne Untersuchung von Schuld und Unschuld. Allein General Garabaghi war verschont worden; er mußte jedoch aus dem aktiven Dienst ausscheiden. Ebenfalls entlassen wurden alle Obersten und Hauptleute, die nicht nachweisen konnten, daß sie immer treu ergebene Schiiten gewesen waren. Selbst anerkannte Fachleute der Waffentechnik hatten den Dienst quittieren müssen. Da war niemand, der sie ersetzen konnte. In den vergangenen eineinhalb Jahren war keine neue Offiziersgeneration herangewachsen. So waren die iranischen Soldaten am Tag des irakischen Angriffs nahezu ohne Führung.

Außerdem war seit dem Abzug der amerikanischen Militärexperten das Kriegsmaterial nicht mehr gepflegt worden. Die Kommunikation zwischen den Truppeneinheiten war völlig zusammengebrochen. Die elektronischen Kommunikationsmittel waren zur Zeit des Schahs Angehörigen der Bahai-Sekte anvertraut gewesen. Sie hatten, aus Angst vor Verfolgung durch die Schiiten, fast alle Iran verlassen. Die Konsequenz war, daß die iranischen Einheiten im Frontgebiet um Khorramshar und Ahwaz ohne Abstimmung untereinander zu kämpfen hatten. Kein Truppenteil wußte, was die Nachbareinheit tat und ob es überhaupt eine Nachbareinheit gab.

Doch die iranische Front brach nicht zusammen. Dieses Wunder bewirkten die „Wächter der Revolution“, junge Männer im Alter zwischen 17 und 20 Jahren. Sie kämpften mit Verbissenheit und Todesverachtung. Sie hatten keine Erfahrung im Kampf, und ihre Bewaffnung war unzureichend – und doch gelang es ihnen, den irakischen Vormarsch aufzuhalten. Tausende junger Iraner starben während der ersten Kriegstage durch Geschosse der exzellent ausgerüsteten Iraker. Doch die Scharen der iranischen

Freiwilligen, die in aller Eile an die Front in den Ölgebieten von Chusistan transportiert wurden, rissen nicht ab.

Nach einer Kriegszeit von drei Wochen konnte der Ayatollah al Uzma feststellen, daß die Islamische Republik nicht zusammengebrochen war. Zwar hatte Iran rund 7000 Quadratkilometer an Boden verloren, und die gesamte Ölproduktion der Provinz Chusistan war zum Erliegen gekommen, doch die Front, die 480 Kilometer lang war, hatte stabilisiert werden können.

Obgleich Saddam Hussein sein Kriegsziel, Chomeini zu stürzen, nicht erreicht hatte, feierte er die Einnahme von Khorramshar als gewaltigen Sieg – er sei vergleichbar mit dem einstigen Erfolg der arabischen Reiterheere bei Qadisiyah im Jahre 637 n. Chr. Der Erfolg des Jahres 1980 wurde fortan gefeiert als „Saddams Qadisiyah".

Chomeini griff ebenfalls zurück auf ein Beispiel aus der Historie: Er verglich den Opfergang der „Wächter der Revolution" mit dem Märtyrertum des Imam Husain bei Kerbela (680 n. Chr.).

Der Krieg mit Irak hatte für Chomeini das positive Resultat, daß alle Iraner, und nicht allein die religiös orientierten, auf seiner Seite standen. Ganz offensichtlich war Iran angegriffen worden – die Heimat mußte verteidigt werden. Der Islam, für den die „Wächter der Revolution" starben, war zum Symbol des iranischen Nationalismus geworden. Allein der Islam war die Kraft, die den Widerstand gegen die Angreifer möglich machte. Islam und Patriotismus bildeten eine Einheit.

Persönlichkeiten, die rational dachten, planten jedoch bereits für die Zukunft. Sie stellten sich eine starke Armee vor, die einen Gegenpol zu den „Wächtern der Revolution" bilden konnten, zu den Streitkräften, die sich in den Händen der Geistlichkeit befanden. Zu den rational Denkenden gehörte Abolhasan Bani Sadr, dem der Oberbefehl über die Armee anvertraut war. Er nahm diese Aufgabe ernst und hielt sich nahezu die ganze Zeit an der Front bei Khorramshar auf. Obgleich er keine Ahnung von militärischen Dingen besaß, gewann er das Vertrauen der Offiziere, die alle Säuberungsprozesse der ersten Monate der Islamischen Revolution überstanden hatten. Ihnen gab Bani Sadr das Gefühl, daß sie gebraucht wurden zur Rettung des bedrohten Vaterlandes.

Bani Sadr gelang es, Offiziere aus dem Gefängnis zu holen, die als „Feinde Allahs" verurteilt worden waren. Dieser Einsatz machte ihn bei allen Offizieren überaus populär. Doch es war ihm nicht vergönnt, seinen Plan zu verwirklichen, aus der Armee eine ernstzunehmende politische Kraft zu machen.

Schuld daran war die Überheblichkeit und Eitelkeit des Oberbefehlshabers. Daß er populär geworden war, schmeichelte ihm. Er gab Interviews, in denen er seine Fähigkeiten als Stratege herausstellte. Dabei geschah es, daß er militärische Geheimnisse ausplauderte.

Den Bogen überspannte Bani Sadr, als er behauptete, er allein habe die Idee zur Schaffung der Islamischen Republik entwickelt. Chomeini habe dann diese Idee übernommen. Verwunderung löste dann seine Bemerkung aus, in der Endphase des Kampfes gegen den Schah habe er, Bani Sadr, die Richtung bestimmt.

Solche Anmaßungen ärgerten nicht nur den Wali Faqih, den Führer der islamischen Nation, sondern auch viele andere Geistliche, die zum Erfolg der Revolution beigetragen hatten, und die nun erstaunt waren, daß ein Nichtgeistlicher es wagte, den Mund derart voll zu nehmen. Chomeini zeigte deutlich seine Enttäuschung über den Mann, den er einst als seinen „geistigen Sohn" bezeichnet hatte. Bani Sadr bemerkte nicht, daß er sich Feinde schuf. Täglich schrieb er von der Front eine Kolumne in der Tageszeitung „Enqelabi Islam" – „die Iranische Revolution". Darin prahlte er, es sei seinem strategischen Geschick zu verdanken, daß die irakische Invasion abgewehrt werden konnte.

Der Sturz des Präsidenten und Oberbefehlshabers war

nun nicht mehr abzuwenden. Doch noch zögerte der Ayatollah al Uzma mit der Verdammung des Mannes, der ihm in Neauple le Château geholfen hatte, sich in der Fremde einzuleben und einen Propagandaerfolg zu erringen.

Der Kronprinz meldet sich bei der iranischen Luftwaffe

Gerade zu der Zeit, als sich Abolhasan Bani Sadr zu profilieren versuchte, um eine Politik anzustreben, die auf Distanz ging zum Wali Faqih, wandte sich Reza Pahlawi, der Kronprinz, an Bani Sadr, den Oberbefehlshaber der Streitkräfte, mit dem Angebot, er wolle als Düsenjägerpilot in der iranischen Luftwaffe dienen, um auf diese Weise dem bedrohten Vaterland zu helfen.

Reza Pahlawi hatte bei der US Air Force tatsächlich eine Ausbildung als Düsenjägerpilot erhalten. Er war bei Ausbruch des Iran-Irak-Konflikts 21 Jahre alt und galt als fit und sportlich.

Die Bitte um Aufnahme in den aktiven Dienst bei der Luftwaffe war nicht Reza Pahlawis eigene Idee. Seine Tante, Prinzessin Ashraf, die Zwillingsschwester des Schahs, hatte den Vorschlag gemacht, durch eine derartige Bewerbung könne sich die Sippe Pahlawi positiv in die Erinnerung des persischen Volkes zurückversetzen. Prinzessin Ashraf meinte, die Dynastie müsse sich jetzt aus dem Asyl zurückmelden, um für irgendwann die Heimkehr zu ermöglichen.

Die „patriotische Idee" löste in Tehran Bedenken aus. Es war schwierig, das Angebot des jungen Mannes abzulehnen, der noch immer iranischer Staatsbürger war. Doch es war zu befürchten, daß seine Anwesenheit im Lande in einigen Gemütern Erinnerungen an die Monarchie wecken könnte. Davor hatte mancher hohe Geistliche Angst.

Reza Pahlawi war erst vor kurzem Chef der Dynastie geworden. Am 27. Juli 1980, also noch vor dem Ausbruch des Iran-Irak-Krieges, war Mohammed Reza Pahlawi in Kairo gestorben. Der Lymphdrüsenkrebs war nicht einzudämmen gewesen; die Operation in New York hatte, trotz aller Fürsorge berühmter Ärzte, keine positiven Resultate gebracht. Den Todkranken hatte kein Land aufnehmen wollen aus Sorge vor Anschlägen durch Agenten der Islamischen Republik Iran. Anwar as Sadat, der ägyptische Staatspräsident, hatte schließlich Mohammed Reza Pahlawi in seiner Hauptstadt aufgenommen. In Kairo war es kein Geheimnis, daß sich der Sadatclan dafür aus dem Pahlawivermögen reich entschädigen ließ.

In der Al Rifai-Moschee am Fuß der Zitadelle von Kairo hat der Exschah seine Ruhestätte gefunden. Aus hellem weißgrünem Marmor besteht die Grabplatte. Der Marmor ist von eigentümlichen braunen Adern durchzogen. Aus dem Stein herausgemeißelt ist das Hoheitszeichen der Pahlawidynastie; es wird von zwei stolzen Löwen gehalten. Der Löwe prangt auch golden auf der Schahfahne über dem Grab, die der Wächter der Al Rifai-Moschee auf Wunsch entfaltet.

Der junge Reza, der nun Chef der Dynastie war, hatte beim Tod des Vaters bekräftigt, daß er den Anspruch der Pahlawisippe auf den Pfauenthron aufrechterhalten werde. Der Vater habe nie abgedankt, und deshalb sei er, Reza Pahlawi, Kronprinz und Thronanwärter. Diese Bekräftigung des Anspruchs machte es den Verantwortlichen in Tehran leicht, die Bewerbung des Schahsohnes abzulehnen. Reza Pahlawi erhielt allerdings nie eine offizielle Nachricht, daß er unerwünscht sei.

Der Krieg: „Eine Gnade Allahs“

Chomeini machte kein Hehl daraus, daß der Krieg mit Irak für seine Interessen zum richtigen Zeitpunkt ausgebrochen war. Im Lande hatte der Schwung der Begeisterung für die Revolution nachgelassen. Die Menschen hatten bemerkt, daß der „Islamische Staat" nicht von ganz allein die Beseitigung von Problemen mit sich gebracht hatte. Noch immer lebten die Bewohner der südlichen Viertel von Tehran in Armut; die Schwierigkeiten im Wohnungsbau waren nicht behoben; die Kluft zwischen Arm und Reich war größer geworden. Außerdem begannen die Geistlichen untereinander zu streiten.

Mit Kriegsausbruch im September 1980 waren alle Querelen vergessen. Der Glaube an die Kraft des Iran war neu erwacht. Die jungen Männer, die zum Tod bereit waren und damit zu Märtyrern, verbreiteten die Überzeugung, Allah werde dem Iran helfen. Hunderttausende von Todesbereiten meldeten sich in den Moscheen und drängten darauf, rasch an die Front geschickt zu werden. Dieser Andrang bestärkte den Ayatollah al Uzma in seinem Standpunkt, der Zeitpunkt für einen Waffenstillstand sei noch nicht gekommen. Ein durchschlagender militärischer Erfolg sei noch immer möglich. Er wies den Oberbefehlshaber Bani Sadr an, für das Frühjahr 1982 eine gewaltige Offensive vorzubereiten.

In der Weltpolitik hatten sich Veränderungen vollzogen. Präsident Carter hatte tatsächlich die Präsidentschaftswahlen im Herbst 1980 verloren. Schuld an der Niederlage war das Scheitern aller Bemühungen, die Geiseln, die noch immer in der Tehraner US-Botschaft festsaßen, zu befreien. Die Menschen in den USA fühlten sich in hohem Maße gedemütigt. Die Wähler verziehen Carter nicht, daß er sie dieser emotionalen Situation ausgesetzt hatte. Die Mehrheit wollte Carter, der bereits „die Geisel Chomeinis im Weißen Haus" genannt wurde, nicht mehr als Staatschef akzeptieren.

Auch Chomeini hatte kein Interesse gehabt, daß Jimmy Carter weiterhin Präsident der USA blieb. Er wollte diesen „Freund der Pahlawibande" bestrafen. Mit einer rechtzeitigen Freilassung der Geiseln hätte er Carter die Macht erhalten können, doch das wollte er nicht. Erst als Ronald Reagan am 20. Januar 1981 die Präsidentenwürde übernahm, ließ Chomeini die Amerikaner ausfliegen. Ronald Reagan, und nicht Jimmy Carter, hatte die Ehre, der amerikanischen Nation mitzuteilen, daß die „Zeit der Demütigung“ zu Ende sei.

Chomeini hatte die Entscheidung über den Zeitpunkt der Freilassung völlig allein getroffen. Präsident Abolhasan Bani Sadr war an diesem wichtigen politischen Entschluß nicht beteiligt gewesen. Er fühlte sich auf die Seite geschoben.

Bani Sadr begann sich Gedanken zu machen, ob es sich Iran leisten könne, auf Dauer von Ayatollahs regiert zu werden. Ihm mißfiel die „Herrschaft der Theologen“. Er selbst war aus diesem Kreis ausgeschlossen.

Bani Sadr behielt seine Meinung keineswegs für sich. Er sprach darüber mit Politikern der einstigen „Nationalen Front“, die sich noch immer darüber ärgerten, daß sie von den Geistlichen um die „Siegesprämie“ geprellt worden waren, die ihnen zugestanden hatte. Bani Sadr unterhielt sich auch über mögliche Veränderungen an der Staatsspitze – Chomeini, der von den Gedanken des Oberbefehlshabers der Streitkräfte erfuhr, blieb noch erstaunlich gelassen. Er empfahl Bani Sadr, er möge sich gefälligst um einen raschen Sieg kümmern und nicht um Strukturprobleme der Islamischen Republik.

Chomeini erfuhr nicht, daß Bani Sadr Kontakt aufgenommen hatte zur Organisation „Mujahedin-e-Chalq“ – zu den „Heiligen Kriegern des Volkes“. Sie waren wesentlich beteiligt gewesen am Kampf gegen das Pahlawiregime. Sie hatten zu militärischen Mitteln gegriffen. Die Ausbildung an Waffen hatten sie im Libanon erhalten. Bevorzugte Angriffsziele der Mujahedin-e-Khalq waren Einrichtungen der SAVAK gewesen. Bei diesen Gefechten hatten die „Heiligen Krieger des Volkes“ hohe Verluste erlitten.

Obgleich diese Organisation eher zum Marxismus neigte als zum Islam, waren ihre Mitglieder begeistert gewesen über Chomeinis Rückkehr. Sie akzeptierten sogar die islamische Verfassung, die von Chomeinis Staatsvorstellungen geprägt war. Doch die Mujahedin-e-Chalq erwartete Lohn.

Musawi Rajawi, der Chef der Organisation, hatte sich für die Präsidentschaftskandidatur beworben. Doch er war von Chomeini aus der Kandidatenliste gestrichen worden mit der Bemerkung, er habe keine Beziehung zum Islam.

Diese Zurückweisung ihres Chefs war für Mujahedin-e-Chalq der Anlaß, das Regime der Ayatollahs zu bekämpfen. Von nun an wollte die Organisation die bestehende Herrschaft in Iran destabilisieren.

Musawi Rajawi und Bani Sadr verfolgten jetzt dasselbe Ziel.

Gestärkt durch das Bündnis mit Musawi Rajawi griff Bani Sadr im Juni 1981 den Ayatollah al Uzma frontal an: Er beklagte, daß Chomeini den Personenkult dulde und sogar fordere. Er verlangte die Auflösung des „Wächterrats", der die Befugnis habe, Parlamentsentscheidungen für ungültig zu erklären. Bani Sadr rief zum aktiven Protest gegen Chomeini auf: Die Läden im Basar sollten an einem Tag geschlossen bleiben zum Zeichen der Ablehnung des bestehenden Systems.

Daß sich Chomeini gegen diese „Tollheit" seines einstigen Schülers wehrte, war zu erwarten. Sein Aufruf an die Basaris, ihre Läden geöffnet zu halten als Zeichen des Bekenntnisses zur Islamischen Republik, wurde befolgt. Bani Sadr mußte erkennen, daß es den Mujahedin-e-Chalq nicht möglich war, sich wirkungsvoll gegen die Geistlichkeit durchzusetzen. Chomeini schlug am 10. Juni 1981 zu: Er entließ den Oberbefehlshaber der Armee Abolhasan Bani Sadr. Die Entlassung wurde diesem in einem äußerst knappen und unhöflichen Schreiben mitgeteilt.

Die Armee hielt nicht zu dem Entlassenen. Die Offiziere beugten sich den Wünschen des Ayatollah al Uzma. Bani Sadr war maßlos enttäuscht. Chomeinis Rache war noch nicht vollendet. Auf seinen Wunsch entließ das Parlament Bani Sadr aus seiner Position als Staatspräsident. Die Organisation Mujahedin-e-Chalq, die versprochen hatte, in einem solchen Fall die Rebellion im ganzen Land auszurufen, sah ein, daß sie nicht genügend Kraft besaß, um eine derartig umfassende Aktion in Gang zu bringen. Musawi Rajawi, der Führer der Organisation, wußte, daß Bani Sadr in Gefahr war – und er selbst auch. Das einzige, was noch getan werden konnte, war, sich in Sicherheit zu bringen. Musawi Rajawi sorgte zunächst für ein Versteck im südlichen Teil von Tehran. Es dauerte nur wenige Tage, dann gelang es dem Chef der Mujahedin-e-Chalq und dem Expräsidenten Bani Sadr, per Flugzeug aus Iran zu fliehen. Beide gründeten in Paris den „Nationalen Widerstandsrat", der den Kampf gegen das Ayatollahregime vom Ausland her organisieren sollte. Doch dieser Widerstandsrat brach bald auseinander, weil Bani Sadr nicht damit einverstanden war, daß Musawi Rajawi Kontakt zur irakischen Regierung aufnahm, zu Saddam Hussein. Der Chef der Mujahedin-e-Chalq war entschlossen, fortan mit Hilfe des Irak den Kampf gegen das Ayatollahregime fortzusetzen. Dieser Versuch war von vornherein zum Scheitern verurteilt.

Chomeinis Herrschaft blieb unangetastet. Seine Gegner hatten ihn unterschätzt.

Die Organisation Mujahedin-e-Chalq schlug spät zu: Eineinhalb Monate nach der Flucht des Staatspräsidenten detonierte Sprengstoff im Hauptquartier der Islamischen Republikanischen Partei. Getötet wurde Ayatollah Beheshti, der oberste Richter der Islamischen Republik und zugleich Vorsitzender der Islamischen Republikanischen Partei; er war nach Chomeini der mächtigste Mann in Iran. Durch die Detonation starben vier Minister, sechs Stellvertretende Minister und 20 Parlamentsabgeordnete.

Am 30. August 1981 saß der neugewählte Präsident Mohammed Rajai – er war am 24. Juli zum Nachfolger von Bani Sadr gewählt worden – mit Funktionären der Islamischen Republikanischen Partei zu Beratungen zusammen. Das Thema war: Gefahr für die Republik durch Aktionen der

Mujahedin-e-Chalq. Niemand bemerkte, daß hinter einer dünnen Wand eine Sprengladung von gewaltiger Zerstörungskraft verborgen war. Ihre Explosion tötete Präsident Rajai sofort.

Am 2. Oktober 1981 wurden erneut Präsidentschaftswahlen abgehalten. Jetzt, im dritten Jahr der Islamischen Republik Iran, wurde ein Geistlicher an die Staatsspitze gewählt. Sieger der Abstimmung war Hodjat al Islam Sayyed Ali Chamenei. Von nun an gaben die Geistlichen die Führungspositionen nicht mehr aus der Hand. Ali Chamenei durfte sich bald darauf Ayatollah nennen.

Die Mehrheit, die sich für Sayyed Ali Chamenei entschieden hatte, war überwältigend: Von 16,8 Millionen Stimmberechtigten gaben 16 Millionen ihre Stimme für Chamenei ab.

Der greise Ayatollah al Uzma verteidigt sich mit Härte

Nach dem Tod des Ayatollah Beheshti am 20. Juni 1981 war die Meinung in Tehran weit verbreitet, die Islamische Republik werde zusammenbrechen. Chomeinis stärkste Stütze war tot. Doch der Wali Faqih bewies erstaunliche Geistesgegenwart: Er rief zum Zusammenhalt aller islamischen Kräfte auf. Er hielt in seinem Haus im Norden Tehrans eine wirkungsvolle Fernsehrede. Bemerkenswert im Redetext war der Vergleich Beheshti-Husain. Der Ayatollah sei zum Märtyrer geworden, „wie einst Husain, das erhabene Opfer der Feinde Allahs". Beheshti sei in das Paradies eingegangen, wie der Schwiegersohn des Propheten. Chomeini fand eine Parallele, die Interesse weckte: Bei Kerbela seien einst 72 Kampfgenossen des Husain gestorben; mit Beheshti seien genauso viele aufrechte Gläubige ums Leben gekommen. Chomeini forderte die Iraner auf, die Toten zu rächen. Diese Rache verlange Allah. Nach Allahs Willen seien die Mörder dazu verdammt, mit dem letzten Atemzug in die Hölle einzufahren.

Die Kette der Attentate riß nicht ab. Ayatollah Chamenei entkam einem Anschlag. Chomeini sagte, die Gnade Allahs habe Chamenei vor dem Tod bewahrt. Der Ayatollah wurde von Chomeini mit dem Titel „Lebendiger Märtyrer" bedacht.

Während eines halben Jahres gelang es den Mujahedin-e-Chalq mehr als tausend Iraner zu töten, die zum weiten Kreis um den Ayatollah al Uzma zählten. Die betroffene Personengruppe umfaßte Geistliche, Richter, Polizeioffiziere, hohe Beamte der Ministerien, Funktionäre der Islamischen Republikanischen Partei und Chomeinis persönliche Helfer.

Die Mujahedin-e-Chalq verbreiteten allerdings auch Terror durch Schüsse auf Personen in den Straßen und auf den Märkten von Tehran. Sie schadeten dadurch ihrem Ruf. Die Mehrheit der Bevölkerung hatte keine Sympathie für diese Organisation. Die meisten Iraner waren dafür, daß sich die Geistlichen und ihre Anhänger wehrten. Die Mullahs schlugen mit Härte zu. Die von ihnen mobilisierten „Wächter der Revolution" entwickelten sich zu Leibgarden der Geistlichen. Jeder, der eine Person von Bedeutung war in der Islamischen Republik, wurde bewacht. Mit der Aktivierung starker Sicherheitskräfte, die aus vertrauenswürdigen jungen Männern bestanden, wurde es möglich, Anschläge zu verhindern.

Die Mujahedin-e-Chalq hatten die Hoffnung gehabt, sie könnten eine „Zweite Revolution" auslösen mit dem Ziel, das Regime der Geistlichen auszulöschen. Sie wurden enttäuscht. Ihr Terror erzeugte Gewalt der Regierenden.

Jeder Iraner wurde aufgefordert, mit größter Aufmerksamkeit die Personen seiner Umgebung zu beobachten. Verdächtige sollten sofort in den Moscheen gemeldet werden. Es war eine Zeit, in der Denunziation als ehrenwert galt.

Wer als verdächtig gemeldet worden war, der wurde von

den „Wächtern der Revolution“ als „Feind Allahs“ ins Evingefängnis im Norden Tehrans eingeliefert. Die meisten der Verhafteten wurden erschossen. An einem Tag, am 19. September 1981, starben im Evingefängnis 149 Männer und Frauen. Sie waren zwischen 9 und 35 Jahre alt.

Verraten und hingerichtet wurde auch Musa Chabani, der 30jährige Kommandeur der Mujahedin-e-Chalq in Tehran. Chabani war eng mit der Palästinensischen Befreiungsbewegung verbunden gewesen. Er war in einem Trainingslager bei Beirut ausgebildet worden. Sein Tod trug dazu bei, daß Jassir Arafat auf Distanz ging zum Regime des Ayatollah Chomeini. Während der ersten Zeit der Islamischen Republik war die Beziehung herzlich gewesen. Unmittelbar nach der Flucht des Schahs hatte der PLO-Chef verkündet: „Durch Chomeini ist ein Wunder geschehen! Nun kämpften das Volk von Iran und das Palästinensische Volk gemeinsam gegen Israel! Wir kämpfen im selben Schützengraben!“ Doch nun war Arafat bewußt geworden, daß der Ayatollah ein schiitisches Regime durchgesetzt hatte. Bei genauer Betrachtung seiner eigenen Organisation wurde Arafat deutlich, daß sich in ihr keine Schiiten befanden – aber eine ganze Menge palästinensischer Christen. Eingedenk der Äußerung des Ayatollah, Christen seien „Kreuzesanbeter“, die einem „falschen“ Glauben angehörten, hielt es Arafat für ratsam, die herzlichen Beziehungen zur Islamischen Republik einschlafen zu lassen.

Die Entfremdung zwischen Chomeini und Arafat und der Konflikt mit der Organisation Mujahedin-e-Chalq machten deutlich, daß die politische Basis des Ayatollah al Uzma brüchiger wurde. Im Verlauf des Jahres 1982 wurde offenkundig, daß einer seiner Vertrauten, Sadeq Ghotzbadeh, eine Verschwörung geplant hatte mit dem Ziel, ihn zu beseitigen. Ghotzbadeh war derjenige gewesen, dem es gelungen war, dem Ayatollah die Genehmigung zum Bezug des Hauses in Neauple le Château zu beschaffen. Er wohnte damals in Paris mit seiner wohlhabenden und eleganten

Freundin zusammen; er hatte sich bald dem modischen Erscheinungsbild seiner Partnerin angepaßt. Nach der Heimkehr Chomeinis war Ghotzbadeh zunächst Chef von Rundfunk und Fernsehen der Islamischen Republik und dann Außenminister. Auf diesem Posten fühlte er sich besonders wohl. Er gab sich gern als weltgewandter Diplomat. Er ließ seine Freundin aus Paris kommen, und er lebte auch in Tehran – entgegen der Vorschrift – mit ihr in einer Wohnung zusammen. Sie aber verbarg ihren Unwillen nicht, daß sie gezwungen war, außerhalb der Wohnung ihr Haar mit einem Kopftuch zu bedecken und ihre Gestalt mit einem langen schwarzen Umhang zu verhüllen. Ghotzbadeh hatte einmal sogar die Kühnheit, seine Lebensgefährtin zu einem Treffen mit dem Ayatollah al Uzma mitzunehmen. Daß Chomeini darüber entrüstet war, konnte Ghotzbadeh daraus ablesen, daß er keine Chance bekam, Staatspräsident zu werden.

Aufgrund einer Denunziation wurde der Außenminister verhaftet und ins Evingefängnis gebracht. Er wurde beschuldigt, er habe versucht, mit Hilfe von Armeeoffizieren einen Staatsstreich durchzuführen. Chomeini sollte erschossen und die Islamische Republik aufgelöst werden. Der Beklagte gab zu, daß er beabsichtigt hatte, Iran in eine Demokratie westlicher Prägung zu verwandeln; er habe jedoch Chomeini nicht töten wollen. Darum habe er sich nicht gekümmert.

Doch die Ankläger legten Beweise vor, daß geplant war, das Gebäude, das von Chomeini im Norden von Tehran bewohnt wurde, durch Raketentreffer zu zerstören. Ghotzbadeh verteidigte sich, der Abschuß einer Rakete sei Angelegenheit des Militärs gewesen.

Nachdem das Todesurteil ausgesprochen worden war, hatte Chomeini durchaus die Absicht, den Vertrauten von einst zu retten. Es hätte genügt, daß Ghotzbadeh vor Fernsehkameras erklärt hätte, seine Absicht sei „verbrecherisch und satanisch" gewesen und er bereue sein Vorhaben. Doch der Verurteilte war nicht bereit, sich zu demütigen. Daraufhin bestimmte der Ayatollah al Uzma selbst die Stunde der Hinrichtung.

Die iranischen Offensiven

Der innenpolitische Gärungsprozeß, der die Geistlichen und die „Wächter der Revolution" beschäftigte, gab den regulären Armeeoffizieren die Chance, die iranischen Streitkräfte wieder in die Hand zu bekommen. Da sich niemand mehr einmischte, konnten die Generäle die Verantwortung übernehmen für die Kriegsführung. Im Frühjahr 1982 waren die Vorbereitungen abgeschlossen.

Da nicht genügend ausgebildete Soldaten zur Verfügung standen, hatten die Mobilisierungsbehörden Zehntausende ganz junger Männer dazu begeistert, sich an die Front bringen zu lassen. Wobei die Aussicht, dort getötet zu werden, die Freiwilligen nicht schreckte. Sie waren überzeugt, das Paradies warte auf sie.

Die Kriegsführung mit diesem Kämpfermaterial konnte nicht den gewohnten Regeln folgen. Die „Kämpfer der Iranischen Revolution" hatten auch im zweiten Kriegsjahr Ausbildung durch Begeisterung zu ersetzen. So entwickelte sich von selbst die Strategie der „Menschenwellen". Welle auf Welle rannte gegen die irakischen Stellungen an. Hunderte von „Todesbereiten", die rote Stirnbänder trugen, stürzten sich auf irakische Panzer, sprengten die Raupenketten und erbrachen die Kuppeln. Sie schwärmten über Minenfelder aus und brachten durch ihr eigenes Gewicht die Sprengkörper zur Detonation. Sie suchten den Tod.

480 Kilometer lang war die Front zwischen Iran und Irak. Die Kämpfe konzentrierten sich auf die Provinz Chusistan, in der sich die Iraker festgesetzt hatten. Die erste iranische Offensive begann im März 1982 bei der Stadt Dezful; sie

stieß durch bis Shush. Nach einer Pause zur Reorganisation der Streitkräfte wurde eine zweite Offensive unternommen, die über Susangerd die iranische Hafenstadt Khorramshar erreichte. Der Schatt al Arab wurde Mitte Mai 1982 überschritten. Die iranischen Truppen befanden sich jetzt auf irakischem Boden.

Im Juli 1982 gelang den Iranern der Durchbruch auf breiter Front. Chomeini glaubte zu diesem Zeitpunkt an ein rasches und siegreiches Ende des Krieges. Er war der Meinung, der Zusammenbruch des Regimes von Saddam Hussein stehe nahe bevor. Doch dann versteifte sich der irakische Widerstand erneut. Die irakischen Soldaten hatten sich jetzt daran gewöhnt, gegen „Kinder" zu kämpfen.

Um über ausreichend todesbereite Jugendliche verfügen zu können, kamen die Geistlichen auf die Idee, ein Gesetz zu erlassen, das Zwölfjährigen erlaubte, sich ohne Zustimmung der Eltern zum Frontdienst zu melden. Chomeini erklärte, er selbst übernehme dafür gegenüber Allah die Verantwortung. Trotz dieser erneuten Mobilisierung junger Menschen führten weitere Offensiven nicht zum Erfolg.

In der zweiten Hälfte des Jahres 1983 wandte Irak eine neue Strategie an: Seine Luftwaffe wurde aktiv. Sie hatte aus Frankreich eine Lieferung von fünf Kampfflugzeugen vom Typ „Super Etandard" erhalten. Die Kosten für diese modernsten Maschinen und für den Kauf von exzellenten Raketen vom Typ „Exocet" betrugen sechs Milliarden Dollar. Die Finanzierung erfolgte durch Saudi-Arabien.

Mit Hilfe der neuen Waffensysteme griff die irakische Luftwaffe iranische Städte und Ölanlagen an. Die Absicht war, die iranische Wirtschaft zu lähmen und vor allem den Ölexport zu stören. Die iranischen Einnahmen aus dem Ölgeschäft sanken tatsächlich empfindlich ab. Der Islamischen Republik sollte so die Möglichkeit genommen werden, den Krieg weiterhin zu finanzieren. Doch die Reedereien, deren Tankschiffe das Öl von iranischen Verladestellen am Persischen Golf abholten, ließen sich auf Dauer nicht abschrecken. Als Iran den Barrelpreis senkte, war der Anreiz groß, trotz Gefahr Öl von der Verlade-Insel Kharg bei Bushir abzuholen. Die Einnahmen stiegen wieder. Iran hatte genügend Geld, um Waffen zu kaufen. Woher sie stammten, war lange Zeit ein Rätsel.

Im April 1984 standen 500 000 junge Iraner bereit, um die südirakische Hafenstadt Basra am Schatt al Arab anzugreifen. Doch die Offensive kam nicht in Schwung. Offenbar gab es Probleme mit den Waffen, die noch aus der Zeit des Schahs vorhanden waren. Nach dem Mißerfolg der Offensive wurden iranische hochrangige Offiziere losgeschickt; sie hatten potente Waffenlieferanten aufzusuchen. Das Stockholmer International Peace Research Institute stellte damals eine Liste der Staaten zusammen, die Waffen an Iran lieferten. 44 Regierungen waren dazu bereit. Darunter befand sich die Demokratische Volksrepublik Nordkorea, aber auch die Sowjetunion. Als bekannt wurde, daß auch die USA und Israel zu den Lieferanten von Waffen für die iranischen Streitkräfte gehörten, geriet die Regierung des amerikanischen Präsidenten Ronald Reagan im Dezember 1986 ins Wanken.

Die Lieferungen waren insgeheim erfolgt. Der Deckname der Aktion hatte „Project Recovery“ gelautet. Das Projekt war vom Untergeschoß des Weißen Hauses aus gesteuert worden. Die Beteiligten waren Mitglieder des Stabes von Ronald Reagan. Die zentrale Person war Oberstleutnant Oliver North, der dem National Security Council zugeordnet war. Im Pentagon war er unter dem Spottnamen „Feldmarschall North“ bekannt. Ihm war es gelungen, dem Iran Waffen im Wert von 100 Millionen Mark zu beschaffen. Dieses Geld floß indessen nicht in die Staatskasse der USA, sondern in die Taschen der von den USA unterstützten „Contras“ in Nicaragua.

Geliefert worden waren elektronische Teile, die Iran dringend benötigt hatte, um vorhandene Luftabwehrraketen vom Typ „Hawk“ einsatzfähig zu machen. Die Hawk-Raketen wurden verwendet, um die Ölverladestelle auf der Golfinsel Kharg vor irakischen Luftangriffen zu schützen. Genauso wichtig war der iranischen Armee, daß sie TOW-Raketen erhielt, die zum Abschuß irakischer Panzer benötigt wurden. Die Rakete ist drahtgelenkt und kann treffsicher ins Ziel gesteuert werden. Über 2000 TOW-Raketen erreichten Iran.

Der Versandweg war einfach. Die Waffen wurden zunächst an Israel geliefert; von dort aus erreichten sie in gecharterten Schiffen, die nicht die israelische Flagge führten, den iranischen Hafen Bandar Abbas. Auf dem Rückweg nach Israel nahmen die Schiffe iranische Pistazien mit, die bald schon in Israel sehr beliebt waren.

Mit neuen Waffen und mit neuer Energie griffen iranische Streitkräfte am 9. Februar 1986 die irakische Halbinsel Fao an und besetzten den dortigen Flughafen. Fao besaß auch einen Seehafen, der von Tankern benutzt worden war, die Öl vom nahen Förderfeld Rumeila abtransportierten.

Die iranischen Strategen sahen in Fao ein Sprungbrett zur Verwirklichung der Idee, den Persischen Golf in ein persisches Binnengewässer zu verwandeln. Blickten die Eroberer von Fao aus durch ihre Ferngläser, dann erkannten sie die kuwaitischen Stellungen auf der Insel Bubiyan, auf der sich nur Soldaten aufhielten.

Daß Iran die Halbinsel besetzt hielt, unterbrach den Ölfluß, der bisher am Auslauf des Schatt al Arab abgewickelt worden war. Das irakische Öl stand auf dem Weltmarkt nicht mehr zur Verfügung.

Ein weiterer iranischer Vorstoß auf kuwaitisches Gebiet wäre zu diesem Zeitpunkt möglich gewesen, doch hatte Chomeini die Hoffnung, die Schiiten des Emirats Kuwait, die eine starke Bevölkerungsgruppe bildeten, würden demnächst selbst die Monarchie beseitigen, um dann den iranischen Truppen die Grenze zu öffnen.

Im Mai 1986 hatten die Sicherheitsorgane des Emirats einen Hinweis darauf bekommen, daß die von Iran finanzierte schiitische Stadtguerilla-Organisation „Al Jihad al Islami" – „der Heilige Islamische Krieg" – Waffen und Sprengstoff in Kuwait City verborgen hielt. Der Zugriff war gelungen: Im Juni waren sechs schiitische Kuwaitis verhaftet worden. Sie wurden damals für schuldig befunden, den Emir ermorden zu wollen. Die sechs Männer starben am Galgen. Der schiitische Widerstand gegen die Herrschaft der Familie as Sabah war damit gebrochen.

Die Befehlshaber der iranischen Truppen auf der Halbinsel Fao sahen ein, daß sie nicht mit der Öffnung der kuwaitischen Grenze rechnen konnten. Zu ihrer Überraschung bahnte sich eine Allianz des Emirats mit Saddam Husseins Staat an: Der Emir von Kuwait ordnete an, daß künftig irakisches Öl aus der Produktionsstätte Rumeila über den gut ausgebauten kuwaitischen Ölhafen Mina al Ahmadi ausgeführt werde. Das Resultat war, daß der Irak wieder Öl verkaufen konnte, daß Saddam Husseins Kriegskasse sich wieder zu füllen begann.

Die neue Dimension: Tankerkrieg auf dem Persischen Golf

Kaum hatte Chomeini von der Zusammenarbeit zwischen Kuwait und Irak erfahren, befahl er, kuwaitische Tanker seien künftig als Kriegsziele zu betrachten. Bereits einen Tag später griffen „Wächter der Revolution" mit kleinen improvisierten aber flinken Booten Tanker an, die unter kuwaitischer Flagge fuhren. Die Schäden, verursacht durch primitive Raketen, waren zunächst gering, doch es war nicht auszuschließen, daß dieser Tankerkrieg eskalierte. Um zu demonstrieren, daß die „Freiheit des Schiffsverkehrs" auf dem Wasser des Persischen Golfs nicht gefährdet werden dürfe, boten die USA allen bedrohten Tankern

Schutz an: Kuwaitische Tanker sollten künftig unter amerikanischer Flagge fahren dürfen. Zeigte ein Tanker das Sternenbanner am Heck, dann galt eine Attacke auf dieses Schiff als Angriff auf ein Seefahrzeug der Vereinigten Staaten von Amerika; dann war die Flotte der USA veranlaßt, einzugreifen.

Die „Wächter der Revolution“ ließen sich nicht beirren. Sie hatten bald begriffen, daß sie durch Einsatz schneller Boote tatsächlich zur Bedrohung für den Tankerverkehr im Persischen Golf werden konnten und daß sie durch ihre Aktionen in der Lage waren, die Energieversorgung des „teuflischen Westens“ empfindlich zu stören. Die „Wächter der Revolution“ bekamen schließlich die richtige Waffe in die Hand: Die leicht zu bedienende Luftabwehrrakete vom Typ „Stinger“. Diese Rakete konnte auch gegen Ziele zu Land und auf dem Wasser eingesetzt werden. Einzelkämpfer feuerten die Stinger-Rakete von der Schulter aus ab.

Die Organisationen afghanischer Rebellen boten die Rakete auf Waffenmärkten an. Sie war ihnen in großer Zahl von den USA zur Verfügung gestellt worden zur Abwehr sowjetischer Luftangriffe. Die UdSSR war 1978 in Afghanistan eingefallen, um ein marxistisches Regime zu stabilisieren. Islamische Kommandoorganisationen kämpften gegen die Sowjets; sie bekamen dafür Geld und Waffen von den USA. Einen Teil dieser Waffen – zum Beispiel Stinger-Raketen – verkauften die afghanischen Kommandos an die iranischen „Wächter der Revolution“. Die amerikanischen Stinger-Raketen kamen jetzt zum Einsatz im Persischen Golf – gegen Schiffe, die unter amerikanischer Flagge fuhren.

Um die gefährdeten Tanker noch wirkungsvoller gegen Angriffe iranischer Schnellboote schützen zu können, ordnete das Pentagon Verstärkung seiner Kriegsflotte im Persischen Golf an: Zerstörer und Lenkwaffenkreuzer fuhren in das flache Gewässer ein. Flugzeugträger wurden außerhalb der Straße von Hormuz stationiert.

Wie wenig jedoch die US-Flotte für einen derartigen

Auftrag gerüstet war, zeigte sich am 24. Juli 1987. Der Tanker „Bridgetown", der die amerikanische Flagge gesetzt hatte, fuhr gegen eine Seemine, die explodierte. Der Tanker wurde in seinem vorderen Bereich schwer beschädigt. Da er jedoch mit Ballast unterwegs war – ohneÖlladung –, waren die Folgen für das Gewässer gering. Zwei Wochen später detonierte eine Mine an der Außenwand des Tankers „Texas Caribbean". Diesmal entwich Öl. Die von den „Wächtern der Revolution" ausgelegte Mine war jedoch am falschen Zielobjekt explodiert – die Ölladung stammte von der iranischen Verladestation Kharg.

Die Gefährlichkeit der von Iranern im Meer verteilten Minen wurde vom amerikanischen Seekommando erkannt, doch der US-Flotte fehlten die Mittel, um die Gefahr zu bannen. Minenräumer wurden gebraucht, doch über derartige Schiffe verfügte die US-Flotte im gesamten Raum zwischen dem Mittelmeer und dem Indischen Ozean nicht. Frankreich und England, die sich ursprünglich geweigert hatten, am Flottenaufmarsch im Persischen Golf teilzunehmen, stellten schließlich Minenräumboote.

Die US-Flotte im Meer zwischen Iran und der Arabischen Halbinsel bestand im August 1987 aus dreißig Kriegsschiffen, die den Auftrag hatten, Iran daran zu hindern, den Tankerverkehr zum Erliegen zu bringen. Der US-Flottenverband nahm zu diesem Zeitpunkt eindeutig für Irak Partei. Amerikanische Zerstörer begleiteten irakische Schiffe, die Waffen transportierten, die dann von Irak im Landkrieg gegen Iran eingesetzt wurden. Das Ziel der Waffentransporte war der kuwaitische Hafen Mina al Ahmadi. Von dort aus gelangten sie auf dem Landweg zur irakisch-iranischen Front.

Auf diese Hilfestellung reagierte Chomeini zornig: Er gab der iranischen Marine, der Luftwaffe und den „Wächtern der Revolution" Befehl, amerikanische Zerstörer im Persischen Golf zu versenken.

Diese Gefahr mußte vom amerikanischen Flottenkommando ernst genommen werden; die Möglichkeit bestand, daß sich der Krieg ausweitete. Auf Drängen der US-Regierung erließ der Weltsicherheitsrat die Resolution Nummer 598, die den sofortigen Waffenstillstand am Persischen Golf forderte. Saddam Hussein war bereit, die Forderung des Weltsicherheitsrats zu erfüllen. Doch jetzt war die iranische Heeresleitung der Meinung, dies sei kein günstiger Zeitpunkt für einen Waffenstillstand, denn der entscheidende Durchbruchserfolg stehe im Landkrieg unmittelbar bevor.

Das Schiitengebiet um Basra soll autonom werden

Es war dem iranischen Generalstab gelungen, 140 000 junge Männer der Front in der Region des Hafens Abadan zuzuführen. Der Plan war, die wichtige irakische Stadt Basra am Schatt al Arab zu erobern. Die Hoffnung der iranischen Führung war, das Schiitengebiet im Süden des Irak in die Hand zu bekommen. Basra sollte Mittelpunkt einer Region des Irak werden, die von den Schiiten autonom verwaltet wurde. Bekannt war, wer diesem Autonomiegebiet vorstehen sollte. Es war ein Geistlicher, der durch Chomeini den hohen Rang eines Ayatollah erlangt hatte. Sein Name: Mohammed Bakr al Hakim. Er trug einen schwarzen Turban und wies sich damit als Mitglied der „Heiligen Familie“ aus. Er stammte in direkter Linie vom Propheten Mahammed ab.

Chomeini hatte diesen Geistlichen zum Oberhaupt des künftigen souveränen Schiitengebiets von Basra erwählt; dies war bereits 1982 geschehen.

Mohammed Bakr al Hakim war 50 Jahre alt. In Nedjef war er geboren worden, in der irakischen Heiligen Stadt, in der Chomeini im Exil gelebt hatte. Im Gegensatz zu Chomeini, der sich mit Absicht nicht in die irakische Politik eingemischt hatte, bezog Mohammed Bakr al Hakim eindeutig Position gegen Saddam Hussein und dessen Regime. Die

Offenheit des Geistlichen mußte dazu führen, daß er vom irakischen Geheimdienst beobachtet wurde. Als er sich bedroht fühlte, floh er nach Qom – dies geschah nach dem für die Schiiten erfolgreichen Abschluß der Revolution gegen den Schah. Im iranischen Exil wuchs im Bewußtsein des Mohammed Bakr al Hakim die Entschlossenheit, „die schiitische Mehrheit des Irak vom sunnitischen Joch zu befreien“. Chomeini ernannte ihn mit diesen Worten zur Leitfigur der Schiiten im Irak: „Du bist dazu ausersehen, den Teufel Saddam Hussein zu vernichten.“

Der Auserwählte griff die Parole auf: „Wir werden Saddam Hussein liquidieren! Er muß zur Hölle fahren! Seine Bluthunde dürfen nicht länger unser Volk verfolgen und unsere Menschen töten.“

Im Jahre 1987 wartete Mohammed Bakr al Hakim in Tehran auf seine Chance. Er hat sich ein Gremium geschaffen, das sich „Oberster Rat der Islamischen Revolution im Irak“ nannte. Der Sitz des Gremiums lag in einem repräsentativen Gebäude in Tehrans Regierungsviertel.

Die Einnahme von Basra sollte die entscheidende Stufe sein für die Schaffung des autonomen schiitischen Gebiets westlich des Schatt al Arab. In einer „allerletzten Offensive“ dieses Krieges sollten die iranischen Streitkräfte Basra erobern, um dann in Richtung Kuwait vorzustoßen. War erst der südliche Teil des Irak besetzt, konnte Druck auf die herrschende Emirfamilie von Kuwait so lange ausgeübt werden, bis das royale Regime zerbrach. Seine wirtschaftliche Existenz sollte in einer vorbereitenden Phase der endgültigen Auseinandersetzung zerstört werden. Deshalb war es jetzt notwendig, den Tankerkrieg zu intensivieren.

Das iranische Oberkommando schuf neue Voraussetzungen für den Erfolg. Attacken durch Schnellboote hatten sich nicht als effektiv genug erwiesen – und die Minenräumer hatten die Hoffnung zunichte gemacht, durch Minen den Wasserweg sperren zu können. Die Strategie des Iran sollte nun darin bestehen, Boden-Boden-Raketen einzusetzen. Diese Waffe war bereits erworben worden. Sie trug die Bezeichnung HY 2 „Seidenraupe". Zwei Lieferanten hatten Iran damit versorgt: Die Volksrepublik China und die Demokratische Volksrepublik Korea.

Die Raketen waren bereits installiert: Sie standen bei Bandar Abbas, nahe der dortigen Luftwaffenbasis. Sie konnten gegen Tanker in der Straße von Hormuz eingesetzt werden, und sie hatten die nötige Reichweite, um Kuwait zu treffen. Am gefährlichsten für den kuwaitischen Ölhafen Mina al Ahmadi aber waren die Raketenstellungen auf der Halbinsel Fao.

Doch Chomeini wollte nicht, daß der Krieg am Persischen Golf durch Raketeneinsatz eine neue Dimension erhielt. Auf seine Anordnung hin wurden erneut Schnellboote eingesetzt, um Tanker anzugreifen. Die „Wächter der Revolution" verwendeten jetzt einen Bootstyp, dessen Körper aus Glasfaser bestand; angetrieben wurden die Boote durch leichte Flugzeugmotoren. Einsatzbasis waren die kleinen Golfinseln Minon, Fersi und Abu Musa.

Jetzt erwiesen sich die Angriffe als wirkungsvoll. Lloyds of London, als wichtigstes Versicherungsinstitut der Welt, am besten informiert, registrierte jeden Schaden, der einem Schiff im Persischen Golf zugefügt wurde. Nach Angaben von Lloyds of London waren im Jahre 1986, als sich der Tankerkrieg in seiner Anfangsphase befand, präzise 80 Schiffe beschädigt worden. Im Jahre 1987 stieg diese Zahl auf 178; allein im Dezember 1987 erhielten 34 Tanker Treffer.

Die Fahrt auf der Tankerroute des Persischen Golfs war gefährlich geworden. Aber dennoch lohnte sich für Ölgesellschaften und Reedereien der Einsatz: Für iranisches Öl, das vom iranischen Ölterminal Kharg abgeholt wurde, lag der Preis durchschnittlich um zwei Dollar pro Barrel unter dem

Weltmarktpreis. Kam der Tanker unbehelligt durch die Gefahrenzone, war die Gewinnspanne, die beim Verkauf der Ladung erzielt wurde, beachtlich. Doch selbst wenn ein Tanker samt Ladung durch Beschuß verlorengegangen wäre, hätte dies keinen Verlust für den Schiffseigner bedeutet, denn das iranische Ölministerium versprach, den Schaden zu ersetzen.

Auch der intensive Tankerkrieg brachte für Iran nicht den gewünschten Erfolg. Die Offensive bei Basra war erlahmt, ehe die Stadt von iranischen Streitkräften eingenommen worden war. Wieder erstarrte der Kampf zum Abnützungskrieg bei unbeweglicher Front. Trotzdem war Chomeini überzeugt, daß Iran den Krieg gewinnen werde. Er glaubte, mit jedem Kriegstag wachse die Chance, daß das „teuflische Regime" des Saddam Hussein zerbreche. Iran litt zwar unter den Kriegsbedingungen, doch war das Finanzministerium in der Lage, hohe Beträge zur Verfügung zu stellen, wenn die Kriegslage dies erforderlich machte. Außer den finanziellen Vorteilen, die Iran begünstigten, besaß das Land überaus effektive Freunde – und dazu gehörten einflußreiche Israelis. Sie nahmen es hin, daß der Ayatollah al Uzma heftig gegen Israel polemisierte und sogar die Vernichtung des jüdischen Staates proklamierte. In Wahrheit bestanden die Kontakte weiter, die zur Schahzeit geknüpft worden waren. Auch der radikale Regimewechsel hatte sie nicht zerstören können. Dazu kam, daß diese Kontakte nie darunter zu leiden hatten, daß sich Iran aktiv in die arabisch-islamische Front gegen Israel eingereiht hatte. Niemand erwartete von Iran zu irgendeiner denkbaren Zeit eine Kriegserklärung gegen Israel.

David Kimche, der damals Generaldirektor im israelischen Außenministerium war, formulierte seine Zufriedenheit mit der iranischen Haltung im Nahostkonflikt so: „Iran führt Krieg gegen den Irak. Der Irak aber ist ein Staat, der mit uns verfeindet ist. Iran schwächt diesen Feind, weil er dessen Streitkräfte bindet, weil er dessen Wirtschaftskraft bedroht."

David Kimches Vertrauensperson in dieser Angelegenheit war ein ehemaliger Angehöriger des israelischen Geheimdiensts, der sich im Verlauf der Zeit zum einfallsreichen Waffenhändler entwickelt hatte. Dessen Gesprächspartner auf iranischer Seite war Hodjat al Islam Hashim Rafsanjani; er war der damalige Vorsitzende des Parlaments. Rafsanjani handelte mit Wissen Chomeinis. Nicht informiert waren der Staatspräsident und der Ministerpräsident. Vereinbart wurde zwischen Rafsanjani und dem Vertrauensmann von David Kimche, daß Iran Ersatzteile für seine Kampfflugzeuge amerikanischer Herkunft erhielt.

Die israelische Regierung war unter der Hand darum bemüht, die Beziehungen zwischen Tehran und Washington zu verbessern. Zu diesem Zweck wurde über die Freilassung amerikanischer Geiseln in Libanon verhandelt; sie befanden sich in der Hand einer schiitischen Organisation. Rafsanjani versprach Hilfe in dieser Angelegenheit.

Die Gespräche über die Verbesserung der Beziehungen zwischen Tehran und Washington waren schon sehr weit gediehen, da ließ ein Unglück alle Hoffnung auf Normalisierung des zwischenstaatlichen Verhältnisses platzen.

„Der Himmel soll sich rot färben von amerikanischem Blut"

Am Morgen des 3. Juli 1988 startete vom iranischen Zivilflughafen Bandar Abbas der Flug Nummer 655 der Iran Air. Zum Flug nach Abu Dhabi, das knapp 200 Kilometer von Bandar Abbas entfernt liegt, hatte die Iran Air an diesem Tag eine Maschine vom Typ Airbus A 300 B eingesetzt. An Bord befanden sich hauptsächlich iranische Männer, die als Gastarbeiter im wohlhabenden Emirat Abu Dhabi tätig waren. Der Flug 655 der Iran Air war planmäßig unterwegs; er gehörte jeden Tag zu den zahlreichen Flugbewegungen, die den Persischen Golf überquerten.

Auf dem Wasser unterhalb der Flugroute patrouillierte an jenem 3. Juli 1988 der US-Lenkwaffenkreuzer „Vincennes". Seine Aufgabe war der Schutz von Tankern, die unter amerikanischer Flagge den Persischen Golf befuhren. Nervosität herrschte an Bord: Innerhalb weniger Stunden war der Kreuzer an diesem Tag zweimal von iranischen Kleinschnellbooten aus beschossen worden. Die Männer auf den angreifenden Booten hatten Stinger-Raketen abgefeuert, die jedoch an der starken Panzerung der „Vincennes" nur geringen Schaden angerichtet hatten.

Die Aufmerksamkeit des Wachpersonals an Deck war auf die Wasseroberfläche ausgerichtet. Die Radarspezialisten aber waren besonders angewiesen worden zu beobachten, ob von Bandar Abbas aus iranische Kampfjets zu operativen Einsätzen starteten. Die in Bandar Abbas stationierten Maschinen gehörten zum Typ Grumman F 14. Sie waren vor zehn Jahren, als der Schah noch zuständig war, von den USA an Iran ausgeliefert worden. Seit Monaten hatten die Kampfmaschinen nicht eingesetzt werden können, weil verschlissene Teile nicht ersetzt wurden. Jetzt erst waren auf Schiffen aus Israel Ersatzteile eingetroffen. Darüber wußten die CIA-Spezialisten am Golf genau Bescheid. Sie waren ebenso darüber informiert, daß die Grumman F 14-Maschinen demnächst wieder startklar waren. Ihnen war auch das Signal bekannt, das die iranische Luftwaffe benutzte, um die eigenen Flugzeuge zu identifizieren.

Am 3. Juli 1988 empfingen die Antennen des Lenkwaffenkreuzers „Vincennes", dessen Position zwischen Bandar Abbas und Dubai war, ein Funksignal, das dem bekannten Signal der F 14-Maschinen entsprach. Gleichzeitig zeigte das Radargerät an, daß von Bandar Abbas aus ein Flugzeug aufstieg. Die Radarbesatzung informierte Kapitän Will C. Rogers, der das Kommando auf der „Vincennes“ führte. Er versetzte den Lenkwaffenkreuzer sofort in Alarmzustand.

Nicht empfangen von den Geräten der „Vincennes“ wurde der Funkverkehr des gestarteten Flugzeugs mit dem Tower von Bandar Abbas. Daraus wäre zu entnehmen gewesen, daß sich der Flug Iran Air 655 abmeldete zum Flug in Richtung Abu Dhabi. Der Kurs der Maschine führte direkt auf die „Vincennes“ zu.

Kapitän Rogers überzeugte sich selbst, daß die Geräte in der Kommandozentrale vor dem Anflug eines Kampfflugzeugs warnten; er sah, daß es bereits zum Tiefflug angesetzt hatte.

Da die „Vincennes“ nicht als Einzelschiff den Persischen Golf durchpflügte, wollte sich Rogers mit dem Chef des Nachbarschiffes beraten. Dies war eine Fregatte, die 27 Kilometer entfernt auf Parallelkurs fuhr. Deren Kapitän hatte nichts Außergewöhnliches bemerkt. Sein Radar zeigte an, daß ein Verkehrsflugzeug unterwegs war in Richtung Abu Dhabi, und daß es seine Höhe von 3600 Metern strikt einhielt.

Kapitän Rogers glaubte, der Fregattenkapitän habe sich geirrt. Er ließ den Piloten der offenbar noch immer angreifenden Maschine über Funk auffordern, seine Nationalität und seine Absicht zu nennen. Die „Vincennes“ erhielt keine Antwort.

Die elektronischen Geräte des Kriegsschiffs zeigten an, daß das fremde Flugzeug die Küste der Insel Qeshm überflog. Verdächtig war, daß es sich offenbar noch immer im Sinkflug befand.

In dieser kritischen Situation wollte sich Kapitän Rogers absichern. Er bekam in aller Eile Verbindung mit dem Stab des Oberkommandierenden der US-Seestreitkräfte im Persischen Golf. Von dort erhielt Rogers den Rat, den Piloten des unbekannten Flugzeugs noch einmal nach seiner Identität und nach dem Sinn seines Flugmanövers zu befragen. Erfolge keine Antwort, so läge die Entscheidung ganz allein bei ihm, dem Kommandanten der „Vincennes".

Als der Radarschirm anzeigte, daß das Flugzeug noch 30 Kilometer entfernt war, mußte Kapitän Rogers handeln. Im letzten Augenblick kam einer der Schiffsoffiziere auf die Idee, man könne ja prüfen, ob zu diesem Zeitpunkt eine iranische Linienmaschine auf regulärem Flug unterwegs war von Bandar Abbas in Richtung Westen. Doch für Überprüfung der Flugpläne war es nun zu spät. Jetzt gab Kapitän Rogers den Befehl, zwei Abwehrraketen auf das nichtidentifizierte Flugzeug abzufeuern.

Wenige Sekunden später glühte ein Feuerball am Himmel auf. Beide Raketen hatten das Flugzeug getroffen – es war ein Airbus A 300 B.

Flugzeugtrümmer und Leichen fielen aus einer Höhe von 3600 Metern auf das Wasser des Persischen Golfs. 290 Iraner hatten ihr Leben verloren.

Ungeklärt blieb, wie es hatte geschehen können, daß die elektronischen Geräte des hochmodernen Lenkwaffenkreuzers den Unterschied zwischen einem Kampfflugzeug vom Typ Grumman F 14 und einem Airbus A 300 B nicht bemerkt hatten. Dabei ist der Airbus mehr als dreimal so lang wie die Kampfmaschine F 14. Die Verkehrsmaschine hat die dreifache Spannweite der Tragflächen der F 14. Außerdem ist der Airbus vom Augenblick des Starts an weit schwerfälliger als das Kampfflugzeug.

Ayatollah Chomeini war überzeugt, die Besatzung des amerikanischen Kriegsschiffs habe vorsätzlich und auf höchsten Befehl gehandelt. Er ließ sich in seiner Beurteilung von vorausgegangenen Ereignissen leiten: Am 18. April 1988 hatten US-Kriegsschiffe zwei iranische Ölförderplattformen im südlichen Bereich des Persischen Golfs zerstört.

Wenig später hatte derselbe Schiffsverband sechs kleinere iranische Kriegsschiffe versenkt. Chomeini war mit gutem Grund der Meinung, der offene Krieg zwischen Iran und den USA sei ausgebrochen. Er war entschlossen, ihn zu führen: „Der Himmel soll sich rot färben von amerikanischem Blut."

Chomeini läßt um Waffenstillstand bitten

Im Februar 1988 war Tehran zum erstenmal von irakischen Raketen beschossen worden. Festgestellt wurde, daß eine Weiterentwicklung der sowjetischen Boden-Boden-Rakete von Typ Scud B eingeschlagen hatte. Die irakische Bezeichnung hieß „al Husseini".

Innerhalb weniger Tage trafen rund 200 dieser Raketen die iranische Hauptstadt. Die Gebäudeschäden waren beachtlich. Es war damit zu rechnen, daß diese neue Art der Kriegsführung der Zivilbevölkerung hohe Verluste abverlangen würde.

In Tehran machte sich Angst breit. Die Familien der wohlhabenden Viertel, die über Kraftfahrzeuge verfügten, suchten Zuflucht in Gebirgsdörfern des Elburzmassivs.

Zu diesem Zeitpunkt wurde dem iranischen Militär bewußt, daß Saddam Hussein offenbar über gefährliche Kampfgase verfügte. Geheimdienstinformationen ließen erkennen, daß in der irakischen Stadt Samarra die heimtückischen Nervengifte Sarin und Tabun hergestellt wurden.

Gerüchte, die in Tehran weitergegeben wurden, berichteten davon, Irak habe die Kampfgase schon im Frontabschnitt von Fao verwendet. Viele Iraner seien unter schrecklichen Umständen gestorben.

Die Gerüchte über den Einsatz der Kampfgase verunsicherten die „Wächter der Revolution". Sie waren auch weiterhin bereit zu sterben, um Märtyrer zu werden und um sich den Weg ins Paradies zu öffnen. Zum Märtyrertum gehörte nach traditioneller Ansicht, daß der Betreffende eine Wunde hatte, daß er sein Blut vergoß. Die Opfer der Gasgranaten – soviel wurde bekannt – aber wiesen offenbar keine Wunden auf. Die Frage stellte sich für die „Wächter der Revolution", ob sie – wenn Allah ihnen den Tod im Kampf bestimmt hatte – auch ohne Wunde zum Märtyrer werden würden. Da sie auf diese Frage keine Antwort erhielten, wurden sie verunsichert. Die Begeisterung für Kampf und Tod ließ nach. Der Heeresleitung fiel die Aufstellung von Verbänden für eine nächste Offensive schwer. Die Zahl der Freiwilligen verringerte sich beträchtlich.

Der Ayatollah al Uzma glaubte, er habe den richtigen Mann gefunden, um der Vorbereitung der Offensive neuen Schwung zu geben: Er beförderte am 2. Juni 1988 Hashim Rafsanjani zum Oberbefehlshaber der Streitkräfte. Rafsanjani besaß allerdings nur die Würde eines Hodjat al Islam; er stand damit eine wesentliche Stufe unter dem Ayatollah. Da er nicht den Vorzug besaß, zur „Heiligen Familie" zu zählen, war ihm nur gestattet, einen weißen Turban zu tragen. Damit waren seine Erfolgsaussichten als Oberbefehlshaber gemindert.

Ihm war zur Aufgabe gestellt, die noch vorhandenen regulären Armeeverbände mit den Einheiten der „Wächter der Revolution" (Pasdaran) zu koordinieren. Seit einiger Zeit bestand eine weitere Eingreiftruppe: der „Freiwilligenverband" (Basij), auf den Chomeini besonders stolz war. Jede dieser bewaffneten Organisationen legte großen Wert auf ihre Eigenständigkeit.

Hodjat al Islam Rafsanjani kam nicht mehr dazu, Erfahrungen als Oberbefehlshaber zu sammeln. Am 13. Juli 1988 waren die iranischen Streitkräfte weit auf eigenes Gebiet zurückgedrängt worden; eine zusammenhängende Front existierte nicht mehr. Fünf Tage später sah Rafsanjani nur den einen Ausweg, um eine deutliche Niederlage zu vermeiden: Mit Irak mußte Waffenstillstand geschlossen werden. Chomeini stimmte zu, den Vereinten Nationen zu signalisieren, Iran sei bereit, die Kämpfe einzustellen.

Doch jetzt ließ sich Saddam Hussein, der seit Jahren Waffenstillstand angeboten hatte, Zeit. Er verlangte die Wiederherstellung des früheren Grenzzustands am Schatt al Arab. Die Wasserstraße sollte erneut ganz dem Irak unterstehen. Da sich seine Truppen in der besseren Position befanden, konnte er sich Verzögerungen in den Verhandlungen leisten. Erst am 20. August 1988 wurde die Vereinbarung zur Waffenruhe unterzeichnet. Eine internationale Beobachtertruppe wurde geschaffen, die zu kontrollieren hatte, daß die Absprachen eingehalten wurden. Sie bestand aus 350 Offizieren unterschiedlicher Nationalität. Ihre Bezeichnung: UN Iran-Iraq Military Observers Group (U N I I M O G).

Acht Jahre lang hatte der Krieg gedauert. Etwa eine Million Männer, meist noch Jugendliche, hatten ihr Leben verloren. In jeder Stadt mußte ein „Märtyrerfriedhof" angelegt werden. Dort wurden die Toten bestattet, die von der Front in die Heimat überführt worden waren. Die Märtyrerfriedhöfe bestehen aus Einzelgräbern, auf denen die Fotografien der Gefallenen zu sehen sind; An den Gesichtern ist das Alter der Märtyrer zu erkennen: Kaum einer ist älter als zwanzig Jahre.

Die Entscheidung zum Waffenstillstand war Chomeini schwergefallen. Die Einstellung des Kampfes bedeutete Verzicht auf das Ziel, die Islamische Revolution nach Irak und auf die westliche Seite des Persischen Golfs auszudehnen. Der Gedanke vom „Export der schiitischen Staatsidee" erlosch.

Während in Tehran die Verantwortlichen realistisch über die Zukunft zu denken begannen, mußten sie feststellen, daß im Ausland die Überzeugung wuchs, Iran unterhalte ein Netz von Agenten, das bereitstehe, den Westen zu destabilisieren. Diese Agenten seien vor allem in den Botschaften verborgen; sie seien als Diplomaten getarnt. Ihr Auftraggeber sei das „Ministerium für Nationale Sicherheit“, das allerdings in der Liste der Regierungsorganisationen nicht geführt wurde.

Schon im März 1987 hatte Tunesien seine diplomatischen Beziehungen zu Tehran abgebrochen mit der Begründung, die iranische Botschaft organisiere revolutionäre islamische Zellen in Tunesien und sie rekrutiere Tunesier für Terroranschläge in anderen Staaten. Bald darauf wurden in Frankreich acht Verdächtige verhaftet – unter ihnen befanden sich sechs Tunesier. Sie wurden in Zusammenhang gebracht mit früheren Bombenanschlägen in Paris. Ein Übersetzer im Dienst der iranischen Botschaft wurde verdächtigt, er sei der Drahtzieher des Agentennetzes.

Die Anschuldigungen, die nicht bewiesen werden konnten, waren Bestandteil politischer Querelen, die ernsthafte Verhandlungen verschleierten: Die iranische und die französische Regierung sprachen darüber, auf welche Weise eine Milliarde Dollar, die der Schah im Jahre 1978 als Anleihe an Frankreich ausbezahlt hatte, wieder an Iran zurückvergütet wird. Ein anderes Thema der verdeckten Verhandlungen war die Freilassung von Geiseln im Libanon.

Todesurteil für Salman Rushdie

Während der Monate nach dem Abschluß des Waffenstillstands zwischen Iran und Irak verschwand Iran aus den Schlagzeilen der Weltpresse. Im Land selbst trat Stagnation ein – im stillen wurde eine Diskussion darüber geführt, wer nach Chomeini die Position des Wali Faqih ausfüllen könnte. Fachleute beschäftigten sich mit der Neuentwicklung der vom achtjährigen Krieg angeschlagenen Wirtschaft. Die offizielle Wirtschaftspolitik zielte erstaunlicherweise in eine freiheitliche Richtung: Verstaatlichungsmaßnahmen wurden aufgehoben; frühere Besitzer erhielten ihr Eigentum zurück. Ein Fünfjahresplan wurde vorbereitet, der wachsenden Import vorsah. Eingeführt werden sollten Güter, die zur Fertigung von Gebrauchsartikeln benötigt wurden. Der Planungsminister kündigte an, Chomeini habe der Aufnahme von Krediten im westlichen Ausland zugestimmt – vorausgesetzt, daß die Kreditaufnahme nicht zu politischer Abhängigkeit vom Ausland führe. Am 14. Februar 1989 aber zerriß eine Meldung viele Fäden zwischen dem Planungsministerium in Tehran und möglichen Investoren und Kreditgebern im westlichen Ausland. Die Meldung lautete: „Ayatollah Chomeini verurteilt Schriftsteller zum Tode." Gemeint war der britische Autor Salman Rushdie, der Autor des Romans „Satanische Verse".

Dem Todesurteil vorausgegangen waren vereinzelte Demonstrationen in Indien und Pakistan, die gegen das „gotteslästerliche Buch" protestierten. Dann empörten sich indische und pakistanische Moslems in Londoner Vororten darüber, daß jenes Buch in den Schaufenstern englischer Buchhandlungen zu sehen sei. Diese Empörung wurde in Sendungen der BBC erwähnt, die für Iran bestimmt waren.

Einen derartigen Bericht hörte Sayyed Ahmed, Chomeinis Sohn. Dessen Rundfunkgerät im Haus des Vaters war immer auf den Kurzwellensender von BBC eingestellt. Sayyed Ahmed erzählte dem Ayatollah von den Protesten in Indien und Pakistan und von der Empörung der Moslems in London. Sayyed Ahmed kannte die „Satanischen Verse" nicht aus eigener Lektüre. Was er wußte, stammte aus der BBC-Sendung. Er berichtete dem Vater, Salman Rushdie habe behauptet, der Prophet Mohammed habe die Offenbarungen, die er empfangen habe, verfälscht. Rushdies These sei: Nicht alles, was Mohammed im Koran als göttliche Äußerung notiert habe, sei göttlichen Ursprungs – manches habe Mohammed erdichtet.

Als Chomeini aus dem Mund seines Sohnes Ahmed diese Darstellung vernommen hatte, war der Ayatollah al Uzma der Meinung, der Autor Salman Rushdie – der als Moslem aufgewachsen war – habe Allah gelästert, und er müsse dafür bestraft werden. Lästerung Allahs könne allein durch die Todesstrafe gesühnt werden. In einem „religiösen Edikt“ – Fatwa genannt – verkündete Chomeini dieses Urteil. Es traf nicht nur Rushdie allein, sondern auch dessen Verleger. Die Moslems in aller Welt wurden aufgefordert, Salman Rushdie und den Verleger zu töten.

Chomeini änderte seine einmal gefaßte Meinung nicht mehr. Gemäß seinem theologischen Standpunkt war der Koran Bestandteil der Schöpfung Allahs. Der Koran war als Ganzes geschaffen worden, noch ehe der Schöpfungsakt für die Welt erfolgt war. Dem Moslem war nicht gestattet zu bezweifeln, daß Allah den Koran geschaffen habe. Es mußte daher als Lästerung Allahs angesehen werden, wenn Salman Rushdie behauptete, der Mensch Mohammed habe nach eigenem Willen am Entstehen des Koran mitgewirkt.

Obwohl sich Salman Rushdie sofort bei Chomeini und der islamischen Welt entschuldigte, ließ der Ayatollah al Uzma die „Fatwa“ am 19. Februar 1989 durch seinen Sohn Ahmed wiederholen. Noch einmal wurden die Gläubigen aufgefordert, das von Allah sanktionierte Urteil an Rushdie zu vollziehen.

Am 20. Februar 1989 beschäftigten sich die Außenminister der zwölf Staaten der Europäischen Gemeinschaft mit Chomeinis „Fatwa“. Sie kündigten den Abzug ihrer diplomatischen Vertreter aus Tehran an. Iran antwortete mit der entsprechenden Gegenmaßnahme: Die diplomatischen Beziehungen zwischen Tehran und den Hauptstädten der Europäischen Gemeinschaft wurden eingefroren.

Im Westen wurde lange nicht deutlich, was der wahre Grund für Chomeinis harte Haltung war. Daß ihn schiitisch-theologische Argumente bewogen haben, den „Fall Rushdie“ hochzuspielen, wurde schon bald nicht mehr angenommen.

Am 22. Februar lüftete Chomeini selbst das Geheimnis. In einer Rede, die er in seinem Tehraner Haus hielt, legte er offen dar, daß die geistlich-politische Führung in Iran in zwei Fraktionen gespalten sei: In Liberale und in Konservative. Diese Bezeichnungen waren nicht im Sinne europäischer politischer Etikettierung zu sehen. Die „Liberalen“ waren Ayatollahs, die dafür eintraten, daß zum Wiederaufbau Irans und zur Behebung der Kriegsfolgen auch westliche Partner beteiligt sein sollten. Die „Konservativen“ aber waren Ayatollahs, die das Wirken westlicher Länder von Iran fernhalten wollten, weil sie deren Einwirkung fürchteten.

Hatte Chomeini während der Debatte zum Fünfjahresplan der Kreditaufnahme im westlichen Ausland zugestimmt, vertrat er jetzt den Standpunkt, er werde nie zulassen, daß die „Liberalen“ in Iran die politische Richtung bestimmen dürften. Er sagte, was der Westen wolle, werde jetzt am „Fall Rushdie“ deutlich: Die Amerikaner hätten den Moslem Salman Rushdie einer Gehirnwäsche unterzogen, die bewirkt hätte, daß er Gut und Böse nicht mehr habe unterscheiden können. Von den Amerikanern sei Rushdie zum „Feind Allahs“ gemacht worden. So sei sein Buch entstanden – als Instrument des Westens zur Zerstörung des Islam.

Es zeigte sich bald, daß Chomeinis Kalkulation aufging. Seine Aktion gegen Salman Rushdie hatte die „Liberalen“ geschwächt. Sie spürten, daß sie beim „Rat der Experten“ – er war zuständig für die Festlegung eines Nachfolgers für Chomeini als Wali Faqih – keine Unterstützung mehr bekommen würden für einen Geistlichen, der dem Westen einen Platz an der Seite Irans einräumen wollte. Im März 1989 resignierte Ayatollah Hussein Ali Montazeri. Er war im Jahre 1985 vom „Rat der Experten“ zum Nachfolger Chomeinis eingesetzt worden und galt als „Liberaler“. Er zog sich nun zurück. Die „Konservativen“ waren die Gewinner.

Chomeinis letzte Botschaft

Am 3. Juni 1989 starb Ayatollah Ruhollah Musawi Chomeini. Trauer überlagerte jedes andere Lebensgefühl in Iran. Millionen strömten nach Tehran, um Abschied zu nehmen vom Wali Faqih, vom geistlichen Führer. Sie drängten sich am Weg, der herunterführt vom Stadtteil Djamaran in die Stadt und hinaus zum Märtyrerfriedhof, auf dem Zehntausende junger Männer als Opfer des achtjährigen Kriegs bestattet waren.

Berichtet wird vom Tag des Begräbnisses, die Trauernden hätten sich derart um das Fahrzeug gedrängt, auf dem der offene Sarg stand, daß der Wagen umkippte und der Tote, der nur ein Hemd trug, sichtbar wurde. Man sah für einen Augenblick die ausgezehrte Gestalt des Greises. Doch die jungen „Wächter der Revolution“ handelten geistesgegenwärtig. Sie sorgten dafür, daß Chomeini in Würde zum Märtyrerfriedhof im Süden von Tehran gebracht werden konnte.

Während der Monate, in denen der Ayatollah al Uzma immer hinfälliger geworden war, hatte er sich damit befaßt, schriftlich zu fixieren, was ihm besonders am Herzen lag. Die Niederschrift beginnt mit den Worten:

„Im Namen Allahs, des sich Erbarmenden, des Allbarmherzigen! Es sprach der Gesandte Allahs: ‚Ich hinterlasse euch zwei Kostbarkeiten – das Buch Allahs und meine Familie‘.“

Mit diesen Worten ist Chomeinis eigene Situation umrissen: Jeder weiß, daß er Mitglied der „Heiligen Familie“ ist, die der Prophet selbst an Bedeutung und an Heiligkeit dem Koran gleichgesetzt hat.

Vom Gesandten Allahs kennt Chomeini auch diese Worte: „Ich bin der Baum des Paradieses, der mit seinen Zweigen bis zur Erde reicht. Wer diese Zweige achtet und ihnen vertraut, dem wird das Paradies sicher sein!“ Damit ist festgelegt, daß den Nachkommen des Propheten Mohammed die Führungsposition im Islamischen Staat zugewiesen ist. Der Moslem ist verpflichtet, diese Führungsposition anzuerkennen.

Diese Position betrifft nicht allein das Gebiet der Religion, sondern alle Lebensbereiche. Sie werden mit dem Begriff Politik gekennzeichnet. Eine Trennung von Religion und Politik widerspreche dem Vorbild, das der Gesandte Allahs den Menschen gegeben habe. Mohammed sei der Begründer des Islamischen Staates gewesen; er habe diesen Staat regiert. Es sei der Wille Allahs, daß die Nachkommen Mohammeds dessen Aufgabe übernähmen. Tyrannische Könige und listige „Männer des Glaubens" aber hätten, ohne auf die Familie des Propheten zu achten, den Koran mißbraucht. Wegen dieser Tyrannen habe Ali den Märtyrertod erleiden müssen. Diese Tyrannen hätten alsbald die Herrschaft übernommen. „So wurde der Koran zur Rechtfertigung der Gewaltherrscher, die sich zu Widersachern Allahs entwickelten." Für die Gläubigen – so schrieb Chomeini – sei der Koran nur noch wichtig gewesen bei Trauerfeiern und Hochzeiten.

Der Islamischen Revolution sei es zu verdanken, daß der Koran wieder seine Funktion zurückerhalten habe: „Es ist uns eine Ehre, daß die Bevölkerung aus allen Schichten voll grenzenloser Hingabe ihr Leben, ihr Eigentum auf dem von Allah bestimmten Weg geopfert hat. Es ist uns eine Ehre, daß Frauen, ob jung oder alt, am wirtschaftlichen, kulturellen und militärischen Leben teilnehmen und sich Schulter an Schulter mit den Männern, meist noch energischer als diese, am Kampf für die Verbreitung des Islam und für die Ziele des Heiligen Koran einsetzen."

„Es ist uns eine Ehre, daß der Kampf geführt wird gegen Feinde, die sich wie wilde, reißende Tiere verhalten. Sie schrecken vor keiner Untat zurück, um ihre kriminellen Ziele zu erreichen. An ihrer Spitze steht Amerika, dieser notorische Terrorist. Die USA sind ein Staat, der die ganze

Welt in Brand setzt. Sein Verbündeter ist der Weltzionismus, der jedes Verbrechen als Mittel ausnützt, um ‚Groß-Israel' etablieren zu können."

Die USA und Israel werden als Feinde des Islam definiert. Ihr Helfer sei der König von Jordanien, der damals noch neun Jahre zu leben hatte. Chomeini bezeichnet Hussein als „hausierenden Gangster", der in Amerika Dollars „zusammenbettle". Am gleichen Napf mit Israel aber stehe Husni Mubarak von Ägypten: „Er begeht Schändlichkeiten im Dienst der Amerikaner und der Israelis. Er schreckt vor nichts zurück."

Saddam Hussein aber wird von Chomeini als „Krimineller" abqualifiziert. Ihm wirft der Ayatollah vor, er habe Iran auf Drängen der USA angegriffen, und er verletze die Menschenrechte durch sein Vorgehen gegen Andersdenkende im eigenen Land.

Der regierenden Familie des Nachbarlandes Saudi-Arabien wirft Chomeini vor, sie entweihe die Heiligen Stätten in Mekka und Medina, an denen der Gesandte Allahs gelebt und gewirkt habe. Es sei die Pflicht jedes Gläubigen, gegen die Sippe as Saud zu kämpfen.

Der Ayatollah al Uzma bekräftigt in seiner Schrift „Die letzte Botschaft", daß er trotz seines Alters noch immer irdische Ziele verfolge: „Jetzt, da ich die letzten Atemzüge meines Lebens mache, rufe ich euch auf, dafür zu sorgen, daß der reine Islam überall das Leben der Menschen bestimmt – vor allen Dingen in den Ländern, die jetzt schon von sich behaupten, islamisch zu sein." Gemeint ist mit diesen Worten Saudi-Arabien.

Doch das Ziel ist weitergesteckt: „Durch Mut und Einsatz müsse es gelingen, den Islam zur stärksten Macht auf Erden werden zu lassen."

Chomeini wandte sich gegen die Geistlichen, die sagen, der Islam müsse sich „von allem Irdischen" freihalten. Der Ayatollah meint, das Gegenteil sei richtig. Der Prophet Mohammed und der Märtyrer Ali hätten nicht daran gedacht, sich nur zuständig zu fühlen für das Verhältnis zwischen Allah und den Menschen. Sie hätten vorgelebt, daß der Islam für alles in der Welt zuständig ist. Er selbst, als Sayyed, folge dem Beispiel von Mohammed und Ali, wenn er Anweisungen gebe. So verbiete er Läden zum Verkauf von Kosmetika, denn Allah wünsche nicht, daß Frauen Lippenstifte verwenden; Allah wolle nicht, daß Mode aus dem Westen angeboten werde. Die Fernsehprogramme seien freizuhalten von Filmen, die westliche Lebensart als die gegebene Form des Zusammenlebens der Menschen propagierten. Die Fernsehproduktionen der Amerikaner und Europäer gaukelten vor, das freie Zusammenleben von Männern und Frauen sei die natürlichste Angelegenheit der Welt, „doch sie mißachten Allahs Gesetz".

Propagandisten der fremden Lebensart seien auch die Linksgruppen in Iran, die Reste der Mujahedin-e-Chalq und die Anhänger der Tudehpartei. Obgleich die Linksorientierten erfahren hätten, daß sich ihr Idol, der Marxismus, in Nichts aufgelöst habe, verfolgten sie hartnäckig eine Vision, die keine Substanz mehr habe. Chomeini befahl in seiner „Letzten Botschaft" den bewaffneten Kräften der Islamischen Republik ausdrücklich, die Linksgruppen energisch zu bekämpfen.

Zum Schluß wendet sich Chomeini dem Erziehungssystem zu: „Am Abend meines Lebens denke ich mit Sorge an unsere Jugend. Ich werde ein Volk zurücklassen, das sich verjüngt hat." In der Tat hat sich seit der Flucht des Schahs die Geburtenrate gesteigert. Iran braucht Lehrer. Chomeini meint allerdings, bei der Auswahl der Lehrkräfte dürfe nicht die Beherrschung des Unterrichtsstoffs im Vordergrund stehen, sondern die Kenntnis und Beherzigung islamischer Vorschriften. Die Wiederverwendung der 40 000 Lehrer, die aus Gründen der „religiösen Unzuverlässigkeit" aus dem Schuldienst entlassen worden sind, wird ausdrücklich verboten.

Ganz am Ende dieses politisch-religiösen Testaments steht die Vorschrift, daß der Text nach dem Tode des Verfassers von dessen Sohn Sayyed Ahmed der Öffentlichkeit vorgelegt wird. Es war der Wunsch des Ayatollah al Uzma, daß der Sohn Ahmed einen Platz finden würde in der höchsten religiös-politischen Hierarchie. Doch Sayyed Ahmed Chomeini war zu jung, um eine selbständige Funktion übernehmen zu können. Er blieb bis zu seinem frühen Tod im Jahre 1995 Sachwalter des Vaters.

Am 4. Juni 1989, einen Tag nach Chomeinis Tod, beschloß der „Rat der Experten", den bisherigen Staatspräsidenten Ayatollah Ali Chamenei in die Würde des Wali Faqih zu erheben; er war damit der spirituelle Führer in Iran.

Am 28. Juli fanden Präsidentschaftswahlen statt. Aussichtsreichster Kandidat war Hodjat al Islam Hashemi Rafsanjani, der zu diesem Zeitpunkt Präsident des Parlaments war. Auf Rafsanjani hatten sich die sogenannten „Konservativen" und „Liberalen" geeinigt. Er erhielt tatsächlich 95,9% der abgegebenen Stimmen. Stimmberechtigt waren 16,2 Millionen Iraner.

Bei derselben Abstimmung hatten die Wähler zu entscheiden, ob die Position des Präsidenten aufgewertet und die Funktion des Ministerpräsidenten abgeschafft werden sollte. 95% der Wähler waren dafür, daß Hashemi Rafsanjani mit erweiterten Machtbefugnissen ausgestattet werden sollte.

Als Rafsanjani nach seiner Wahl zu erkennen gab, daß er, kraft seiner Amtsvollmacht, daran denken werde, die Beziehungen zum Westen zu verbessern, machte sich Opposition bemerkbar. Sie wurde angeführt von Sayyed Ahmed Chomeini, der durch eine derartige Politik die Einhaltung der Testamentsvorschriften, die der Vater hinterlassen hatte, gefährdet sah. Sein Standpunkt: „Die Öffnung nach Westen entspricht nicht dem Willen des Ayatollah al Uzma. Diese Öffnung würde der Islamischen Revolution ihren Sinn rauben. Sie wäre Verrat an der Islamischen Revolution!"

Rafsanjani, der westliche Unterstützung seines Aufbauprogramms für absolut notwendig hielt, mußte darauf bedacht sein, die Öffnung derart vorsichtig anzupacken, daß sie von den „Konservativen“ nicht verteufelt werden konnte.

Rafsanjani hatte gleich nach seiner Wahl eine Ermutigung aus den USA erhalten: Ende Juli 1989 erklärte sich die amerikanische Regierung ganz überraschend bereit, Entschädigungen an die Familien zu zahlen, die beim Abschuß des Airbusses der Iran Air durch den US-Lenkwaffenkreuzer „Vincennes“ einen Angehörigen verloren hatten. Streit um die Auszahlungsmodalitäten verzögerte dann allerdings die Abwicklung der Entschädigungsfälle.

Mit Geduld wollte Rafsanjani die Probleme anpacken. Eine Chance sah er im Juni 1990, als ein Erdbeben die Provinz Gilan im Westen des Kaspischen Meeres heimsuchte. 40 000 Menschen hatten ihr Leben verloren. Um noch Überlebende zu retten, wurde schweres Räumgerät benötigt, über das Iran nicht in großer Zahl verfügte. Die Europäische Gemeinschaft bot Hilfe an. Die „Konservativen“ waren dagegen, Caterpillars und das dazu erforderliche Personal ins Land zu lassen. Doch setzte sich schließlich Rafsanjani durch: Die Hilfe aus Europa wurde angenommen. Im westlichen Ausland galt dies als Sieg der Vernunft, als Erfolg der „Liberalen“.

Die USA versuchten dieses Zeichen der Öffnung in Richtung Westen durch Entgegenkommen für eine Wiederaufnahme der Beziehungen zu nutzen. Seit zehn Jahren, seit der Flucht des Schahs, waren 810 Millionen Dollar auf Banken der Vereinigten Staaten eingefroren. Die Geiselnahme in der Tehraner US-Botschaft hatte einst Präsident Carter veranlaßt, iranische Gelder zu beschlagnahmen. Präsident Bush hielt jetzt, im Sommer 1990, den Zeitpunkt für geeignet, einen Teilbetrag von 567 Millionen Dollar an Iran zurückzugeben. Doch während der Verhandlungen über die

Geldrückgabe wurde im Libanon der amerikanische Oberstleutnant William Higgins getötet. Er hatte sich als Geisel in der Hand libanesischer Schiiten befunden. Die Tötung war erfolgt, weil es Israel gewagt hatte, den Schiitenführer Sheikh Abdul Karim Obeid aus einem Dorf in der Beka'a-Ebene zu entführen. Die Schiiten des Libanon waren der Meinung, Israel habe dabei in Übereinkunft mit den USA gehandelt. Sie drohten damit, weitere Amerikaner zu erschießen, wenn die USA nicht, durch Druck auf Israel, die Freilassung des Sheikhs erreichten. Der amerikanische Druck genügte jedoch nicht, um Israel zum Nachgeben zu bewegen.

Die Regierung Bush befürchtete, die Schiiten würden tatsächlich weitere Amerikaner töten. Da die enge Beziehung der Schiiten des Libanon zu den Glaubensbrüdern des Iran bekannt war, sah sich George Bush veranlaßt, gegenüber Hashim Rafsanjani ein Zeichen der Versöhnung zu setzen: Der iranische Staatspräsident konnte über den Teilbetrag von 567 Millionen Dollar verfügen – gegen die Zusage, daß im Libanon keine weiteren US-Amerikaner Opfer libanesischer Schiiten werden würden.

Rafsanjanis Bemühungen um Annäherung an die USA wurden im Herbst 1990 jäh unterbrochen. Präsident George Bush führte Krieg am Persischen Golf. Auslöser war der von den Schiiten des Iran gehaßte Iraker Saddam Hussein.

Iran als Beobachter des Golfkriegs

Der 2. August des Jahres 1990 war am Persischen Golf gerade eine Stunde alt, da überfuhren irakische Panzerverbände die Grenze zu Kuwait. Nur eine einzige Straße führt von Norden her auf Kuwait City zu; sie ist als Autobahn gebaut worden. Von der Raststätte Abdali aus, die sich direkt an der Grenzstation befindet, ist sie in jeder Richtung sechsspurig. Die irakischen Panzer fuhren, wie bei einer Parade, in sechs parallelen Kolonnen am Ölfeld Rawdatain vorbei. Die Entfernung zwischen der Grenze und Kuwait City beträgt 60 Kilometer.

Drei Stunden nach Mitternacht verließ der Herrscher von Kuwait, Emir Jaber al Ahmed as Sabah, seinen Palast in einem bereitstehenden Transporthubschrauber. Zur selben Stunde appellierte der Rundfunksender des Emirats an die Welt: „Rettet Kuwait!" Um 3.20 Uhr verstummte der Sender. Irakische Truppen hatten das Emirat besetzt. Was den iranischen „Wächtern der Revolution" im achtjährigen Krieg nicht gelungen war, das hatten irakische Panzerverbände in drei Stunden erreicht.

Die Verantwortlichen in Tehran verurteilten den irakischen Einmarsch in Kuwait – wenn auch mit halbem Herzen. Sie selbst hätten den Emir gern aus dem as-Saif-Palast vertrieben, um der royalen Herrschaft ein Ende zu setzen, gemäß dem Grundsatz: „Monarchen sind unislamisch!" Jetzt war es dem sunnitischen „Teufel" Saddam Hussein gelungen, die Emir-Sippe heimatlos zu machen.

Ärgerlich für die Mächtigen in Tehran war, daß es für Saddam Hussein mit der Einnahme von Kuwait möglich war, aus Irak einen richtigen „Golfstaat" zu machen. Bisher hatte Irak nur einen Zugang von 60 Kilometer Breite zum Persischen Golf. Irak besaß nur den einen schmalen Küstenstreifen am Ausfluß des Schatt al Arab. Dieser Küstenstreifen bestand aus Schwemmland und war damit ungeeignet als Grundlage für Fundamente von Hafenanlagen. Die Vorstellung irakischer Politiker war immer darauf ausgerichtet gewesen, ihrem Staat einen breiten und festen Zugang zum Persischen Golf und damit zu den Weltmeeren zu verschaffen. Die Eroberung von Kuwait konnte diese Vorstellung Wirklichkeit werden lassen.

Der Eroberer machte am 16. August 1990 dem bisherigen Kriegsgegner Iran ein überraschendes Angebot: Er wollte Frieden schließen. Dazu war er bereit, alle Wünsche der iranischen Führung zu erfüllen. Mit sofortiger Wirkung erklärte er den Vertrag von Algier aus dem Jahre 1975 für gültig: Die Wasserstraße Schatt al Arab war damit auch völkerrechtlich wieder zwischen Iran und Irak geteilt.

Schon einen Tag später entließ Saddam Hussein 80 000 iranische Kriegsgefangene, die bisher in irakischen Lagern zurückgehalten worden waren. Am 11. September 1990 nahmen Iran und Irak diplomatische Beziehungen auf.

Hashemi Rafsanjani betonte weiterhin ausdrücklich, Iran sei im Konflikt zwischen Irak und Kuwait ein neutraler Staat, doch er war gezwungen, Partei zu ergreifen. Der Grund: Die USA griffen massiv ein; sie drohten mit militärischen Aktionen. Ali Chamenei, der Wali Faqih, sah mit Sorge dieser Entwicklung entgegen – er fürchtete, die USA würden die Gelegenheit des Eingreifens benützen, um die Islamische Republik Iran zu besetzen und aufzulösen. Anfang September 1990, als sich der Aufbau der „multinationalen Streitkräfte" unter amerikanischem Kommando abzeichnete, forderte Ali Chamenei die USA auf, alle Pläne für eine „amerikanische Kriegsführung" am Persischen Golf fallenzulassen. Dieses Gewässer sei nun einmal nicht amerikanischer Besitz.

Ali Chamenei wurde vom Hodjat al Islam Ali Akbar Mohtashemi übertroffen, der eine Allianz zwischen Iran und Irak vorschlug mit dem Ziel, gegen die „Ungläubigen und verbrecherischen Amerikaner" einen Heiligen Krieg zu führen. Dieser Vorschlag des „Konservativen" Mohtashemi fand bei den Ayatollahs weitgehende Zustimmung, denn dahinter steckte eine Strategie zur Beseitigung des sunnitischen Regimes in Irak. Die Mobilisierung der gemeinsamen Kräfte der Schiiten in Iran und Irak konnte Motivation und Gelegenheit sein, um die sunnitische Minderheit im Irak zu entmachten.

Präsident Hashemi Rafsanjani, der zunächst ebenfalls für die gemeinsame Aktion eingetreten war, wurde zunehmend skeptisch, ob eine derartige Strategie erfolgreich sein würde. Er schlug am 4. Februar 1991 eine „islamische Lösung" vor, um den Konflikt am Persischen Golf zu beenden. Sie sollte die USA daran hindern, in der Region Krieg zu führen.

Die Grundlage für die „islamische Lösung" war zuvor in Tehran mit dem Stellvertretenden irakischen Ministerpräsident Sa'adoun Hamadi ausgehandelt worden. Vorgesehen war zunächst ein völliger Waffenstillstand in der Region um Kuwait. Hatte sich die Lage beruhigt, konnte an den behutsamen Rückzug aller bewaffneten Verbände aus dem Konfliktgebiet gedacht werden. Saddam Hussein würde darauf verzichten, Kuwait zur 19. Provinz des Irak zu erklären.

Kaum hatte Rafsanjani diesen Plan der Öffentlichkeit bekanntgemacht, fügte ihm Saddam Hussein eine Ergänzung bei, die das Scheitern der „islamischen Lösung" zur Folge hatte. Saddam Hussein erklärte, seine Armee werde erst dann aus Kuwait abziehen, wenn Israel die im Junikrieg von 1967 besetzten palästinensischen Gebiete freigebe.

Präsident Bush wies den „islamischen Plan" zurück. Er wollte keine Verbindung hergestellt wissen zwischen dem Konflikt um Kuwait und der israelischen Besetzung palästinensischen Bodens. Iran fand auch auf der Konferenz der Blockfreien Staaten, die am 11. und 12. Februar 1991 in Belgrad stattfand, keine Unterstützung.

Niemand sah eine Möglichkeit, die Auseinandersetzung zwischen den USA und Irak zu verhindern; zu deutlich erkennbar war der Wille des amerikanischen Präsidenten, den Krieg durchzusetzen. Er wollte der Weltordnung seiner Vorstellung zum Durchbruch verhelfen. Er unterschied streng zwischen guten und bösen Staaten. Irak hatte sich als Feind des Staates Israel zu erkennen gegeben – Irak gehörte zu den bösen Staaten, die mit Bestrafung rechnen mußten. Bei dieser Sicht der Welt blieb allerdings auch für Iran keine Chance, als „guter Staat" eingestuft zu werden.

Am 15. Februar 1991 legte die iranische Regierung einen neuen Plan zur Regelung des Problems vor: Präsident Rafsanjani bat die USA öffentlich darum, auf die Führung eines Landkriegs so lange zu verzichten, bis es sich herausstellte, daß sämtliche Verhandlungsmöglichkeiten ausgeschöpft waren. Diese iranische Initiative wurde sofort von Moskau unterstützt, doch die amerikanische Regierung nahm sie gar nicht zur Kenntnis. Sie führte schon Krieg – wenn auch bisher allein aus der Luft.

In der Nacht vom 16. auf den 17. Januar 1991 hatten die Luftschläge begonnen. Für diese Angriffe war das Schlagwort „pinpoint accuracy" erfunden worden; gemeint war Treffsicherheit, die nicht vom einmal angepeilten Zielpunkt abweicht. Objekte konnten getroffen werden, die nicht größer waren als einen Quadratmeter. Flächenbombardements wie einst in Vietnam sollte es nicht geben in diesem Konflikt, sondern „chirurgische Schnitte", die bestimmte Gebäude vernichteten, ohne Wohngebiete ringsum zu treffen. Dazu wurden Waffensysteme eingesetzt, die ihre Ziele selbständig suchten.

Der Luftkrieg war von Anfang an gegen Objekte im Innern des Irak gerichtet. Der „High-Tech-War" vernichtete lebenswichtige Einrichtungen überall im Land um Euphrat und Tigris. Zerstört wurden Wasserwerke, Elektrizitätszentralen, Straßen, Brücken, Fabriken, Lagerhäuser. Der Generalsekretär der Vereinten Nationen verurteilte die amerikanische Luftkriegsführung: „Dieser Krieg ist nicht mehr der Krieg der ‚Gemeinschaft der Völker'." Er bezog sich dabei auf den Raketenangriff vom 13. Februar 1991, durch den ein Schutzbunker in Baghdad getroffen wurde, in dem Zivilisten die Kriegsnächte verbrachten. In diesem Fall war es den Spezialisten der US-Raketentruppe gelungen, das Geschoß durch den Luftschacht des Bunkers ins Ziel zu leiten. Mehr als 500 Menschen, durchweg Zivilisten, sind durch die Detonation der Rakete getötet worden.

Ende Februar begann der Krieg zu Lande. Am 26. Februar rückten amerikanische und saudiarabische Panzerverbände in Kuwait ein – nachdem die irakischen Truppen, ohne Widerstand zu leisten, nach Norden abgezogen waren. Einen Tag später erreichten die Streitkräfte des amerikanischen Generals Norman Schwarzkopf jr. den Euphrat. Doch dann brach der Vormarsch ab – der amerikanische Präsident Bush hatte die Einstellung der Kämpfe befohlen, ohne sein Ziel erreicht zu haben: Saddam Hussein blieb weiterhin der starke Mann des Irak. Er konnte über seine Radiostation verkünden, der amerikanische Präsident habe einseitig Waffenstillstand erklärt, um seine Truppen vor der sicheren Vernichtung durch den Irak zu retten. In Wahrheit war Präsident Bush zur Erkenntnis gekommen, daß Saddam Hussein noch gebraucht werde: Er mußte den Aufstand der Schiiten am Schatt al Arab niederkämpfen. Ayatollah Mohammed Bakr al Hakim hatte den Befehl zum Losschlagen gegeben.

Iran setzt auf die Rebellion der irakischen Schiiten

Der Waffenstillstand zwischen den US-Streitkräften, den Alliierten und den Truppen des Saddam Hussein war noch nicht in Kraft getreten, da beherrschten über Nacht Bewaffnete die Straßen der Hafenstadt Basra. Sie schossen auf jeden, der die Uniform der irakischen Armee trug. Bald lagen Leichen auf den Fahrbahnen und Gehwegen. Fahrzeuge brannten; Panzer explodierten. Es waren Jugendliche, die den Kampf gegen Saddam Husseins Truppen am Schatt al Arab führten. Sie wollten sich dafür rächen, daß sie seit Jahren unterdrückt waren, niedergehalten von sunnitischen Sicherheitskräften. Jetzt waren sie aufgerufen, sich zu wehren.

An Hauswänden in der Stadt klebten Plakate mit dem Bild des Ayatollah Mohammed Bakr al Hakim. Der hohe schiitische Geistliche mit dem schwarzen Turban proklamierte das Ziel, den Süden des Landes um Euphrat und Tigris aus den Händen der Sunniten zu befreien.

Hoffnung bestand, die US-Truppen und ihre Verbündeten

würden die Vorarbeit leisten für den Erfolg. Mohammed Bakr al Hakim konnte nicht glauben, daß der amerikanische Präsident Waffenstillstand ausrufen und damit Saddam Hussein im Amt belassen würde. Der Ayatollah war fest der Ansicht gewesen, die Soldaten des George Bush seien die Befreier. Mancher Schiit im Südirak hatte George Bush schon in sein Gebet eingeschlossen. Einige hatten dem Präsidenten die Bezeichnung „Hadsch Bush“ gegeben. Sie hätten seine Panzer gerne in Basra gesehen.

Doch der amerikanische Präsident dachte nicht daran, den Schiiten zu helfen. Er hatte begriffen, daß er dabei war, den Mächtigen in Tehran einen Erfolg zuzuschieben. Chomeini und seine Vertrauten hatten jahrelang dafür gekämpft, den Sunniten Saddam Hussein zu vernichten. Das iranische Volk hatte für die Erreichung dieses Ziels Blut vergossen. Jetzt waren die Amerikaner mit ihrer hochwertigen Waffentechnik am Persischen Golf erschienen, um Saddam Hussein entscheidend zu schlagen. Die Berater des amerikanischen Präsidenten hatten das Gefühl, von den Tehraner Ayatollahs ausgenützt zu werden.

Dem Ayatollah Ali Chamenei – Chomeinis Nachfolger als Wali Faqih – war der Gedanke verlockend, im Irak würden endlich Schiiten ihr Recht bekommen, es würde ihnen erlaubt sein, über sich selbst zu bestimmen.

Nach einem Sieg der Schiiten am Schatt al Arab – so war die Vision – würden zwei schiitische Staaten existieren mit theokratischer Ausrichtung: Iran und Mesopotamien. Beide Staaten würden geführt werden von Trägern des schwarzen Turbans, von Mitgliedern der „Heiligen Familie“: In Iran war der Sayyed Ali Chamenei zuständig – am Schatt al Arab der Sayyed Mohammed Bakr al Hakim. Die beiden Mitglieder der „Heiligen Familie“ hätten dann „Familienpolitik“ betrieben, die zur Vereinigung der schiitischen Staaten geführt hätte. Am Ende dieser Entwicklung wäre ein schiitischer Staat entstanden mit 70 Millionen Menschen.

Ayatollah Ali Chamenei und Ayatollah Mohammed Bakr al Hakim mußten im Frühjahr 1991 einsehen, daß für die Schiiten des Irak die Zeit der Partnerschaft mit den Schiiten des Iran nicht gekommen war.

Der irakische Staatschef ließ bei der ersten Sitzung der Waffenstillstandskommission, die zwischen hohen irakischen und amerikanischen Offizieren stattfand, das Thema „Niederschlagung des schiitischen Aufstands von Basra" in den Vordergrund der Verhandlungen rücken. Saddam Husseins Vertreter verlangte vom US-Oberbefehlshaber Norman Schwarzkopf freie Verfügung über Panzer und Kampfhubschrauber für den Einsatz gegen die aufständischen Schiiten. Nach Rücksprache mit seinem Präsidenten gab Norman Schwarzkopf der irakischen Truppe die Erlaubnis, Panzer und Kampfhubschrauber zu verwenden. Um sicher zu sein, daß die Hubschrauber nicht aus amerikanischen Raketenstellungen beschossen werden, sollten sie beim Einsatz durch Zeichen in leuchtendem Orange markiert werden.

Die Panzerfahrer der Republikanischen Garde des Saddam Hussein, die – unbehelligt von den Amerikanern – in Richtung Basra rollten, schrieben mit weißer Farbe diese Parolen in englischer Sprache auf die Panzerplatten: „Morgen gibt es keine Schiiten mehr" und „Tod den Schiiten".

Als der Angriff der irakischen sunnitischen Verbände gegen Basra begann, wandte sich Ayatollah Mohammed Bakr al Hakim an Ayatollah Ali Chamenei mit der Bitte um militärische Hilfe. Doch jetzt glaubte Chamenei nicht mehr an den Erfolg des schiitischen Aufstands von Basra. Iran half weder mit Waffen und Munition noch mit Kämpfern aus.

Um nicht in irakische Gefangenschaft zu geraten, floh Ayatollah Mohammed Bakr al Hakim nach Tehran. Mit ihm flohen Tausende über den Schatt al Arab nach Osten.

Von Tehran aus ließ der Geflohene diese Erklärung

verbreiten: „Trotz allem, was geschehen ist, befindet sich Saddam Hussein am Ende – und sein Regime ebenfalls. Mit entsetzlichen Greueltaten sucht sich der Teufel zu retten. Wer am Ertrinken ist, der schlägt wild um sich. Saddam Hussein ist am Ertrinken!“

Nördlich von Basra, nahe beim Zusammenfluß von Euphrat und Tigris, ist das Land sumpfig. Vereinzelte Inseln, manche mit beachtlicher Oberfläche, ragen aus dem Morast. Nur mit flachen Booten sind die lagunenartigen Gewässer zu befahren. In dieses unzugängliche Gebiet flohen viele der schiitischen Kämpfer von Basra. Sie bauten die Sumpfinseln zu Verteidigungsstellungen aus, in denen sie ihre Waffen konzentrierten. Sie lebten in der Hoffnung, in den Sümpfen ihren Kampf fortsetzen zu können – auch ohne Unterstützung aus Iran. Doch es gelang Spezialeinheiten des Saddam Hussein, die Sümpfe unter Einsatz von modernem Baggergerät weitgehend trockenzulegen. Die Schiiten in den Sümpfen saßen in der Falle. Nach wenigen Wochen waren die Verteidiger der Sümpfe geschlagen.

Der Kampf um Reformen

Der Protest aus Tehran gegen den „Sumpfkrieg“ war lautstark. Verlautbarungen ließen wissen, 60 000 Schiiten seien in die Sümpfe geflohen und dort umgekommen.

Ali Chamenei beschuldigte Saddam Hussein, er führe einen brutalen Kampf gegen das eigene Volk – gegen die Schiiten und gegen die Kurden im Norden des Irak. Er dürfe Volksgruppen niederkämpfen, denen Washington keine Eigenständigkeit und kein Selbstbestimmungsrecht zugestehen wolle.

Mit dem Ende der Kämpfe in den Sümpfen war der Golfkrieg vorüber. Iran konnte daran denken, dringend anstehende Reformen anzupacken. Unzufriedenheit herrschte vor allem in den großen Städten wegen der stark islamisch ausgerichteten Gerichtsbarkeit. Klagen waren zu hören, Tausende von Iranern seien willkürlich hingerichtet worden – meistens waren sie beschuldigt worden, mit Drogen gehandelt zu haben. Die Unzufriedenheit hatte vor allem darin ihren Grund, daß keinem Angeklagten erlaubt war, sich vor einem islamischen Gericht verteidigen zu lassen. Kein Rechtsgelehrter durfte einem Angeklagten beim Prozeß beistehen. Im Winter 1990/91 erließ das Parlament – unter dem Druck der Öffentlichkeit – ein Gesetz, das Rechtsbeistand vor Gericht erlaubte. Dieses Gesetz wurde von der Öffentlichkeit als erster Schritt zur Abkehr von der strengen islamischen Rechtsprechung empfunden. Daß der Geist der ersten Phase der Islamischen Revolution noch immer lebendig war, zeigte sich allerdings im August 1992: Schapur Bakhtiar, der letzte Ministerpräsident, den der Schah eingesetzt hatte, wurde in Paris Opfer eines Attentats. Er hatte seit 1980 in der französischen Hauptstadt im Exil gelebt. Daß auch im Lande selbst Regimegegner keine Gnade fanden, wurde im Frühsommer 1992 deutlich: In Tehran und vor allem auch in Meshed fanden Demonstrationen statt unter der Parole: „Mehr Freiheit für den einzelnen." Die Forderungen waren nicht gravierend: Es sollte den Iranern gestattet werden, ihre Meinung zu äußern, ohne gleich für jedes Wort der Kritik eingesperrt und verprügelt zu werden. Acht der Anführer dieser Demonstrationen wurden hingerichtet.

Hashemi Rafsanjani sah seine wichtigste Aufgabe darin, die Wirtschaft zu reformieren. Die Landwirtschaft litt darunter, daß die Besitzverhältnisse großer Ackerflächen seit der „Weißen Revolution" des Schahs und seit der Islamischen Revolution ungeklärt waren. Gehörte das Land den einstigen Grundbesitzern oder den Kleinbauern, die von früheren Landreformen profitiert hatten? Versuche, Ordnung zu schaffen, scheiterten, weil der „Wächterrat" gegen jeden Gesetzentwurf Einspruch erhob. Rafsanjani, der selbst Großgrundbesitzer war, neigte dazu, den früheren Zustand der Besitzverhältnisse zu ermöglichen: Die großen Besitztümer sollten wiederhergestellt werden. Der „Wächterrat“ stand auf der Seite der Kleinbauern und verhinderte die Zusammenlegung. Als Resultat lag ein Viertel des bebaubaren Landes in Iran brach.

Hodjat al Islam Rafsanjani, der nicht Volkswirtschaft studiert hatte, sah deutlich, daß unmittelbar nach dem Sieg der Islamischen Revolution der Staat zu sehr in wirtschaftliche Belange eingegriffen hatte. Betriebe waren in staatliche Verwaltung übernommen worden und hatten dann unter Inkompetenz der Administratoren zu leiden. Rafsanjani bemühte sich, die Verstaatlichungen aufzuheben.

Seine Ausgangsposition war nicht ungünstig: Während des Golfkriegs war Iran der einzige Öllieferant von Bedeutung im Mittleren Osten, der ungestört seine Ware hatte verkaufen können. Kuwait und Saudi-Arabien waren als Kriegsbeteiligte ausgefallen. Iran konnte seine Förderleistung steigern und damit seine Einnahmen erhöhen. Er war mit diesem Geld in der Lage, den armen Schichten Erleichterung zu verschaffen: Mit staatlichen Subventionen konnten Lebensmittel verbilligt werden.

Diese Maßnahme half seiner Popularität, die im Laufe der Zeit gelitten hatte. Viele Iraner hatten gehofft, Rafsanjani werde die Isolation lockern können, in der sich die Islamische Republik befand. Im Lande herrschte das Gefühl, Iran werde von niemand auf der Welt respektiert; es werde mit Argwohn betrachtet. Dieses Gefühl löste Depressionen aus. Die Unzufriedenheit mit Rafsanjani wuchs.

Sie wurde deutlich bei den Wahlen am 11. Juni 1993: Nur 56% der Wahlberechtigten hielten es für nötig, ihre Stimme abzugeben; 63% der Stimmen entfielen auf Rafsanjani.

Die iranische Öffentlichkeit erwartete, daß Rafsanjani die Tür aufstoße, die zwischen Iran und den USA verschlossen war. Wieder hatte es positive Ansatzpunkte gegeben: Durch iranische Bemühungen waren sämtliche amerikanischen Geiseln im Libanon freigelassen worden. Im Gegenzug hatten die USA den Rest der Gelder an Iran ausbezahlt, die immer noch seit der Flucht des Schahs auf amerikanischen Banken blockiert gewesen waren.

Der Weg zu besseren Beziehungen zwischen Tehran und Washington schien geebnet zu sein, da zog ein Präsident ins Weiße Haus ein, der Iran ganz offensichtlich nicht leiden konnte: Bill Clinton. Er hat sein Amt im Januar 1993 übernommen.

Clinton hatte sich einen Mann ins State Department geholt, der seine Erfahrungen mit Iran gemacht hatte: Warren Christopher. Er hatte zu Jimmy Carters Zeit 15 Monate lang zum Verhandlungsteam gehört, das sich um Freilassung der Geiseln in der Tehraner US-Botschaft bemüht hatte. Daß er von den Ayatollahs tief gedemütigt wurde, hatte sich in sein Bewußtsein eingeprägt. Warren Christopher trat in seine Position ein als ein Politiker, der den Verantwortlichen in Tehran alles Böse dieser Welt zutraute. Daß die Iraner Geiseln genommen hatten, zeigte ihm an, daß sie Terroristen waren und überall Terroristen unterstützten. Sie waren für Warren Christopher die schlimmsten aller Terroristen, weil sie als „religiöse Fanatiker" handelten, als „islamische Fundamentalisten", denen jede Menschlichkeit fremd war.

Der Außenminister traute den Ayatollahs auch zu, daß sie sich Atombomben besorgten, daß sie ihr Geld aus dem Ölgeschäft dafür verwendeten, Spezialisten der Nukleartechnik anzuwerben. Nach Ansicht des CIA waren solche Spezialisten eben in der einstigen Sowjetunion arbeitslos geworden; sie waren empfänglich für lukrative Angebote.

Die Spezialisten waren zwar käuflich, doch sie fanden in Iran keine Arbeitsplätze vor, an denen sie ihre Kenntnisse hätten anwenden können. Es existierten keine Labors und Forschungsanlagen – und vor allem keine Testmöglichkeiten. Iran war nicht in der Lage, ins nukleare Zeitalter einzutreten. Doch diese Realität wurde in Washington nicht zur Kenntnis genommen – Warren Christopher baute ein Feindbild auf: Iran war der Teufel, der die zivilisierte westliche Welt bedrohte. Präsident Clinton schloß sich der Meinung seines Außenministers an. Er verlangte von den Verantwortlichen in Iran, sie hätten ihre Atomanlangen internationalen Inspektoren zu öffnen. Iran aber weigerte sich. Hashemi Rafsanjani verwies auf Israel, das nicht bereit war, das Geheimnis seiner atomaren Rüstung zu offenbaren.

Israel lebt ständig in der Sorge, von Syrien, vom Irak oder vom Iran irgendwann mit Atombomben angegriffen zu werden. Die israelischen Politiker verlangen für ihr Land das Recht, sich gegen Atomangriffe mit derselben Waffe wehren zu können. Sie argumentieren, Israel dürfe sich auf dem Gebiet der nuklearen Rüstung keiner Beschränkung unterwerfen. Es könne sich nicht durch internationale Abkommen in seiner Handlungsfreiheit begrenzen lassen. Israel weigerte sich, dem Non-Proliferation-Treaty (NPT) beizutreten, dem internationalen Abkommen, das zum Ziel hatte, die Zahl der Länder niedrig zu halten, die über Atomwaffen verfügten.

Präsident Clinton akzeptierte den Standpunkt der Israelis, doch er äußerte sich empört gegen die Ayatollahs des Iran, die für ihr Land dasselbe Recht forderten.

Clinton „verteufelt“ Iran

Hashemi Rafsanjani argumentierte: „Wir verlangen Gleichberechtigung. Solange Israel nicht dem Non-Proliferation-Treaty beitritt, werden wir dieses Abkommen nicht unterzeichnen.“ Wenn von Tehran verlangt werde, Atomgeheimnisse offenzulegen, sollte auch die israelische Regierung zur Offenheit veranlaßt werden.

Bill Clinton ließ sich von Warren Christopher überzeugen, daß Rafsanjani eine heimtückische List anwende mit dem Zweck, den tatsächlichen Stand der iranischen Atomrüstung zu verbergen. Warum Iran atomar aufrüste, sei offensichtlich: Die Ayatollahs hätten sich nicht von Chomeinis Äußerung distanziert, die lautet: „Israel hat von der Bildfläche zu verschwinden."

Unterstützt wurde Warren Christopher von Husni Mubarak, dem ägyptischen Präsidenten. Er hatte sich im Golfkrieg von 1990/91 auf die Seite der USA gestellt und gegen Saddam Hussein Position bezogen. Diese Haltung hatte sich für Ägypten gelohnt: Dem Land am Nil waren danach die Schulden erlassen worden, die es auf US-Kosten gemacht hatte – und es konnte mit jährlicher Hilfe in Milliardenhöhe rechnen.

Wenn Ägypten auch weiterhin von den USA subventioniert werden wollte, mußte ein guter Grund dafür gefunden werden. Dem ägyptischen Präsidenten mußte es gelingen, sich auch für die Zukunft als zuverlässiger Bundesgenosse zu präsentieren. Gegen den Irak war die amerikanische Regierung auf keinen Verbündeten mehr angewiesen. Doch es konnte nützlich sein, die Amerikaner gegen Iran zu unterstützen. So geschah es, daß auch Husni Mubarak auf die Gefahr hinwies, die Iran für die Welt bedeutete. Israel und Ägypten bemühten sich, gemeinsam zu verhindern, daß die Islamische Republik Iran einen Platz finden konnte in der Gemeinschaft der Völker.

Ernsthafte Forschungsinstitute stimmten in die Propaganda gegen Iran ein. Am 1. November 1992 warnte das Internationale Institut für Strategische Studien (IISS) vor der iranischen Aufrüstung. Konkret stellte das Institut fest: „Insbesondere Iran verfolgt ehrgeizige Ziele. Tehran will durch Waffenkäufe in großem Maßstab seine Machtposition verbessern. Tehran verhandelt vor allem mit Moskau über den Kauf einer großen Zahl von Kampfflugzeugen, Panzern und U-Booten. Mit China wurden Vereinbarungen getroffen über die Lieferung von Raketen der unterschiedlichsten

Art. Es gibt Hinweise darauf, daß die in Tehran Verantwortlichen mit Chinas Hilfe ein Atomwaffenprogramm verwirklichen wollen.“

Im Frühjahr 1995 waren der amerikanische Präsident und sein Außenminister überzeugt, Iran werde „innerhalb weniger Jahre“ in der Lage sein, die Wasserstoffbombe herzustellen. Es nützte nichts, daß die International Atomic Energy Agency (IAEA) darauf hinwies, daß es überhaupt keinen Beweis gebe für Anstrengungen des Iran, eine Atombombe bauen zu wollen.

James Woolsey, in jener Zeit CIA-Direktor, gelangte zur Meinung, die Islamische Republik habe die Absicht, im Mittleren Osten zur beherrschenden Großmacht zu werden – schon jetzt sei die regierende Familie von Saudi-Arabien in großer Sorge vor einem immer mächtiger werdenden Iran. James Woolsey empfahl seinem Präsidenten, nicht nur Irak weiterhin mit Handelsbeschränkungen zu bestrafen, sondern auch Iran durch ähnliche Maßnahmen in die Knie zu zwingen. Clinton nahm die Empfehlung an. Seine Mittelostpolitik trug fortan die Bezeichnung „dual containment“.

Iran bekam die Auswirkungen sofort zu spüren. Im Sommer 1995 fragte die Atomic Energy Organization of Iran in Moskau an, ob die russische Regierung bereit sei, einen Nuklearreaktor mit schwacher Leistung zu zivilen Forschungszwecken zu verkaufen. Rußland zeigte Interesse an diesem Geschäft. Kaum war das russische Angebot bekanntgeworden, da wurden im US-Kongreß Stimmen laut, die Rußland davor warnten, den „nuklearen Ehrgeiz“ der Iraner zu unterstützen. Sollte der Verkauf des Atomreaktors erfolgen, könnte Rußland mit keiner Hilfe aus den USA mehr rechnen.

Dem amerikanischen Druck gab auch Japan nach: Die Regierung in Tokio, die zuvor erklärt hatte, sie werde Staudammbauten in Iran durch Kredite absichern, drückte nun ihr Bedauern aus, doch nicht in der Lage zu sein, der Islamischen Republik zu helfen – der Kreditrahmen für internationale Hilfe sei erschöpft.

Die amerikanische Gesellschaft Conoco, die darauf spezialisiert ist, Ölförderanlagen zu sanieren, zu erneuern, mußte einen gewinnversprechenden Auftrag an die National Iranian Oil Company zurückgeben. Conoco hatte bereits zugesagt, die 30 Jahre alten Rohre der Pipelines der Förderfelder um Ahwaz durch neue Rohre zu ersetzen. Conoco war von der US-Regierung mit „Konsequenzen" bedroht worden, wenn die Gesellschaft den Vertrag nicht aufgekündigt hätte.

Der für Iran schlimmste Schlag erfolgte im April 1995: Präsident Clinton verbot jede Art des Handels mit dem „Terroristenstaat Iran". Außenminister Warren Christopher forderte auch die übrige Welt auf, sich dem Handelsverbot anzuschließen. Die Absicht der amerikanischen Regierung war, die Islamische Republik völlig zu isolieren.

Doch die Reaktion der europäischen Länder war negativ. Die Regierungen der Europäischen Gemeinschaft waren absolut nicht überzeugt, daß die Ayatollahs „systematisch Terror anwenden, um die Nachbarstaaten einzuschüchtern und Gegner zu eliminieren" – so hatte Christophers Begründung für das Embargo gelautet. Der deutsche Außenminister Kinkel warnte vor zu harter Haltung gegenüber Iran; er trat dafür ein, daß ein „kritischer Dialog" mit dem Regime der geistlichen Männer geführt werde.

Präsident Hashemi Rafsanjani versuchte die drohende Isolation abzuwenden. Er erklärte im Programm des US-Fernsehnetzes CNN, in Iran befinde sich keine Basis des Terrorismus; Iran unterstütze auch keine palästinensischen Kampfgruppen; die Organisation „Hisb'Allah" – „Partei Allahs" – werde von Tehran als politische Gruppierung der schiitischen Bevölkerung des Libanon betrachtet. Rafsanjani bemerkte ausdrücklich, Iran habe nicht den Ehrgeiz, Atombomben zu besitzen.

Der Präsident fand weltweit Glauben. Im Herbst 1995

mußten die USA feststellen, daß sie nur von der israelischen Regierung in ihrer Iran-Feindlichkeit bestärkt wurden. Doch die Politiker in Washington ließen sich nicht beirren. Der US-Kongreß wollte sogar durchsetzen, daß weltweit sämtliche Handelsbeziehungen zu Iran abgebrochen werden sollten. Die europäischen Regierungen argumentierten dagegen: Eine derartige Maßnahme kann allein von der World Trade Organization empfohlen werden, von einem Gremium also, das die Interessen der Handel treibenden Länder vertritt.

Im März 1996 erhielten die Bemühungen, das Verhältnis zwischen Iran und dem Westen generell zu verbessern, einen schweren Rückschlag. Da vertrat Staatspräsident Rafsanjani öffentlich den Standpunkt, die Ermordung des israelischen Ministerpräsidenten sei zu Recht erfolgt – sie sei eine Tat im Sinne Allahs gewesen. Gleichgültig sei dabei, wer Rabin getötet habe – in diesem Fall sei eben ein junger Jude zum Werkzeug Allahs geworden.

Diese Meinungsäußerung führte sofort dazu, daß Iran von der amerikanischen Regierung beschuldigt wurde, das Land würde generell den Terrorismus befürworten. In Tehran seien die Drahtzieher aller terroristischen Aktionen zu finden. Sie seien vor allem verantwortlich für die Taten der palästinensischen Kampfgruppe „Hamas". Von Iran aus würden palästinensische Jugendliche zu Selbstmordanschlägen angestachelt.

Das einzige Indiz, auf das die amerikanische Regierung verweisen konnte, war der enge Kontakt zwischen der militanten Schiitenführung des Libanon und den Ayatollahs des Iran. Nach dem Sieg der Islamischen Revolution hatten die führenden Schiiten des Libanon geglaubt, das kleine Land – in dem die Schiiten mehr als die Hälfte der Bevölkerung stellen – werde ebenfalls zur Islamischen Republik umgestaltet werden können. Dagegen hatten sich Sunniten und Christen des Libanon gewehrt. Trotz des Scheiterns der Pläne war die Kooperation zwischen iranischen und libanesischen Schiiten erhalten geblieben.

Mit Schuldzuweisungen war Washington rasch bei der Hand. Als im Juni 1996 auf dem Gelände der amerikanischen Militärbasis im saudiarabischen Dahran eine Autobombe detonierte, wurde Iran als Schuldiger genannt.

Am Vormittag des 25. Juni 1996 fuhr ein Tanklastwagen nahe an das Hochhaus 131 heran, das al Khobar Tower genannt wird. Das Hochhaus wurde von Soldaten und Beamten bewohnt. Der Posten auf dem Dach meldete den Vorfall mit dem Tanklastwagen der Sicherheitsleitstelle der King Abdul Aziz Air Base. Die Wachen wurden angewiesen, auf jeden Fall die Bewohner zu warnen. Dies gelang gerade noch rechtzeitig, dann ereignete sich die Detonation.

An der Stelle, wo der Tanklastwagen stand, klaffte ein Trichter von nahezu zehn Metern Tiefe und einem Durchmesser von dreißig Metern. Die Fassade des Hochhauses 131 war aufgerissen; die Innenräume waren verwüstet.

Die Warnung, auch wenn sie rechtzeitig erfolgt war, hatte wenig genützt. Viele Bewohner hatten das Haus nicht rasch genug geräumt. 19 Personen waren getötet worden; 109 hatten schwere Verletzungen erlitten. Auch Bewohner der Nachbarhäuser waren verwundet worden. Kein Gebäude des gesamten Komplexes war unbeschädigt geblieben.

Das Attentat hatte den US-Amerikanern in Saudi-Arabien gegolten. Betroffen waren Piloten, Bodenpersonal und Schreibtischsoldaten – samt Angehörigen – des 440. Luftwaffengeschwaders der US-Luftwaffe. Das 440. Geschwader hat den Auftrag, die saudiarabischen Ölfelder gegen Luftangriffe gleich welcher Art zu schützen.

Im November 1995 waren in der saudiarabischen Hauptstadt Riyadh sieben Personen durch die Explosion eines mit Sprengstoff beladenen Lastwagens getötet worden. Die Attentäter konnten entdeckt und befragt werden. Die Sicherheitsbehörden Saudi-Arabiens gaben die Verhörergebnisse nicht bekannt. Auffällig war, daß die Attentäter sehr rasch hingerichtet wurden. Zu erfahren war, daß sie Verbindung zu Iran gehabt haben sollten.

Ende Juni 1996 richtete sich der Verdacht ebenfalls gegen Iran. Doch zur Verblüffung der amerikanischen Sicherheitsbeamten wurden sie von den Untersuchungen ausgeschlossen. Ihnen wurde nicht erlaubt, Spuren zu prüfen und Zeugen zu vernehmen. Die saudiarabische Polizei wollte die Untersuchung in die Richtung lenken, die sie für angemessen hielt. Ganz offensichtlich war jetzt das Königshaus nicht daran interessiert, daß eine iranische Beteiligung am Anschlag auf das Hochhaus al Khobar Tower festgestellt werde. Die saudiarabischen Kriminalisten ermittelten in Richtung Jordanien. Gute Beziehungen zu Tehran waren nun erwünscht in Riyadh.

Die Sicherheitsbehörden in Washington aber glaubten weiterhin, das Attentat gegen das Personal und gegen die Angehörigen des 440. US-Luftgeschwaders sei in Tehran geplant worden. Doch im Juni 1998 mußten die amerikanischen Untersuchungsbeamten das Fazit ziehen, daß sie nach zwei Jahren Arbeit keinen konkreten Hinweis auf die Täter vorlegen konnten. Die Beamten reisten ab. Doch Präsident Clinton und seine Berater waren auch weiterhin überzeugt, die Attentäter seien in Tehran zu finden.

Vor einem deutschen Gericht kämpft Bani Sadr gegen die Islamische Republik

Im April 1997 stellte das Berliner Kammergericht fest, es sei erwiesen, daß führende Köpfe des iranischen Regimes verantwortlich seien für die Ermordung von vier iranischen Exilpolitikern im Berliner Lokal „Mykonos". Das Gericht erließ internationalen Haftbefehl gegen den iranischen Informationsminister Ali Falahian, der zum Zeitpunkt des

Überfalls auf die Mitglieder der „Demokratischen Partei des iranischen Kurdestan“ Geheimdienstchef in Tehran gewesen war. Das Gericht berief sich in seinem Schuldspruch weitgehend auf die Aussage des früheren iranischen Staatspräsidenten Abolhasan Bani Sadr.

Das Attentat lag nicht ganz fünf Jahre zurück. Am 17. September 1992 waren in der griechischen Kneipe „Mykonos“ der iranische Kurdenführer Sadeq Charafkindi und drei weitere kurdische Oppositionspolitiker erschossen worden. Die Opfer hatten sich zu einer Besprechung im Hinterzimmer des Lokals getroffen. Der Raum wurde zu jener Stunde von den vier Männern allein genutzt. Sie hatten nur ein Thema zu behandeln: Der kurdische Widerstand gegen die Mächtigen in Tehran.

Von Chomeini selbst war den Kurden, die im Nordwesten des Iran leben, weitgehende Autonomie versprochen worden. Kaum aber hatten die Geistlichen die Macht in Tehran übernommen, dachten sie nicht daran, ihr Versprechen zu realisieren. Ali Chamenei und Hashim Rafsanjani sahen in einem autonomen kurdischen Staatsgebiet einen Faktor der Instabilität für die gesamte Region. Um diese Entwicklung zu verhindern, waren der Wali Faqih und der Staatspräsident bereit, sich mit Syrien und der Türkei – in deren Gebiet leben ebenfalls Kurden – auf eine gemeinsame Strategie zur Bekämpfung der kurdischen Autonomiewünsche zu einigen.

Die Politik der Unterdrückung des kurdischen Volkes wurde erleichtert durch Äußerungen amerikanischer Politiker, die ebenfalls der Ansicht waren, ein autonomes Kurdengebiet könne nichts anderes als ein Unruhestifter sein.

Bereits im Sommer 1980 wurde deutlich, daß die Führung in Tehran das Kurdenproblem militärisch lösen wollte. In zwei Kolonnen rückten iranische Panzerverbände in Richtung Sanandaj vor. Ausgangspunkte der Offensiven waren die Städte Kermanshah und Hamadan. Die Panzerkeile stießen bald auf massiven Widerstand. Der Kurdenführung war es gelungen, die Bevölkerung von Sanandaj zu mobilisieren. 28 Tage lang dauerte der Kampf, dann war Sanandaj erobert. Für die Kommandeure des kurdischen Widerstands in Iran gab es bald keine Zuflucht mehr in Kurdestan. Sie flohen in den kurdischen Teil des Irak und versuchten von dort aus weiteren Widerstand zu organisieren.

Mit dem Ausbruch des Irak-Iran-Konflikts wuchs die Hoffnung, die iranischen Truppen würden aus Kurdestan abgezogen werden zur Stabilisierung der Front bei Khorramshar und Ahwaz, doch die iranische Heeresleitung – und vor allem der damalige Staatspräsident Abolhasan Bani Sadr – dachte nicht daran, den Kurden eine Atempause zu gönnen. Mit der Begründung, die Grenze zu Irak müsse gesichert werden, besetzten Soldaten und Polizisten auch die Dörfer westlich von Sanandaj. Damit war jede Hoffnung der Kurdenführung auf Rückkehr nach Kurdestan erloschen. Die Anführer flohen nach Europa, in die Bundesrepublik. Doch sicher waren sie auch dort nicht. Sadeq Charafkindi und drei seiner Partner starben am 17. September 1992 in der Berliner Kneipe „Mykonos".

Zwei Täter standen vor dem Kammergericht in Berlin. Ein Iraner, der sich Darabi nannte, und ein Libanese mit Namen Rhayel. Wer sie wirklich waren, blieb während des „Mykonosprozesses" im dunkeln. Die beiden wurden zwar zu lebenslanger Freiheitsstrafe „wegen vierfachen Mordes bei besonders schwerer Schuld" verurteilt, doch das Kammergericht stellte fest, daß die eigentlich Schuldigen in Tehran zu finden seien. Der Vertreter der Bundesanwaltschaft hatte in seinem Plädoyer Namen genannt: Auftraggeber des Attentats seien der religiöse Führer Chamenei und Staatspräsident Rafsanjani gewesen.

Diese Feststellung stützte sich auf Aussagen des früheren iranischen Staatspräsidenten Abolhasan Bani Sadr, der von 1979 bis 1981 die Exekutive der Islamischen Republik geleitet hatte. Er hatte als Zeuge im „Mykonosprozeß" ausgesagt: „Nur der religiöse Führer kann jemand zum Tode verurteilen. Dieses Recht steht niemand sonst zu!“

Bani Sadr präzisierte seine Aussage: „Chamenei und Rafsanjani haben gemeinsam den Mordauftrag erteilt. Sie gehören beide dem ‚Komiteh für Sonderangelegenheiten‘ an, das 1987 gegründet worden ist. Dieses ‚Komiteh‘ ist zuständig für alle geheimen Aktionen und für die Beschaffung von Waffen, und sie unterzeichnen Befehle an Agenten im Ausland.“

Die Differenzierung der Aufgaben ist laut Abolhasan Bani Sadr so zu sehen: „Chamenei ist Wali Faqih. Er ist als geistlicher Führer zugleich oberste Instanz für alle weltlichen Belange. Er bestimmt die Richtlinien der Politik. Er ernennt den Oberbefehlshaber der Streitkräfte und den Vorsitzenden des Wächterrats.“

Die Nennung der Namen Chamenei und Rafsanjani löste in Tehran heftige Proteste aus. Die Beziehungen zwischen Iran und der Bundesrepublik schienen nachhaltig gestört zu sein. Die „Wächter der Revolution“ sorgten dafür , daß ungefähr 500 ihrer Aktivisten vor dem Gebäude der Deutschen Botschaft in der Ferdusistraße demonstrierten. Die „Wächter der Revolution“ achteten jedoch darauf, daß kein Sturm auf die Botschaft stattfand.

Der Grund der Empörung war, daß sich die Schiiten insgesamt beleidigt fühlten. Ihr Wali Faqih, der den schwarzen Turban trägt, der zur Familie des Propheten zählt, ist als Auftraggeber für einen Mord bezeichnet, ist damit einem Verbrecher gleichgestellt worden. Schlimmeres hätte nicht geschehen können.

Ayatollah Mohammed Jazdi, der für das Justizwesen zuständig war, kündigte während des Freitagsgebets in der wichtigsten Moschee der iranischen Hauptstadt an, die Zeit der Rücksichtnahme auf die Bundesrepublik Deutschland sei vorüber. Iran habe bisher zu den Verbrechen der Deutschen geschwiegen. Doch jetzt werde ein Dossier zusammengestellt, das Grundlage sein werde für ein Verfahren vor dem Internationalen Gerichtshof mit dem Ziel, eine Verurteilung der Bundesrepublik zu Schadensersatz zu erreichen. Es seien Unterlagen vorhanden, anhand derer nachgewiesen werden könne, daß deutsche Firmen während des iranischen Angriffskriegs den irakischen Gegner mit chemischen Waffen ausgerüstet haben. Die deutsche Industrie habe Irak in die Lage versetzt, iranische Kämpfer durch Massenvernichtungswaffen umzubringen.

Mit großer Aufmerksamkeit achteten die Verantwortlichen in der iranischen Hauptstadt darauf, ob bei der Urteilsverkündung am 10. April wiederum die Namen Chamenei und Rafsanjani genannt wurden. Der Vorsitzende des Ersten Strafsenats des Kammergerichts entschärfte den Konflikt mit Tehran geringfügig dadurch, daß er nur die Funktionen der „eigentlich Verantwortlichen" nannte.

Mit Befriedigung stellte der Staatsanwalt fest, daß durch die Aussage des früheren Staatspräsidenten Abolhasan Bani Sadr „die Tür zur Zentrale des iranischen Staatsterrorismus ein wenig geöffnet worden ist".

Der Staatsanwalt hatte damit der Islamischen Republik Iran das schlimmste Zeugnis ausgestellt. Er hatte damit auch gezeigt, daß er die Theokratie Iran mit westlichen Augen beurteilte, daß die besondere Beziehung dieses Staates zu Allah nicht in sein Bewußtsein eingedrungen war.

Die Nennung des Begriffs „iranischer Staatsterrorismus" veranlaßte den iranischen Botschafter in der Bundesrepublik zur Erklärung, in Berlin habe ein „politischer Prozeß" stattgefunden. Er fügte hinzu, dieser Prozeß sei im Interesse der USA geführt worden.

In der Tat ist der Ausgang des Mykonosprozesses in Washington mit höchster Befriedigung aufgenommen worden. Bill Clinton und Warren Christopher fühlten sich in ihrer Beurteilung der Islamischen Republik bestätigt. Der amerikanische Präsident konnte darauf hinweisen, er habe immer die Europäer, und vor allem die Deutschen davor gewarnt, gegenüber Iran eine Politik des „kritischen Dialogs“ durchzuhalten. Nun müßten auch die deutschen Politiker Kohl und Kinkel einsehen, daß sie im Umgang mit Tehran viel zu nachsichtig gewesen seien. Die Bonner Haltung habe schlicht als „naiv“ bezeichnet werden müssen.

Vom State Department wurde mit Genugtuung registriert, daß sich die Staaten der Europäischen Gemeinschaft dazu durchringen konnten, ihre Botschafter aus Tehran abzuziehen.

Die Reaktion aus der iranischen Hauptstadt lautete: „Wir brauchen die europäischen Botschafter nicht. Seit dem Verschwinden des Schahs leben wir ganz gut, ohne daß wir einen amerikanischen Botschafter bei uns haben.“

Erst mit der Zeit setzte sich die Erkenntnis durch, daß Abolhasan Bani Sadr seine Eitelkeit nicht hatte zügeln können. Vor dem Kammergericht in Berlin ist die Charaktereigenschaft erneut hervorgetreten, die er als Oberbefehlshaber der Armee zu erkennen gegeben hatte: Er stand damals gern im Mittelpunkt, und er hatte die Kühnheit gehabt zu behaupten, nicht der höchste Geistliche, sondern er sei der Erfinder der Islamischen Revolution gewesen. In Berlin stand er wieder im Mittelpunkt. Es war ihm vergönnt, mit seiner Aussage Rache zu nehmen an den religiösen Führern, die ihn 15 Jahre zuvor aus dem Lande getrieben hatten.

Daß Abolhasan Bani Sadr in Berlin ausgesagt hatte, wurde von den Menschen in Tehran nicht zur Kenntnis genommen. Wenige wußten noch, was dieser Mann einst war. Ein Generationswechsel von beachtlichem Ausmaß hatte stattgefunden, der sich auszuwirken begann.

70% der Iraner sind jünger als 25 Jahre

Eine Zahl aus der Statistik: Die Hälfte der Iraner ist am Ende des 20. Jahrhunderts noch keine 18 Jahre alt. Das bedeutet: 50% der Iraner kennen die Zeit des Schahs nur aus Erzählungen. Sie wissen auch nicht aus eigenem Erleben, wie sehr sich die USA damals in die Politik des Iran und in das Leben der Iraner eingemischt hatten – sie wollen es auch gar nicht wissen. Sie bemühen sich darum, die Gegenwart so zu gestalten, daß sie einen Lebensraum erhalten, der ihnen gefällt. Manche haben diesen Lebensraum gefunden: In den Bergen im Norden von Tehran. An Freitagen fahren sie mit der Seilbahn hinauf zur Bergstation am Abhang des Elburzgebirges. Dort, in über 2000 Metern Höhe, entwickelt sich eine Freiheit, die in Tehran noch undenkbar ist. Hier treffen sich junge Männer und Frauen: Sie hören aus mitgebrachten Geräten die Musik, die ihnen paßt; sie reden miteinander, ohne Angst haben zu müssen, von „Sittenwächtern" an die Einhaltung islamischer Verhaltensregeln erinnert zu werden; Mädchen blicken ganz ungeniert ihren männlichen Gesprächspartnern in die Augen; sie wagen vorsichtige Berührungen. Die Mädchen tragen die vorgeschriebenen Kopftücher, doch sie schieben sie soweit von der Stirn zurück, daß die Locken hervorquellen können. Im Umkreis der Bergstation der Seilbahn gilt auch nicht die harsche Aufforderung, die in Tehran noch beachtet wird: „Im Namen Allahs, wende keine Kosmetik an!"

Die meisten dieser jungen Menschen sind während der achtziger Jahre geboren worden – zur Zeit des Krieges mit dem Irak, der Hunderttausende junger Menschenleben gefordert hatte. Die Verluste mußten ersetzt werden. Damals wurden Anreize geschaffen, damit Familien daran dachten, die Kinderzahl zu steigern. Es gab beachtliche finanzielle Zuwendungen. Es war von Vorteil, Kinder zu haben. Die Konsequenz: Die Bevölkerung wuchs jährlich um vier Prozent.

Es wirkte sich aus, daß die Geistlichen in den Freitagspredigten die Anwendung von Verhütungsmitteln verurteilten, die zur Zeit des Schahs propagiert worden war.

Damals, in den achtziger Jahren, herrschte auch noch die Ansicht vor, die Islamische Republik werde in Zukunft Kämpfer brauchen für die Ausbreitung dieser Allah gefälligen Staatsform. Im Jahre 1986 hatte Ministerpräsident Musawi verkündet: „Wir sind stolz darauf, daß wir in der kommenden Generation genügend Soldaten haben werden, die sich für die Islamische Republik einsetzen werden!" Vier Jahre später reichten die Schulen nicht aus, um die zahlreichen Kinder aufzunehmen.

Der Krieg war vorüber; die Illusion vom „Export der schiitischen Revolution" war zerplatzt. Niemand dachte mehr an die Aufstellung mächtiger Streitkräfte. Jetzt störten die geburtenstarken Jahrgänge. Kluge Ayatollahs warnten nun, die Bevölkerungsexplosion könne eine Gefahr werden für den islamischen Staat. Sie reduzierten das Kindergeld und ließen wieder den Gebrauch von Verhütungsmitteln zu, doch die Zahl der Geburten nahm nur langsam ab – sie blieb höher als in europäischen Ländern.

Daß Iran eine junge Bevölkerung besitzt, konnte nicht ohne politische Auswirkungen bleiben, auch wenn dies den Gründern der Islamischen Republik nicht gefallen sollte. Die Bevölkerungsstruktur sorgte bei den Präsidentschaftswahlen am 23. Mai 1997 für eine Überraschung.

Hashemi Rafsanjani durfte sich, gemäß der Verfassung, nicht als Kandidat für eine dritte Amtsperiode aufstellen lassen. 234 Iraner reichten ihren Antrag, auf die Kandidatenliste gesetzt zu werden, beim „Wächterrat" ein. Dieses Gremium prüfte, wer unter islamischen Gesichtspunkten würdig war, Präsidentschaftskandidat zu sein.

Von den 234 Bewerbern wurden vier ausgewählt: Ali Akbar Nateq Nuri, der Parlamentspräsident; Mohammed Mohammed Reyshahri, der lange Zeit zuständig war für die innere Sicherheit der Islamischen Republik; Sayyed Reza

Zavarei, Mitglied des „Wächterrats"; Sayyed Mohammed Chatami, Berater des Präsidenten.

Zwei der Kandidaten waren Sayyeds und Träger des Schwarzen Turbans. Sie hatten damit die günstigsten Aussichten, denn seit dem Verschwinden von Abolhasan Bani Sadr galt es als selbstverständlich, daß die Präsidentschaft in der Islamischen Republik einem Mann aus der Heiligen Familie vorbehalten sein sollte. Trotzdem hatte Nateq Nuri geglaubt, er könne den Mangel, kein Sayyed zu sein, dadurch ausgleichen, daß er eine ausgesprochen islamische Linie vertrat.

Gewählt wurde Mohammed Chatami – mit 69,1% aller Stimmen; Nateq Nuri erhielt 24,9%. Die Wahlbeteiligung lag bei 88%.

Wahlberechtigt sind in Iran alle Personen, die mindestens 15 Jahre alt sind. Dies hat für die Wahl des Jahres 1997 bedeutet, daß Männer und Frauen wahlberechtigt waren, die Anfang der achtziger Jahre geboren worden sind. Die Jungen, die Frauen, die Intellektuellen und die Händler in den Basaren hatten sich Chatami ausgewählt. Er war behutsam gewesen mit seinen Wahlversprechungen. Wären seine Parolen zu „reformerisch" gewesen, hätte er damit rechnen müssen, daß er – trotz seiner Würde als Sayyed – von der Kandidatenliste gestrichen worden wäre. Chatamis Ziele waren absichtlich undeutlich geblieben. Er hatte den Aufbau einer „zivilen Gesellschaft" versprochen; dies konnte heißen, daß die Geistlichen nicht mehr zu bestimmen hätten, welcher Geist in der Gesellschaft zu herrschen hatte. Etwas griffiger war sein Versprechen, „fundamentale Bürgerfreiheiten" und „Rechtsstaatlichkeit" sollten künftig in Iran garantiert sein. Er fügte allerdings hinzu, daß alles im Rahmen der vom Islam gesetzten Grenzen zu geschehen habe.

Mohammed Chatami gehört zum Jahrgang 1943. Seine Geburtsstadt Ardakan liegt 80 Kilometer nordwestlich von

Shiraz. Sie gehört zur Provinz Jazd. Er verließ die Kleinstadt mit 19 Jahren, um in Qom islamische Theologie zu studieren. Von Chomeinis Lehrtätigkeit wurde er in jenen Jahren nicht beeinflußt. Daß während seines Aufenthalts in Qom Ayatollah Chomeini ins Exil geschickt wurde (1964) hat ihn offenbar nicht sonderlich beeindruckt. Erst in Esfahan – dort studierte Chatami von 1965 bis 1968 – war er beteiligt am Widerstand gegen das Schahregime; er gehörte zu den Gründern oppositioneller Studentengruppen.

In Esfahan schloß Chatami die erste Phase seines Studiums ab mit der Prüfung in Philosophie – er hatte sich zuvor gründlich mit europäischen Denkern der Vergangenheit befaßt. Die Universität Tehran verlieh ihm 1971 einen akademischen Grad in Erziehungswissenschaften. Danach zog er wieder um nach Qom. Dort, wo er seine Studien begonnen hatte, beschloß er sie auch – im Fach islamische Theologie.

In Qom lernte der Sayyed Chatami den Sohn des Sayyed Chomeini kennen. Es war 1974, zur Blüte der Schahzeit, als Ahmed Chomeini den 31jährigen Chatami für die Ideen seines Vaters gewann, der damals in Nedjef im Irak lebte. Er gehörte zum „Kreis der militanten Geistlichen" und war schließlich der Sprecher dieser Gruppierung. Mit SAVAK geriet Chatami nicht in ernsthaften Konflikt. Dennoch hielt er es für klug, ins Ausland zu übersiedeln. Er nahm im Jahre 1978 das Angebot an, Direktor des Islamischen Zentrums in Hamburg zu werden. Dort war er zuständig für die Betreuung der Moslems im norddeutschen Raum. In Hamburg erlebte er aus der Ferne die Schlußphase der Islamischen Revolution.

Die Monate in Deutschland haben Chatamis Denken beeinflußt: Er bekam Achtung vor dem geistigen Leben Deutschlands in Vergangenheit und Gegenwart, vor der Kultur Europas. Die Basis zur Idee vom „Dialog der Kulturen" wurde in Hamburg gelegt.

Sofort nach dem Sturz des Schahs kehrte Chatami in die

Heimat zurück; er wollte an der politischen Gestaltung der Islamischen Republik teilnehmen. Der Einstieg war nicht einfach – auch nicht für einen Sayyed. Er aktivierte die Bekanntschaft zu Ahmed Chomeini und wurde schließlich aufgenommen in die Kandidatenliste für das erste islamische Parlament. Er vertrat seine Heimatstadt Ardakan – und er wurde gewählt. Insgesamt hatten sich 3300 Kandidaten auf die Wahllisten setzen lassen. Nach der Prozedur einer Auswahl durch islamische Gremien und durch Wahlgang waren 234 Delegierte übriggeblieben.

Der Delegierte Sayyed Chatami besaß Chomeinis Vertrauen. Im Konflikt mit dem ersten Staatspräsidenten Abolhasan Bani Sadr bezog er die Position des Ayatollah Beheshti, der für die Politik Vorherrschaft der hohen Geistlichkeit forderte.

Einen eigenen Weg begann Sayyed Chatami im Jahre 1982 zu gehen. Er wurde damals Minister für „Kultur und Islamische Führung". Es war die Zeit des Iran-Irak-Konflikts. Der islamische Staat war darauf angewiesen, daß die offizielle Staatsideologie strikt beachtet wurde. Die Gedanken der Menschen sollten auf den Krieg ausgerichtet sein. Chatami aber, der auch noch Kulturbeauftragter der Streitkräfte wurde, ließ sich in seinem Arbeitsbereich nicht von Staatsideologen einengen: Er ließ zu, daß Zeitschriften erschienen, die durchaus regimekritische Positionen bezogen. Solange eine kritische Meinung nicht den Islam oder die Bedeutung der hohen Geistlichkeit mit schwarzem Turban in Frage stellte, konnte der Minister für „Kultur und Islamische Führung" tolerant sein. Er kämpfte mit Beharrlichkeit für das Erscheinungsrecht einer bekannten iranischen Literaturzeitschrift, obgleich islamisch-konservative Kreise gerade dieser Zeitschrift Feindschaft zum Islam vorwarfen.

Chatami konnte sich über den Tod des Ayatollah al Uzma (3. Juni 1989) hinaus auf seinem Ministerposten halten. Doch verlor er offenbar mehr und mehr die Unterstützung des Sayyed Ahmed Chomeini, der die konservativen Gruppierungen der Geistlichkeit beeinflußte. Sie verlangten 1992 Chatamis Rücktritt. Er durfte jedoch den Posten des Direktors der Iranische Nationalbibliothek übernehmen.

Wichtiger war jedoch, daß Chatami Berater des Präsidenten Rafsanjani in kulturellen Belangen blieb. Die Nähe zur Staatsspitze war damit nicht verloren. Mit Hilfe von Rafsanjani konnte er behutsam seine eigene Präsidentschaftskandidatur vorbereiten. Sie führte am 23. Mai 1997 zum Erfolg. Er wurde mit 69,1% gewählt.

Zum Vergleich das Ergebnis der Präsidentschaftswahl vom 11. Juni 1993: Damals hatte Rafsanjani 63,2% der Stimmen erhalten; allerdings bei verhältnismäßig niedriger Wahlbeteiligung von 56%. Am 23. Mai 1997 lag die Wahlbeteiligung bei erstaunlichen 88%.

„Chatami kann kein Gorbatschow sein“

Mit dieser Feststellung haben Anhänger von Chatami bald schon nach dieser Wahl euphorische Hoffnungen gedämpft. Wer die Struktur des Staates kannte, der wußte, daß Sayyed Chatami ein Gefangener des Systems war. Vom Parlament war keine Hilfe für die Durchführung tiefgreifender Veränderungen zu erwarten: Die Abgeordneten folgten weitgehend den Anweisungen des konservativen Nateq Nuri, der – bei der Staatspräsidentenwahl durchgefallen – Parlamentspräsident geworden war. Nateq Nuri und der „Wächterrat“ argwöhnten bei jeder Maßnahme, die Chatami durchsetzen wollte, er habe die Absicht, das System grundlegend zu verändern. Auf Ablehnung stieß er, als er die Absicht hatte, eine Frau, die in den USA zur Chemikerin ausgebildet worden war, zur Vizepräsidentin zu ernennen. Den iranischen Frauen hat diese Geste allerdings imponiert. Nie war es bisher geschehen, daß eine Frau für ein derart hohes Amt vorgeschlagen wurde.

Dem Schah hatte es einst Vorwürfe der Geistlichkeit eingetragen, als er ein Ministerium einrichtete, das sich mit Frauenfragen befaßte; es wurde kurz vor seinem Sturz eilig abgeschafft. Chatami belebte den Gedanken wieder, daß die Frauen besonderer Beachtung wert sind: Er setzte eine „Generaldirektorin für Frauenfragen" ein. Damit erregte er das Mißfallen des Wali Faqih Ayatollah Sayyed Ali Chamenei.

Der Wali Faqih blickte mit besonderer Skepsis auf Sayyed Chatami, und im Gegensatz zum Staatspräsidenten war er als Nachfolger Chomeinis auf Lebenszeit zum religiösen Führer ernannt. Doch er war ein farbloser Ideologe – das spürte er selbst: Er füllte das hohe Amt nicht aus. Er besaß keine Ausstrahlung und wurde von der Bevölkerung kaum wahrgenommen. Chamenei konnte beim besten Willen Chomeini nicht nacheifern.

Zu dieser Meinung kamen im Laufe der Zeit auch fast alle anderen hohen Geistlichen. Sie nahmen lange Zeit seinen Wunsch nicht zur Kenntnis, Ayatollah al Uzma werden zu wollen. Die Ansicht war weitverbreitet, er besitze nicht die nötige Qualifikation in Glaubensdingen.

Es blieb nicht bei Anspielungen auf die fehlende Qualifikation. Ein wichtiger Geistlicher aus Qom griff ihn offen an. Ayatollah Husain Ali Montazeri, der selbst Wali Faqih hatte werden wollen, predigte in der Moschee beim Heiligtum der Fatima, Chamenei sei zum Wali Faqih ernannt und nicht gewählt worden; er habe deshalb keine Kompetenz in politischen Angelegenheiten. Nur wer gewählt sei, sei wirklich zur aktiven Politik legitimiert. Ayatollah Chamenei habe kein Recht, in politische Entscheidungen einzugreifen. Seine Aufgabe sei es „zu beaufsichtigen" und nicht zu regieren.

Chameneis Lebenslauf spiegelt die unruhige Geschichte des Iran während der letzten Jahrzehnte. Er ist ein Urenkel des Sayyed Mohammed Chiabani, der im März 1920 die Republik Azerbeidschan ausgerufen hatte. Im September desselben Jahres war das separatistische Abenteuer „Azerbeidschan“ zu Ende. Sayyed Chiabani wurde von den siegreichen iranischen Einheiten in Täbriz getötet. Seine Sippe wurde von Täbriz nach Meshed deportiert.

In Meshed ist Ali Chamenei im Jahre 1940 geboren worden. Er macht, seit er bewußt lebt, Reza Khan Pahlawi für das Schicksal seiner Sippe verantwortlich. Reza Khan hat in der Tat eine wesentliche Rolle gespielt bei der Auflösung der Republik Azerbeidschan, beim Tod des Urgroßvaters und bei der Verbannung der Sippe Chiabani. Chamenei mußte zum Widerstandskämpfer gegen die Pahlawidynastie werden.

18 Jahre alt war Sayyed Chamenei, als er in Nedjef, im Irak, seine theologischen Studien begann. Bald schon zog ihn das Seminar des Ayatollah Chomeini in Qom ein. Er trat in dessen Schule ein und belegte das Fach „Islamisches Recht“.

1965 hatte er die nötigen Kenntnisse erworben, um selbst zum Lehrer zu werden. Er kehrte dazu in seine Heimatstadt Meshed zurück. Noch in Qom war er als Schüler von Chomeini im Widerstand gegen den Schah aktiv geworden. Anders als der geschmeidige Chatami geriet Chamenei in die Fänge von SAVAK. Sechsmal wurde er verhaftet; insgesamt drei Jahre verbrachte er im Gefängnis.

Nach dem Sturz des Schahs war Chamenei als verdienter Widerstandskämpfer ein hochangesehener Ayatollah. Er gehörte im Mai 1979 zu den Gründern der Organisation „Wächter der Revolution“, an deren Mitglieder er seinen Haß auf alle Pahlawi-Anhänger weitergab. Er war deren Ideologe. Er wies sie an, die Wurzeln des monarchischen Systems auszurotten. Sein Schlagwort: „Feinde Allahs haben kein Recht weiterzuleben!“

Fast an jedem Freitag war ihm Gelegenheit gegeben, seinen Standpunkt den Massen mitzuteilen. Von 1980 ab war

Chamenei zuständig für das „Freitagsgebet“ in Tehran, das stets vom staatlichen Fernsehen übertragen wurde. Er entschied, wer die Predigt halten durfte und übernahm diese Aufgabe meist selbst. Wenn er predigte, verzichtete er nie darauf, sich ein Sturmgewehr umzuhängen. Chamenei wollte damit zeigen, daß er sofort bereit war zum Kampf gegen die Feinde der Islamischen Republik.

Daß er persönliche Feinde hatte, wurde am 27. Juni 1981 deutlich. An diesem Tag detonierte in der Tehraner Moschee ein Sprengkörper ganz in der Nähe des Predigers Chamenei. Dabei wurde ihm die linke Hand abgerissen. Seither wird er als „lebendiger Märtyrer“ verehrt. Das heißt: Schon zu Lebzeiten ist ihm das Märtyrertum und damit der Eintritt ins Paradies sicher. Chameneis Kommentar zum Ereignis des 27. Juni 1981: „Damals wurde mir auf einen Schlag deutlich, daß Allah mich für schwere Aufgaben bestimmt hat!“

Chamenei war in emotional aufgereizter Zeit durchaus in der Lage, realistisch zu denken. In der zweiten Hälfte des Jahres wurden irakische Luftangriffe auf Tanker effektiv, die das iranische Öl-Terminal Kharg anliefen; die iranischen Einnahmen aus dem Ölgeschäft sanken spürbar. Da kam der Freitagsprediger Chamenei auf den Gedanken, es sei Zeit, den Krieg, der bereits vier Jahre dauerte, zu beenden – auch wenn er militärisch nicht entschieden sei. Chamenei sprach von einem möglichen Frieden mit Irak. Die Bevölkerung war darüber sehr erleichtert. Er stellte allerdings eine Bedingung, die von Saddam Hussein nicht erfüllt werden konnte: Ausgangspunkt der Friedensregelung sollte das irakische Eingeständnis sein, den Krieg begonnen zu haben. Der Krieg dauerte noch weitere vier Jahre bis 1988.

Bei Chomeinis Tod im Juni 1989 stand fest, daß kein anderer hoher Geistlicher die Position des Wali Faqih übernehmen konnte. Rivalen waren, meist von Chomeini selbst, durch Ausnutzung ihrer Schwächen in den Hintergrund gedrängt worden. Chamenei wurde allerdings durch einen gravierenden Mangel gehemmt: Er war zwar Sayyed, doch die Würde eines Ayatollah hatte Chamenei noch nicht erreicht. Eine Verfassungsänderung war notwendig, um für den Hodjat al Islam den Weg zur Position des Wali Faqih freizumachen.

Chamenei hatte den greisen Ayatollah al Uzma versprochen, dessen Sohn Ahmed auf dem Weg zur Spitze der schiitischen Geistlichkeit zu betreuen. Dieses Versprechen machte er wahr durch die Berufung des Sayyed Ahmed in seinen persönlichen Stab, doch der frühe Tod des Berufenen machte den Karriereplänen ein Ende. In Tehran hält sich hartnäckig die Meinung, Chomeinis Sohn Ahmed sei vergiftet worden. Er sei ein Opfer des amerikanischen Geheimdienstes wie sein älterer Bruder Mustafa.

Chamenei versuchte seine eigene Position zu festigen. Auf legale Weise sollte seine Unangreifbarkeit untermauert werden. Im Juli 1996 setzten Chameneis Vertraute eine Gesetzesreform durch. Die bedeutendste Veränderung betraf seine eigene Person: Es war fortan bei Todesstrafe verboten, den Wali Faqih zu beleidigen, übel über ihn zu reden. Dieselbe Strafe sollte auch jeden treffen, der es wagte, schlecht über den verstorbenen Ayatollah al Uzma, Sayyed Chomeini, zu reden, ihn zu kritisieren.

Diese Reform des Strafrechts hatte nur geringe praktische Auswirkung. Kritiker hüteten sich in ihren Äußerungen, den Wali Faqih direkt zu nennen. Angreifbar war seine Haltung in der Wirtschaftspolitik: Er hatte im Dezember 1993 Richtlinien für die Lösung der wirtschaftlichen Probleme erlassen. Vorausgegangen war das Eingeständnis, daß seit dem Sieg der Islamischen Revolution wenig erreicht worden war, um die Lebensumstände der Massen im Süden von Tehran zu verbessern. Wer sich angestrengt hatte, um der Revolution zum Durchbruch zu verhelfen, der sollte belohnt werden. Chamenei verlangte jetzt, die Landwirtschaft müsse mehr produzieren, damit die Märkte besser beliefert werden konnten. Die Einfuhr von Gebrauchsgütern aber sei zu reduzieren. Die Richtlinien des Wali Faqih verlangten äußerste Zurückhaltung bei der Privatisierung bisheriger Staatsbetriebe; sie sollte nur gemäß den Grundsätzen des Islamischen Rechts erfolgen.

Diese vier Jahre alten Richtlinien wurden 1997, nach der Wahl des Sayyed Chatami zum Staatspräsidenten, als überholt angesehen – Kritik wurde laut, es sei nicht die Angelegenheit des Wali Faqih, Wirtschaftspolitik zu betreiben; es sei Sache des Chefs der Exekutive, derartige Richtlinien zu erlassen. In Tehran fanden Demonstrationen statt unter der Parole: „Mehr Entscheidungsfreiheit für Chatami!"

In Qom versammelten sich die Verteidiger des Wali Faqih. Ihre Demonstrationen waren impulsiver. Sie verlangten, daß die Justiz jegliche Kritik am religiösen Führer verhindere. Zehn Tage lang wurde Qom von den Demonstranten beherrscht. Chamenei selbst war schließlich gezwungen, seine Anhänger zur Ordnung zu rufen.

Im Frühjahr 1998 begann die Union der Journalisten eine vorsichtige Polemik gegen einen Ayatollah, der mit Chamenei eng verbunden war. Erinnert wurde daran, daß der Ayatollah Mohammed Jazdi, der für die Rechtsprechung in Iran zuständig war, nicht dem Staatspräsidenten unterstand, sondern dem Wali Faqih. Der religiöse Führer besaß die Autorität über die Rechtsprechung. Einige Journalisten sprachen schließlich offen aus, Ayatollah Mohammed Jazdi unterdrücke die Pressefreiheit.

Im April 1998 stand der Bürgermeister von Tehran, Gholamhusain Karbaschi, im Zentrum des Konflikts. Ihm verdankte die iranische Hauptstadt eine beachtliche Verbesserung der Verkehrsverhältnisse: Karbaschi hatte Stadtautobahnen und Ringstraßen bauen sowie Parkanlagen anlegen lassen. Diese Maßnahmen wurden von den Bewohnern als überaus nützlich empfunden. Den Smog in und über der Stadt hatte Karbaschi zwar nicht beseitigen können, doch hatten sich die Staus reduziert; Autofahrer blieben nur noch in den Straßen der Innenstadt stecken.

Durch seinen Einfallsreichtum war der Bürgermeister in Tehran zum populärsten Politiker geworden; bei einigen Mächtigen aber war er gerade deshalb unbeliebt. Er wurde im April 1998 verhaftet. Ihm wurde pauschal vorgeworfen, er habe „betrogen" und eine „Mißwirtschaft" geführt.

Karbaschi war bekannt dafür, daß er in enger Verbindung zu Chatami stand. Mit der Verhaftung des Politikers sollte der Präsident getroffen werden, der als Ayatollah dem Zugriff der Justiz weitgehend entzogen war. Chatami wollte sich diesen offensichtlichen Angriff auf seine Person nicht gefallen lassen: Auf seinen Wunsch hin gab die Runde der Minister eine Verlautbarung heraus, die dem Ayatollah Mohammed Jazdi, der für die Justiz zuständig war, vorwarf, er verfolge den Bürgermeister zu Unrecht. Die Ministerrunde verlangte die Freilassung des verhafteten Bürgermeisters. Diese Verlautbarung löste in Tehran Demonstrationen aus. Gefordert wurden grundlegende Veränderungen des Justizwesens. Dafür waren die Massen allerdings nicht zu mobilisieren. Studenten und junge Intellektuelle waren die Träger der Protestplakate.

Als Anfang Juni 1998 tatsächlich der Prozeß gegen Karbaschi begann, da verbarg Innenminister Abdallah Nuri nicht, daß er die Vorwürfe gegen die Amtsführung des Bürgermeisters für lächerlich hielt. Diese offene Stellungnahme führte am 21. Juni 1998 zu seiner Amtsenthebung durch das Parlament. Chatami reagierte entschlossen: Er nahm Abdallah Nuri in die Reihe seiner Vizepräsidenten auf, mit dem Zuständigkeitsbereich „Entwicklung und Soziales".

Es gelang dem Präsidenten sogar, einen Mann seines Vertrauens als neuen Innenminister durchzusetzen. Der Neue gehörte zwar zu den Nachkommen des Propheten und war stolz auf seinen Titel „Sayyed", doch er hatte in seiner bisherigen Funktion als Berater für Rechtsfragen im Präsidialamt bewiesen, daß er auch im Justizwesen aufgeschlossen war für anstehende Veränderungen.

Ende Juli 1998 wurde das Urteil gegen Gholamhusain Karbaschi gesprochen. Es lautete auf fünf Jahre Gefängnis und auf sechzig Peitschenhiebe. Was von den Richtern wirklich erreicht werden sollte, wurde aus dem zweiten Teil des Urteils deutlich: Karbaschi wurde für zwanzig Jahre von der Ausführung öffentlicher Ämter ausgeschlossen.

Im Revisionsverfahren, das im Dezember 1998 stattfand, wurde dieses Verbot allerdings auf zehn Jahre reduziert. Die Gefängnisstrafe minderte sich auf zwei Jahre. Die sechzig Peitschenhiebe wurden ganz gestrichen. Der Bürgermeister sollte dafür eine Geldbuße bezahlen.

Karbaschi begann seine Haftstrafe im Mai 1999. Er verließ das Gefängnis im Januar 2000. Präsident Chatami hatte ihn begnadigt.

Chatami will den Krieg mit den Taliban nicht

Im September 1998 überraschte der Präsident durch ein Wagnis: Er flog zur Eröffnung der Generalversammlung der Vereinten Nationen nach Washington, obgleich er damit rechnen mußte, daß in Tehran ein Putsch stattfindet, der zum Ziel hat, ihn zu entmachten. Der Wali Faqih hatte zu erkennen gegeben, daß er – im Gegensatz zu Chatami – den Krieg gegen die „Taliban“ für unvermeidbar halte; gegen dieses Regime müsse unbedingt militärisch vorgegangen werden. Ihre Herrschaft in Afghanistan bedeute Instabilität für die gesamte Region. In der Tat waren die Auswirkungen des Talibanregimes im Jahre 1998 für Iran unerträglich geworden. Die Zahl der Flüchtlinge, die im iranischen Hochland Schutz gesucht hatten, konnte nur geschätzt werden; sie soll damals bereits zwei Millionen betragen haben.

Chatami wußte von der Putschgefahr, doch er befand sich in schwieriger Lage: Sagte er die Reise nach New York ab, signalisierte er seinen Gegnern, daß er sich unsicher fühlte. Schwäche zeigen aber wollte er auf keinen Fall. Verließ er das Machtzentrum Tehran, lief er ganz konkret Gefahr, daß der „religiöse Führer" den 200 000 Soldaten, die an der afghanischen Grenze bereits zusammengezogen waren, befahl, diese Grenze zu überschreiten, um die Talibankämpfer anzugreifen. Präsident Chatami mußte damit rechnen, daß die Armeeführung diesem Befehl gehorchen würde. Damit aber wäre offener Krieg ausgebrochen gegen Afghanistan, der sich rasch ausweiten könnte: Pakistan stand zur Unterstützung der „Taliban" bereit.

Das Wort „Taliban" wird abgeleitet vom Wort „talib", das in allen islamischen Ländern gebräuchlich ist; es bedeutet „Schüler". Gemeint ist vor allem der Schüler, der sich von Mullahs unterweisen läßt, der religiöse Unterweisung sucht. Der Plural von „talib" heißt „taliban".

Die Taliban von 1998 sind nicht denkbar ohne die gläubigen Männer, die sich ab 1979 gegen den Einmarsch der „atheistischen Sowjets" gewehrt hatten. Die sowjetischen Soldaten waren in das Bergland Afghanistan eingedrungen, weil die Kremlherren damals glaubten, sie könnten in Kabul ein marxistisches Regime am Leben erhalten, das der islamischen Bevölkerung mißfiel. Die Sowjets wurden von Gruppen junger Männer angegriffen, die mit dem Gelände vertraut waren – und die von den USA mit Waffen versorgt wurden. Die Sowjets wehrten sich gleichfalls mit modernen Waffen – und sie verloren.

Nach zehn Jahren Kampf hatten 1,5 Millionen Afghanen ihr Leben verloren – bei einer Bevölkerungszahl von 18 Millionen. Die Verluste der Sowjetarmee sind statistisch nicht zu erfassen. Sie waren für die UdSSR so schmerzhaft wie zuvor die Toten in Vietnam für die USA.

Präziser sind die finanziellen Kriegsaufwendungen der

Großmächte zu errechnen: Die Sowjetunion hat 45 Milliarden Dollar ausgegeben – die USA 5 Milliarden.

Als die Sowjets 1989 den Rückzug aus Afghanistan abschlossen, da war das Land verwüstet. Die Bevölkerung war in ethnische Gruppen aufgespalten, die sich gegenseitig bekämpften. Das Land fiel auseinander in Regionen, die von „Kriegsherren" dominiert wurden. Die Sieger über die Sowjets konnten sich nicht auf eine Zentralmacht im „befreiten" Land einigen.

Den Zustand der Zerrissenheit fand eine Handvoll junger Männer unerträglich. Die Geschichte der Anfänge ihrer Organisation, ihrer Widerstandsbewegung gegen die Kriegsherren, ist von Legenden umgeben. Nur der Name ihrer Gruppe stand von Anfang an fest: Taliban. Berichtet wird, in Kandahar seien zwei der Kriegsherren aneinandergeraten, weil sie sich nicht darüber einigen konnten, welchem von ihnen ein junger Mann gehörte, an dem sie beide sexuell interessiert waren. Aus den Handgreiflichkeiten entwickelten sich Straßenschlachten. Den Taliban gelang es, die Streitenden auseinanderzutreiben; der junge Mann kam ohne Schaden davon.

Die Taliban waren von nun an Verfechter der Gerechtigkeit. Sie tauchten auf, wenn Streit ausbrach; sie halfen den Armen gegen die Starken. Und sie bekamen enormen Zulauf von Männern, die ebenfalls genug hatten von Ungerechtigkeit. Die Taliban galten bald als Rächer des Unrechts an Armen und Schwachen.

Die Popularität der Taliban war groß. Ihre Gegner packte der Schrecken. Die Widerstandsbewegung gegen die Kriegsherren beherrschte innerhalb von sechs Monaten nahezu die Hälfte aller afghanischen Provinzen. Sie sorgten für Ordnung. Sie wachten darüber, daß die Straßen ohne Angst vor Überfällen auch außerhalb der Städte benutzt werden konnten. Vor allem aber sammelten sie die Schußwaffen ein. Der Bürgerkrieg sollte ein Ende haben.

Allerdings kamen die Anführer der Taliban bald auf die Idee, als „Rächer des Unrechts“ sollten sie sich selbst an Gesetze halten. Die Frage war, welches Recht gültig sein sollte – die Gesetze sollten auf jeden Fall besser sein, als diejenigen, die bisher in Kraft gewesen waren. Da sie gläubige Männer waren, kamen nur islamische Gesetze in Frage, die im Koran zu finden sind. Sie begannen diese Gesetze selbst auszulegen, und sie benützten dazu einen strengen Maßstab. Sie glaubten aufgrund ihrer Auslegung die folgenden Anordnungen erlassen zu müssen: Alle Mädchenschulen werden geschlossen; Frauenarbeit außerhalb des Hauses ist verboten; Fernsehgeräte sind zu zerstören, ebenso Radiogeräte und Musikinstrumente; Männer haben Bärte zu tragen.

Die Bevölkerung rebelliert nicht – auch nicht in der Hauptstadt Kabul, die sich seit dem 27. September 1996 in der Hand der Taliban befindet. Die Meinung vieler Einwohner von Kabul: „Was vorher war, ist schlimmer gewesen. Zwei Jahrzehnte lang herrschte totale Anarchie. Wer sich an die Gesetze der Taliban hält, der lebt in Sicherheit.“

Mit Sorge wird in Tehran zur Kenntnis genommen, daß Afghanistan dabei war, islamischer als Iran zu werden. Die Schiiten fühlten sich überrundet von den Afghanen, die fast alle Sunniten sind. Erst nach und nach aber wurde bemerkt, daß die religiöse Dimension des Aufstiegs der Taliban keineswegs von primärer Bedeutung war. Wirtschaftsanalytiker in Tehran begannen die Strategie der internationalen Energiekonzerne zu begreifen: Für den Ölmarkt der Welt war Afghanistan wichtiger als Iran. Afghanistan war für sie das Schlüsselland, das den Zugriff zu den zentralasiatischen Ölfeldern ermöglichte. Afghanistan war wichtig für die Vernetzung der Pipelines, die Öl aus Uzbekistan und Kasachstan zu Häfen am Arabischen Meer transportierten, die Anschluß hatten zu den Ölmärkten der Industrienationen.

Ein Geschäftsmann mit Visionen, der in Südamerika Erfahrungen gesammelt hatte, setzte sich seit zwei Jahren insgeheim für die Schaffung eines Pipelinenetzes ein, das die Vermarktung des Öls aus Zentralasien ermöglichte. Sein Name: Carlos Bulgheroni. Er hatte sich Kontakte geschaffen zu wichtigen Politikern der Region. Sie hatten begriffen, daß ihre Länder – Uzbekistan, Kazachstan, Tajikistan und Pakistan – auf dem Energiemarkt der Zukunft von Bedeutung waren.

Carlos Bulgheroni sah für die Realisierung seiner Vision viele Probleme. Für nahezu alle waren Lösungen möglich; nur das Problem Afghanistan schien die Vision zum Platzen zu bringen. War dieses Land nicht einbezogen in die Pipelinevernetzung, blieben die zentralasiatischen Ölgebiete von den Märkten getrennt. Afghanistan aber war nach dem Abzug der Sowjettruppen im Jahre 1989 zerrissen in Einzelregionen, die gegeneinander Krieg führten. Wollte Bulgheroni seine Vision verwirklichen, mußte eine afghanische Zentralregierung geschaffen werden. Diese Aufgabe übernahmen die Taliban.

Daß die Herrschaft der Taliban erwünscht war in der Vorstellung westlicher Strategen, war daran zu erkennen, daß das State Department unmittelbar nach der Einnahme von Kabul durch die Taliban mitteilte, die USA hätten die Absicht, das neue Regime anzuerkennen; bald schon werde sich ein hochrangiger Diplomat nach Kabul begeben, um offizielle Beziehungen aufzunehmen. Ein Sprecher des State Department meinte: „Nichts ist einzuwenden gegen den moralischen Standard der Taliban. Sie sind gegen Erscheinungen, die das moderne Leben hervorgebracht hat. Sie sind keineswegs als anti-westlich einzustufen."

Diese Äußerungen aus Washington wurden in Tehran mit Erstaunen registriert. Da wurde offenbar auf Kosten von Iran, ein politischer Schwerpunkt geschaffen, der von Sunniten beherrscht wurde. Die Berater des Präsidenten

Chatami fühlten sich bestätigt, als bekannt wurde, daß Saudi-Arabien das Talibanregime anerkannt habe. Im Konfliktfall – so lautete die Analyse – hätte Iran mit diesen Gegnern zu rechnen: Pakistan und Saudi-Arabien. Beängstigend war die Erkenntnis, daß der mögliche Gegner Pakistan über Atomwaffen verfügte.

Die Frage war, ob die Taliban, etwa im Auftrag der USA, an einem Konflikt mit Iran interessiert waren. Mit Sorge wurde in Tehran eine Eskalation zur Kenntnis genommen. Im September 1997 protestierten die Mächtigen in Kabul dagegen, daß Iran die wenigen „Kriegsherren", die sich noch nicht unterworfen hatten, mit Waffen versorge. Das Außenministerium in Tehran wies diesen Vorwurf zurück mit dem Hinweis, es habe kein Interesse daran, den inner-afghanischen Konflikt zu verlängern. Er belaste durch die ständig wachsende Zahl der Flüchtlinge, die den Iran überfluteten, den iranischen Staatshaushalt. Die Flüchtlinge müßten untergebracht und ernährt werden. Iran sei an ihrer baldigen Rückkehr in die afghanische Heimat interessiert.

Im August 1998 nahmen Talibankämpfer elf iranische Diplomaten und dreißig iranische Staatsbürger im Gebirge an der iranisch-afghanischen Grenze fest. Die Iraner waren unterwegs in Richtung Grenze ihres eigenen Landes gewesen. Die Verantwortlichen in Kabul dementierten die Meldungen aus Tehran. Wenige Tage später gaben die Taliban bekannt, einige der Diplomaten seien gefunden worden – ermordet; wer die Täter waren, sei unbekannt.

Zur gleichen Zeit berichteten Flüchtlinge, die eben Afghanistan verlassen hatten, Talibankämpfer machten im Grenzgebiet Jagd auf schiitische Familien. Tausende seien bereits hingemordet worden.

Derartige Nachrichten veranlaßten den Wali Faqih Ayatollah Chamenei, Truppenverbände in einer Stärke von 200 000 Mann an die afghanische Grenze zu verlegen. Dies war die Situation, als Präsident Chatami nach New York zur Generalversammlung der Vereinten Nationen flog.

In New York erhielt Chatami die ihn beruhigende Nachricht, daß die königliche Familie von Saudi-Arabien die Beziehungen zu den Taliban abgebrochen habe. Der saudiarabische Außenminister Saud al Feisal erklärte, sein Land könne mit der Glaubensinterpretation der Taliban nicht einverstanden sein.

Präsident Chatami sah sich in der Lage, vor der Vollversammlung der Vereinten Nationen zu erklären, die Spannungen zwischen dem Talibanregime und Iran seien nicht an einem Punkt angekommen, von dem es kein Zurück mehr geben könne. Wörtlich sagte Chatami: „Ich schließe einen militärischen Konflikt aus!" Er machte jedoch darauf aufmerksam, daß Afghanistan der größte Drogenproduzent der Welt sei – und daß Iran gewaltige Probleme damit habe, den Drogenhandel zu unterbinden, der von Afghanistan ausgehe.

Die Reise nach New York lohnte sich für Präsident Chatami. Er war zu Hause nicht weggeputscht und nicht durch seinen Kontrahenten, den Wali Faqih, mit einer militärischen Aktion an der afghanischen Grenze ausmanövriert worden. Durch seine Rede und durch sein Auftreten hatte Chatami internationales Ansehen gewonnen. Die Hoffnung, in New York könnten Kontakte geknüpft werden, die zu einer Annäherung zwischen Tehran und Washington führen könnten, erfüllten sich nicht. Madeleine Albright, die Außenministerin der USA, definierte die amerikanische Haltung so: „Wir sind bereit, in einen Prozeß einzusteigen, der es beiden Seiten erlaubt, die Befürchtungen der anderen Seite zu erkennen. Dafür ist jedoch Zeit und Geduld nötig."

Ein Ereignis hatte dafür gesorgt, daß Iran der westlichen Welt – und vor allem den USA – als „vernünftiger" Partner für die Zukunft erschien. Iran erinnerte sich wieder nach und nach an seine vorislamische Kultur.

Bereits im Jahre 1992 hatte der Hodjat al Islam Rafsanjani die Ruinen von Persepolis besichtigt – und damit geehrt. Die in Afghanistan herrschenden Taliban aber haben die von Historikern, Archäologen und Gläubigen östlicher Religionen hochgeschätzten Buddhaskulpturen von Bamiyan Anfang März 2001 zerstören lassen, da sie aus vorislamischer Zeit stammten. Die eindrucksvollen Buddhadarstellungen waren 55 und 38 Meter hoch gewesen.

Am 11. März 2001 gab Qadratullah Jamal, der Kulturminister der Taliban, bekannt: „Die Arbeit wurde jetzt abgeschlossen. Es ist nichts mehr von den Götzenbildern übrig!“ Mit diesen Worten des Talibanfunktionärs im Ohr wurde im Westen das Land Iran mit anderen Augen gesehen.

Die USA geben zu, Fehler gemacht zu haben

Die Überraschung war gelungen: Am 19. März 2000 erklärte die US-Außenministerin Madeleine Albright: „Iran ist ein wichtiges Land. Wir müssen anerkennen, daß wir Fehler gemacht haben. Wir wollen jedoch nicht auf die Vergangenheit, sondern auf die Zukunft blicken.“

Auf diese Worte haben die Verantwortlichen in der iranischen Hauptstadt lange gewartet. Sie wurden als Voraussetzung angesehen für den Beginn einer Entwicklung, die zur Normalisierung der Beziehungen zwischen den USA und Iran führen könnte.

Die Ayatollahs hätten gerne gehört, daß Madeleine Albright sich noch deutlicher ausgedrückt hätte: Sie sollte zugeben, daß die USA den Schah im Jahre 1953 gegen den Willen des iranischen Volkes nach Tehran zurückgebracht haben und daß die USA während des Golfkriegs ganz offensichtlich dem Irak geholfen hatten. Doch war in Tehran Verständnis dafür vorhanden, daß sich die US-Außenministerin mit derartigen Details zurückgehalten hatte.

Zum Zeichen, daß das Eingeständnis in Tehran zur Kenntnis genommen wurde, sagte der stellvertretende Außenminister Mohsen Aminzadeh: „Die iranische Politik gegenüber den USA ändert sich jetzt. Die Debatte über die künftigen Beziehungen kann beginnen. Schließlich befindet sich Iran in starker Position." Damit wollte Aminzadeh auf Irans Position im weltweiten Ölgeschäft anspielen.

Die Entwicklung von Afghanistan hat in Tehran Augen geöffnet. Die Vorteile, die Afghanistan den internationalen Konzernen zu bieten hatte, besaß Iran in hohem Maße. Wenn die Taliban ihr Land für den Transit von Öl aus Zentralasien anboten, dann war Iran für diesen Zweck noch besser geeignet. Es existierte bereits eine Pipeline vom Kaspischen Meer zum Persischen Golf – eine Gaspipeline mit Ursprung auf dem Förderfeld Tenghz in Kasachstan war geplant. Energiekonzerne hatten bereits Interesse angemeldet; dazu gehörten Shell, Gaz de France und British Gas.

Solange die USA allerdings Iran nicht völlig von der Liste der Staaten strichen, die „Staatsterrorismus" betreiben, blieben entsprechende Verhandlungen immer wieder stekken.

Für die Verhandler aus dem Westen war es wenig ermutigend, wenn sie im Tehraner Straßenbild großflächige und plakative Bilder sehen mußten, auf denen Massen von Bomben aus dem Sternenbanner auf iranisches Land herunterregneten. Diese Bilder verblichen zwar nach und nach – doch sie wirkten noch immer erschreckend genug.

Präsident Chatami würde wohl die Bilder ganz entfernen lassen – so wie aus einem Hotel die Parole verschwunden ist „Down with USA"; sie war in protzigen Goldbuchstaben über dem Eingang angebracht gewesen. Chatami will, daß sich sein Land als aufgeschlossen darstellt – als ein Land, das zwar islamisch ausgerichtet ist, das sich jedoch nicht gegen den Kontakt zu anderen Kulturen wehrt.

Im Juli des Jahres 2000 besuchte Chatami die Bundesrepublik; seit dem Schah war kein iranisches Staatsoberhaupt mehr in Deutschland gewesen. Chatami hat die Gastgeber beeindruckt durch seine Kenntnis der deutschen Literatur und der europäischen Kultur. Er hatte Weimar seine Reverenz erwiesen. Der Präsident redete vom „Dialog der Kulturen" und erweckte damit den Eindruck, von Iran aus werde der Impuls zu diesem Dialog gegeben.

Chatami verfolgte handfeste Ziele: Er suchte Verständnis für seinen Plan einer engeren Verzahnung seines Landes mit Europa auf dem Gebiet der Arbeitsmarktpolitik. Seine Idee: Iraner sollen in Europa arbeiten dürfen. Er hat sich vorrechnen lassen, daß türkische Arbeiter aus Deutschland gleichviel Geld nach Hause überweisen würden als Iran vom Ölgeschäft profitiere. Chatami will mit dieser Aktion, iranische Arbeiter nach Europa zu schicken, die Arbeitslosenquote im eigenen Land reduzieren. Etwa ein Drittel der Arbeitsfähigen ist ohne Tätigkeit. Er will damit auch das Einkommen der Familien steigern. Das Pro-Kopf-Einkommen ist während der vergangenen Jahre spürbar kleiner geworden. Im Januar 2001 erlitt Chatami einen herben Rückschlag.

Haftstrafen für Besuch einer Konferenz in Berlin

Als sich Chatami in Berlin und Weimar aufhielt, wurde in Tehran gegen Iraner ermittelt, die im April 2000 Berlin besucht hatten. Die Anklage gegen sie wurde im Spätherbst erhoben. 17 Männer und Frauen wurden beschuldigt, „negative Propaganda" gegen Iran betrieben zu haben; sie mußten mit Freiheitsstrafen zwischen zwei und zehn Jahren rechnen. Einem Beschuldigten wurde vorgeworfen, er habe „Krieg gegen Allah" geführt; ihm drohte die Todesstrafe.

Dieses Ereignis lag der Beschuldigung zugrunde: 17 Iraner waren von der Heinrich-Böll-Stiftung eingeladen worden, vor Teilnehmern einer Konferenz darüber zu berichten, ob ihr Heimatland derzeit überhaupt zu einer gesellschaftlichen Reform fähig sei. Der Ablauf der Konferenz wurde durch demonstrierende Exil-Iraner gestört, die in Europa lebten. Sie waren nicht an einer sachlichen Diskussion interessiert, sie wollten ihre Verachtung des in Iran herrschenden Regimes zum Ausdruck bringen. Sie nahmen sich vor zu provozieren – und dies fernsehwirksam. Sie drangen in den Konferenzsaal ein. Sie tanzten, und sie zogen sich aus. Ein anwesendes Fernsehteam nahm die Szenen auf.

Wenige Tage später wurden die Bilder im sonst überaus auf Anstand und Würde bedachten iranischen Fernsehen gezeigt. Zum erstenmal seit dem Sieg der Islamischen Revolution war auf den Bildschirmen in Iran nackte Haut zu sehen – und die Iraner, die als Konferenzteilnehmer Zeuge des Vorfalls waren. Gezeigt wurde, daß die aus Tehran angereisten Iraner nichts mit dem Tanz und der Entblößung zu tun hatten.

Die 17 Personen wurden dennoch nach der Heimkehr zu Ermittlungen vorgeladen. Es handelte sich um Schriftsteller, Journalisten und Politiker. Sie wurden über den Vorfall in Berlin befragt – und gegen Kaution entlassen.

Bei der Verhandlung, die im November 2000 begann, stellte der Staatsanwalt in seinem Plädoyer die geistige Verbindung her zwischen den Exil-Iranern und den Besuchern der Konferenz. Sie hätten das eine gemeinsame Ziel: das religiös-orientierte Herrschaftssystem in Iran abzuschaffen, um eine Trennung von Politik und Glauben zu bewirken. Eine angeklagte Professorin der Universität Tehran verteidigte sich mit der Feststellung, die Berliner Konferenz habe dem Dialog zwischen Iran und Deutschland dienen wollen; sie habe in ihrer Rede das religiöse System und die Revolution verteidigt.

Es nützte den Angeklagten nichts, daß sie ganz offensichtlich nur Beobachter waren eines erotischen Schauspiels, das sie sogar abgelehnt hatten. Der Ankläger trennte nicht zwischen rabiaten Exil-Iranern und Konferenzteilnehmern. Doch die Angeklagten hatten Glück:

Die Urteile fielen glimpflich aus: Das Gericht verhängte Haftstrafen zwischen vier und zehn Jahren – wegen „iranfeindlicher Haltung".

„Ich stehe aufrecht wie eine Kerze"

Der Prozeß hatte ein politisches Ziel: Die Reformer insgesamt sollten in Mißkredit gebracht werden. Der Eindruck sollte entstehen, sie seien Personen, die Neigung besaßen zu Handlungen, die im Islam verpönt sind. Die Intellektuellen vor allem sollten vor der Öffentlichkeit als „verderbte Menschen" dargestellt werden.

Letzten Endes war Sayyed Mohammed Chatami das Ziel, das die „Empörten" im Visier hatten. Auf ihn wurde auf geschickte Weise der Verdacht gelenkt, er stütze sich auf Intellektuelle, die im Ausland an „unislamischen Konferenzen" teilnehmen.

Doch das Ansehen des Präsidenten war stark geworden im Jahre 2000. Am 18. Februar hatten Parlamentswahlen stattgefunden, die mit einem deutlichen Sieg der „Reformer" geendet hatten. Selbst in der Heiligen Stadt Meshed setzten sich die Kandidaten durch, die sich auf Chatami beriefen; sie errangen sämtliche Sitze. Die Wahlergebnisse in Esfahan, Shiraz und Täbriz waren ähnlich ausgefallen. Bemerkenswert war, daß sich die Zahl der Geistlichen im Parlament deutlich verringert hatte.

Verlierer der Wahl war zunächst Hodjat al Islam Rafsanjani. Es war, nach Auszählung der Stimmen von Tehran, zweifelhaft, ob er überhaupt noch in das Parlament einziehen dürfe. Seine Parteigänger protestierten und argumentierten, in Tehran sei falsch gezählt worden. Der „Wächterrat“ reagierte zugunsten von Rafsanjani. Er ordnete die Überprüfung der Stimmzettel von Tehran an. Aufgrund der Ergebnisse dieser Überprüfung erklärte der „Wächterrat“ im Mai, 726 000 Stimmen seien in Tehran unkorrekt abgegeben worden. Jetzt erst war Rafsanjani sicher, daß er erneut Abgeordneter werden durfte.

Gegen diese Entscheidung des „Wächterrats“ wehrten sich die „Reformer“. Ihr Argument: Rafsanjani ist unpopulär bei den jungen Menschen; er wird nur gestützt von den Alten, die im „Wächterrat“ sitzen.

Dank der Neuzählung konnte der Hodjat al Islam seine einflußreiche Position im Vermittlungskomitee behalten, das bei Meinungsverschiedenheiten zwischen Parlament und „Wächterrat“ zu entscheiden hatte. Geschmälert wurde Rafsanjanis Befriedigung allerdings dadurch, daß ihm die Parlamentsabgeordneten keinen Sitz im Präsidium des Abgeordnetenhauses zusprachen. Sie bestimmten Mohammed Reza Chatami, den Bruder des Staatspräsidenten, zum Vizepräsidenten des Parlaments.

Chatami konnte weiter an Ansehen gewinnen, doch gleichzeitig wuchs die Erwartung in der Bevölkerung, daß „spürbare Änderungen“ durchgesetzt werden müßten. Keiner sprach offen und deutlich aus, was sich ändern sollte. Niemand übte Kritik am Wali Faqih, der „Änderungen“ verhinderte. So durfte nicht im Parlament über ein neues Pressegesetz debattiert werden, weil eine derartige Debatte die Sicherheit des Staates gefährde. Die Unzufriedenheit junger Menschen durfte sich nicht gegen den Wali Faqih richten – sie nahm den Staatspräsidenten zum Ziel.

Anlaß für die Unruhen war die Erinnerung an Zusammenstöße zwischen Polizei und Studenten genau ein Jahr zuvor. Am 7. Juli 1999 war von den Justizbehörden die Zeitung „Salam“ verboten worden; Sie hatte Kritik am Regime der Geistlichen geäußert. Am Nachmittag des 7. Juli hatten Studenten der Tehraner Universität gegen das Verbot demonstriert. In der Frühe des folgenden Tages waren Polizisten und Milizionäre, die dem Wali Faqih gehorchten, in die Aufenthaltsräume der Studenten eingedrungen. Bezeugt ist, daß die Eingreifer brutal vorgegangen waren: Hunderte von Studenten wiesen danach Verletzungen auf; ein Student war den Verletzungen erlegen.

Am 7. Juli 2000, am Jahrestag dieser Ereignisse, erinnerten sich die Studenten, daß wenige Veränderungen erreicht worden waren seit dem vergangenen Sommer. Sie gaben Sayyed Chatami die Schuld – er sei zu nachgiebig und zu weich.

Die Proteste gegen den Präsidenten loderten jedoch nur kurze Zeit auf. Die führenden Köpfe der Studentenrebellion hatten plötzlich Bedenken gegen die eigene Aktion: Sie konnte zur Folge haben, daß Chatami nicht mehr für das Amt kandidierte; Neuwahlen standen für das nächste Frühjahr an. Wenn Chatami aber auf das Amt verzichtete, dann stand niemand bereit, der die Wünsche der jungen Menschen auch nur einigermaßen vertreten konnte. Die Studenten waren zufrieden, als Chatami noch im Mai 2000 zu erkennen gab, daß er wieder für das Präsidentenamt zur Verfügung stehe.

„Du kannst es, du machst es wieder. Du bist die Hoffnung des Iran!“ Mit diesem Slogan, in Sprechchören gerufen, begrüßten 40 000 Frauen und Männer den Kandidaten Sayyed Chatami, als er im Tehraner Fußballstadion „Shirudi“ zur Wahlkundgebung auftrat. Er antwortete mit zwei Gedichtzeilen, die dem Poeten Hafis zugeschrieben werden:

> „Ich stehe aufrecht wie ein Kerze.
> Die Flamme fürchte ich nicht!“

Chatami hatte die erste Hürde der Wahlprozedur genommen: Er war einer der zehn Kandidaten, die der „Wächterrat“ aus 817 Bewerbern als „dem islamischen Maßstab entsprechend“ ausgewählt hatte.

Keiner der zehn Kandidaten vertrat die harte Linie des Ayatollah Chamenei. Sie gaben sich alle als Anwälte der Reform. Ali Falahian, der frühere Geheimdienstchef, war bisher gegen jede Reform gewesen, nun aber trat er für „Änderungen“ ein: Er verteidigte die Freiheit der Meinungsäußerung als „heiligen Wert“. Ahmed Tawakuli, bisher Arbeitsminister, beklagte die „Korruption der Mächtigen“; sein Ziel sei die Abschaffung der Vetternwirtschaft. Ali Shamkhani, der Verteidigungsminister, trat für die freie Marktwirtschaft ein; sie allein sei fähig, die Arbeitslosigkeit zu bekämpfen.

Chatamis Wahlparole war einfach, und sie enthielt keine Versprechungen. Sie lautete: „Unsere Jugend will Wohnungen, Arbeit, Freiheit und Respekt!“ Er sagte nicht, was er, Chatami, erreichen wollte; er sagte, was die Jugend will. Sieben Millionen Jungwähler gaben für diese Wahl die Richtung an.

Der Islamwissenschaftler Navid Kermani nennt ein Beispiel; er zitiert in seinem Buch: „Iran. Die Revolution der Kinder“: Ein neunjähriges Mädchen, das zu seinem Großvater sagt: „Wir Kinder haben vereinbart, daß wir unsere Eltern überreden, Herrn Chatami zu wählen.“ Auf die Frage nach dem Grund, kam die Antwort: „Herr Chatami ist ein Nachfahre des Propheten, und er hilft den Schwachen und Armen. Außerdem ist er dagegen, daß man Mädchen prügelt und einsperrt.“

Die Wahl am Freitag, dem 8. Juni 2001, endete damit, daß 76,5% der Wähler Sayyed Mohammed Chatami erneut und mit höherer Mehrheit als im Jahre 1997 zum iranischen Staatspräsidenten wählten.

Der Wahlsieger sagte noch am selben Tag: „Sieger ist in Wahrheit die ehrenvolle iranische Nation. Sie ist jetzt entschlossen, ihre rechtmäßigen Forderungen zu stellen. Sie erwartet, daß die Regierung und das System größere Schritte unternehmen, diese Forderungen zu erfüllen. Dazu gehören Redefreiheit, Kritik und sogar Protest – wenn der Rahmen des Gesetzes nicht überschritten wird.“

Epilog der Pahlawis

Prinzessin Leila Pahlawi hat am 8. Juni 2001 noch die Fernsehnachrichten der BBC angeschaut – mit der Berichterstattung vom überwältigenden Wahlsieg des Hodjot al Islam Dr. Sayyed Mohammed Chatami. – Dann schluckte sie eine Überdosis Schlaftabletten. Die jüngste Tochter des Schahs Mohammed Reza Pahlawi starb wenige Stunden nach den Wahlen in ihrer Heimat.

Bis zu jenem 8. Juni 2001 hatte die 31jährige die Hoffnung nicht aufgegeben, irgendwie und irgendwann sei eine glanzvolle Heimkehr in den Golestanpalast möglich. Nun aber hatte sie begreifen müssen, daß das iranische Volk die Pahlawidynastie nie mehr zurückholen werde.

Eine Hotelsuite in London war der Sterbeort der Prinzessin Leila Pahlawi – weit entfernt vom verwaisten Pfauenthron.

Zum Schluß:
Ein Lehrbeispiel aktueller iranischer Politik

Zwar wirken die 76,5% der Stimmen für Sayyed Mohammed Chatami überzeugend – gemessen an den 15,6%, die Ahmed Tawakuli auf sich vereinigen konnte –, doch löst ein genauer Blick auf die Wahlstatistik Ernüchterung aus: Von 41,2 Millionen Wahlberechtigten hatten überhaupt nur 67% ihre Stimme abgegeben; 21% weniger als vier Jahre zuvor.

Am 23. Mai 1997 hatte die Wahlbeteiligung 88% betragen. Am 8. Juni 2001 aber hatten es 14 Millionen Iraner vorgezogen, nicht zu wählen. Ein Drittel aller Wähler hatte die Gelegenheit nicht wahrgenommen, für Chatami und für die Reformen zu stimmen.

Der geistliche Führer, Ayatollah Ali Chamenei, erkannte die Möglichkeit, die Bedeutung von Chatamis Wahlsieg zu relativieren: Der genaue Blick auf die Statistik zeigte dem Wali Faqih, daß die Basis des Präsidenten Chatami in der Bevölkerung der Islamischen Republik doch nicht derartig stabil ist, wie zunächst angenommen. Es gab für Ali Chamenei keinen Grund, seine Position zu überdenken.

Chatami mußte jetzt feststellen, daß die „konservativ" orientierte Geistlichkeit mit einigem Erfolg die Strategie angewandt hatte, den Wahlsieg des Präsidenten – der nicht zu verhindern war – weniger eindeutig erscheinen zu lassen. Da die Geistlichen, die zum Kreis des Wali Faqih gehörten, sich gehütet hatten, einen der Gegenkandidaten zu favorisieren, konnten diese „Traditionalisten" jetzt nicht als Verlierer der Wahl bezeichnet werden. Der Wali Faqih hatte sich auf diese Weise Handlungsfreiheit bewahrt. Die politische Struktur der Iranischen Republik Iran gab ihm die Möglichkeit, seine Stärke zu beweisen.

Zwei Säulen bilden das Gerüst des Islamischen Staates:

1. Das gewählte Parlament. In ihm stellen die Anhänger Chatamis die Mehrheit. Sie werden, vergröbernd, als „Reformisten" bezeichnet.
2. Die Institutionen, deren Mitglieder allein durch den Wali Faqih ernannt werden. Die wichtigste dieser Institutionen ist der „Wächterrat".

Der Wächterrat hat darüber zu wachen, daß alle Gesetze, die das Parlament beschließt, den Prinzipien des Islam entsprechen. Der Wächterrat dehnt dabei seine Befugnisse weit aus. Präsident Chatami beklagte sich im Juli 2001, daß er sich „alle neun Tage" mit der Behinderung der Staatsgeschäfte durch den Wächterrat zu befassen habe.

Doch die Bereiche der gewählten und der ernannten Institutionen greifen ineinander über. Da bestehen Möglichkeiten der Einmischung in die Kompetenz der Parallelinstanz. Daß Konflikte entstehen können, wird im August 2001 deutlich

Probleme schafft die Verfassungsbestimmung, daß die Hälfte der zu ernennende Kandidaten für den Wächterrat vom gewählten Parlament bestätigt werden müsse. Wie diese Verfassungsbestimmung durch Geschick entschärft werden kann, demonstrierte Hojat al Islam Hashim Rafsanjani.

Der Wächterrat besteht aus zwölf Mitgliedern. Sechs davon werden vom Wali Faqih ernannt; drei Mitglieder schlägt das Justizministerium vor; drei Berufungen erfolgen durch das Parlament.

Anfang August 2001 legte Ayatollah Mahmud Hashemi Schahrudi, der Verantwortliche für die iranische Justiz, dem Parlament die Namen von drei Rechtsgelehrten vor, die in den Wächterrat aufgenommen werden sollen. Wichtig in diesem Zusammenhang ist, daß Ayatollah Schahrudi vom Wali Faqih ernannt worden und ihm allein verantwortlich ist. Die Rechtsgelehrten, die von Schahrudi dem Parlament für die Aufnahme in den Wächterrat vorgeschlagen werden, sind die Kandidaten, die der geistliche Führer für fähig in seinem Sinne hält.

Trotzig lehnten die Abgeordneten zwei der drei vorgeschlagenen Rechtsgelehrten ab. Damit war die Liste des Justizministeriums hinfällig. Die Konsequenz: Der Wächterrat konnte sich nicht konstituieren.

Vorgesehen war, daß am 5. August 2001 die Vereidigung des Präsidenten Chatami zu Beginn seiner zweiten Amtszeit stattfinden sollte. Vorgeschrieben war, daß alle Mitglieder des Wächterrats an dieser Zeremonie teilzunehmen hatten. Da der Wächterrat nicht komplett war, konnte diese Bestimmung nicht erfüllt werden. Ayatollah Chamenei – als oberster Lenker der Geschicke des Iran – ließ deshalb die Vereidigung des Präsidenten zum vorgesehenen Zeitpunkt ausfallen. Diese Entscheidung hatte zur Folge, daß Präsident Chatami sein Kabinett nicht vorstellen konnte. Der Gang der politischen Entwicklung war unterbrochen.

Die Verschiebung der Vereidigung bedeutete keine iranische Staatskrise. Der „Schlichterrat" wurde eingeschaltet. Auch seine Mitglieder sind ernannt und stehen dem Wali Faqih nahe. Die Aufgabe des Schlichterrats besteht darin, Konflikte zwischen dem Wächterrat und dem Parlament zu schlichten. Der Vorsitzende dieses Gremiums ist Hojat al Islam Hashim Rafsanjani.

Am 6. August 2001 folgte der Schlichterrat dem Vorschlag des Hojat al Islam Rafsanjani bei der Bekanntgabe dieses Schiedsspruchs:

- Die Abstimmung im Parlament wird wiederholt.
- Beim ersten Abstimmungsdurchgang ist entscheidend, daß ein Kandidat mehr als die Hälfte der abgegebenen Stimmen erhält.
- Beim zweiten Durchgang entscheidet die einfache Mehrheit.

Am 7. August fand die entscheidende Abstimmung im Parlament statt. Beim ersten Durchgang gaben 166 der 241 anwesenden Abgeordneten – also die deutliche Mehrheit – weiße Blätter ab.

Beim zweiten Durchgang erhielt einer der Kandidaten des Justizministeriums 64 Stimmen, der andere 62. Sie waren damit beide gewählt. Präsident Chatami besitzt auch weiterhin keine Anhänger im Wächterrat – doch er konnte ungehindert am 8. August 2001 vereidigt werden und damit seine zweite Amtszeit beginnen. Chatami versprach in seiner Rede, er wolle den Reformkurs fortsetzen. Der Wali Faqih aber warnte vor der Zerstörung der Islamischen Republik Iran durch Abweichung von den Prinzipien der Islamischen Revolution.

Informationsquellen

A) Eigene Tagebücher seit 1975
Mit Aufzeichnungen über Iranaufenthalte

Regional Surveys of the World: The Middle East and North Africa Ausgaben dieses Handbuchs seit 1967	London

Drei Satellitenkanäle des Fernsehens
der Islamischen Republik Iran
(IRINN, IRIB I, IRIB II)

B) Grundlagen der Islamischen Republik Iran:

Ali Ibn Abu Talib Amir al-Muminin	Nahj Al-Balaghah Sermons, Letters and Sayings Zwei Bände	Islamic Republic of Iran (ohne Jahr)
Ansariyan Publications	Supplications Prayers and Ziarads	Islamic Republic of Iran (ohne Jahr)
Ayatollah Chomeini	Der Islamische Staat	Berlin 1983
Imam Chomeini Ayatollah Al Ulzma	Wilayat Faqih Islamisches Government	Tehran (ohne Jahr)
Imam Chomeini	Aufstand zu Ashura In Wort und Botschaft	Tehran 1995

Imam Chomeini	Letzte Botschaft Religiös-politisches Testament des Führers und Vaters der Islamischen Revolution und Begründers der Islamischen Republik	Tehran 1991
Sayyed Muhammad Husayn Tabataba'i	Shi'ite Islam	New York 1975
	Holy Qu'ran (Originaltext und englische Übersetzung)	Islamic Republic of Iran
	Holy Qu'ran Text, Meanings and Commentary	King Fahd Holy Qu'ran Printing Complex Al-Madina Al-Munawarah
H.A.R. Gibb and J. H. Kramers	Shorter Encyclopaedia of Islam	Leiden/ London
Ashgar Schirazi	The Constitution of Iran Politics and the State in the Islamic Republic	London 1998

Amir Taheri	Chomeini und Die Islamische Revolution	Hamburg 1985

C) Die großen Poeten:

Ferdusi	The Shah Nameh	Tehran 1989 Faksimile der Ausgabe von 1886
Ferdusi	The King's Book of Kings Miniatures from Shah Tamasp's Manuskript	Tehran 1997
Hafiz	Der Diwan Nach dem persischen Original herausgegeben von Vincent Ritter v. Rosenzweig Schwannau	ohne Ort und Datum

D) Das Land:

Hermann Vámbéry	Meine Wanderungen in Persien	Pest 1867 Neudruck: Nürnberg 1979

Jane Dieulafoy	La Perse Relation de Voyage	Paris 1887
Edition Aragon	Iran	Moers 1997
Alessandro Basani:	Iran The Future on the Plateau	Rom 1976
Roloff Beny	Iran Elements of Destiny	London 1978
Roman Ghirshman Vladimir Minorsky Ramesh Sanghvi	Persia The Immortal Kingdom	London 1971

E) Neuere Politik:

Reza Schah Pahlawi	Antwort an die Geschichte	München 1979
Mohammed Reza Pahlawi	Im Dienst meines Landes	Stuttgart 1961
Mohamad Heikal	Iran: The Untold Story	New York 1982
Michael Naumann und Josef Joffe (Herausgeber)	Teheran Eine Revolution wird hingerichtet	Hamburg 1979/80

Saeed Rahnema and Sohrab Behdad	Iran after the Revolution Crisis of an Islamic State	London 1995
Stephanie Cronin	The Army and the Creation of the Pahlawi State in Iran	London 1997
Sandra Mackey	The Iranians	New York 1996
Robert Graham	Iran The Illusion of Power	London 1978
Tarek Aziz	Reflexions sur les Relations Arabe-Irannienne	Baghdad 1980

Personenregister